한국언론인물사상사

나남출판

저자 약력

조맹기

서강대 신문방송학과 졸업
연세대 행정대학원 석사
뉴욕 시립대 사회학 석사 및 박사
문화방송 · 경향신문, 《정경연구》 편집기자
교육방송 편성자문위원
언론학회·출판학회 이사 및 감사
KBS·서강대 방송아카데미 원장
서강대 언론대학원장
현재 서강대 언론대학원 교수

저 서
《커뮤니케이션의 역사》, 《커뮤니케이션 사상사》
《한국언론사의 이해》 등

나남신서 · 1146
한국언론인물사상사

2006년 3월 25일 발행
2006년 3월 25일 1쇄

저자 • 趙猛基
발행자 • 趙相浩
발행처 • (주) 나남출판
주소 • 413-756 경기도 파주시 교하읍
출판도시 518-4
전화 • 031) 955-4600 (代)
FAX • 031) 955-4555
등록 • 제 1-71호(79. 5. 12)
홈페이지 • www.nanam.net
전자우편 • post@nanam.net

ISBN89-300-8146-0
ISBN89-300-8001-4 (세트)
책값은 뒤표지에 있습니다

나남신서 · 1146

한국언론인물사상사

조 맹 기

NANAM
나남출판

A History of Korean Journalists

by

MaingKi, Cho

NANAM
NANAM Publishing House

한국언론인물사상사

차 례

제 3 장

국사(國士)언론인 장지연

제 4 장

신채호의 민족주의 언론사 방법론

제 5 장

이광수의 언론관

제 6 장

언론인 홍명희의 사실성의 글쓰기

제 7 장

안재홍의 신민족주의 언론사상

제 8 장

천관우의 민족주의 언론사관

제 9 장

최석채 : 언론인의 사회적 사명

제 10 장

장준하 : 미디어를 통한 사회운동

제 11 장

송건호의 직필론

머리말

이 책《한국언론인물사상사》는 언론사 연구영역의 기초분야로서 필수적 연구분야임에도 불구하고, 몇몇 연구자만이 관심을 가지는 소외영역에 대한 천착일 수 있다. 하지만 이 분야도 정진석 교수의《인물 한국언론사》(1995년)와 조선일보사의《조선일보 사람들》(2004)에서 인물사 연구가 시도되면서 조금씩 그 가치를 인정받고 있다. 이 두 권의 책은 나름대로 독특한 측면이 있다.《인물 한국언론사》는 많은 언론인을 섭렵하고 있어, 시대의 큰 흐름을 파악하는 데 도움을 준다. 반면《조선일보 사람들》은 조선일보를 거쳐간 인물에 국한되긴 하지만, 회사의 전통과 축적된 노하우 덕분에 언론사 고유의 독특한 자료를 제공했다. 최근 강준만 교수는《인물과 사상》,《한국의 언론인 I》(1999) 등에서 인물사를 다루었다. 하지만 전체적 맥락에서 볼 때, 이들 기존 연구는 심도 있는 인물사 이해의 요구를 충족하지 못해 아쉬움이 크다.

최근 언론사상사, 언론사 연구는 그다지 인기 분야가 아니다. 대학의 강의실에도 소수의 학생들만이 관심을 가지는 영역이다. 학생들은 디지털 미디어, 방송, 영화, 드라마제작, 광고, 홍보 등 시대의 흐름에 편승한 인기과목을 선호한다. 연구자의 성향도 인기분야로 쏠림현상이 심하게 일어난다. 이런 저런 이유로 해서 이 분야의 연구는 아카데미 커뮤니티 구성원간에도 관심 밖으로 밀려나는지도 모른다. 그러나 현대사회가 복잡할수록 법고창신(法古創新)하는 마음으로 과거의 지혜가 필요하고, 복잡성과 그 깊이에 따라 언론학의 접근도 다양성을 요구한다. 더욱이 요즘처럼 언론이 본디의 사회책임보다는 막강한 권력으로 행세하면서, '천박성'을 노정시킬 때일수록 과거 언론인들이 가졌던 사고를 반추할 필요가 있다.

필자는 언론학 강의를 해오면서 이 분야 연구의 필요성을 절감했지만, 분야의 광범위함과 사상적 접근의 난해함 등으로 이 분야의 논문을 쓰기 시작한 지 17년 만에야 작은 성과를 이룰 수 있었다. 이 책이 언론사 종사자, 언론학 연구자들에게 필독서가 되길 기대한다.

상징적 사례를 하나 들어보자. 1964년 '언론윤리위원회법'을 둘러싸고 '신문편집인협회'와 박정희 정부 간에 갈등이 생겼다. 신문편집인협회는 언론윤리의 강제적 법 적용에 대한 문제점을 제기했고, 박 정권은 당시 언론의 '자극적'이고, '선동적인' 보도를 비판했다. 양자간의 팽팽한 긴장은 '유성회담'으로 끝을 맺었다. 양자간의 논쟁은 현시점에서도 재연되고 있다. 방송·통신의 융합시대에 '자극적', '선동적' 내용의 정도는 가히 상상을 초월한다. 노무현 '참여정부'는 인터넷에 편승하여 전문사회와 거리가 먼 '감성정치'를 시도했다. 말하자면 1964년 당시 정부와 언론 양자간의 논쟁과는 정반대로 이번에는 정부가 아닌, 주류 언론이 참여정부의 '자극적', '선동적' 내용을 비판하고 나선 것이다.

정보사회에서 언론이 얼마나 중요한지 이 지면을 통해서 굳이 말할 필요도 없다. 언론은 지극히 온전한 사람을 비정상적으로 만들고, 비정상적인 사람을 스타로 만들기도 한다. "언론은 천당을 지옥으로, 지옥을 천당으로 만든다"라는 히틀러(A. Hitler)의 의미심장한 말을 반추할 필요가 있다. 그러나 '강퍅한' 언론인은 사회병리에 대해 책임을 회피한다. 언론의 나쁜 관행에 어느새 물든 정치인은 무책임한 말을 함부로 내뱉는다. 무책임한 사회는 동질성을 파괴하고, 불신의 사회를 더욱 조장한다. 이런 사회일수록 그때그때 필요한 전략·전술에 능한 사람만을 양산하기 마련이다.

언론의 자유, 자유민주주의는 쉽게 얻은 것이 아님은 우리 근현대사가 웅변으로 보여주고 있다. 지금까지 우리 사회에서 언론의 자유는 많이 신장된 것처럼 보인다. 하지만 그 안을 자세히 들여다보면, 아직도 우려할 정도로 독재적 독소가 도사리고 있다. 또 '전자정부'는 사회를 큰 '감옥'화 함으로써, 어디에서나 감시·통제가 가능하게 되었다. 《사상계》의 장준하는 "민주주의는 피를 먹고 자란다"란 말을 했다. 그의 논리에 따르면, 지금까지 우리가 누려온 언론의 자유는 피의 대가라는 말이 된다. 그 대가는 귀중한 것이다. 이를 부정하면, 역사는 그 대가를 치르도록 요구하기 때문이다.

역사는 저마다 의미를 지니는 지나간 삶의 발자취들이다. 역사는 수없이 많은 기쁨과 고통을 기록한다. 한국언론사는 1896년 《독립신문》의 창간 이후, 벽돌을 하나하나 쌓듯이 축적되었다. 그 역사는 한국인의 삶이었으며, 우리의 현대사 자체였다.

하지만 서구화된 동양사회는 어느새 역사를 등한시했다. 역사의식이 없으니 결국 개인뿐 아니라, 국가의 정체성에 위기를 맞게 된다. 신채호(申采浩)는 풍전등화 앞에 놓였던 조국을 향해 "이천만 민중이 항상 나라를 위해 바칠 수 있는 정신은 역사에서 온다"라고 의미심장한 말을 했다. 그러나 현대인은 과거를 잊어버리고 살아간다. 최근 정치인들의 '과거사 청산'도 이데올로기적으로 일관한다. 정치적 목적이 역사평가의 잣대로 이용되는 현실에서, 역사의식이 결여된 개인은 그다지 거부감과 심각성을 느끼지 못한다. 이런 현상은 결국 역사 죽이기 결과를 잉태한다. 이 책은 바로 언론사상사의 재구성을 통해서 역사의식을 되살리는 작은 노력에서 시작한다.

한 언론인의 족적은 후세 언론인들에게 큰 영향을 준다. 필자가 연구한 11인의 언론인들에서도 그런 경향이 뚜렷이 나타난다. 윤치호를 친일자로 매도하면 서재필, 안재홍, 장준하, 최석채 등 언론인의 업적이 공허하게 된다. 같은 논리로 장지연을 친일자로 매도하면, 신채호, 안재홍, 천관우 등 실학·민족주의 등 언론사상사의 연결고리가 뒤엉킨다.

각 언론인의 언론관은 그 자체로 역사적 의미를 지닌다. 또한 언론인의 친일·친정부 행동은 다른 차원에서 역사적 의미를 지닌다. 연구자인 필자는 "언론인의 친일·친정부의 행동을 이데올로기적으로 매도할 수도 없고, 매도해서도 안 된다"라고 생각한다.

필자는 이 책에서 언론 역사에 크게 기여한 11인을 선별하여 연구했다. 그들은 서로 다른 시대에 살았지만, '천부인권' 사상으로 언론의 자유를 부각시킴으로써 같은 맥락에 있다. 필자가 정리한 11인의 언론인의 사상을 개략적으로 정리하면 다음과 같다.

《독립신문》의 서재필과 윤치호가 이 책에서 우선적으로 다뤄진다. 우리 언론으로 정통성을 확보한 《독립신문》은 주로 두 분의 노력으로 가능하게 되었다. 지금까지 서재필 연구는 언론자유, 자유민주주의, 천부인권 사상에 치중하였으나, 필자는 서재필의 과학기술적 사고에 관심을 집중했다. 서재필의 서구 자유주의 사상 소개는 봉건적 사회의 속성으로 별로 반응을 얻지 못했다. 하지만 그는 정부로부터 특혜를 받아 《독립신문》을 발행함으로써 한반도의 '정보혁명'을 이끈 장본인이었다. 더욱이 병균학을 전공한 의사 서재필은 과학적 분석에 관심을 가졌으며, 현대 문물인 '전신'으로 유입된 뉴스와 그 형식에 관심을 가졌다.

서재필의 이러한 정보전달의 노력에도 불구하고, 그는 고종(高宗)으로부터 미움을 받게 되고 정부의 압력으로 미국으로 돌아갔다. 뒤를 이은 윤치호는 더욱 정부에 대하여 저항적이었다. 즉, 그에게 비판정신은 언론의 자유를 확보하려는 노력이었다. 윤치호는 이 과정에서 민권, 민주주의 등 자유주의 원리에 관심을 가졌다.

언론인은 누구인가. 장지연은 '국사'(國士)로서 언론인을 언급했다. 언론인 장지연은 국사로서의 사명감과 책임감으로 애국계몽운동에 나섰다. 그 사명감은 특수성과 보편성을 동시에 지니고 있다. 특수성은 구한말 서구 근대의 사상을 한꺼번에 다량으로 소화하는 와중에서 민족의 정체성을 확립하는 일이며, 보편성은 서구에서 널리 사용되어온 언론자유 개념의 수용이었다.

최근 장지연의 친일행적이 드러났다. 그는 "시일야방성대곡"에서 이토 히로부미〔伊藤博文〕를 비판하는 내용을 포함시키지 않았다. 그리고 《경남일보》 1911년 11월 2일자에서는 메이지의 생일인 '천장절'(天長節)을 축하하는 시가 발견되었다. 진보학자들은 여기서 장지연의 친일 근거를 찾았다. 하지만 이러한 역사적 사실 논란과 무관하게 《한국언론인물사상사》는 지사언론의 실체를 장지연의 언론관으로부터 도출코자 하였다.

신채호의 사상은 많은 부분 장지연과 유사하다. 신채호는 강한 민족주의 정신과 더불어 언어적 표현에 관심을 가졌다. 신채호의 민족주의는 '타민족의 간섭을 불수(不受)하는 주의'로 이해되고 있으나, 그는 민족주의에 대하여 자세한 글을 작성하지 않았다. 다만 역사, 정치학 분야에서 민족주의자의 비조(鼻祖)로서 신채호를 언급하고 있다. 하지만 신채호의 민족주의는 언론학의 연구대상으로 주목을 받지 못했다. 이 책에서는 신채호의 민족주의가 언론학 연구에서도 매우 중요한 의미를 갖는 것으로 본다. 즉, 언론이 '사실'의 기록이 아니라, 민족 구성원간의 커뮤니케이션 활성화를 위한 도구임을 규명한다. 즉, 신채호는 민족의 커뮤니케이션 활성화를 위한 언어 정립에 중점을 두었다. 그는 단군조선부터 이두문의 역사, 그리고 구결문과 언문으로 발전하는 언어진화 과정을 민족주의 역사로 서술하였다.

언어 구사의 귀재인 이광수(李光洙)는 이를 완성 단계까지 끌어올렸다. 《무정》, 《재생》, 《흙》, 《개척자》, 《나》 등의 작품을 남긴 이광수는 한국 근대 언어사상에 지대한 영향력을 끼쳤다. 그는 언어의 '계몽적' 커뮤니케이션에 관심을 가졌다. 그의 공헌에도 불구하고, 김동인, 송욱 등은 소설가로서의 이광수를 혹독하게 비판했다. "이광수는 소설 쓰는 일에 전력투구를 하지 않았다"란 이유에서 비판의 날을 세웠다. 그들의 비판은 당연할 수도 있다. 비평가들은 《매일신보》에 연재한 《무정》과 같은 수준의 소설을 이광수에게 계속 요구했지만, 《무정》 이후 이광수는 언론사에 근무한 '조직인' 이었다.

일제 강점기 당시의 신문은 개인이 운영하는 소규모 구멍가게가 아니었다. 조선·동아 신문사는 상업적·산업적 구조를 갖춘 경제적 기구였다. 더욱이 상해 임시정부 외에 조선인의 독자적 공식 정치기구를 갖지 않았던 당시 조선의 상황에서, 신문은 사회의 핵심기구일 수밖에 없었다. 이러한 시대적 환경에서 이광수는 신문소설을 연재하였으며, 《독립》, 《동아일보》(10년), 《조선일보》 등에서 사장, 편집국장, 부사장 등 언론사의 핵심 인물로 활동하였다. 따라서 그 당시 이광수의 소설은 오히려 가외업무일 수 있었다.

지금까지 문학 분야에서 이광수의 연구는 활기를 띠었다. 그에 비해 이광수는 언론분야에서 항상 푸대접을 받아왔다. 그는 커뮤니케이션의 활성화를 위한 언어계발에 결정적 기여를 했지만, 언론의 중요 덕목인 윤리를 무시한 것이다. 물론 언론인은 소설가와는 달리, 높은 도덕성을 요구하는 직업이다. 때문에 사람들은 도덕적·윤리적 가치관에 사로잡힌 나머지, 효용과 산출을 근거로 한 조직의 합리적 운영을 비난대상으로 삼았다. 푸대접은 바로 이런 시각에서 나온 것이다.

언론은 효용과 비용을 철저히 따지는 경제적 합리성의 전형적 산물이다. 현대 언론인은 개인의 감정을 뒤로하고, 오직 '사실보도', '객관보도' 등의 규범을 요구받는다. 이광수는 글을 읽을 줄 아는 합리적 독자를 상대로 자신의 소설과 언론활동을 폈다. 또한 독자들은 더 이상 과거의 일상적 습관, 전통적 감정, 종교적 헌신, 민족에 대한 무조건 복종에 얽매이지 않고, 자신의 목적에 따라 적극적으로 정보를 추구하는 추세에 동참했다.

언어의 또 다른 귀재인 벽초(碧初) 홍명희(洪命憙)는 몇 차례 휴재하기는 했지만 13년간 《임꺽정》을 《조선일보》, 《조광》에 연재했다. 임꺽정은 마치 한 국가의 국운을 좌우하는 대장군 같았다. 역사소설 《임꺽정》은 일제의 강압에 대한 비판과 더불어 조선 민중을 일깨우기에 충분하였다. 언어체계는 '추상적 사고'와 '시간의 축적'을 가능케 한다. 즉, 언어를 통해 개인의 과거 경험이 축적되고, 인간의 사회적 행위와 경험이 교류되면서, 문화가 형성된다.

홍명희는 당시 고전 언어의 발굴과 확산에 사회적 사명을 지녔지만, 소설가로서는 이단자(異端者)였다. 《임꺽정》은 심리적 묘사를 거부한, 당시 문단의 동향과는 동떨어진 이색적 작품으로 취급되었다.

시인, 소설가, 언론인이었던 홍명희는 단 한 편의 연재소설 《임꺽정》을 발표했을 뿐이다. 이 책에서는 홍명희가 문단 밖에 고립되어 존재했던 이유를 설명한다. 결론적으로 이야기하면, 홍명희는 소설가이기 전에 '객관적 사실', '객관적 보도', 혹은 사실에 충실한 언론인이었다. 그는 종교적 믿음을 객관적·과학적 사고로 대체해갔다. 그의 글을 관통하는 '사실성'(사실적 보도)의 정신은 전문적 상업언론 보도의 글쓰기에 큰 족적을 남겼다.

'사실적 보도'란 사실로 하여금 사실을 말하게 한다는 것으로서 사실제시를 매우 중요시하는 보도이다. 저널리즘의 사실은 우리의 정신으로부터 독립해 독자적으로 존재하며, 세계의 숨겨진 사실과 그 구조 그리고 작동원리로 기능한다. 사실의 제시야말로 진실을 보여준다고 보도자는 믿는다. 사실보도는 "보다 많은 사실은 보다 좋은 것이다"(*the more facts, the better*)란 명제에 기초하고 있다.

민세(民世) 안재홍(安在鴻)은 신생 공화국의 건설에 관심을 가졌다. 그는 1948년 당시의 정치사회적 상황분석을 바탕으로 국민개노(國民皆勞), 대중공생(大衆共生), 만민공화(萬民共和)의 '신민족주의' 건국 이념을 논했다. 미·소 양대 이데올로기의 격전장인 한반도는 민족주의와 외세, 민주와 공산세력 간의 파당적 정권쟁탈의 각축장이 되었다. 민족의 독자적 건국이 누락된 채, 타국의 의존상태에서 분열이 계속됨으로써 민족은 위험한 지경에 놓이게 된 것이다. 위험을 부추기는 일반 지도자와 좌변의 지도자들에게 안재홍은 맹성을 촉구했다.

시대적 상황의 난항임에도 불구하고, 안재홍은 계급논쟁을 회피하기보다 적극적으로 계급논쟁을 전개했다. 그에 의하면, 인류역사는 투쟁의 역사이다. 즉, 계급 대 계급의 투쟁과 화합은 갈등을 겪으면서 단결로 이어지는데, 이는 민중의 친밀성과 평등성이 전제될 때 가능하다. 국제적 차원에서도 각 민족이 세계적 대동의 방향으로 나아간다. 국민의 민족문화와 세계관이 서로 호혜를 누리면서 각각 민족적 국제주의, 국제적 민족주의를 형성한다. 민족 대 민족은 전쟁과 평화를 반복하지만, 민족이 주체적이면서도 개방성과 세계성을 이룰 수 있다면 투쟁과 화합의 갈등은 단결로 이뤄지게 마련이다.

개인, 사회, 민족 그리고 인류는 민족과 계급의 차별 없는 단결을 추구하지만 그것은 이상으로 남는다. 사회와 인류의 계속되는 갈등과 대립의 역사는 종식되지 않는다. 해방 후 조선의 상황 또한 민주주의와 공산주의가 끊임없이 대립했으며, 경제적 평등이 안전한 기초를 보장한다는 원리가 도외시되었다. 민세는 이와 같은 상황의 해결을 계급적 문제해소에 앞서 국민적, 민족적 과제로 여기고 조선의 풍토, 자연, 사회적 인습, 국제적 계약관계 등을 고려한 '신민족주의'에서 발전 근거로 삼았다.

한편 천관우(千寬宇)는 공화국 내에서의 근대화 작업에 몰두했다. 그는 서구의 민주화, 근대화 정신을 '민족주의 정신'으로 토착화시켰다. 더욱이 천관우는 '사학', '경세학'(經世學), 그리고 '저널리즘'을 같은 맥락에 두고 시대에 따라 구분시켰다. 경세학의 실학(實學)은 주체성을 지니기에 충분하였다. 천관우에게 실학사상은 《독립신문》의 자유 · 민권사상에 활력을 주었으며, 저널리즘 역사의 원형을 제공했다.

최석채(崔錫采)는 자유주의 정신을 확산시켰다. 그는 정치와 신문의 위치가 음과 양처럼, 또 물체의 표리처럼 서로 근접하지 못하고 있는 한국적 풍토를 부각시켰다. 최석채에게 언론의 자유는 헌법 이전의 천부인권이며, 그 누구도 뺏을 수 없는 절대적 기본권에 속한다. 따라서 그에게 언론의 자유는 정치, 혹은 정권의 편의대로 좌우될 그러한 성질의 것이 아니었다. 그는 "제헌정신을 수호할 용기"에서 독립 · 자유 · 평화, 그리고 만민이 평등을 향유하기 위해서는 개인의 삶에 민주주의가 필요함을 역설했다. 최석채는 자율이란 용어가 "어디를 어떻게 해석하든 문자 그대로 스스로 다스린다, 또는 스스로 자기를 억제한다"라는 의미임을 밝혔다.

최석채는 이승만, 박정희, 전두환 등 권위주의 정권과 같이 호흡했다. 권위주의 정권은 자신들의 목적을 달성하기 위해서 언론을 통제했다. 이들 정권은 정보, 사상, 의견의 유포를 자신의 목적에 맞게 왜곡하고 조작했다.

즉, 커뮤니케이션의 여러 가지 단위는 정권을 쥐고 있는 정부가 그 목적을 달성할 수 있도록 정부의 정책을 지지하는 집단으로 전락했다. 이 상황에서 '반골' 최석채는 권위주의 정권에 도전하여, '국민의 알권리', '자유 언론'을 주창했다.

그는 《주간조선》 창간호에서 우리 사회의 불신을 언급했다. 즉, "우리 사회가 자칫하면 부자와 빈자, 치자와 피치자, 도시와 농촌, 지식인과 대중 등이 따로따로 생활 · 생각 · 비판하는 이질사회로 벌어질 위기성이 짙어가고 있다"라고 진단하고, "이런 현상을 곧 이질적 사회라고 규정짓는다면, 비록 한 국가를 형성하고 같은 삶을 영위하더라도 국민간의 동질성이 붕괴된 절망의 사회가 된다"라고 단정했다. 그는 이런 때일수록 정치는 정치대로 국민들로부터 신문보다 더 신뢰를 받을 수 있게끔 노력해야 한다고 생각했다.

언론의 자유로부터 파생된 '대안 언론'으로 장준하(張俊河)와 송건호(宋建鎬)를 꼽을 수 있다. 장준하는 《사상계》를 통해 비판적 지식인의 면모를 보였으며, 언론의 '파수견' 역할을 자임했다. 장준하에게 부정과 불의에 대한 저항정신은 그의 본령이요, 생명이요, 혼이었다. "나는 독립운동, 혁명운동을 하는 마음으로 《사상계》를 만듭니다"란 언급은 그의 저항정신의 단면을 드러내고 있다.

장준하는 권력자에 대한 '적개심'을 적극적으로 여론화시켰다. 적개심은 적과 동지를 분명히 할 수 있고 동지를 규합하여, 즉각적 행동의 계기를 제공할 수 있게 한다. 장준하는 사회운동을 이끌어갈 충분한 여건을 갖춘 셈이다. 그는 언제나 뚜렷한 목적과 목표를 가지고 길을 찾고 방법을 연구했으며, 계획을 짜고 조직적으로 행동했다. 장준하의 카리스마적 강한 의지와 열정은 매번 편집진들을 감동시켰다.

《사상계》는 편집주간과 각계 전문 연구자로 구성된 편집위원을 두고 편집의 전문화를 모색했다. 장준하는 "편집후기", "권두언"을 진두지휘함으로써, "권두언"에서 그 달의 편집방향과 주장을 농도 짙게 반영하였다. "권두언"은 의견(意見), 정론(政論), 정론(正論)의 내용을 다수 포함하고 있었다. 다시 말해 장준하는 시시비비를 준엄하게 가르는 비판정신에 투철했다. 그는 언론인의 중요 덕목으로 사를 무너뜨리고 정을 높이 드러내는 '파사현정'(破邪顯正)의 기상을 잡지에 반영시켰다.

장준하는 자유, 평등, 평화, 정의, 독재투쟁, 부도덕 인권유린, 기독자적 순교정신, 사랑과 나눔, 봉사와 섬김, 헌신과 희생의 정신 등을 실현하려고 했다. 장준하는 《사상계》를 중심으로 지성인들뿐만 아니라 뜻 있는 사람들과 하나 되어 사회변혁을 시도하였는데, 그들은 《사상계》를 전면에 내세우고 일종의 통일과 근대화 운동 등을 모색했다. 《사상계》는 함석헌(咸錫憲) 같은 정치사회적 활동가와 일반대중을 이어주는 거의 유일한 미디어였고, 장준하는 이 잡지를 통해 민족, 민주운동을 실천하는 대안언론의 가능성을 보았던 것이다.

장준하와 같은 맥락에서, 송건호는 직필론(直筆論)과 사회운동가로서 유명하다. 결론적으로 말하면, 신문의 '곡필성'(曲筆性)은 사회를 황폐화시키고 '불신풍조'를 만연시킨다. 곡필이 우세하면 사회의 개혁이 있을 수 없고 진보도 기대할 수 없다. 이 책에서는 송건호의 직필의 의미를 밝힌다. 여기서 직필은 신문 지식인의 처신으로 간주된다.

물론 신문의 직필은 시대별로 그 의미를 달리했다. 유교적 전통에 익숙한 사람의 직필과 서구의 기능적 접근을 시도하는 지식인의 그것과는 차이가 있다. 전통 유학은 역사적 접근을 시도하지만, 현대 과학은 비역사적, 혹은 기능적 접근을 시도한다. 원래 신문은 국민의 이익을 대변한다. 신문은 근대사회와 더불어 등장함으로써 본질적으로 민중을 벗으로 삼으며 민중의 소리를 대변한다. 그 본질은 민중의 복리 차원에서 진보한다.

이 책은 11인의 논객을 대상으로 그들의 사회적·학문적 기여에 관해서 논했다. 각 논객은 서로 엮이기도 하고, 경향을 달리하기도 한다. 그러나 이들은 한국언론의 발전을 위해 나름대로의 초석을 깔았다. 개화, 항일, 친일, 반정부 등의 상이한 성향에도 불구하고, 그들의 언론활동은 한국언론사에 괄목할 만한 족적을 남겼다.

필자는 이 책의 출간을 계기로 이 분야의 후속연구가 활발하게 전개되어 한국 언론학의 학문적 견고성이 더해가기를 바란다. '정책적 과제'만을 중시하는 언론학의 현풍토가 쇄신되었으면 하는 바람이 그것이다. 이 책의 내용 중 일부는 이미 소개되었다. "안재홍의 신민족주의 언론사상"(《민족에서 세계로》, 봉명, 2002), "윤치호의 그리스도교적 민권"(《언론문화연구》, 제18집), "언론인 홍명희의 사실성 글쓰기"(《한국출판학 연구》, 2005, 48호) 등이 이미 게재되었다.

아울러 이 책의 출판 기회를 주신 조상호 사장, 실무를 맡아주신 박래선 씨 등 편집진에게 감사드린다.

2006년 2월

조 맹 기

서재필

서재필은 《독립신문》에서 과학적 · 기술적 사회 '개혁'을 주장한다.
그는 사회의 위기에 대처해 정보와 사실, 과학과 기술에 기초한
새 틀을 제공하고자 하였다.

제 1 장
서재필의 과학 · 기술사상
《독립신문》을 중심으로

1. 정보와 과학

서재필(松齋 徐載弼, 1863~1951)의 사상은 초기 정보혁명의 근간에 자리잡고 있다. 갑신정변과 청일전쟁 이후 전신(電信)과 더불어 정보혁명이 본격화되었고, 서재필의 《독립신문》은 '정보지'를 표방함으로써 '언어의 질서체계'를 '사실(事實)의 질서체계'로 재편하여 사회의 제반 분야를 변화시켰다. 정보 · 법 · 규율 · 교육 · 통계 등에 기초한 사회질서가 형성되기 시작한 것이다. 서재필의 과학 · 기술사상은 새로운 사회질서의 중추적 위치에 있었고, 《독립신문》은 생명 · 인간 유기체 원리를 사회유기체의 이론으로 확산시켰다. 따라서 이 글은 서재필의 정보지 창간, '미디어 결정론'에 관한 정보혁명의 발상 등을 그의 과학기술 사상에서 도출하고자 한다.

기존의 서재필 연구는 언론자유, 자유민주주의, 천부인권 사상의 분석에 집중하여 서재필의 자연과학적 사고와 의사로서의 개인적 경험을 도외시하고, 목적을 위한 수단으로서의 기능적 이해에 머물렀다. 그것은 개화 · 독립 · 민권 · 남녀평등 · 민주 등 정치적 민주주의의 요소 등에 집중되었다.[1] 하지만 이 글은 《독립신문》에 나타난 서재필의 사상이 지극히 자연과학적이며 기술결정론적 발상에 충실하였음을 밝히고자 한다. 아울러 《독립신문》은 제반 사회현상에 대한 '미디어 결정론'의 역할을 담당하였다는 것, 즉 《독립신문》이 정보혁명의 근원지였다는 것을 밝히고자 한다. 이를 요약하면 ① 《독립신문》이 '정보지'로서 가능했던 전신기술의 조건, ② 인간 서재필이 추구한 과학·기술 정신, ③ 그리고 서재필이 추구하였던 '사실의 질서'로서의 이상사회 등을 논할 것이다.

서재필이 활동하던 시대는 '과학의 시대'요, 서재필은 그 과학의 세례를 받았던 사람이었다는 점에서 이 글은 부분적으로 이상철, 신용하의 논문과 관련지을 수 있다. 이상철은 "소수의 위대한 인물이 시대적 상황을 결정하고 지배하는 것이 아니라, 시대적 상황이 위대한 인물을 만들어낸다"고 피력했고(1993 : 208), 신용하는 "과학적 위생론"에서 서재필의 과학·기술에 대해 일부 언급하였다. 그러나 신용하의 글은 본격적인 서재필의 과학론으로 보기에는 미진하다. 한편 박기성은 《독립신문》을 뉴스 내지 정보지로 규정한다(2003 : 14). 그는 이미 《한성순보》가 '사정'(事情·*information*)이란 말을 사용하였지만 《독립신문》은 '사정'을 집약적으로 사용한 것으로 간주하였다. 이를 근거로 이 글에서는 서재필의 과학·기술적 사고가 《독립신문》의 '사실의 질서'를 가능케 하였음을 밝히고자 한다.

정보지 《독립신문》은 전신, 인쇄기의 도움으로 가능했고, 또 《독립신문》을 통해 사회에 유기체적 틀이 형성되었다. 그 틀은 '기술결정론', '미디어결정론'의 맥락에서 해석할 수 있다. 《독립신문》의 시대적 상황, 기사의 종류, 그리고 〈론셜〉 등이 필자의 의도를 뒷받침할 것이다. 또한 정보지로서의 《독립신문》이 가능하였던 이유를 서재필 개

---

1) 이런 해석에는 이광린(1970), 정진석(1994), 신용하(2003), 이택휘(2003), 박정규(1980) 등의 연구가 있다.

인의 과학, 기술중심적 성향과 그의 신문운영 목표를 중심으로 '해석'하고자 한다.

현대는 정보사회의 첨단시대를 맞이하고 있다. 필자는 한국에서 정보사회의 맹아를 《독립신문》에서 찾았으며, 이를 위해 서재필이 《독닙신문》을 창간한 1896년 4월 7일부터 아펜젤러(J. Appenzeller)와 윤치호에게 《독립신문》을 맡긴 1898년 5월 12일까지의 사설 가운데 과학 · 기술과 관련된 사설을 집중적으로 분석하였다. 그 기간 〈논셜〉의 양은 총 324건으로(안병훈, 1996), 그 중 생물 · 위생 · 농사기술 · 병장기 등 과학 · 기술에 관한 것은 총 43건(13.3%)이다. 이 글의 목적은 이들 사설의 분석을 통해 서재필의 '기술중심'적 사고의 성향을 밝히려는 것이다.

필자의 논리를 강조하기 위해 〈논셜〉 외에 〈잡보〉, 〈외국통신〉, 〈외방통신〉 등 기사를 부분적으로 언급하였다. 그 중 서재필의 과학 · 기술 〈론셜〉은 그의 전공과 직접 관련이 있어 서재필이 "직접 집필"[2] 했을 가능성이 높아 집중적으로 분석하였다. 우리는 서재필의 과학 · 기술사상을 중립적으로 분석함으로써 그의 《독립신문》의 창간의도를 더욱 선명하게 파악할 수 있다고 본다.

---

2) 《서재필 박사 자서전》에서 언급된 "논설이며 모든 것은 내가 혼자 원고를 썼다"는 주장(김도태, 1972 : 246)에 대해 주진오는 《윤치호 일기》에 의하면(1893. 8. 14) "서재필이 쓰거나 말하기 모두에 걸쳐 모국어를 거의 잊어버렸다는 점에 놀랐다"는 기록을 바탕으로, '언문 담당' 조필(助筆)의 존재를 인정하였다(주진오, 1991 : 302~303). 조필의 봉급은 50원이 책정되어 있었다. 따라서 국문판의 논설은 서재필이 직접 쓴 것이 아니라 주시경이었을 것으로 보는 일설도 있다.

2. 《독립신문》의 사실 게재 환경

서재필은 《독닙신문》(1896년 4월 7일~30일까지 '독닙'으로 표기됨)을 창간함으로써 한국언론사의 획기적 전기를 마련하였다. 14년간에 걸친 외국생활을 뒤로하고 1896년 1월 1일 귀국한 서재필은 그해 4월 7일 《독닙신문》을 창간하였다. 이 신문은 획기적으로 구어체 한글 전용을 시도하였으며 영문판을 함께 발행함으로써 국제성을 동시에 띠고 있었다. 또한 '독립', 시민의 '권리', '언론자유' 등 서구 민주주의 사회의 보편적 원리를 뿌리내리는 데 일조하였다.

《독닙신문》의 제호 '독립'은 국가의 독립뿐 아니라 개인의 독립을 상징적으로 표현한 것이다. 서재필의 사상은 자유의 사상이었으며, 이 신문은 서구의 사상을 전파하는 계몽적 역할을 담당하였다. 신문을 통해 정부가 인민의 상황을 알게 하고, 인민은 정부의 일을 알도록 함으로써 신문이 정부와 인민 사이의 상호이해를 증진시키고, 정부와 인민을 교육시키는 것이다(P. Jaisohn, 1896 : 109).

서재필은 《자서전》에서 일본공사 고무라〔小村壽太郎〕와의 대화를 소개하였다(김도태, 1972 : 229). 고무라는 서재필에게, 한국은 미국과 사상이 다르고 민도가 뒤떨어진 나라이니 미국 사상인 민권주의 사상, 즉 '데모크라시'[3]를 전파하지 말 것을 충고하였다. 그러나 서재필은 자신이 환국한 주요 목적이 인민을 가르치고, 지도·계발하려는 의도임을 분명히 하고 민권확립에 주력했다. 그는 《자서전》에서 청국의

3) 서재필의 민주주의 사상은 국민참정권론에서 시작하였다(송건호, 1979 : 235). 국민은 주권자이기 때문에 정부를 감독하고 정치에 관여할 권리와 의무를 지녔다. 남성들의 압제에서 벗어나서 여자도 동등한 입장에서 개화하여야 한다. 서재필의 교육론은 국가의 전반적 개혁을 위한 민권의 신장에 두었으며, 국민이 선진 자연과학, 기술, 그리고 신지식을 배우고, 세계의 사상을 습득하는 것이었다(송건호, 1979 : 238).

간섭을 받지 않고, 완전한 자주독립 국가건설의 취지를 밝힌 바 있다.[4)]

《독립신문》은 '사실'(정보)을 바탕으로 취재하여 작성된 기사를 지면에 반영시켰다. 서재필은 '형식적 합리성'(*formal* 혹은 *technological rationality*)에 관심을 가졌다. 서재필은 기업의 부기와 같은 서류에서 기술적 합리성을 발견한다. 그 예로 서재필은 "한국의 금융"이라는 기사에서 조선인들의 '사실적 진술'의 부족함을 지적하면서 "재정, 그리고 사건에 대한 정확한 조사로부터 만들어진 표나 기록통계를 볼 수 없다"고 한탄하였다(P. Jaisohn, 1896b : 166). 서재필은 조선인이 '사회적 사실'의 강제성 · 보편성 · 전달성이라는 성격을 숙지하지 못했고 본 것이다.

서재필이 보기에 사실적 정보의 부족은 결과적으로 국가운영에서 중요한 세입제도상의 문제점을 야기했다. 정부가 납세자로부터 거두어들인 세입이 실제 받아야 할 것의 두 배나 되었으며, 세입의 대부분이 부패한 관리에 의해 탕진되었다. 정확한 사실에 근거하지 않고 과다하게 거두어들인 조세는 체계적으로 쓰여지지 못했다. 납세자는 궁핍해지고, 정부도 재정적자에 허덕였다. 이 상황에서 인민은 양반을 불신하였으며, 커뮤니케이션은 왜곡되었고 서로를 신뢰하지 않았다.

이에 따라 서재필은 《독립신문》과 '독립협회'[5)]를 창간, 창립하고 기

---

4) 개인은 자유롭게 사회관계를 형성하고, '목적을 위한 수단'을 선택한다. 그러나 자유는 상황에 따라 '부자유'와 '사슬'에 매몰될 수 있다. '수단이 목적'을 압도할 경우 '기술결정론'의 발상으로 간주할 수 있다. 참고로 하이데거는 기술의 분석에서 목적을 위한 수단과 인간 행위에 주안점을 두었다(M. Heidegger, 1977 : 4). 같은 맥락에서 서재필은 직간접으로 기술에 매몰된 언론관을 폈다.

5) 독립협회는 ① 밖으로부터의 침략에 대한 자주독립의 옹호운동, ② 일반 국민을 정치에 참여할 수 있게 하기 위한 민권운동, ③ 국가의 자강운동 등을 전개하였다(이기백, 1986 : 360). 서재필은 신문만으로는 대중에게 자유주의 · 민주주의적 개혁사상을 고취하기가 곤란하기 때문에, 정치적 당파를 조직하여

술 합리성, 과학적·기술적 사회 '개혁'[6]을 주장하였다. 그의 기술사상은 자강을 도모하기 위해서는 서양의 기술을 도입하자는 채서사상(採西思想)과 일맥상통하였다. 말하자면 자신의 도(道)를 지키되 서양의 기술을 배워야한다는 것으로, 이미 서재필은 훗날 《황성신문》 등에 집약적으로 표출될 동도서기론(東道西器論)에 부분적으로 동조했던 것이다.

그러나 엄밀하게 말하면 서재필은 서구의 기술중심적 사고에 근거하여 새로운 판을 짠 것이라고 말할 수 있다. 다시 말해 서재필은 기술로 조선의 새로운 틀 짜기를 시도한 것이며 기술, 미디어, 교육, 뉴스 형식, 사회질서 등에 대한 새로운 판짜기에 도전한 것이다.

《독닙신문》 창간호의 〈잡보〉란에는 "제정 러시아 대관식(戴冠式)에 참여하는 민영환(閔泳煥), 윤치호(尹致昊), 김득년(金得年) 등의 축하사절단 일행을 파송"한 전말이 보도되었다. 그리고 〈외국통신〉[7]란

여러 사람의 힘으로 그 사상을 널리 전파시켜야 하겠다고 생각하였다. 이에 따라 1896년 7월 11일 이상재·이완용·이윤용·윤치호, 한성부윤 이채연, 그리고 고문 서재필, 회장은 이완용, 서기는 이상재로 독립협회를 조직하였다(김도태, 1972 : 248~249). 세인들은 이들을 정동파로 불렀다.

6) 서재필이 《독립신문》에 게재한 사회폐습의 시정책은 ① 조혼제도의 폐지, ② 결혼의 자유화, ③ 과부의 재가금지의 폐지, ④ 축첩제의 폐지, ⑤ 기생제도의 폐지 ⑥ 과학적·합리적 사고방식의 보급, ⑦ 풍수설의 근절, 그리고 이 밖에도 신식병원의 설치, 전염병 예방조치의 제도화, 도로·개천·하수도의 청결과 보수, 변소개량·공중변소의 설치, 스포츠의 장려와 그 시설의 설치·보급 등이었다(송건호, 1979 : 240).

7) 개항 이후 외국의 뉴스원은 청국과 일본에서 발행된 여러 신문들을 통하여 국내에 유입되는 것에 의존하였다(박정규, 1980 : 45). 국내에 유입된 두 나라의 신문은 청국의 《字林滬報》, 《申報》(上海), 《循環日報》, 《中外新報》(홍콩), 일본의 《時事新報》, 《郵便新知新聞》 등이었다. 《한성순보》, 《한성주보》는 로이터 통신과 독점계약을 맺고 있는 《字林滬報》(*North China Daily News*)와 《申報》의 내용을 주로 게재하였다. 《독립신문》은 청국, 일본 외에 영어, 불어, 일어로 나온 각국 신문과 잡지를 20여 개 구독하였다(박정규, 1980 : 46). 더욱이 《독립신문》의 〈외국통신〉란은 전 지면의 5% 정도, 그리

에는 "쿠바의 독립운동상황"을 게재하였다. 국내외 관심거리를 뉴스 형식으로 게재한 것이다. 《독립신문》은 '보도'를 형식화시켰다. 기사는 정보(사실)에 근거하여 작성되었다. 그 정신은 기사에 반영되어 사실은 기록성을 내포할 뿐만 아니라 인쇄매체의 반복성, 획일성, 그리고 정확성을 바탕으로 공신력을 창출하는 것으로 간주되었다.

《독닙신문》 창간호의 〈광고〉란에는 "독립의 이름이 의미하듯, 《독닙신문》은 모든 정치적 편견으로부터 자유이며, 확인될 수 있거나, 정당의 독립된 사실만을 게재할 것"을 명확히 했다(1896. 4. 7). 서재필의 《자서전》에도 《독립신문》의 제작에 관한 제반사항이 기술되어 있다.[8)]

사실 중심의 뉴스기사는 당시의 시대적 배경과 밀접한 연관성을 지닌다. 《독립신문》은 우정총국(郵征總局)[9)]의 통신기구 사용과 더불어

고 로이터통신과 계약을 맺은 1897년 3월 1일부터는 10% 이상을 상회하였다(박정규, 1980 : 47). 로이터통신과의 계약 이후에는 〈젼보〉란을 개설하였다. 《한성순보》, 《한성주보》는 "전통적 제도와 사상〔道〕을 지키되 근대 서구적 기술인 기(器)를 받아들임"에 충실하였다. 그러나 《독립신문》은 전자매체인 통신을 적극적으로 받아들임으로써 근대 서양자본주의 및 과학, 기술과 연결되는 외래사상을 급진적으로 받아들이는 진보성을 지녔다.

8) 《독닙신문》은 4쪽으로 화·목·토요일에 발행되었으며, 8명의 인쇄직공이 고용되었다. 기자는 손주사(孫主事·본명 손승용·중추원 의관으로 선출된 자)로 그의 임무는 시내 각 상점과 시장을 돌아다니며 그날그날의 물가시세를 조사하여 신문에 게재하는 것이었고, 그 외의 한 기자는 관청 출입기자였는데 서임사령(敍任辭令)이며, 기타 관청의 모든 행사를 적어오는 것이었다. 신문에는 논설·광고·물가시세·관보·외국통신·잡보 등을 실었으며, 물가시세와 관보는 두 사람의 기자가 재료를 구해왔고, 그 외에 논설이며 모든 것은 내가 혼자 원고를 작성하였다(김도태, 1972 : 246). 신문의 취재방식에서 '사실' 중심의 기사를 작성하였음을 알 수 있다.

9) 우정총국은 1884년 10월 1일(음력) 개국된 기구로서, 우체업무를 담당하는 한국 최초의 우편행정기관이었다. 김옥균은 '우정국'(郵征局)을 설치하고 과거의 역마법을 개선하여, 체신제도인 우편제도를 실시토록 하고, 한성시내 '우정왕복개설규법'(郵政往復開設規法), '경인간 왕복규법'(京仁間 往復規法) 등

'전신'을 사용하였다. 조선은 1876년 개항 후 부산 해저전선 부설권을 일본에 양도하였다(송건호, 1979 : 233). 그리고 임오군란(壬午軍亂) 직후, 청(淸)의 건의에 의해 조선정부는 1885년 (만주) 봉황성(鳳凰城)과 서울, 인천, 의주에 전신시설을 설치하였다(이기백, 1986 : 380). 《한성주보》(漢城周報)는 전신이 설치된 다음 해인 1886년 1월 25일 창간되었다. 그리고 조선정부는 1888년에 서울과 부산, 부산에서 해저선(海底線)을 통하여 일본과 전신을 연결시켰으나, 청일전쟁 과정에서 일본은 전신을 그들의 수중에 넣었다. 이에 분개한 《독립신문》은 전신을 조선에 돌려주고, 배치한 일본병력을 철수할 것을 주장하였다(1896. 5. 28).

조선의 전신 설치는 모스가 1844년 워싱턴과 볼티모어 사이에 전신

을 제정하였다. 외국을 시찰하고 돌아온 홍영식(洪英植)은 발전한 나라의 체신제도의 우수성을 국왕에게 보고하였고, 국왕은 1883년 3월 서울 북부 전동(典洞)에 우정국을 설치하였다. 새 우편제도는 연해 각 항구로부터 시작하여, 점차 내륙지방으로 확장하였다. 우정총국은 연해(沿海) 각 항구에 왕래하는 서신을 관판(管辦)하며, 그 외 지방에도 점차 확대키 위하여 세운 것이다. 당시 "우정국은 만국평화의 통신관청"이라는 말을 들었다(김도태, 1972 : 129~130). 그러나 1884년 12월 4일(양력) 우정국 낙성연에 각국 공사들을 초청하였고, 그 장소에서 갑신정변이 일어났으며, 그 후 우편업무는 위축되었다. 1894년에는 전통적 봉수제도가 폐지되고, 전신·전화의 통신법이 시작되었다. 1895년 윤 5월 26일 칙령(勅令) 제124호로 '우체규칙'이 공포되었으며, 청일전쟁 후 우체사(郵遞司)가 개설됨으로써, 우편업무의 기능이 확대되었다. 《독립신문》은 우체사와 전신기술을 이용하였다. 1896년에는 궁내부와 어문관 사이에 '핫라인'의 전화가 설치되었다. 《백범일지》에도 1896년 9월 29일 서울 인천간 시외전화가 개통되었다고 기록되어 있다. 1902년부터 전화업무가 본격화되었다. 러일전쟁이 일어난 1904년 3월 말 일본은 한국정부를 위협하여 체신권을 탈취했다. 즉, ① 한국의 우편 및 전신전화 사업을 일본국의 관리에 맡기고, ② 한국의 기설(旣設) 통신사업에 관련이 있는 토지, 건물, 기구, 기계, 기타 일체 설비를 일본정부의 관리에 이양한다… ④ 한국의 통신사무로 인하여 수익이 있을 때는 일본정부는 그 수익 내에서 상당한 액수를 한국정부에 교부할 것을 의정했던 것이다(신기석, 1981 : 265).

을 성공시킨 이후 41년 만에 청나라의 건의에 따라 갑신정변이 일어난 다음 해에 이루어졌다. 《코리안 레퍼지토리》(*The Korean Repository*) 1896년 8월 호에 의하면 왕립전신서비스는 거리와 관계없이 국내요금으로 언문 한 자당 2센트, 중국어 5센트, 영어 10센트를 받았다고 기록하였다. 또한 청일전쟁 이후 일본으로 가져간 전신라인을 그해 10월경 조선정부가 되찾게 됨으로써, 이 잡지는 서울, 송도, 평양, 의주, 그리고 훗날 제물포, 원산 등지에 배포될 수 있었다. 또 전신으로 중국을 거쳐 유럽으로 직접 정보전달을 가능케 하였다. 한국인들의 전신 사용 숫자는 나날이 늘어났다(*The Korean Repository*, 1896. 10: 420~421).

서재필의 《독립신문》은 전신의 혜택을 최대한 누렸다. 전신은 수송과 통신을 분리시키는 결정적 기능을 하였고, 《독립신문》은 '통신혁명'[10]을 부추기는 데 일조하였다. 전신은 기술의 속성상 '사실' 외에 의견기사를 송고할 수 없는 단점을 지녔다. 《독립신문》은 1897년 3월 25일 〈론셜〉 대신 〈외국통신〉으로 지면을 채웠다. 〈외국통신〉은 다른 〈론셜〉에 비해 사실이 많이 나열되어 문장이 건조하였다.

전신은 당시 기술적 난점뿐만 아니라 가격이 비싸고 긴 기사의 송고는 많은 시간이 소요되는 단점을 가지고 있었다. 이런 전신의 기술적 속성 때문에 역삼각형 형태의 사건기사가 발달하게 되었다.

전신은 '사실 정보에 기초한 질서'를 형성토록 하였다. 사실은 또 다른 사실을 요구한다.[11] 마찬가지로 《독닙신문》은 사실의 연계에 바탕

---

10) 통신의 혁명은 전신에 기초한 정보의 혁명으로 간주할 수 있다. 《독립신문》은 정보혁명의 주역을 담당하였다. 정부는 서재필을 당시 신문 담당관서인 농상공부의 임시 고문직을 겸하도록 하였으며, 각급 학교의 생도들에게 신문을 구독하라는 지시를 내렸다. 내부에서는 각 지방관청에 구독을 명령함은 물론 우송상의 혜택까지 제공하였다(주진오 1991 : 302).

11) 18세기 프랑스 자연사학자 뷔퐁(Buffon)은 동물 유기체의 각 기관이 서로 밀접하게 협동하여 작용함을 사실의 연계성에 비유한 바 있다(김창환 외, 1976:

을 두고, 사회유기체적 정보지를 표방하였다. 1896년 4월 7일 제1호 첫머리에 정보를 바탕으로 한 〈광고〉란을 게재하였으며, 〈논설〉 외 기사는 정보로 채워 넣었다. 《독닙신문》은 칼럼 〈외국통신〉, 영자판의 〈최신 전보〉를 게재하였다. 즉 《독닙신문》은 시의성 있는 뉴스를 지향하였다. 창간호 영자면에 실린 뉴스의 발신지는 마드리드, 런던, 상하이, 나가사키 등이었다. 그리고 1897년 3월 1일 영국 전보국(Reuters)과 계약을 맺고 세계 정치기사를 전송 받았다(1897. 3. 6). 그달 3월 9일부터 〈젼보〉란을 따로 개설하여, 그날 일어나는 외신을 정리·게재하여 전신, 전화의 적극적 이용을 시도하였다.

당시 《독닙신문》의 '사실적 정보지'[12] 표방은 사회적 상황에 견주어 볼 때 매우 획기적이었다. 사실 정보지는 신속한 뉴스를 확보할 전신 기술이 없이는 불가능하였다. 또한 서재필은 전신·우편제도를 언론에 적극 활용하였다. 《독닙신문》은 우편을 보내는 시간인 '우체시간표'를 게재하였다. 참고로 그의 장인 조지 암스트롱(G. Armstrong)은 미국 철도우편제도[13]의 창설자였다. 이런 점에서 《독닙신문》은 《한성

---

33). 즉, 생물체의 일부는 늘 다른 부분과의 상관관계에 놓여 있다는 것이다. 예를 들어 동물의 내장이 고기를 소화하기에 알맞게 되었을 때, 그 감각기관은 짐승을 발견하기에 용이하게 발달되어 있고, 그 턱은 먹이감을 물기에 적합하도록 변형되어 있으며, 또한 먹이를 운반할 수 있도록 두부의 근육이 발달되어 있다는 것이다. 뷔퐁의 논지는 동물 유기체의 각 기관이 하나의 질서를 이루듯 사실들의 질서를 이룬다는 것이다.

12) 《독립신문》이 정보지였음은 첫 호의 〈광고〉란에서 그 단서를 찾을 수 있다. 즉, "본국과 외국 사졍을 자셰이 긔록할터이요. 졍부 속과 민간 소문을 다보고 할터이라. 졍치샹 일과 농사 장사 의술샹 일을 얼마콤식 이 신문샹 매일 귀록함"(1896. 4. 7). 또한 박기성은, '사정(事情)'이라는 말은 《한성순보》에서도 사용하였지만, 《독립신문》은 '사정'(*information*)을 240건 사용한 점을 지적하면서 《독립신문》을 본격적인 정보지로 규정하였다(2003 : 19).

13) 미국의 철도우편제도는 남북전쟁(1861~1865) 당시 우편물이 속히 배달되지 못하여 군인의 불평이 많았을 뿐 아니라 군의 사기에도 적지 않은 영향을 주었다. 각 주별로 배달하면 주에서는 이를 다시 시, 군 등 소지역별로 분류하여

순보》, 《한성주보》와는 다른 환경에서 사실이 중심이 된 '사실의 질서'를 형성할 수 있었다.

《독닙신문》은 〈논셜〉을 제외하고 〈잡보〉란을 포함한 전 기사에 사실을 바탕으로 한 뉴스성 기사를 게재하였다. 이는 사실성을 겸비한 의견기사를 우선적으로 게재하거나 혹은 외국 신문을 번역, 소개한 수준이었던 《한성주보》와는 전혀 다른 보도 양상이었다.

또한 전신의 도움을 받은 기사는 사실에 근거한 짧은 구어체의 한글 글쓰기를 시도하였다. 서재필은 언문일치를 주장하였는데, 여기서 '언'(諺)은 '상말', 즉 구어(口語)를 의미한다. 글은 말하듯 써야 되고, 말한 대로 쓴 것은 그대로 말 듣듯이 읽혀야 하는 것이다(심재기, 2003: 260). 《독닙신문》의 형식, 내용, 글쓰기는 문어체의 한자 글쓰기였던 《한성순보》, 《한성주보》, 《관보》와는 전혀 다른 양식을 보여주었다. 당시의 신문과 극적으로 다른 서재필의 《독닙신문》은 당시 미국 대중지의 형식에 충실하였음을 알 수 있다.

받을 사람에게 전하였다. 이 체제에 의하면 시간과 인력이 쓸데없이 많이 소요되었다. 우편제도를 개량하여 기차에 우편물차를 따로 부착하고, 전속 사무원을 두어 기차가 운행하는 동안 우편물을 분리하여, 정거할 때마다 그 지역의 우편물을 내주었다(김도태, 1972: 192~193). 미 대륙의 횡단철도가 1869년 완성되면서 철도우편제도는 더욱 활성화되었다. 더 이상 중앙우편국을 경유시킬 것 없이 각각 지방 우편소에서 직접 배달하였다. 당시 신문발행은 전쟁의 뉴스 수요를 크게 자극하여 엄청난 발행부수의 증가를 가져왔다(차배근, 1983: 282). 미국의 신문들은 전쟁의 악조건에 부딪쳤다. 언론인의 통제, 용지와 신문제작비의 증가 등은 난제로 등장하였다. 그러나 종군특파원이 파견되어 전투장면이 생생하게 송고되었다. 이런 생생하고 정확한 뉴스는 전신(1844), 전화(1876)를 통해 신속하게 전달되었다. 뉴스의 중요도에 따라 광고도 첨가되었으며, 뉴스의 양에 따라 신문의 부피가 증가하였다. 1845년부터 지역 내 신문배달이 무료화 되자 모든 신문을 우편을 통해 배포하였다(차배근, 1983 : 272). 신문의 배달이 우편으로 이뤄졌을 때, 철도우편제도는 신문발행과 수송에 직접적 관련이 있었다.

3. 인간 서재필과 기술·과학관의 형성

1) 일본 유학

서재필은 1882년 19세 되던 해 중궁전〔閔妃〕이 병후 쾌차한 것을 축하하기 위해 실시된 양반 자제 대상의 별시(別試)인 알성시(謁聖試)에서 문과의 병과(丙科)에 합격하였다. 성적은 갑을병(甲乙丙)의 등급에서 병의 등급에 속하였다. 자격증을 얻어 관리의 길에 나선 서재필[14]은 교서관 부정자(校書館 副正字)에 봉직하던 중 임오군란을 맞았다.

당시 김옥균은 양반관료, 중소 관리, 중인, 상인 등 여러 신분계층에 속한 개화파의 영향력 있는 61명의 청년을 일본에 보내게 되는데(이국순, 1990 : 135), 여기에 서재필도 속해 있었다. 이들 중 일부는 부문별 전공학교의 정치, 경찰, 우편, 관세, 재정제도와 관련된 실무지식을 전문적으로 배웠으며, 나머지는 일본 육군 도야마〔戸山〕학교에 입학하여 군사지식과 기술을 익혔다. 도야마학교는 서재필이 군사훈련을 받은 곳이기도 하다.

서재필은 다른 생도 14명과 함께 당시 《한성순보》(漢城旬報) 발행을 위해 한국에 초빙되었던 우시바 타쿠조〔牛場卓造〕의 안내로 1883

14) 서재필은 양아버지의 외숙인 이조, 예조판서, 대한제국 시대에는 탁지부 대신을 지낸 김성근(金聲根, 1835~1918)의 집에서 김옥균(金玉均), 박영효(朴泳孝), 홍영식(洪英植), 서광범(徐光範) 등 개화파 인사를 만났다(신복룡, 2003 : 18). 김옥균은 1881년 12월, 1882년 3월, 그리고 1883년 6월 임오군란 직후, 일본을 방문하여 그곳에 체류하였다. 그는 부국강병을 위해 서재필을 일본의 도야마〔戸山〕학교에 입학시켜 무관으로 키우리라고 결심했다(신복룡, 2003 : 23). 서재필은 일본 《시사신보》의 발행인이자 자유민권파인 후쿠자와 유키치〔福澤諭吉〕의 경응의숙(慶應義塾)에서 어학과 양학의 세무, 양잠(養蠶) 등을 학습하고, 일본 육사의 전신인 육군병학교가 1873년 도야마에 설치한 출장소에서 약 7개월간 군사 교련교육을 받았다.

년 5월 14일 일본에 도착하게 된다(《新聞集成 明治論文史》 1883. 5. 14 ; 이택휘, 1993 : 14에서 재인용). 그러니까 서재필은 군사교육을 위해 1883년 5월에 고국을 떠나, 이듬해 7월 귀국하기까지 1년여를 일본에 머무르며 군사교육을 받은 것이다. 일본 외무성(혹은 육군성)은 1883년 9월 12일 조선인 14명을 도야마학교에 입학을 허가하였다(박영준, 2003 : 83). 일본 육군의 초급간부 교육기관인 이 학교의 입학 허가를 받은 사람은 사관학술의 서재필, 그리고 하사학술 13명이었다. 서재필은 조선의 관리였으며, 나머지 사람은 평민 출신이었다.

서재필이 일본유학 시절 받은 영향을 살펴보기 위해서는 당시 일본의 정황을 일별할 필요가 있다. 메이지유신 이후 일본은 세습적 관직인 쇼군(Shogun)의 권세가 약화되자, 1868년 젊고 유능한 현실주의자 무츠히도〔睦仁〕 황제(1867~1912)는 황제의 권위를 강화하고, 동경으로 수도를 이전하고 아울러 신체제를 구축하였다(G. Bruun, 1960 : 169). 일본은 서방의 제도를 모방, 도입하여 해군과 육군은 영국 · 프러시아의 군체제를 각각 모방하여 개편되었고, 사법제도와 법전은 프랑스 · 독일의 것을 도입하였다. 유럽의 의회선거제에 입각하여 일본은 하원과 귀족원을 두었다. 산업에서는 서방산업의 운영방식을 시찰하고 습득할 수 있도록 해외에 유학생을 보냈고, 귀국 후에 그들은 철도, 조선소, 공장, 은행, 호텔, 백화점, 신문사 등의 건설기획을 담당하였다. 더불어 급속한 기술의 발전으로 일본에는 증기와 강철, 석탄경제, 기계생산 등의 시대가 열렸다. 일본인들은 부국강병의 목적을 위해 기술과 장비의 사용에 적극적이었다. 일본은 1815년에서 1914년 사이 매 10년마다 갱신되는 서구의 새로운 기술향상에 보조를 맞추었다.

신문분야도 예외는 아니었다. 1880년에서 1900년 사이에 신문 발행부수는 폭발적으로 늘어났다. 이는 인쇄분야에서 이루어진 서구의 새로운 발명들이 일본에 소개되었기 때문이었다. 고속인쇄기, 주조식자기, 직선인쇄, 자동제철기, 색채인쇄, 펄프산업, 우편 송달의 신속화,

전신 및 전화선의 확장 등으로 신문업은 괄목할 만한 성장을 가져왔다. 서구문명의 수용으로 인한 발전에 분명 서재필 일행은 자극을 받았을 것이다. 그러나 자극을 받은 것은 비단 물질적 영역에 국한되지는 않는다. 바로 일본으로 유입된 서구의 근대사상을 목격하게 된다.

서재필 일행은 후쿠자와 유키치의 경응의숙에서 일본어를 배우기도 했는데, 일본의 근대사에서 후쿠자와의 영향력은 가히 상상을 초월한다. 그는 일본의 자유민권파의 지도자였고, 당시 자유민권파는 자유, 평등, 박애의 프랑스혁명 정신의 옹호자들이었다. 그의 사상은 약육강식의 법칙이 지배하는 제국주의 시대에서 일본이 생존할 수 있는 방법에 집중되어 있다. 후쿠자와는 자유민권에 바탕을 둔 '적자생존 법칙'에 충실하였다.

이런 후쿠자와에 영향을 받은 박영효, 김옥균을 비롯한 조선의 당시 개화파는 "과거의 문벌제도를 거부하고 능력 본위의 인재등용 정책을 주장"하게 된다(김영숙, 1990 : 259). 평민 출신과 더불어 군사훈련을 받은 서재필 또한 개화사상의 실천자였다.

서재필 일행은 일본 육군의 정예사관 및 하사관의 재교육을 담당한 중추적 군사교육 기관에서 사격, 체조, 제식훈련, 나팔 등의 기초훈련과 체력훈련, 실기교육, 학과교육을 이수하고 귀국하였다.[15] 개화파의 젊은 추종자로서 부국강병의 목적을 위해 '첨단' 군사훈련을 습득한 서재필은 군사기술의 '선택'을 조선인의 개조와 세계를 바꿀 도구로 간

---

15) 《陸軍戶山學校略史》(1969 : 26 ; 박영준, 2003 : 85에서 재인용) 참조. 구체적 훈련과목은 이론교육으로 유연체조, 노상측도(路上測度), 보병조전(步兵操典), 사적교정(射的教程), 야외연습궤전, 임시축성학의 교과목을 핵심으로 하고, 실기교육으로 술과(術科)에서는 유연체조, 기계체조, 생병(生兵), 독립사격 등이었다(教育總監部, 《戶山學校歷誌 : 陸軍教育史別記》 제 12권 자료 ; 박영준, 2003 : 88에서 재인용). 그리고 3주간 야영 및 행군훈련으로 당시 최고 수준의 군사훈련을 받았다(《時事新報》 1884년 2월 25일 ; 박영준, 2003 : 90에서 재인용).

주하고 조선정부가 추진하는 부국강병의 정책에 동참하게 된다.

2) 미국 유학

1884년 12월 4일 개화당에 의해 갑신정변이 일어났다. 서재필은 당시 휘하의 병사들을 지휘하고 국왕을 호위하는 임무를 맡았다. 삼일천하의 갑신정변에서 서재필에게 주어졌던 직책은 병조참판 겸 정령관(正領官) (홍종도, 1990 : 176) 이었다. 김옥균은 군사 조련국(操鍊局)의 사관장이자 병조참판에 현대식 군사기술로 무장한 약관 21세의 서재필을 임명함으로써 위약한 당시 상황의 돌파구를 찾았다. 서재필은 과거에 합격하여 종9품직을 제수받은 지 2년 만에 종2품직인 참판(오늘날의 차관에 해당) 으로 초고속 승진을 한 것이다(주진오, 1991: 301).

갑신정변은 홍영식이 총판(總辦) 으로 있는 우정국의 개국 축하연에서 일어났다. 수송과 정보전달의 분리를 의미하는 우정국 개국 축하장에서 갑신정변이 일어난 것이다. 하지만 서재필 일당의 '선택'은 도태의 길로 접어들었다. 갑신정변의 실패로 개화파는 몰락하고, 서재필은 일본을 거쳐, 미국으로 도피, 정착하였다.

서재필은 해리 힐만 고등학교(Harry Hillman Academy)를 거쳐, 미육군 총감부 도서관 역원(譯員) 으로 근무하였다. 육군총감부의 도서관장 존 빌링스(J. Billings) 박사는 소장하고 있는 5천여 권의 중국, 일본 의학서적 번역자로 서재필을 발탁하였다. 서재필은 일어와 중국어 시험을 통과한 후, 관리로 임명되어 서적을 번역하고 의학서적을 분류하였다. 서재필은 인덱스 카탈로그(*Index - Catalogue*) 와 인덱스 메디쿠스(*Index - Medicus*) 의 목록을 정리하였다(현봉학, 2003 : 102). 서재필은 중국 · 일본 의술과 서양 의술의 형식적 차이점과 장단점을 비교할 수 있는 직책을 맡았다.

서재필은 고등학교를 졸업하고, 코코란 과학예술대학(Corcoran School of Science and Arts)에서 1년간 자연과학을 배우고, 1888년 가을 통일재단의 학교인 콜롬비아 의과대학(현 조지워싱턴대학)에 입학하였다. 그곳에서 서재필은 세균학, 눈의 위치, 기능, 동작, 병균, 치료, 수술 등에 관해서 학습하였다(김도태, 1972 : 191). 그리고 서재필은 미 육군참모부의 생리학자 스턴버그(G. M. Sternberg), 리드(W. Reed) 등으로부터 당시 신학문이었던 생리학, 생화학, 병균학 분야의 실험에 참여하였다(이우진, 1993 : 265). 그 후 서재필은 1892년 학위를 획득하였으며, 가필드 병원(Garfield Hospital)에서 1년간 수련의 과정을 거친 뒤 1893년 의사면허를 취득하였다. 그리고 1896년 귀국 전까지 그 학교에서 '세균학' 강사직(실습조수)을 맡았다(이택휘, 1993 : 17).

서재필은 미육군 총감부 도서관에서 리드(W. Reed)를 만났는데, 리드는 당시 군 대학의 병리학과 '세균학' 교수였다. 서재필은 리드의 의학연구소 조교로서 병리학과 '세균학'(특히 황열병) 연구를 하였다(현봉학, 2003 : 104). 서재필은 1890년 미국 시민권을 획득하였고, 1895년 결혼 후 귀국하였다.

4. 《독립신문》에 나타난 과학사상

1) 기존 해석의 문제

기존의 서재필 연구는 자연과학도이자 의학도인 서재필을 철저히 배제한 채 오로지 서구 민주주의 사상의 선구자로 각인시키고, 이데올로기화시켰다. 지금까지의 해석에 의하면 그는 '천부인권', '만민평등'을 바탕으로 한 민주주의, 생명, 재산, 자유권의 옹호자로 그려진다. 물론 이런 주장이 틀린 것은 아니다. 그러나 여기서 서재필의 자연의 보편법칙 사상이 도외시되었음을 간과할 수 없다.

2) 세균학

자연과학적 측면에서 서재필은 자연과 우주질서의 원리에 따라 옳은 생각과 근본을 가지고 최선을 다하라고 간언하였다. 서재필의 자연과학적 사고는 구체적이고 상세하였다. 일례로 서재필은《독립신문》의 15회에 걸친 연재(1897년 6월 17일부터) 마지막 회에 '세균학'에 대한 사설을 썼다. 그가 접한 세균학은 당시에는 첨단의학에 속하는 것으로서, 1897년 7월 22일 그가《독립신문》에 소개한 '세균학'을 정리하면 다음과 같다.

> …그 다음은 우리가 우리 눈으로 볼 슈 업ᄂᆞᆫ 즘승들을 말홀 터인데, 이 즘승들은 넘어 젹어 그져 눈으로ᄂᆞᆫ 보히지 안코 크게 돗보히ᄂᆞᆫ 현미경을 ᄀᆞ져야 볼지라 이 죵류ᄂᆞᆫ 우리가 불으기를 난견 생물이라 ᄒᆞᄂᆞᆫ데 죵류가 여러 백만 죵류요 세계에 뎨일 만ᄒᆞᆫ 것이 이것이라 물 ᄒᆞᆫ 방울을 현미경으로 보거드면 그 쇽에 이런 생물이 몃만 개가 잇고 이 까닭에 사람이 병도 나며 대져 세계에 무론 무슴 백 병에 구십구 병은 이 생물 까닭에 병이 생기는 것이요 이 생물 까닭에 병이 젼염이 되야 ᄒᆞᆫ 사ᄅᆞᆷ이 병을 알커드면 그 생물이 그 사ᄅᆞᆷ의게셔 떠러져셔 다른 사ᄅᆞᆷ의게로 들어가ᄂᆞᆫ 까닭에 병이 젼염이 되ᄂᆞᆫ 것이라 대져 흔ᄒᆞᆫ 병즁에 이 생물 까닭에 젼염되ᄂᆞᆫ 병들은 담병과 림질과 력질과 괴질과 염병과 운긔와 부하 병과 부쵹증과 리질과 모든 학질과 기외 다른 병들도 생물을 인연ᄒᆞ야 젼염이 되며…(1897. 7. 22).

물론 세균은 단세포로 이뤄졌으며, 엽록소가 없기 때문에 광합성을 할 수 없다. 광합성으로 영양분을 섭취할 수 없는 세균은 양분이 있는 곳을 찾기 마련이다. 세균은 양분이 있을 뿐 아니라 온도, 습도에 맞는 곳으로 이곳저곳을 찾아다닌다. 세균의 특질상 전부 이름을 붙이기는 불가능하지만, 현미경으로 관찰이 가능하다. 서재필은 현미경의 기술로 세균의 존재를 알 수 있다는 점에서 과거의 육안(肉眼)으로 보는 세계와의 차별성을 알렸다.

서재필은 미세한 세균학을 화두로 하여 생명과학의 특성에 주목하였다. 《독립신문》에서 각 생물과 짐승은 천부의 특성을 지님을 지적한다.

> 하ᄂᆞ님이 각색 즘승을 ᄆᆞᆫ드실 때에 즘승마다 뎨 몸을 보호홀 병쟝기를 주셧ᄂᆞᆫ지라 둣겁이ᄂᆞᆫ 이 약ᄃᆞᆫ 혹을 주셔 누구던지 둣겁이를 무리 ᄒᆞ게 건드리거드면 이 약으로 뎨 몸을 보호ᄒᆞ게 ᄆᆞᆫ드셧스니… (1897. 7. 13).

즉, 하나님은 모든 생물에게 지혜와 경륜을 부여한 것이다. 두꺼비도 만지면 독소를 뿜어낼 보호본능을 지녔다. 또한 갖가지 짐승은 독특한 특성을 가지지만, 그 특성을 계통별로 분류할 수 있다.

3) 부국강병은 과학적 사유로부터

한편 서재필은 자연과학의 가장 기본이 되는 '관찰'의 정신을 《독립신문》에서 다음과 같이 논했다.

> 죠션 사ᄅᆞᆷ들이 파리가 다리가 몃이 잇ᄂᆞᆫ지 알아셔 별노히 유익ᄒᆞᆫ 일이 업ᄂᆞᆫ 줄을 알아 그러ᄒᆞ되 늘마다 몃 해를 두고 보ᄂᆞᆫ 파리가 다리가 몃 개 잇ᄂᆞᆫ 줄도 모로ᄂᆞᆫ 사ᄅᆞᆷ들이 엇지 그보다 더 어려온 셰계 일을 본덜 알니요 파리나 개고리 공부ᄒᆞᄂᆞᆫ 것이 우슈은듯 ᄒᆞ여 그러ᄒᆞ되 학문이라 ᄒᆞᄂᆞᆫ 것은 셰계에 무심히 볼 것도 업고 드를 것도 업ᄂᆞᆫ데 홈을며 생각을 엇지 무심히 ᄒᆞ리요 그런 고로 학문 배호ᄂᆞᆫ

> 목젹은 무엇을 볼 ᄯᅢ에ᄂᆞᆫ 츄호라도 남겨 놋치 말고 죄다 쟈셔히 보아 실샹을 아ᄌᆞᄂᆞᆫ 것이 주의라 … (1897. 7. 24).

실제 공부하는 이유는 다름 아닌, 학문적 이야기를 자세히 듣고 생각하면 자연히 생각들이 좀 정밀해지기 때문이다. 같은 맥락에서 몸에 악한 병이 있으면 그 병의 사실을 규명하고, 그 병을 속히 고치는 것이 상책일 것이다.

이런 관찰은 비단 자연과학자들의 학문적 이야기에 그치는 것은 아니다. 사람들의 생활태도나 국가의 부와 연결된다. 허나 서구에 비해 조선의 삶의 방식은 아직 미몽에서 벗어나지 못하였고 약했다. 서재필은 다음과 같이 말한다.

> …외국 사ᄅᆞᆷ들은 병 나ᄂᆞᆫ 까ᄃᆞᆰ을 아ᄂᆞᆫ 고로 아모죠록 젼국에 병이 업도록 쥬션ᄒᆞᄂᆞᆫ데 그것은 무엇인고 ᄒᆞ니 졍ᄒᆞᆫ 것이라 몸을 졍하게 ᄀᆞ지고 음식을 졍ᄒᆞᆫ 음식을 먹으며 거텨와 도로를 졍하게 ᄒᆞ는 것이라 그러고 보거드면 병이 ᄌᆞ연히 젹어질 터이요 병이 젹거드면 사ᄅᆞᆷ들이 만히 살터이요 사ᄂᆞᆫ 사ᄅᆞᆷ들이 신톄와 생각ᄒᆞᄂᆞᆫ 법이 강ᄒᆞᆯ 터이요 국즁에 몸이 ᄒᆞ고 생각이 강ᄒᆞᆫ 사ᄅᆞᆷ들이 만히 잇거드면 ᄌᆞ연히 그 나라ᄂᆞ는 부강ᄒᆞ여 질터이니 … 백셩의 몸과 ᄆᆞᄋᆞᆷ이 부강ᄒᆞ여지랴면 사ᄂᆞᆫ 법을 알아야 ᄒᆞᆯ 터이요 사ᄂᆞᆫ 법을 알냐면 학문을 배와야 ᄒᆞᆯ 것이니 그러고 본 즉 부국강병의 긔쵸ᄂᆞᆫ 학문이라…(1897. 7. 22).

같은 〈론셜〉에서 서재필은 개화되고 학문이 있는 국가에는 병균을 예방함으로써 병을 줄일 수 있으나, 조선의 유아사망률은 지극히 높은 관계로 영국의 평균수명이 30세인데 비해, 7세에 불과하다고 강변했다. 말하자면 국가의 부국강병과 개화를 위해서 '관찰'과 학문이 필요함을 강조하는 것이다. 그는 눈에 보이지 않는 것을 관찰할 수 있는 현미경이라는 신기술과 정밀히 관찰하고 연구하는 정신이야말로 조선을 미몽에서 벗어나게 하는 법도라고 판단하였다. 서재필은 그 학습 원리를 생물학에서 찾았다.

> 우리가 그동안은 생물학을 공부ᄒᆞ야 셰계에 잇ᄂᆞᆫ 즘승을 죵류로 분셕ᄒᆞ야 가며 각색 즘승의 형용과 셩미와 행실과 겨텨 ᄒᆞᄂᆞᆫ 것과 사ᄂᆞᆫ 법을 대개 이약이 ᄒᆞᆫ 것은 첫째ᄂᆞᆫ 학문을 위해셔 ᄒᆞᆫ 것이요 둘째는 죠션사ᄅᆞᆷ들이 무론 무ᄉᆞᆷ 물건을 보던지 듯던지 생각ᄒᆞ던지 졍밀ᄒᆞᆫ 것이 젹은 고로 이런 학문을 공부ᄒᆞ거드면 사ᄅᆞᆷ의 생각ᄒᆞᄂᆞᆫ 것이 헛되지가 아니 ᄒᆞ고 졍밀ᄒᆞ여지ᄂᆞᆫ 고로… (1897. 7. 24).

4) 과학과 개화

서재필에게 생명과학의 학문은 ‘개화’의 중요한 요구가 되었다. 개화는 보다 높은 문명화의 단계에 도달하는 것, 또는 선각자들이 무지한 대중을 교도하여 문명의 단계로 이끌어 가는 것으로 간주하였다(이광린, 1970 : 21). ‘개화파’는 무인시대에 길들여진 능문능리(能文能吏)의 개념을 거부하였다. 그들은 신유학의 비생산적이고 관념론적 풍상(風尙)을 거부하고, 18세기 실학파를 계승하였다. 개화파의 기본 사상 내용은 새로운 경제사상이었다(오길보, 1990 : 92~93). 실학파의 ‘개물화민’(開物化民)은 “모든 사물의 궁극을 밝혀 경영하여 나날이 새롭게 하고, 새로운 것으로 백성을 변화시킨다”(이택휘, 1993 : 166)는 사상이다. 개화파 박규수(朴珪壽), 유대치(劉大致), 오경석(吳慶錫), 그리고 이동인(李東仁) 등은 오직 부국강병만이 나라의 정치적 자주와 외래 침략을 격퇴하는 길임을 강조하였다.

개화파와 맥락은 같이하지만 서재필은 더욱 구체적으로 ‘병원’[16]을

---

16) 서재필이 과학적 위생의 실시를 강조한 것은 당시 대한제국의 실정에 비추어 볼 때 신식 병원의 설립과 함께 무엇보다도 먼저 과학적 위생지식을 국민과 정부관료들에게 계몽하고, 예방 의학적 차원에서 국민보건을 증진하기 위한 것

세우고, 선진기술과 제도를 도입하여 상공업을 급속히 발전시켜야 한다고 주장하였다. 개화파는 유교의 고유한 경세제민(經世濟民)의 이상의 재발견, 성리학의 뿌리 깊은 권위주의 전통에 머물러 있지만, 서재필의 실천적 사상은 보다 진전된 것이었다. 서재필은 '동도서기론'이 아니라, 서양의 생명과학의 문명을 인문, 문화과학에 직접 수용하려 했던 것이다. 이것은 서재필의 인간에 대한 '보편적' 믿음 때문이었다(권오기 · 박지향, 2003: 533).

서재필은 동양의 가치관과 도덕을 버리거나, 포기하거나, 재실험하였다. 그는 동도서기론의 전통과 보수성, 그리고 유교적 인간관계에 대해 냉소적이었다. 서재필은 《독립신문》에서 "조선에 아들과 딸, 친구들이 환자의 병구완할 생각들을 아니 하고, 남의 일 보듯이 보고들 있어서, 조선 인민이 인정 있고, 의리 있고, 경계가 있다고 할 수 없음"(1897. 7. 31)을 지적하였다. 서재필은 병이 없어지면, 나라가 태평하고, 군민이 안락하게 된다고 보았다. 실학파, 개화파는 정신과학〔道〕에서 경제사상을 도출하였지만, 서재필은 자연과학에서 병을 직접 치유할 과학기술과 학문을 도출한 것이다.

5. 사실의 기술로서의 과학

서재필은 《독립신문》에서 "하나님이 각색 짐승을 만드실 때에 짐승마다 제 몸을 보호할…"(1897. 7. 13)이라고 말하면서 자연은 다양하고 다의성을 가진 것이라고 지적하고 있다. 자연은 저절로, 자유로이

이었다고 볼 수 있다. 서재필의 과학적 위생에 대한 계몽과 활동은 큰 효과를 나타내어, 서재필의 도미 출국 후에 1898년 7월 독립협회 회원들의 의학교 설립을 요구하는 자발적 만민공동회가 개최되기도 하였다(신용하, 2003 : 158~159).

발생된 것, 출생된 것과 자기 스스로의 성장에 맡겨진 것들의 총체이기 때문에 수많은 특질이 남김없이 규명될 수는 없다. 즉, 자연과학은 실재적 대상의 특수성과 개성 일체를 가시적으로 재현할 수는 없다. 하지만 자연현상을 다루는 과학은 실체를 있는 그대로 기술(記述)해야 의미를 지닌다(H. Rickert, 1898 : 46). 말하자면 현실과 정확히 일치하는 기술만이 과학적 '가치'가 있다. 과학은 자연을 정확하게 기술함으로써 자연법칙을 발견한다. 그러나 "동양 학문은 이 경계와 온통 달라 무슨 일이고 한 번 남에게 배우면 언제까지든지 그 검정이가 희더라도 검정이로만 알아야 한다"(《독립신문》 1897. 7. 24). 즉, 지금까지 조선 인민은 흰 것을 정확하게 관찰하고, 다른 것과 비교하여 희다고 결론내리는 대신, 남의 말만으로 흰 것을 검다고 한 경우가 허다한 것을 비판한 것이다.

1) 생명과학과 가치

그는 학문을 각각의 물건과 생물의 자연 이치를 자세히 아는 것으로 생각하였다(《독립신문》 1897. 6. 17). 그가 미국 유학시절 영향을 받았던 생명과학은 무수히 많은 대상을 포괄하는 개념을 사용한다. 그러므로 개념이 보편적이면 보편적일수록 특수한 부분과 자연 전체에 공통적인 것이 명료하게 표현된다.

보편성은 현실을 잘 설명할 수 있게 한다(H. Rickert, 1898 : 120). 리케르트는 과학의 자연객체를 재(財)로서가 아니라 '가치'와 관계없는 것으로 간주한 바 있다. 생명과학의 측면에서 지스터(G. Jister)가 1865년 소독 수술법을 시도한 것이나, 코흐(R. Koch)가 소독하는 방법을 규정한 것도 '가치'의 보편적 의미를 수용한 범주에 속한다. 서재필은 생명과학에서 보편적 가치를 추구함으로써 시간을 두고 자연적으로 변화하는 실체를 규명하였다. 즉, 과거의 정적 사고로부터 동적 사고로의 변환을 촉구한 것이다. 진화론의 시간 개념을 중시함으로써 천부의 생성보다는 환경과 발전의 과정에 있는 존재를 우위에 두었다.

2) 적자생존의 논리

생명과학은 자연을 정확하게 통찰, 기술함으로써 사실을 규명한다. 1859년 다윈(C. Darwin)은 자연현상을 통찰한 결과, 선택과 도태의 '자연선택'〔적자생존〕을 논하였다. 다윈은 자연과학의 법칙으로서 생존경쟁에서 자연적 선택과 우생종의 보존법칙을 중심으로 《종의 기원》을 발표하였다. 이에 따르면 생물은 증식하고, 그 증식률은 먹이의 증가율보다 커서 개체 사이에는 심한 생존경쟁이 일어난다. 환경에 적응하는 변이체는 생존경쟁에 이겨 생존하고, 부적자는 도태된다. 이 효과는 출생의 원인이라기보다 환경과 발전에 의해서 전개된 것이다. 이것이 바로 적자생존의 원리다.

다윈은 《종의 기원》에서 일반적으로 같은 속에 속하는 종은 습성이나 체질 그리고 구조에 있어서 매우 유사하기 때문에 그들 사이에 경쟁이 일어났을 경우, 그 경쟁은 대체로 다른 속에 속하는 종들 간에 일어나는 경쟁보다 격심하다고 결론지었다(C. Darwin, 1986 : 119). '자연도태'와 '적자생존'의 원리에서 본다면 미국은 엄청난 적자(適者)의 속성을 지녔다. 서재필은 미국의 융성을 가져오게 한 큰 원인으로서 과학의 발달과 민주주의를 뽑았다. 또 미국의 과학발달은 민주주의 분위기 속에서 비로소 가능했음을 강조하였다(백학순, 2003 : 482).

3) 자유의 원리

민주주의뿐만 아니라 생명과학의 주요 원리는 자유이다. 자유가 없으면 선택할 수단이 결여되고, 개인은 도태되거나, 사슬 안에 머무를 수밖에 없다. 서재필은 신체의 자유, 재산의 자유, 자유 독립을 이루려면 무엇보다 인민의 교육이 우선되어야 한다는 논조를 펴고, 교육증진에 남녀구별을 두지 않았다. 서재필의 자유의식은 다음의 주장에서도 여실히 드러나고 있다. 그는 조선의 부인과 사나이는 세계 어느 나라 인민과 같이, '동등한 권리'[17]를 갖고 태어났으며, 모두가 천부인권을 가지고 자유롭게 태어난 종(種)이라고 적고 있다. 그러나 "조선의 사나이가 여편네 대접하는 것을 보면 정도 없고 의도 없고 예도 없고 참 사랑하는 마음도 없이 대접한다."(《독립신문》 1896. 4. 21). 즉, 조선의 남자는 이치와 인정을 생각하지 않고, 다만 자기의 팔 힘만 믿고 부인을 압제하려 한다고 비판한다. 이에 대해 서재필은 "부인네들께 권하기를, 아무쪼록 학문을 높이 배워 사나이들보다 행실도 더 높고 지식도 더 넓혀 부인의 권리를 찾고 어리석고 무리한 사나이들을 교육하기를 바라노라"라는 말을 남겼다(《독립신문》 1896. 4. 21).

민권의 보호차원에서 시작한 서재필의 자유사상은 '지도적 민주주의'로 그 정도를 심화시켰다. 하지만 그의 사고는 자유가 아닌 교육을 우선시함으로써 사회적 억압을 정당화할 수 있는 가능성을 지니고 있었다. 서재필은 교과과정을 단계적으로 고급화, 전문화하도록 제안하였다. 교과내용은 허문(虛文)을 버리고 이용후생, 부국강병, 실사구시, 실상(實相) 학문, 또는 실학을 가르치도록 권장하였다. 서재필은 아무것도 모르는 소견이 열린 이치를 가지고 일을 생각하여 실상대로 만

---

17) 인간의 동등한 권리는 "하나님이 세계 인생을 낳으실 때에 사나이나 여자에게나 사람은 다 한가지라. 여자도 남자의 학문을 교육받고, 동등권을 가져 인생에 당한 사업을 다 각기 하는 것이 당연한 도리이다"로 그 의미를 알 수 있다(《독립신문》 1898. 1. 4). 한편 *The Independent*는 "모든 사람은 평등하게 태어났다"를 강조하였다(1896. 12. 5). 조선사람이 자주적 판단 없이 남의 말을 듣고 이리저리 휘둘리는 현실을 보고 "천상 권리와 사람마다 가진 자유권을 남에게 잃은 것"이라고 비난하였다(*The Independent* December 5, 1896: 이택휘, 2003: 187에서 재인용).

사를 행하는 것을 개화로 간주하였다(《독립신문》 1896. 6. 30).

4) 일상적 삶을 변화시키는 과학

열린 전문(기술) 교과과정은 인간과 세계를 보다 넓게 엮어주었다. 서재필은 민권신장에 교육의 목표를 두고 자연과학 과목을 선두로 정치, 경제, 법률 등 사회과학으로 교과목을 확대토록 하였으며, 실천적 학문을 주장했다(송건호, 1979 : 238).

서재필은 우선 실생활에서 일어날 수 있는 위생, 보건에 관해서 관심을 주지시켰다. 그는 그 구체적 실천법으로, "우물을 먹더라도 그 물을 먼저 끓여 식힌 후에 정한 독에 넣어서 그늘진 데 두고 먹으면 그저 먹는 것보다 얼마나 나을 터이다"라고 독려했다.

또한 서재필은 과학적 '위생제도 실시'[18]를 강력히 권장하였다. 그는 《독립신문》에서 백성이 병이 없어야 나라가 강해지는 이치를 설명하였다(1896. 6. 27). 백성이 건강해야 인구도 늘어나고 나라도 부강하는데 조선의 현실은 그렇지 못하였다. 내부 위생국은 현재 존재하지만 전염병에 걸리는 숫자가 좀처럼 줄지 않았다. 결국 위생국 관리는 나라 돈을 도적질하는 것과 다를 바가 없었다. 백성의 위생을 생각하지 않고서는 문명진보가 이뤄질 수 없는 것으로 비판적 관점에서 논리를 폈다. 그는 전염병에 걸릴 만한 개천을 정비하고, 길가에 대소변을

---

18) 《독립신문》에 16회에 걸쳐 게재된 과학적 위생제도 개선책으로는 ① 위생국의 전염병 예방조치 제도화(1896. 6. 27 ; 7. 18), ② 우물의 개량과 식수의 청결화(1896. 5. 2; 1897. 9. 2), ③ 도로 · 하수도 · 개천의 보수와 청결화(1896. 5. 19; 6. 27; 1897. 8. 31), ④ 현대적 신식병원의 설립(1897. 12. 11), ⑤ 변소 개량, 공중변소의 설치(1897. 8. 31), ⑥ 가내 목욕탕 및 공중목욕탕의 설치(1896. 5. 19; 1897. 9. 2), ⑦ 운동장려, 체육시설의 설치(1896. 12. 12 ; 1897. 2. 20), ⑧ 굴뚝의 개량(1897. 8. 31), ⑨ 불량 의원 및 미신적 병 치료 금지(1896. 12. 1), ⑩ 조림과 공기의 청결화(1896. 10. 2~9) 등이다(신용하, 2003 : 158).

금하게 하였다. 이러한 규칙을 정하고, '순검'(경찰)은 그 규칙의 시행 여부를 점검토록 하였다. 만약 어길 때 지위 고하를 막론하고 경무청은 엄히 다스리도록 하였다.

이런 규칙은 철저하게 과학적 인과론에 의지하여 도출된 것이다. 《독립신문》은 분석적, 논리적, 인과관계를 중시하고 있다. 서재필이 도로, 하수도 개천의 보수와 청결화를 권장하는 이유는 다음과 같은 인과관계의 소산이다.

> 셔울 쇽에 잇는 우물물을 분셕을 ᄒᆞ여 보거드면 그 물이 물이 아니라 거름을 걸은 거시니 이런 물을 먹는 까둙에 여름이면 셜ᄉᆞ로 ᄒᆞ여곰 죽는 사ᄅᆞᆷ이 만히 잇고 열병과 학질이 만히 다니니 백셩이 병이 만커드면 나라히 ᄌᆞ연히 약ᄒᆞ여지는 거시라(1896. 5. 2).

이에 서재필은 병의 원인을 규명하고, 과학적 처방을 내린다.

> 어디던지 사ᄅᆞᆷ이 만히 사는 데는 카반늑 애쓰드(CO_2)가 만히 생기는 거시 사ᄅᆞᆷ마다 이 긔운을 부러내는지라 그런 고로 사ᄅᆞᆷ이 병이 만히 나고 또 동리가 셔울ᄀᆞᆺ치 더러워 내암새가 ᄉᆞ방에셔 나는대 엇지 사ᄅᆞᆷ들이 병이 아니 나며 몸들이 약해지지 안 ᄒᆞ리요 만일 나무를 셩 가으로 다니며 모도 슴어 노커드면 이 나무들이 카반늑 애쓰드와 개쳔에셔 나는 약취를 얼마큼 빠라 드리고 악씨진을 공긔 쇽에다 만히 집어 너흘지라 그런 고로 외국은 동리마다 공원디가 잇셔 나무를 만히 슴어 노코 집집마다 나무를 슴으는지라(1896. 10. 29).

이런 관찰과 인과성에 대한 파악은 사회적인 것으로 연결된다. 서재필은 병이 나면 치유할 병원을 짓도록 함으로써 사회제도와 연결시키도록 하였다. 〈잡보〉란에 의약의 학문을 급선무로 결정한다는, 현대적 병원 설치에 관한 독립협회 회원들의 토론내용을 게재하기도 했다

(1897.12.11). 한편 서재필은 생물학을 소개하면서, 재미없는 학문이지만 생물학을 통해 내가 처한 상태, 내 나라가 처한 상태까지 제대로 볼 수 있다고 제언하였다. 즉, 서재필은 과학적인 것이 과학으로 그치는 것이 아니라 실생활에서 인간이 살아가면서, 혹은 자신의 정치적, 경제적, 사회적인 실상을 이해할 수 있는 기반이 됨을 강조하였다(권오기 · 박지향, 2003 : 537).

서재필은 농 · 공 · 상을 천시하는 고루한 전근대적 사고와 전통을 비판했다. 그는 실생활에 도움이 되는 학문 정립에 관심을 가졌다. 농사의 후진성이 농사짓는 법과 종자개량에 소홀하기 때문임을 지적하면서 농사에 관해 학문으로 연구하고, 선진기술을 배워 소득을 높일 것을 권장하였다. 서재필은 제조업에 필요한 지식과 기술 등을 익혀 실행할 때 경제적으로 부강한 나라가 됨을 강조하였다.

> 농ᄉᆞᄆᆞᆫ 힘쓰ᄂᆞᆫ 나라ᄂᆞᆫ 동셔양을 다 샹고ᄒᆞ여 보아도 약ᄒᆞ고 어두어 쟝ᄉᆞ와 뎨죠와 농무를 힘쓰ᄂᆞᆫ 나라의게 눌니며 쇽ᄒᆞ야 지내ᄂᆞᆫ지라 그러ᄒᆞ기에 애급 ᄀᆞᆺᄒᆞᆫ 나라ᄂᆞᆫ 긔후와 토디가 조하 일년에 농ᄉᆞ를 셰변을 ᄒᆞ야 일년에 곡식에셔 생기ᄂᆞᆫ 돈이 대단히 만ᄒᆞ나 그 나라이 죵시 간난ᄒᆞ고 백셩들이 우쥰ᄒᆞ고 어두어 토이긔의 쇽국이 되고 재정과 병권은 영길리에 쇽ᄒᆞ엿ᄂᆞᆫ지라 청국도 전국에셔 생기ᄂᆞᆫ 돈이 대개 농ᄉᆞ하야 생기ᄂᆞᆫ 고로 나라가 부ᄌᆞᄂᆞᆫ 부ᄌᆞ나 쟝ᄉᆞ를 못하ᄂᆞᆫ 고로 그 돈을 모도 외국에 빼기고 … 그런 고로 셰계에 부강ᄒᆞᆫ 나라들은 농ᄉᆞ도 힘쓰려니와 뎨일 힘쓰ᄂᆞᆫ 것이 물건 뎨죠와 쟝ᄉᆞ라 죠션셔ᄂᆞᆫ 이런 ᄉᆞ졍을 다 알고 안졋시니 졍부에셔 아모죠록 어리셕은 백셩들을 ᄀᆞᄅᆞ쳐 물건도 뎨조ᄒᆞ고 쟝ᄉᆞ도 경계잇게 ᄒᆞ도록 하여 주어야 할 터이라(1897.8.7).

물론 나라가 부강하는 방법은 백성의 마음과 몸이 먼저 부강해져야 한다. 백성의 몸과 마음이 부강해지려면 사회유기체의 기본 단위로서의 "개인이 사는 법을 배워야 할 것이며, 그리고 부국강병의 묘책은

'기술교육'[19] 을 권장하는 것밖에는 없다"(《독립신문》 1897. 7. 22).

한 분야의 과학화는 사는 방법에 관련된 생활의 모든 분야의 기능화를 시도한다. 모든 사회개혁도 마찬가지로 충분히 조직화되고 계층적으로 구축된 사회를 전제로 한다. 생물의 유기체론을 전체 사회로 확산한 것이다. 《독립신문》은 사회의 원리를 인체의 작동원리로 설명하였다(1897. 8. 3). 즉, 인간 유기체에서 두뇌의 기능은 손에 해가 없도록 생각한다. 또한 손의 기능은 두뇌가 하는 대로 시행한다. 두뇌만 그렇게 대접하는 것이 아니라 전신에 있는 기계가 모두 서로 도와주고 보호한다. 인간유기체는 사회유기체로 확산되고, 사회유기체는 자기 보호를 위해 "① 적(敵)에게 겁이 없어야 하고, ② 적보다 편리한 '병장기'를 준비"(1897. 8. 12) 해야 한다

서재필은 동도서기론의 '전통적 제도와 사상을 지키기'에 부정적이었다. 후일 《황성신문》의 편집진이 "외국의 문물제도와 사상의 유입으로 한국의 기존 가치체계가 혼돈되어 있다"(정진석, 1990 : 170) 라고 본 것과 '서재필의 사고'[20] 는 달랐다. 서재필의 이상사회는 동도서기론과 전혀 다른 인간유형을 추구하며, 기계와 기술의 세계에서 안락함을 영

---

19) 서재필은 1922년 발표한 논문에서 기술교육의 중요성을 강조하였다. "미주와 하와이에는 영어를 이해할 수 있고 기본적 교육이 되어 있는 젊은이들이 최소한 5백여 명이 있으며, 이들을 기술학교에 보내 나라의 상공업과 국민의 복지를 위해 필요한 과학과 예술, 무역 등을 배우게 해야 한다"(*Korea Review*, April, 1922 ; 홍선표, 2003 : 438에서 재인용).

20) 기술 중심적 발상에서 서재필의 과학·기술 사상은 궁극적으로 몇 가지 문제를 잉태한 것이었다. 기술의 진보는 목적을 한 방향으로 집중시킴으로써 모든 기존 질서를 파괴하고, 모든 능력, 모든 관습, 모든 양심, 모든 정신을 균등화시키고, 궁극적으로는 독립된 생활, 개인적인 존재, 개인적인 판단의 기능성이 소멸하게 된다. 자유가 없는 곳은 언제든지 억압의 노예화에 노출되어 있다. 전통적 모든 자유, 개인의 권리도 무의미하게 된다(Jean F. Neurohr, 1957, 1981: 267).

위하고, 그 세계를 사랑하였다.[21]

6. 서재필의 과학 · 기술 사상

서재필의 과학 · 기술 사상은 《독립신문》에서 빛을 발하였다. 《독립신문》은 다수의 독자를 상대하면서 기록성, 객관성, 신뢰를 획득하였다. 《독립신문》은 개화를 논하면서 "나 하는 일을 남이 알아도 부끄럽지 않으며, 문을 열어 놓고 일을 하여야 방해하는 일이 없다"고 강조하였다(1896. 6. 30).

신문을 읽는 독자는 역사, 과학, 예술, 종교, 외국 언어와 관계없이 보편적 정보를 습득할 수 있었다(《독닙신문》 1896. 4. 7). 신문은 백성의 몸과 마음이 부강하여지기 위해 '사는 법'을 알려줬다.

《독립신문》은 뉴스 수집과정에서 전신, 전화를 사용함으로써 정보지를 표방할 수 있었다. 과학자는 현미경을 사용하여 세균을 찾아냈고, 현미경을 미디어로 삼아 세균의 세계를 들어다보았다. 같은 원리에서 《독립신문》은 전신, 전화에 맞는 뉴스를 선택하였다. 육안으로 보는 세계와 현미경으로 보는 세계가 다르듯, 전신 · 전화로 전송할 뉴스는 수송, 편지로 얻는 정보와는 전혀 다른 세계를 제공했다. 전화의 구어전달은 문어체를 꺼린다. 전신의 기사는 짧아졌고, 구어체 언문을 사용하게 하였다. 전신은 공간을 세계로 확장시켰고, 시간을 단축시켰다.

갑신정변이 우편혁명에 의해 유발되었다면, 《독립신문》의 창간은 1895년 청일전쟁 다음해, 전신혁명에 의해 구체화되었다. 전신은 사

---

21) 자유와 평등, 민주주의와 예술 등의 개념들은 이 같은 새로운 인간의 형상과 연계되어 새로운 의미를 갖는다(Jean F. Neurohr, 1957, 1981 : 267).

실을 전하기에 적합한 뉴스를 선택했다. 언어의 질서로부터 사실의 질서를 형성함으로써 전신은 사건의 '사물화'를 진행시켰다. 신문은 자신의 논리대로 삶의 방식을 개발하였으며, 자연과학의 기본적 인과관계를 망각한 채 인위적 기술의 인과관계를 조작하기 시작하였다. 개화의 정보가 전파되었으며, 미디어에 의해 인간관계가 형성되기 시작하였다. 타인과 접촉하기 위해 매개의 방법으로 '미디어'가 사용됨으로써 인위적 기술논리에 의해 인간 사회의 변형이 초래되었다.

《독립신문》은 정보전달 매체이며, 이를 통해 모든 인민을 계몽토록 하였다. 정보지의 기사는 사실에 근거하여 의견을 개진하였으며, 전신은 이를 가능케 하였다. 정보지 《독립신문》으로 하여금 "내외 남녀 상하 귀천은 모든 조선 일을 서로 알게 하였으며, 외국 사정도 조선인민을 위하여 간간이 기록함으로써, 외국은 가지 못하더라도 조선인민이 외국 사정도 알게 하였다"(《독닙신문》 1896. 4. 7).

세상 사람에게 말하여야, 세상 사람들이 그 신문을 보고 생각도 못하던 일을 생각도 하고, 모르던 일도 알게 된다. 그러므로 신문은 교육의 기구, 계몽의 기구였다. 현재의 정보지 신문 개념은 《독립신문》을 통하여 논의되고 시작된 셈이다. 더욱이 《독립신문》은 전신의 기술적 속성에 맞는 정보를 게재하였다. 《독립신문》은 당시 최첨단으로 발전한 정보사회의 맹아 역할을 담당한 것이다.

신문은 새로운 인간과 사회유형의 형성에 영향을 미쳤다. 사회는 정보의 질서, 사실의 질서에 관심을 가진 것이다. 인민의 학문을 드높이고, 품위 있게 하는 《독립신문》의 발상은 교육제도가 확립되지 않은 당시 상황에서 획기적이었다. 교육은 미디어를 중심으로 이뤄졌다. 미디어 교육을 통해 인민은 자신에게 적합한 삶의 방식에 적응한다. 개인은 자신의 직분을 수행하며, 자유, 생명, 절대적 재산권을 누린다. 서재필은 《독닙신문》에 과학적 · 기술적 사회 '개혁'을 주장하였다. 그는 사회의 위기에 대처해 정보와 사실, 과학과 기술에 기초한 새 틀을 제공하고자 하였다.

《독립신문》은 국내외 관심거리를 뉴스형식으로 게재함으로써, 정보지로서의 '보도체계'를 형식화했다. 서재필은 '사실(정보)의 질서'를 강조했다. 단세포의 세균이 생존을 위해 타 생명체에 기생하는 것과 같이 사실은 또 다른 사실을 계속해서 요구한다. 서재필은 프랑스의 뷔퐁과 같이, 동물의 각 기관이 서로 협동하여 일하면서 하나의 질서를 형성한다는 관점에 서재필은 동조한 셈이다.

《독립신문》이 사실의 질서에 근거한 정보지를 시도한 것도 서재필의 과학 · 기술 사상과 무관하지 않았다. 또한 서재필은 과학의 발달이 민주주의 분위기 속에서 비로소 가능한 것으로 간주했다. 기존의 서재필의 이해는 언론자유, 천부인권 사상, 정치적 민주주의에 집중되어 있으며, 천부성(天賦性)의 생명 · 기술과학 정신에 관한 연구를 누락시켰다. 즉, 언론학은 생물유기체가 갖는 천부적 특성에 관한 서재필의 개인 경험 세계를 도외시하였다. 오히려 민주주의의 '목적에 대한 수단'으로 서재필을 이해했다.

이 글에서 우리는 자연 · 생명과학이 갖는 각 생명체의 천부성과 아울러 환경과 발전의 자연선택(적자생존)의 원리가 인간, 사회유기체의 운영원리의 근간을 이루고 있음을 밝혔다. 생명과학은 자유와 선택, 그리고 도태를 자연법칙, 혹은 인과관계로 규명하였다. 서재필에 대한 이해를 인위적 자유민주주의에 집착한다면 그것은 '목적을 위한 수단'의 이데올로기적 해석에 불과하다. 갑신정변이 부국강병의 이데올로기였다면 분명 《독립신문》은 정보지의 '이데올로기'이었을 것이다. 동도서기론의 '기'(器)에 심취한 서재필은 분명 기술 · 미디어 결정론적 발상의 허위의식을 가지고 있었다. 작금의 정보사회의 미디어 결정론적 발상은 《독립신문》에서 그 편린을 찾을 수 있다.

윤치호

윤치호의 민족적 소명과 기독교 신앙은 조국의 현실에 부딪치면서
적극적 행동의지의 동력으로 전환되지 못하고,
자기성찰의 내면화 속에서 빈번히 무력화되었다.

제 2 장
윤치호의 그리스도교적 민권

1. 서론

윤치호(佐翁 尹致昊, 1865~1945)는 1898년 5월 12일부터 10월 28일까지 약 5개월간 독립신문사 사무장(주필)으로서 《독립신문》 논조의 흐름을 주도했다. 그는 《독립신문》 설립에 직접 참여하였으며, 서재필에게 영문판 *The Independent*의 번역 업무를 약속하기도 했다. 윤치호는 《독립신문》의 〈론셜〉을 직접 집필하였으며, 그 자신이 매주 발행되는 영문, 국문 등 〈론셜〉 여섯 개의 교정을 보았다. 또한 그는 독립협회 회장 대리로서 《독립신문》의 사무장을 맡았으며, 그후 만민공동회 대회장 등을 역임하면서 그 내용을 《독립신문》에 게재했다. 언론사적으로 볼 때 당시 《독립신문》은 독립협회의 실제적 기관지 역할을 하면서 독립협회 구성원의 토론, 상소의 장을 제공하였다.

윤치호의 언론관은 서재필이 역점을 두었던 민권확립에 주안점을 두고 있다. 그는 1898년 5월 19일자 취임 후 *The Independent* 첫 호의 〈정직한 고백〉에서 "모든 사람은 평등하게 태어났다"는 사실을 강조하고, 인간의 신성한 권리를 부각시켰다. 백성의 권리가 곧 민권임을 밝힌 것이다. 여기서의 민권은 그리스도교로부터 유래한다. 윤치호는 신이 구원의 유일한 주체이며, 신이라는 선한 주체적 힘에 의해 수호되는 개인의 민권, 생명, 재산 등은 어떤 주권자도 침범할 수 없으며,

윤리적 자기완성만이 구원을 가져올 수 있음을 상기시켰다.

그는 독립협회 회장의 직무대리인으로서 《독립신문》의 사무장을 맡아 〈론셜〉, 〈잡보〉란을 통해 민권의 계몽사례나 반대로 유린현장을 고발했다. 《독립신문》은 지금껏 금지되었던 정치권의 비판을 일상화함으로써 민권을 천부인권의 차원에서 파악하고 시민권의 '언론자유'를 가능케 했다. 언론이 사회제도로서의 역할을 담당한 셈이다. 아울러 그는 지금까지의 개인의 생명, 권리, 이익을 침해했던 유교적 궁역(宮役), 치도(治道), 의관(衣冠), 예절 등이 나라를 '결딴나게' 만들었다고 굳게 믿고 있었다.

윤치호는 1897년 8월 5일 독립협회를 토론회로 개조하고, 매주 토·일 양일간에 열린 독립협회 토론회를 통해 회원과 민중에게 당면 문제를 인식시켰다. 주로 일상생활에서 의제를 정한 토론은 찬반양론으로 나뉘어 회원과 민중간의 열띤 논쟁으로 이어졌으며, 서로에게 연설할 수 있는 기회를 부여함으로써 시민권을 함양하는 데 중추적 역할을 했다. 이에 참가한 사람들은 합의된 사항을 존중하는 분위기 속에 결론을 맺어갔다.

윤치호 개인의 그리스도교적 인생관은 독립협회와 《독립신문》의 민권향상에 투영되었다. 인민의 권리와 의무에 관한 토론과 논쟁들은 즉시 《독립신문》에 게재되었으며, 여론화되었다. 독립협회는 중추원을 개정하여 의관의 반(25명)을 독립협회에서 선출한 민선의원으로 하는 법제화에 전력을 기울였다. 윤치호는 민선의관이 시민권의 대변자로 활동하기를 염원한 것이다. 윤치호는 《독립신문》과 더불어 민권, 언론의 자유확립으로 그 업적이 역사에 남아있지만, 그 이면에는 통역관, 대리인의 삶, 친미주의자의 암울한 그림자가 드리워져 있다.

이 글은 《독립신문》에 나타난 것을 통해 민권이 시민권으로 변화하는 과정을 추적함과 동시에 윤치호의 그리스도교 사상, 독립협회 활동 그리고 《독립신문》 활동 등도 함께 규명한다. 이는 언론활동을 통해 윤치호가 구현하고자 했던 그의 민권, 시민권 사상에 대한 연구이다.

윤치호는 몇백 년의 경험을 통해 이룩한 서구의 근대화를 단지 몇십 년 안에 경험코자 하는 데에서 오는 갈등을 감안하면서 외국문화의 유입에 몰두했다. 그러나 결과적으로는 맹목적으로 근대화를 추종, 민족성을 상실한 채 '통역관'의 삶을 영위했던 것이다.

이 연구는 윤치호를 이해함으로써 현재의 문제를 반추하게 될 것이다. 현재 세계화의 명목하에 각국의 언어, 문물, 사상을 무분별하게 받아들일 뿐 아니라 민권(인권)까지 서구인을 복사, 수용하는 현재 언론인, 지식인에게도 윤치호와 유사한 심적 갈등관계가 재현될 수 있다. 세계가 하나의 생활권으로 된 지금, 윤치호의 합리성, 서구지향성은 자못 선각자적이다. 하지만 세계화의 물결로 우리 사회는 '애국심', '민족주의', '주체성'은 점점 왜소해갈 전망이며, 내부 세대간의 격차는 언어의 소통에 장애를 받을 만큼 심각한 상태이다. 서구의 주변인이었던 윤치호가 개화기에 겪었던 내면의 갈등이나 삶의 궤적은 현재 우리의 국가사회적 차원에서 충분히 유의미할 것이다.

2. 인간 윤치호와 그 사상적 근거

윤치호는 《경성신문》 사장, 《독립신문》 사무장(주필)으로서 언론종사 경력은 8개월 정도에 불과하지만 언론사에서 《독립신문》에 끼친 그의 업적은 큰 비중을 차지한다. 당시 독립협회가 조선 역사상 처음으로 인민을 정치제도권 안으로 끌어들였다면, 초창기 《독립신문》은 인민의 '민권'의 신장, '언론의 자유'(시민권)를 쟁취케 한 개화의 첨병이었다.

서재필이 떠난 《독립신문》 운영은 1898년 5월 12일 아펜젤러(J. Appenzeller) 목사와 윤치호에게 일임되었다. 그 대가로 《독립신문》은 아펜젤러에게 연간 360달러를, 윤치호에게 720달러를 지불했다(윤치호⑤, 1975 : 159). 아펜젤러 목사는 1년 동안 명목상 사장 및 주필이 되었고, 윤치호는 《독립신문》의 실제 사장 겸 주필이 되었다.

《독립신문》의 1898년 5월 17일자 〈론셜〉에서 서재필은 윤치호를 서양사람과 대한사람과 널리 친하며, 미국에서 교육받고 유럽을 유람하여 여러 외국말에 능통하다고 피력한 뒤, 그를 얻은 것이 경사라고 소개했다. 덧붙여서 그 〈론셜〉에서 서재필은 윤치호가 《독립신문》을 맡은 것을 계기로 개화사업이 더욱 확장되기를 축원하며, '충군애민' 하는 마음이 두터워지기를 바란다고 덧붙였다. 즉, 윤치호가 서구 지향적이지만 《독립신문》의 '충군애민' 정신을 잘 대변할 수 있는 적임자임을 보여주었다.

윤치호는 일본어, 중국어, 영어, 프랑스어를 구사하는 뛰어난 언어적 감각을 지녔고, 일본, 중국, 미국 등에서 수학했으며, 더욱이 러시아 니콜라이 2세 황제의 대관식에 참가하는 등 각국의 문화를 두루 익혔다. 외국문화에 지나치게 익숙한 그의 서구지향적 사고로 인해 조선 인민은 단지 연민의 대상으로 간주되었다. 윤치호는 1895년 8월 5일자 일기에서 외국생활을 마감한 뒤 조선에 돌아왔지만, 조선은 사회적 규칙과 규범이 아직 통하지 않았으며, 경찰은 초라했고 인민은 빈곤했다고 술회하고 있다(윤치호④, 1975 : 52~53).

1) 윤치호의 조선 진단

"일국의 흥망성쇠는 그 인민 지각과 기상에 달린 것이나 우리 백성은 여러 백 년 동안 남의 노예가 되어 지각과 사내다운 기상은 전혀 찾아볼 수 없었다"(윤치호①, 1973 : 370). 대신 백성은 빈곤, 과잉인구, 질병, 무식, 무례로 가득 차 있었다. 윤치호에게 조선 백성은 오로지 연민과 좌절의 대상이었다.

대한제국의 관리의 난맥상도 여전했다. 관리는 능력있고 빈틈없는 사람을 채용하기보다 애국심과 정직성만을 따졌다(윤치호 ④, 1975: 52). 관리는 게으르며, 말이 많고, 담배를 피우고, 먹는 데 온통 시간을 허비했다. 불필요한 관리의 숫자만을 늘려 재무대신이 상업, 상인, 예술가 등에까지 간섭하려고 했다. (윤치호 ④, 1975 : 53).

독립협회장 당시 영국공사 조단(Jordan)에게 보낸 서한에서도 윤치호는 황제와 관리의 무능함을 질타했다(구대열, 1986 : 29에서 재인용). 고종은 전제적, 비합리적 '권력남용'[1] 을 일삼았으며, 지나친 전횡과 정치관여는 오히려 정치적 혼란만을 부추길 뿐이었다. 또한 왕의 주변은 아첨, 험담, 모함, 거짓말 등을 일삼는 무리들로 가득 차 있었으며, 먹고, 자고, 훔치는 일에 전력을 다하는 소인배로 초만원을 이룬다는 게 윤치호의 조선 진단이다.

인민을 불안하게 하는 악의 세력을 물리치고, 불의로부터 왕을 보호하는 방법은 우선 왕의 권한을 축소시키는 일이었다. 인민의 생명과 재산을 온전히 보전함은 곧 국가의 기본을 견고히 하는 것이었다. 또한 국가는 개인이 자기 행실을 바르게 하듯 국가의 재정상태를 바르게 해야 했다. 현재와 같이 유교적 권위주의의 권력남용이 빈번히 일어나는 때, 어떤 종류의 개화도 불가능하다고 윤치호는 본 것이다.

윤치호는 개화된 조선인을 영국 여행자 버드(I. L. Bird)의 《대한과 그린국》을 통해 소개했다(《독립신문》 1898. 5. 28). 그녀가 본 대한사람은 추하고 잔약하고, 게으르고, 비루하여 남에게 의지할 마음으로 가득 차 있고, 윗사람에게 아첨할 줄만 안다고 표현했다. 그러나 또 역설적이게도 이 〈론셜〉은 아라사 지방의 조선인은 기상이 있고, 부

1) 권력남용은 제정의 확보와 지출에서 나타났다. 즉, 재정은 당연히 국고금으로 수입될 것도 대부분은 주상에 직속한 내장원(內藏院)이라는 데로 들어가서 누가 사용했는지 알지 못하게 흐트러지고 그 문란함이 한정이 없었다(윤치호 1931 : 545).

지런하고 똑똑하여 생업을 잘 영위할 뿐 아니라, 의식적으로 자유하는 마음이 있어서 대한 본국 사람에 비하면 다른 인종 같아 대단히 칭찬할 만하다고 전했다.

2) 윤치호의 행적

합리성, 서구지향성의 개화관은 윤치호의 나이 17세인 1881년부터 시작되었다. 윤치호는 그해 박정양(朴定陽), 홍영식(洪英植), 어윤중(魚允中), 조준영(趙準永) 등과 함께 '신사유람단'의 일행으로 일본을 방문할 당시, 홍영식의 인도를 받아 유정수(柳定洙), 유길준(兪吉濬) 등과 동행했다. 그 중 윤치호와 유길준은 귀국하지 않고 박영효의 《한성순보》 발행에 영향을 준 후쿠자와 유키치와 쌍벽을 이룬 나카무라 마사나오〔中村正直〕가 운영하는 도진사〔同人舍〕에 입학하여 일본어를 습득했다. 윤치호는 요코하마 주재 네덜란드 영사관에서 영어를 익혔고, 1883년 초대 주한 미국공사 푸트(L. H. Foote)의 통역관으로 약 2년 만에 귀국했다.

통역관 윤치호는 1885년 12월 4일 갑신정변을 맞게 되었고, 홍영식의 개화파 일당이 역적으로 몰리자 같은 운명에 처했다. 윤치호는 상하이에 건너가 중서서원(中西書院)에 입교하여 그리스어, 도교, 수학 등 기초과학을 수학했다. 그리고 약 3년 후인 1888년 11월 미국 감리교 소속 밴더빌트대학(Vanderbilt)과 에모리대학(Emory)에서 인문학, 사회과학 등을 수학한 후, 《독립신문》이 발행되기 약 1년 1개월 전인 1895년 2월, 10년 만에 고국에 돌아왔다.

유학생활을 청산하고 돌아온 윤치호는 의정부 참의, 외부협판, 학부협판 등 관직을 부여받았다. 귀국 후 얼마 되지 않은 다음 해 2월 11일, 고종이 아라사〔러시아〕 공관으로 피신한 '아관파천' 이후 친일파가 다시 득세하자 1895년 11월 28일 고종을 친일파로부터 구출하기 위한

'춘생문 사건'이 일어났다. 윤치호는 이때 정동의 언더우드(H. G. Underwood)의 숙소에 피신해 있었다. 또한 그는 1896년 4월 1일 러시아 황제 니콜라이 2세의 대관식에 정사 민영환(閔泳煥)을 수행했다. 그 다음해인 1897년 1월 27일에 귀국한 윤치호는 1896년 7월 2일 결성된 독립협회에 참여했다.

그가 독립협회장으로서 1898년 10월 28일 관민공동회 대회장에 피선된 후, 곧 검거 열풍이 불어닥쳤다. 이상재(李商在), 이승만(李承晩), 남궁억(南宮億) 등 독립협회 주동자 17명 간부가 선동죄로 검거되었으나, 피신한 윤치호는 '몰라요'(Molayo)의 직함으로 영자《독립신문》집필에 참여하였다. 그러나 독립협회는 1898년 12월 25일 해산되고, 다음해 1월 윤치호는 덕원 감리로 임명받았다. 덕원을 비롯하여 삼화, 천안, 직산 군수 등 관리로서 윤치호는 1904년 3월 11일 다시 외부협판(당시 외부대신 이하영은 투병중이어서 윤치호가 대리함)에 임명되었다. 그는 1904년 8월 제 1차 한일협약에 참가했으며, 11월 17일 외교권을 일본에 넘겨주는 제 2차 한일협약〔乙巳勒約〕의 뒤처리의 악역을 외부대신 박제순(朴齊純)과 함께 했다. 을사늑약에 의해 조선은 외교권을 일본에게 박탈당하고, 이토 히로부미가 1906년 초대 통감으로 부임함으로써 주권을 상실하게 되었다.

윤치호는 그후 3·1 운동 무용을 주장하며 '기독교의 친일주도', '국민정신총동원 조선연맹'과 '조선임전보국단' 등에 참여하여 '일선동화'(日鮮同化)에 협조했다. 이런 행로는 이미 예견되었다. 그는 1889년 12월 24일 일기에서 "흑인과 인디언을 비교하면서, 국가가 관리할 수 없을 만큼 미개한 인민일 경우, 독립할 수 있을 때까지 더 강하고, 계몽된 사람들이 다스리고, 보고하고, 가르쳐야 한다"(윤치호 ①, 1973 : 416)는 주장을 폈다. 그의 논리에 의하면 당시 조선의 인민은 적자생존의 원리로 살 수 없는 상태임을 시인한 것이다.

3. 그리스도교적 민권사상과 그 한계

윤치호의 '대리인의 삶', 합리성, 서구 지향성의 개화사상은 '민족주의', '주체성', '자강론' 등의 관점에서 볼 때, '친일자'일 수밖에 없었다. 그러나 윤치호가 독립협회 회장, 《독립신문》의 주필, '만민공동회' 회장 등을 거치면서 대한제국 인민의 '민권'의 성장발전에서 중요한 공헌을 한 것은 누구도 부인할 수 없는 업적이다.

윤치호의 민권사상의 근간은 그리스도교에서 출발하고 있다. 당시 조선 말기의 위정척사파(衛正斥邪派), 동학파(東學派) 등은 종교운동적 색채를 지녔는데, 개화파도 기독교적 색채를 강하게 띠고 있었다. 개화파 윤치호의 기독교 몰입과정을 보면, 윤치호는 푸트 공사의 추천서를 들고 상하이 주재 미국총영사 스탈(Stahl)을 찾아가, 그의 소개로 미국 남감리회 선교부가 운영하는 중국에 설립한 중서서원에서 수학과 더불어 세례를 받았다(윤치호, 2001 : 27).

기독교인 윤치호는 '민족주의', 주체성의 관점에서 심적 갈등관계를 겪었다. 그는 당시 정치, 사회상황을 상세히 기록한 '일기'[2]를 영문으로 기록할 만큼 영·미 제국에 대해 확고한 믿음을 가졌다. 그러나 "조선의 전제정치가 억압과 전제를 일삼지 않는다면 기본적으로 조선의 기후가 온화하고, 자연자원도 풍부하며, 한국인들은 강인하고, 높은 수준으로 교화 가능한 좋은 기억력을 가졌다"고 보았다(윤치호 ①, 1973 : 409).

---

2) 윤치호는 자신이 영문일기를 쓰는 이유로서, "① 아국 말로는 당시 각색 일을 다 세세히 쓰기 어렵고, ② 백사를 세세히 쓰기 어려운 고로 매일 궐(빠트림)하는 일이 많아 일기가 불과 일수와 음청을 기록할 뿐이며, ③ 영어로 일기하면 별 필묵을 바꾸지 않고, ④ 영어를 배우기가 더 속한 고로이다" 등을 열거했다(윤치호 1, 1973 : 407). 윤치호의 영문일기는 실용성에 충실했음을 알 수 있다.

이런 생각이 그를 서구에 경도되게 했는지도 모른다. 어떻든 윤치호는 변화의 소용돌이에서 합리성, 서구 지향형의 삶을 산 것은 부정할 수 없으나, 또한 서구의 '민권'사상을 확실히 조선 땅에 뿌리내리게 한 장본인이었다. 윤치호는 《독립신문》을 통해 그리스도교에서 도출한 민권(*human rights*)을 시민권(*civil rights*)으로 확장시켰다. 《독립신문》은 언론자유를 주장하며, 정부를 비판했다. 또한 '중추원'을 통해 시민권을 제도적으로 보장토록 했다.

1) 언론활동

윤치호의 간략한 언론활동의 업적을 정리하면, 그는 중국유학 당시 가장 오래된 《경보》(京報)와 상해에서 발행되는 《상해신보》(上海申報), 《호보》(扈報), 《신문보》(新聞報) 등의 편집에 대해 연구했다(이광린 1981 : 170). 귀국 후 발생한 '춘생문 사건'으로 언더우드 숙소에서 윤치호는 서재필, 삼문출판사 책임자 헐버트(H. B. Hulbert)와 신문창간에 관한 논의를 했다(이광린, 1981 : 171). 《독립신문》 발행이 확정되자 윤치호는 자신이 번역을 맡을 것을 서재필과 약속했다. 또한 그는 《경성신문》의 사장으로서 경제신문을 창간했으나, 《대한황성신문》으로 개제(改題)된 경성신문의 판권을 박은식(朴殷植) 등에게 인도하고 《독립신문》의 사무장으로 취임했다. '사무장'(주필)으로서 그 자신이 직접 매주일 발간되는 영문, 국문 등 〈논설〉 6개의 교열을 보았으며, "나 자신뿐 아니라, 모든 사람이 만족하도록 신문을 만들었다"고 고백했다(*The Independent* 1898. 5. 19).

그 외 윤치호는 영문일기, 서간집 등에 언론에 관여한 주요 자료를 남겼으며, 윤치호가 독립협회 회장, 《독립신문》 주필을 동시에 맡았기 때문에 독립협회에서의 토론내용이 지면에 많이 실렸으며, 그 중 많은 부분은 윤치호의 토론을 직접 인용했다. 더욱이 그가 맡았던

1898년 5월 당시 《독립신문》은 정치성이 부각된 독립협회의 실질적 기관지였다.

《독립신문》과 관련된 윤치호의 민권관을 살펴볼 때, 그의 방법론적 사고는 합리적, 서구지향적, 현실적이었다. 당시 개화파 김옥균, 박영효 등이 역사의 당위론적, 혁명적 입장에서 개화론을 편 이상주의자였다면, 윤치호는 현실 상황론적 입장에서 개량적 방법을 사용했다(유영렬, 1985 : 55). 그는 일본, 중국, 미국, 러시아, 프랑스 등에서 수학, 여행하였으므로 그들의 문화적 우월성을 일찍부터 경험했다. 그러나 당시의 문화적 상대주의자들과 달리 윤치호의 문화관은 그리스도교적 색채를 농후하게 띠고 있었다. 《독립신문》에 게재한 새로운 그리스도교적 가치와 제도는 영·미 자유민주주의 관점이었으나, 《독립신문》은 협회의 사회운동, 민중운동과 연계시킴으로써 서구 지향성만을 강조한 것은 아니었다. 즉, 서구의 개인의 자유, 권리, 책임을 강조했지만 신문의 논조는 빈번히 토속적, 집단적 자유, 권리, 책임 등을 포함하고 있었다. 설령 그의 기독교적 종교사상이 서구의 기독교, 자유주의사상에 접목되었다고 하더라도 그의 사상 저변에는 대한제국의 국가적 가치, 국가의 의식 등 문명사가 자리잡고 있었던 것이다.

한배호(1977)는 윤치호의 정치관을 저술하면서 프로테스탄트의 기독교관을 중심으로 엮었다. 좌옹 윤치호 문화사업회(1998)에서도 윤치호의 사상을 기독교사상에 기초해 심도 있게 다루었다. 윤치호는 분명 기독교사상에 심취되어 있었으며, 그의 사상은 《독립신문》에 반영되었다. 웰스(K. M. Wells, 1995)는 민중의 입장에서 본 '역사로서의 문화'를 언급하면서 《독립신문》이 프로테스탄트 기독교 정신을 표방하고 있음을 서술했다.

이 글에서도 윤치호의 그리스도교 정신이 그의 《독립신문》에 지대한 영향을 미쳤음을 주로 다루고 있지만, 예를 들어 한배호의 분석이 그리스도교 정신과 자본주의에 관심을 가졌다면, 이 글은 언론자유(시민권)의 기초가 되는 민권의 관점에서 윤치호 《독립신문》의 그리스도교 문화를 언급하고자 한다.

4. 윤치호의 활동과 사상 : 민권 그리고 자유

1) 민권과 그 성립조건

"나라가 사람을 두고 이름하니, 그 백성의 권리가 곧 민권이다"(《독립신문》 1898. 12. 15). 그러나 백성은 그런 권리가 있는 줄도 모르고 지금까지 전제정권만 의지하고 있어, 나라흥망을 그것에 의존했다. 윤치호는 취임 후 첫 영자 《독립신문》 논설에서 서재필이 한 것처럼 "모든 사람은 평등하게 태어났다"는 점을 강조했다(*The Independent* 1898. 5. 19). 말하자면 이 권리는 "라틴, 앵글로색슨에만 국한시킬 천부인권사상이 아니라, '신성한', 우주적인 것이며, 소외될 수 없는 것이다"라고 규정했다.

"프랑스도 원래 민회가 있었던 나라이었으며, 압제가 심한 1백년 전 백성이 민권이 무엇인지 알았다"(《독립신문》 1898. 7. 9). 또한 민변이 일어나기 전 수십 년 동안 프랑스의 '학사'들은 민권의 세칙을 발표하였으며, 연설, 신문 등으로 인민의 자유 권리와 정부의 직분 등을 강변했다. 민권과 번영은 원래 노동, 학습, 갈등의 역사를 겪은 뒤에 얻는 것이다.

윤치호는 조선땅에 나태한 선생, 지식인, 관리, 인민들을 대상으로 한 그리스도교적 교육기관을 먼저 세우기를 원했다. 그는 1896년 1월 23일 미국 남감리교 선교부의 후원을 얻어 한영서원(송도중, 고등학교)을 설립하고자 캔들러(W. A. Candler)에게 보낸 서한에서 그리스도교적 견해를 밝혔다. 즉, 공업학교는 일반적인 학교와는 달리 미션의 일부로 간주했는데, 그 구체적 증거로 "① 정직한 노동은 불명예가 아니라는 것을 한국인에게 가르치는 것은 기독교의 의무 중 하나이다, ② 이러한 종류의 제도는 자립을 격려할 뿐 아니라 자기 의존의 수단으로 제공할 수 있다, ③ 이 일은 어떤 스케일로든 시작할 수 있으며, 이론이 아니라 실천적 경험을 증가시킬 수 있다, ④ 공업학교는 한국인들이 손으로 얼마나 안락한 생활을 만들 수 있는지, 땅이 얼마나 축복 받는지를 보여준다"(윤치호, 1980 : 124)고 지적함으로써 그의 비교론적, 합리적, 그리스도교적 사고를 이해할 수 있다.

윤치호는 유학 후 귀국하여, 총리 내각의 비서인 참의(參議)로 '갑오개혁'[3]에 참여했다. 귀국 후 곧 윤치호는 1895년 6월 2일 학부협판으로 승진되어 국민의 교육과 계몽에 관심을 가졌다. 서구문화에 익숙한 그에게 교육, 종교, 신문은 당연히 중요한 과제가 되었다. 더욱이 윤치호의 교회활동은 괄목할 만했는데, 이런 그의 활동은 중서서원 시대 남감리교의 한국인 1호 세례자로 시작되었다. 그는 "신만이 구원의 주체이며, 신이라는 선한 주력적인 힘에 의해 수호되는 인간은 윤리적 자기완성에 의해 스스로를 구원한다"고 굳게 믿었다(양현혜, 1994: 35). 내세의 구원관을 확신했던 윤치호에게 현세에서의 윤리적 자기완성은 중요한 과제였다. 그는 세례 후 새 신앙, 새 윤리로서의 기독교 이해에 적극성을 띠었고, 종교행사와 종교적 모임에 폭넓게 참여하였

---

3) 갑오개혁은 갑오(甲午), 을미(乙未)년간에 개화파 내각에 의해 추진된 근대적 제도개혁을 총칭한다. 그 구체적 프로그램을 보면 1894년 7월 27일부터 1896년 2월 10일까지 이뤄진 개혁은 제1차 개혁기(1894. 7. 27~1894. 12. 7), 제2차 개혁기(1894. 12. 17~1895. 7. 7), 제3차 개혁기(1895. 8. 24~1896. 2. 10)로 구분된다(고영환, 1996 : 60). 그 중 제1기는 군국기무처의 개혁활동을 지칭하였는데, 윤치호는 1895년 을미개혁의 제2기에 속한 1895년 2월에 10년의 유학생활을 마치고 귀국했다. 1895년 2월 27일 총리 내각비서인 참의(參議) 직분을 수락하여 구당(舊黨)의 김홍집, 김윤식 등과 신당(新黨)의 박영효, 서광범의 양파간의 조정역할을 담당했다(고영환, 1996 : 61).

다. 그는 이러한 자치적, 자주적 모임에서 민주주의를 처음 경험하였으며, 이로 인해 그의 사상은 밑바탕에서부터 바뀌어 갔다.

윤치호는 미국 에모리대학에 수학하기 위해 틸리트(Dr. Tillet)의 추천서를 받기 원했지만, 틸리트는 추천 대신 미국의 신학교육이 전도에 한정됨을 분명히 했다. 당시 윤치호는 자신의 신앙은 신학대학 학장에 있는 것이 아니라 신앙에 있음을 명확히 했다(윤치호 ②, 1974 : 202).

그는 글랜(Dr. Glenn)의 그리스도교적 커뮤니티 안에서 발견할 수 있는 진정한 지적·정치적 자유를 언급하면서 신자들 중에도 미신, 무지, 정치적 노예가 되어 있는 사실을 인식할 수 있는 내면의 빛을 가졌음을 상기했다(윤치호 ②, 1974 : 405). 그는 신앙의 빛을 지닌 사람은 신앙에 의해 생활이 통제되고, 이로써 사회는 개인의 법과 도덕 등을 바로 세울 수 있음을 굳게 믿었고, 비신자인 인민은 안정, 번영, 재산도 누릴 수 없을 뿐 아니라 개인과 국가도 성공할 수 없다고 믿었다(윤치호 ②, 1974 : 410). 윤치호는 만레이(Manley)가 언급한 개인적 종교생활의 기본이 되는 상식에 관해 설명하면서, 그 상식이란 정의로운 동기에 의해 인도되며, 확고한 의지에 의해 유지되며, 열심히 일하면서 터득하며, 정직한 목적으로 사용되는 것이라고 말하였다(윤치호 ②, 1974: 221).

2) 개인의 자유

윤치호는 모든 인간은 태어날 때부터 평등하며, 생명, 재산, 자유 등 불가양도의 권리를 갖는다는 천부인권사상을 굳게 믿었다. 지금 당장의 급선무는 정부로 하여금 백성의 생명, 재산의 개인적 권리를 침범치 못하게 하는 일이 마땅했다. 독립협회가 정부로부터 약조를 받은 내용은 "① 정부가 인민의 생명과 재산권은 어디까지든지 보호할 일, ② 무단히 사람을 잡거나 구류하지 못할 일, 구속받을 시는 그 사람의 죄목을 공문에 분명히 할 일, ③ 잡힌 후에도 재판하여 죄상이 밝혀지기 전에는 죄인으로 다스리지 못할 일, ④ 잡힌 후에는 이십사시 내에 법관에게로 넘겨져서 재판을 청할 일, ⑤ 누구든지 잡히면 그 당사자나 그 당사자의 친척이나 친구가 즉시 법관에게 말하여 재판을 청할 일 등이었다"(《독립신문》 1898. 8. 4).

3) 유교국가의 문제

영·미 국가가 신봉하는 그리스도교적 합리성 정신에 의해 개개인의 시민은 도덕성을 지니며, 이는 건강한 국가의 기초를 이루게 된다. 사회의 구조와 계급을 철저히 배격한 윤치호는 자신의 일기에서 독일인 묄렌도르프(Moellendorf)가 언급한 "영국인의 불평등적 속성을 소개했다"(윤치호 ⑤, 1975 : 42). 영국인은 항상 자유와 평등에 대해서 말하지만 실제 영국은 부유한 사람이나 귀족들이 지배한다. 영국은 귀족들의 이익에만 관심을 갖는 불평등 사회이다.

영국과 마찬가지로 미국도 저속하다. 그러나 그들은 모두 동등한 교육을 받는다. 미국인은 같은 상태에서 개인의 존엄성을 바탕으로 공적 도덕, 책임, 정신 등을 갖는다. 기독교 개인주의, 합리성, 적자생존의 원리는 윤치호에게 원론적 관심의 대상이 되기에 충분했다.

그리스도를 정점으로 한 상태에서, 개인은 정신적, 물질적 교환을 바탕으로 이방인들의 집합체인 국가를 형성한다. 그리스도교적 역동성과 비교할 때, 유교국가는 개인의 개성과 발전의 역동성이 결여되어 있다. 윤치호는 그리스도교를 통해 유교의 영향력을 철저히 파괴해야 한다고 주장했다(양현혜, 1994: 53). 유교의 지배하에서는 충성만을 강요할 뿐 개인의 주체성, 합리성, 규칙 등이 잘 작동되지 않았다. 왕에게 완전한 복종만을 강조하지만, 여성의 유약성은 이 원리하에서 붕괴할 수밖에 없었다. 윤치호는 집단주의적, 정적, 형식주의적 유교원리의 무용론을 내세우면서 상대적으로 기독교 개인주의, '항상주의적 금욕'과 일상생활의 합리성, 적자생존 원리가 힘을 발휘하기를 강조하였다.

그에게 기독교는 한국의 구원이자 희망이었으므로 나라가 백성으로 이뤄졌다면 당연히 개인의 기독교적 소명의식은 민족적 과제로 연결된다. 밴더빌트대학 시절 윤치호는 "오 하나님, 저희 일생을 나라에 어떤 도움이 되게 하여 주옵소서!"라고 외치고 있는데, 이는 민족적 소명의식이 잘 표명된 것이다(윤치호 ①, 1973 : 409~410).

윤치호는 개화당과 사대당의 반목과 갈등 속에서 자기 나름대로의 민족관·국가관을 형성했으며, 기독교 입교 이후 종교적 신앙은 그의 민족주의적, 국가주의적 신앙성향을 형성하는 배경이 되었다. 그는 개인의 기독교적 '민권'의 향상, 민족적 신앙성향을 일종의 민족적 소명의식으로 승화시켰다. 미국이라는 타국에서 그와는 현저하게 대비되는 고국의 현실을 인식했을 때 윤치호의 소명의식은 더욱 분명하게 부각되었다.

4) 갑오개혁의 실패

명성황후 시해사건 이후, 청·일로부터 독립을 선언할 수 있는 기회를 포착한 고종은 아관파천을 단행했다. 이에 따라 그 당시 갑오개혁으로 사면령을 받은 갑신정변의 주역은 귀국할 수 있게 되었다. 윤치호는 1895년 2월 10년의 외국생활을 청산했고, 서재필도 1895년 12월 조선에 돌아왔다. 서재필은 김홍집 내각의 내부대신 유길준의 입각 권유를 뿌리치고, 민중을 교육, 계몽할 수 있는 가장 적합한 도구인 신문의 발간에 관심을 가졌다. 갑오개혁에 참가했던 유길준은 서재필에게 신문발행을 위한 재정적 지원을 약속했다.

한편 윤치호는 의정부 참의, 학부협판의 입각에 관심을 가졌으나,

곧 현실적으로 관리는 '여론'의 공포로부터 자유로울 수 없음을 깨달았다. 그러나 왕은 안민의 덕치를 망각했고, 신하는 주체성을 갖고 왕의 권력을 적극적으로 제한하지 못했다. 갑오개혁의 실패는 다름 아닌, 위정자들이 주체성을 상실하고 나아가서는 행동주체로서의 개인을 세우지 못했기 때문이다(양현혜, 1994 : 30).

5) 민족 차원으로 확대된 합리성

윤치호의 민족적 합리성은 교육, 종교에 대한 강한 집착으로 나타난다. 후일 윤치호는 YMCA의 발전에 지대한 영향을 미쳤다. 그리고 민족적 합리성은 《독립신문》의 발행과 연계된다. 서재필의 《독립신문》은 창간호에서 전 인민에 대한 계몽의 의도를 밝히고 있다.

> 이 신문은 꼭 조선만 위함을 가히 알리고, 이 신문으로 남녀 상하 귀천이 모두 조선 일을 서로 알게 했다. 또한 조선인민을 위하여 외국 사정도 간간이 기록할 것이라는 내용을 언급했다(1896. 4. 7).

다른 문헌에도 "《독립신문》은 서구의 경향에 따라서 한국의 전 생활의 근대화를 위한 중점적 캠페인의 도구로 작동했다"(K. M. Wells 1990 : 58). 국내외 사건과 문제, 서구의 새로운 학습, 시민권의 개념, 자기 의존, 민주주의 개념 등의 내용을 통해 《독립신문》은 될 수 있는 한 많은 '익명'의 독자들을 상대하길 원했다. 이 신문의 생활양식은 정치중심의 생활이며, 애국심, 공업발전, 그리고 통합, 번영, 강인함이 강하게 부각되었다. 《독립신문》은 이기주의, 거만함, 게으름을 혁파하고, 교육, 민주주의, 근면, 협동, 정직 등을 중시하여 개인 존중사상을 캠페인 했다.

6) 서재필과 윤치호

윤치호가 맡아서 운영했던 《독립신문》은 현실적이고 구체적이었다. 그는 서재필을 평하기를 인색하고, 이기적이며, 비애국적이었으며, 모국어를 쓰고 읽는 것도 망각했다고 전했다(윤치호 ③, 1974 : 149). 아펜젤러 집에 기거하면서 알렌 공사와의 친밀함으로 인해 《매일신문》 창간호에서 언급했듯이, 오히려 서재필을 이국인으로 간주하는 경향까지 보였다.

모국에 돌아온 서재필은 독립협회의 고문자격으로 조직을 구성하는 데 결정적 기여를 하지만, 그의 주변은 갑신정변의 후유증으로 부모, 처, 형은 음독자살한 상태였다. 유길준 등 친일파의 도움이 있었으나 서재필은 주변 사람들로부터 경계의 대상이 되었다. 서재필은 《독립신문》에 몰두했으나 엷은 인맥으로 인해 공허한 계몽·계도 수준에 만족할 수밖에 없었다. 1896년 3월 당시 길거리 어린이들에게까지 유행했던 유행어인 "머리 깎은 지 석 달 만에 솔잎상투가 웬 말인가"(윤치호 ④, 1975 : 158)는 서재필이 운영했던 당시 《독립신문》의 모순된 모습을 드러내 보이고 있다. 《독립신문》의 개혁, 계몽의 이념은 온건 개화파의 도움으로 현실 정치와 부분적으로 연결시킬 수 있었지만, 그것은 인민의 마음, 정신 등의 개혁으로 연결되지 못하는 한계를 지녔다.

그러나 윤치호는 서재필과 달랐다. 그의 부친 윤웅렬(尹雄烈)은 명성황후 시해사건 후 시신(侍臣) 일부와 구미파 요인들이 주동하여 친일파를 따돌리고 고종을 보호하기 위한 근왕파 쿠데타 계획인 '춘생문 사건'에 가담한 후 중국 상해로 망명하였으며, 윤치호가 귀국할 당시 부친은 군부대신으로서 조정의 막강한 세력가였다.

참의, 협판 등 행정가로서의 윤치호는 두루 인맥을 형성하고 있었다. 독립협회, '만민공동회'[4] 등의 실세로서, 윤치호는 《독립신문》을 동시에 맡게 되었다.

7) 《독립신문》의 발행 이유

윤치호는 1898년 7월 1일부터 《독립신문》을 격일간에서 일간으로 바꾸었고(〈론셜〉란에 제목을 붙여 독자에게 구체적으로 다가갔다), 《독립신문》을 발행하는 이유를 설명하고, 지금의 신문 값이 합당함을 논했다.

> 《독립신문》은 "① 인민의 본래 이목을 개명시키고자 하야 발행하며, ② 신문을 시작하던 날부터 이때까지 정지한 일 없이 각부 소문과 외국 통신과 특별 전보와 경향, 소문을 신실히 게재하며, ③ 각부에 요긴하고 중대한 소문을 힘써서 아무쪼록 동포형제들이 정부에서 하는 일을 자세히 듣게 하기를 목적으로 해며, ④ 본사 신문은 지품과 출판한 모양을 보아도 정결하고 규모 있는 신문임을 세상 사람이 다 아는지라. ⑤ 외국 통신과 특별 전보는 대한에 있는 신문 중 본사 신문이 가장 새롭고 신속하다는 점" 등을 들어 신문 값의 정당함을 논했다(1898. 9. 5).

신문에 대한 합리적 사고는 1898년 3월 2일 그가 직접 발행한 경제지 《경성신문》[5]에서 잘 나타난다. 윤치호는 조선인에게 경제적 향상과 서구인들의 매너를 몸에 익히도록 계몽하였다(양현혜, 1994: 73).

---

4) 만민공동회는 1898년 3월 10일부터 민회, 대중대회, 군중대회 등을 주동했다. (신용하, 1974 : 38).

5) 《경성신문》은 1898년 3월 2일 창간했다. 수・토요일 주2회 발행하는 《경성신문》은 4월 6일부터 《대한황성신문》으로 개제(改題) 하였다. 《협성회보》는 1898년 3월 5일부터 26일(제 10~13호) 까지 4회에 걸쳐 "새로 출판하는 경셩신문은 상무에 매우 유익한 말이 많고 또한 매매할 때에 더욱 요긴하니 만히 사셔 보시압"이라는 권고와 "신문 파는 처소는 정동 전협판 윤치호 씨 집이오"라고 광고했다(장지연, 2001: 20). 《경성신문》은 윤치호가 대외적 사장 역할을 하는 한편, 정해원과 윤치호의 사촌동생인 윤치소(尹致昭)가 실무를 맡았다.

사무원 정해원(鄭海源)의 명의로 농상공부에 제출한 신문발행 청원서에서 "각 군에 송출하여 각 항(各項) 상민(商民)의 이익을 협조코저 한다"와 함께 "아국(我國) 상무(商務)가 흥왕(興旺)하기를 위하여 온갖 물건의 시치(時直)와 인민의 소문 소견을 기재코저 한다"를 발행목적으로 삼았다(장지연, 2001 : 19).

경성신문사는 1898년 4월 6일 11호부터 《대한황성신문》으로 개제한 후, 박은식, 남궁억(南宮檍), 나수연(羅壽淵), 장지연 등에게 판권을 넘겼다. 윤치호는 1898년 3월 21일부터 이완용을 대리해 독립협회장을 맡게 되었으며, 그해 8월 28일 정식 독립협회 회장이 되었다. 《대한황성신문》의 판권이양과 5월 12일부터 윤치호가 《독립신문》 사무장으로 임명된 것은 서로 관련성을 지닌다. 《독립신문》은 원래 중추원의 '정보총국'에서 서재필이 주동이 되어 국문과 영문의 신문을 발행했다. 윤치호는 1896년 3월 1일 《독립신문》 발행을 기대하며 자신도 번역을 맡기로 했다(윤치호 ④, 1975 : 133). 그 후 윤치호는 '독립협회'[6]에 참여하였으며, 1898년 5월 14일 서재필이 미국으로 떠난 다음 독립협회 회장 직무대리로서 《독립신문》의 사무장직을 맡게 되었다.

6) 독립협회는 1896년 7월 2일 결성, 그 후 초대회장에 안경수(安駉壽), 위원장 이완용, 서기에 정교(鄭喬), 고문에 서재필로 시작된 관민합동의 사교단체였다. 1898년 2월 27일 임기만료로 후임 회장에 이완용, 부회장에 윤치호, 서기에는 남궁억, 회계에는 이재(李在), 윤효정(尹孝定) 등이었으나, 곧 이완용은 전라도 감찰사로 임명됨으로써 윤치호가 그 자리를 맡게 되었다. 독립협회의 구성원은 갑오개혁을 주도한 집권관료들이 발기한 건양협회(建陽協會)와 아관파천 이후 구미파의 정동구락부(貞洞俱樂部, 1895년 6월 창립)를 기반으로 하고 있다. 서재필, 윤치호, 이상재는 정동구락부의 핵심 인물이었지만 그 번성기 때 미국공사 실(John M. Sill), 프랑스 영사 플랑시(C. D. Plancy), 미국인 고문 다이(W. M. Dye), 르장드르(C. W. LeGendre), 언더우드(H. G. Underwood), 아펜젤러(H. G. Appenzeller), 러시아 공사 베베르(K. I. Waeber) 등도 그 구성원이었다. 이 단체는 친목단체로 출발하였으나, 정치단체로 변신했다(전택부, 2000 : 74).

서재필은 신문을 위해 《독립신문》의 고문자리를 맡았지만, 윤치호는 독립협회의 회장 직무대행으로서 《독립신문》의 주필이 되었다.

서재필은 윤치호에게 "인민을 위하여, 당신을 위하여 그리고 나 자신을 위하여" 그렇게 하도록 권고했다(윤치호 ⑤, 1975 : 157). 서재필은 신문사업이 현 정부 밑에서 협판 벼슬을 하는 것보다 나은 것으로 간주했다. 그는 신문의 운영을 맡았을 때 정치와 명사로부터 멀리하기를 바랐다. 그리고 서재필과 윤치호 두 사람은 배재학당 인찰국에서 "오직 그 발행이 계속되어야 한다"에 동의했다. 《독립신문》의 논설에 의하면 "윤치호 사무장은 개화사업을 굳건히 하길 바랐으며, 충군애국하는 마음이 두터워서, 서재필 자신이 주재할 때와 같은 논조로 신문을 끌어가는 데 문제가 없을 것"으로 확신했다(《독립신문》 1898. 5. 17).

8) 독립협회 활동(토론회)

《독립신문》은 압박 받는 한국인들에게 모든 인간이 태어날 때부터 평등하다는 사실과 그것이 천부의 것이며, 인류의 보편적 이론이라는 민권의 중요성을 가르쳐 주었다. 서재필은 이를 위해 일해야 하며, 투쟁해야 하며, 싸워야 한다는 사실을 가르쳐주었다(고영환, 1996 : 67). 1896년 4월 7일 창간사에 밝혔듯이 《독립신문》은 당파를 초월하여 엄정 중립주의를 확립하였다. 시시비비로 사실을 사실대로, 그리고 엄정한 비판주의로 민간신문이 걸어가야 할 길을 똑똑히 밝혀놓았다(최준, 1983 : 55). 《독립신문》은 야성적이며 혁신적이기도 하여 보수진영과의 대결을 통해 자유, 민권, 자주독립사상을 고취시켰다.

윤치호는 서재필과 같이 《독립신문》 발행 자체만을 계속적으로 고수하지는 않았다. 그는 행정가로서 대한제국의 관리인이었으며, 독립협회의 회장대리를 맡고 있었다. 당시 독립협회는 이해관계가 다른 각

정파가 뒤섞인 동상이몽의 단체였다(유영렬, 1985: 107). 윤치호는 실질적 지도자인 서재필에게 독립협회를 합리성, 서구지향성을 추구할 수 있도록 강의실, 도서관, 오락실 그리고 박물관을 갖춘 일종의 '학회'로 개조할 것을 건의했다. 이를 전격적으로 받아들인 서재필은 1897년 8월 5일 독립협회를 토론회로 개조케 했다(유영렬, 1985). 즉, 독립협회는 민권의 향상을 위한 단체가 된 셈이다.

독립협회 토론회는 회원과 민중에게 당면문제를 인식시키고, 회원들에게 대중연설의 기회를 부여했다. 서재필, 윤치호, 이상재, 남궁억 등이 중심인물이 되어 민중을 계몽하는 단체로 전환되었다. 물론 초기에는 관리들이 참여, 국민의 지지를 획득하기 위한 관제운동으로 시작하였으나, 민주적 방법으로 회가 운영되면서 쉽게 국민의 지지를 획득할 수 있었다. 독립협회는 개화주의자들만의 운동이 아니었고, 개화와 더불어 자유와 독립, 각 층의 애국자를 규합하여 언론의 여론 형성 기능에 초점을 두었다.

독립협회 토론회는 '머리를 깎아야 옳으냐', '색깔 옷을 입는 것이 좋으냐' 등 일상생활의 의제를 놓고 찬반 양편으로 나눠 토론하였다. 민권옹호와 정치개선에 대한 토론회가 토·일요일에 열려, 회원과 민중에게 사회의 당면문제를 토론함과 동시에 그들에게 연설할 수 있는 기회를 부여하였다. 그러나 일부 강경파 회원들이 토론보다는 나라 사정에 대한 비판연설을 하자는 소리를 높이자 온건파와 대립현상을 보이기도 했다. 그러나 《독립신문》과 독립협회가 보조를 맞춰 회원간의 토론에 의한 합의를 존중하며, 토론회를 활성화시킴으로써 민중을 끌어들이는 흡인력을 갖추게 되었다.

1898년 2월 7일 윤치호는 서재필을 방문하고, 독립협회가 중요한 정치문제에 대하여 황제에게 상소하도록 하자고 제의하여 승낙을 받았다(유영렬, 1985 : 110). 독립협회는 민중의 기관으로서 정치를 비판하고, 언론자유를 포함한 시민권을 옹호하기 시작했다.

독립협회는 대중집회, 연설회 등을 개최하여 자주독립사상과 민주주의 사상을 고취시켰다. 또한 협회는 충군애민의 사상에 따라 현실적으로 대내외 정책을 개혁하는 한편 자주독립을 부각시켰다. 정치에 깊숙이 개입하려는 윤치호의 이러한 노력은 정치신문과 기관지로서 《독립신문》의 역할에 지대한 영향을 미쳤다. 윤치호는 독립협회 이후 'YMCA 운동'에 참여하여 그의 사상을 지속적으로 실천하였다.

신용하는 독립협회의 운동을 전체적으로 독립 운동기간(1896년 7월 2일~1898년 12월의 약 2년 반)을 4기로 나눴다.[7] 이 기간 동안 자주독립, 자강혁신, 자유민권 등의 방향으로 운동을 전개시키면서 동학혁명, 갑오개혁, 을미사변, 을미개혁, 의병활동, 아관파천 등 사건에 대해 정부를 비판·견제하는 중심조직의 기능을 담당했다. 윤치호가 맡았던 독립협회의 3, 4기는 그리스도교의 민권이 시민권으로 확장되면서 시민권의 제도화를 시도한 시기이다.

5. 윤치호 민권사상의 실체

1) 조선문화 비판

윤치호는 독립협회의 정치운동을 《독립신문》에 게재했으며, 그 고유 업무인 정보전달 기능 등과 더불어 당시 사회개혁의 내용을 〈론

---

7) 제1기는 1896년 7월 2일부터 1897년 8월 28일까지로, 정부의 개혁파 관리들이 중심으로 독립문, 독립공원, 독립관 건축을 위한 모금기간이었으며, 제2기는 1897년 8월 29일부터 1898년 2월 26일까지로 이때부터 민중들이 대거 참여 토론회를 통한 민중의식화 과정, 제3기는 1898년 2월 27일부터 1898년 8월 27일까지로 이 시기는 독립협회가 구국선언상소를 하면서 자주독립, 민권신장, 고위관리를 공격했으며, 제4기는 1898년 8월 28일부터 1898년 12월 말까지로 정부를 비판하고 새로운 사회를 건설코자 했다(신용하, 1976 : 89~93).

셜〉, 〈잡보〉 등에 게재했다. 독립협회의 최대 관심은 바로 사회개혁 차원에서 관심을 기울여야 할 민권유린 현장이었다. 탐관오리, 관속, 어사대, 지방의 참령, 각부 수세관 등 관리는 인민의 생명, 권리, 이익을 보호한다는 미명 아래 실제로는 인민의 재산, 인명을 빼앗는 현실이 조선이었기 때문이다(《독립신문》 1898. 5. 28).

유교적 권위주의 정부를 높이 여기면서도 백성은 천하게 여기는 악습이 존속함으로써, 정부에서 무슨 잘못하는 일이 있어 인민이 시비하면 강압으로 하지 못하게 하였다. 백성은 시비하는 권리를 갖지 못함으로써 거짓말이 앞섰다. 윤치호의 조선문화 비판은 거짓말에 대한 비판으로 시작되었는데, 그는 "거짓말을 조선인에게 가장 널리 퍼져있고, 깊게 뿌리내린 악으로 간주했다"(윤치호 ⑤, 1975 : 75). 말로는 '이웃사촌'이지만 상대를 절대 신뢰하지 않아, 서구 자유주의 국가에서 가장 중요한 덕목인 사람간의 계약도 거짓말이 난무한 문화에서 아무 의미를 주지 못했다(《독립신문》 1897. 12. 4).

윤치호가 그런 시각을 갖게 된 것은 그의 경험과 무관하지 않다. 윤치호는 중국유학 당시 세례를 받으면서, 그리고 미국유학에서 영혼구원 또는 인간개선의 프로테스탄트 종교의 위력을 경험했다. 이는 조선문화 비판의 동인(動因)이었을 것이다. 그에게 그리스도교의 신은 전 우주의 창조자이며 인간에게 윤리적 규범을 주는 존재였다(양현혜, 1994 : 50). 더욱이 신은 편재적 눈을 갖고 인간의 모든 행위를 감시하는 존재로서, 그의 감시하에 생존하는 인간은 신에 대한 공포로 가득 차 있다. 신은 개인의 윤리규범을 준수하도록 강제한다. 따라서 그리스도교의 개인윤리는 사회의 문명화·민주화를 이루는 힘있는 사회변혁을 뒷받침하며, 이는 쉽게 사회윤리로의 전환을 가능케 한다. 윤치호는 기독교를 자유의 원리 또는 부국의 원리로 인식한 것이다(윤치호 ③, 1974: 291).

같은 맥락에서 유교의 허례적 부자관계, 가부장적 군신관계, 그리고 압제적 부부관계 등 유교의 오륜의 원리는 배격의 대상이 된다. 윤치호는 유교윤리와 기독교윤리를 자주 원용했으나, "기독교의 수용은 유교윤리의 긍정적 면을 찾을 수 없기 때문으로 단언했다"(한배호, 1997 : 388). 그는 대한제국의 군주는 인권을 유린하여 정권을 장악하는 데 관심을 가진 나머지 개화를 하지 못하게 함으로 지탄의 대상이 되는 것을 고발했다.

> 국가는 민법과 형법을 정하고, 넘치게 가두거나, 넘치게 벌을 쓰지 말고 인민의 생명과 재산을 보전케 한다(《독립신문》 1898. 9. 28).

> 현실은 누구든지 죄가 있으면 자신 한 몸에만 죄가 있지, 처자 권속이야 무슨 죄가 있단 말이요. 우리나라에서 이전에 육시처참과 연좌하는 법률을 사용했으나, 역적의 죄인이라도 다시는 로육과 연좌를 쓰지 말고, 또 무슨 죄든지 쉽게 가두지 말고, 형벌하지 말아야 한다(《독립신문》 1898. 9. 27).

윤치호는 유학을 개조한 '동학'(東學)도 다를 바가 없다고 진단한다. 즉, 유교의 오륜을 근간으로 한 집단적 종교, 불교적 이상, 도교의 기적과 마력, 그리고 가톨릭에서 신이라는 용어를 차용한 동학은 어떤 이성도 동기도 부여받을 수 없다. 따라서 동학도 유교와 마찬가지로 현 대한제국의 정부에서 행한 것처럼 무모한 인민에게 돈을 강탈하고, 독선을 일삼을 수 있었다고 판단한 것이다. 또한 외국문화의 배타를 통한 민족의 완성이 아니라 외국문화의 수용을 통한 민족의 완성을 주장한 '해외파' 윤치호에게 유교와 동학은 당연히 비판, 개혁의 대상이었다.

2) 서구적 민권의 옹호

프로테스탄트 정신으로 살아가는 개인에게는 민권이 중요하기 마련이다. 그리스도교는 민권을 강조함으로써 진보적 색채를 띠면서 개혁한다. 기독교의 진보성은 개인의 생명과 재산, 국민평등권, 국민주권론, 자유, 참정권 등 권리를 강조한다. 같은 맥락에서 이 요소들이 정치화하면서 언론, 집회, 결사의 자유, 그리고 시민권, 참정권이 강조되었다. 그러나 현실적으로 대한제국의 인민은 몇천 년을 구습에 젖어 남녀를 유별하게 취급했고, 여성에게 동등한 교육권을 부여하지 않았다. 교육의 백지상태에서 인민의 무능을 극복하고 문명화를 이루지 않는다면 조선은 멸망할 뿐이었다. 윤치호는 문명국의 지배를 받는 것이 비문명의 상태인 채로 독립을 유지하고 있는 것보다 행복하다고까지 확신했다(양현혜, 1994 : 46).

3) 민족성 개조는 교육으로

윤치호는 국가적 차원에서 독립보다 인민의 구원에 역점을 두었다(유영렬, 1985 : 86). 윤치호는 도덕적 독립이 전제되지 않는 한 정치적 독립은 쓸모 없는 것이라고 판단하고, 조선인들에게 가장 시급한 것은 독립운동이 아니라 개개인의 인격수양에 의한 민족성 개조, 즉 성실, 정직, 신용, 공공정신, 노동존중 정신 등의 서구의 덕목을 함양해 민족성을 변화시키는 것으로 간주했다. 사람마다 자기 직무를 무엇이든지 자기 힘껏 할 것을 권장했고, 남에게 의지할 생각을 말고 자신을 보전하는 것이 대한을 보전하는 길임을 명확히 했다.

> 수삼 년 이래로 우리가 듯고 말ᄒᆞᄂᆞᆫ 것이 항샹 ᄌᆞ쥬 독립이라되 실샹은 나라이 그젼보다 더 ᄌᆞ쥬 독립된 일이 업스니 이ᄂᆞᆫ 다롬 아니라 우리가 다믄 나라이 독립 ᄌᆞ쥬 ᄒᆞ여야 죠흔줄믄 알고 우리가 독

> 립ᄒᆞ여야 죠ᄒᆞᆫ줄은 모르며 또 나라이라 하ᄂᆞᆫ 것은 그 쇽에 잇ᄂᆞᆫ 백셩들을 모하 된 것이니 만일 그 백셩들이 ᄂᆞᆺᄂᆞᆺ이 ᄌᆞ쥬 독립ᄒᆞᄂᆞᆫ ᄆᆞᄋᆞᆷ과 행위가 없스면 엇지 그 나라ᄆᆞᆫ 독립되기를 불ᄋᆞ리요 독립이라 ᄒᆞᄂᆞᆫ 것은 스ᄉᆞ로 밋고 남의게 기대지 아니 ᄒᆞᆫ다ᄂᆞᆫ 말이라(《독립신문》 1898. 7. 15).

"작업장에서 일은 않고 '어야 데야'를 일삼는데, 이것이 다 거짓이오. 우리 의관과 예절이 모두 거짓이다." 더욱이 지식인들이나 지도자들은 수백 년 동안 유교 윤리와 불교적 이상에 관한 허황된 철학적 사색에 탐닉함으로써, 현재의 상황개선에 아무런 도움이 되지 못했다. 실천하지 않는 신앙은 죽은 것이듯, 이런 관행에서 벗어나지 않을 때 인민에게 희망은 없다. 진정한 교육·계몽이 현실타파의 관건이다. 전국적으로 실시되는 서당을 없애고, 국가는 방방곡곡에 학교를 세워서 근대식 교육을 실시해야 한다. 개화 각국에 가서 보면 부러운 것은 그 찬란한 궁궐도 아니오, 도처에 유용한 기술과 실용적 도덕을 강조한 소학교를 설립함이다. 사회는 누구에게나 동등한 교육의 기회를 제공한다. 기회균등 정신에서 교육받은 인민은 정치적 평등과 더불어 경제적 평등에 도달한다. 남녀를 같은 학문으로 교육시키고, 남녀에게 동등권을 주고, 서로 허심탄회하게 토론하는 것이 마땅하다. 충분한 기회를 주었을 때 남에게 의지하는 악습이 없어질 수 있다.

윤치호는 교육 없이는 어떤 나라도 생존할 수 없으며, 교육을 받으면 받을수록 더욱 더 독립을 원한다는 논리를 폈다. 부지런한 조선인은 축적한 재산을 근심 없이 누리며, 부모를 봉양하고 처자를 보호하여 남에게 부탁할 필요도 없고, 아부할 필요도 없다. 자강(自彊)의 확고한 마음을 가진 자는 약육강식, 적자생존의 원리로 살아간다.

윤치호는 스티븐스(Ed Stephens)의 교육받은 사람의 의무에 대해 이야기하면서 인민의, 인민에 의한, 인민을 위한 정부를 염두에 두었다(윤치호②, 1974 : 398). 이 나라는 용기 있는 자의 가정이며, 자유의 나라이다. 그러나 3천 년 이래 지금껏 정부가 모든 권리를 주장하였기에 백성은 권리가 있는 줄도 몰랐다. 나라가 위태로운 때를 당하여도 백성은 권리가 없기에 나라의 득실은 정부의 편에 의존할 수밖에 없다.

《독립신문》은 최익현(崔益鉉)의 연속 상소를 게재하여 나라의 치도를 설명하였다.

> … 오늘 급흔 일이 무엇이며 백셩의 슬혀 ᄒᆞ는 것이 무슴 일이며 졍ᄉᆞ에 폐되는 일이 무슴이며 원슈를 엇지ᄒᆞ면 갑흐며 왕업을 엇지ᄒᆞ면 창대이 ᄒᆞ며 민심을 엇지 ᄒᆞ면 뎡홀 것을 생각하샤 뜨시 강ᄒᆞ고 생각이 뎡하야 작은 리에 어지러이 되지 안코 소인샤셜에 옴기지 아니 ᄒᆞ시리니 이것이 신이 이른바 텬하 국가 흥망셩쇠의 근본이다(1898. 12. 12).

정부의 직분은 백성이 좋아하는 바를 좋아하고, 백성이 미워하는 것을 미워하는 것이다. 이를 위해 독립협회는 정부가 직분을 다하도록 했다.

6. 독립협회, 《독립신문》을 통한 민권사상의 실현

1) 공론장에서의 민권사상 실현

백성을 좋아하는 '충군애국'의 충성스런 신하가 역적이 아니라 게으름이야말로 인민의 제일 역적이다. 이기적이며, 욕심 많고, 사치스럽고, 노동을 경시하는 인간에게 경계심을 가지면서, 다른 한편으로 근면, 정직, 성실, 신용, 금욕 등 근대 서구 시민윤리를 실천에 옮길 필요가 있었다. 《독립신문》은 진리를 밝힐 뿐 아니라 그 일을 토·일 양일간 토론회에 붙여 결정토록 했다. 이 토론회에는 수백 명이 열띤 토론과 연설회에 참여하여 여론을 형성하였다. 윤치호는 중대한 문제가 있을 때마다 시장에 천막을 치고 민중을 모아 연설한 후, 민중의 의견을 개진하고 여론을 일으켜 민의를 수렴했다.

윤치호는 무슨 일이든지 좌우 시비의 여러 가지 사실을 직접 연설했을 뿐만 아니라 이를 신문에 게재케 했다. 독자들은 알지 못했던 일을 신문을 통해 알게되니 미처 생각지 못한 일을 생각케 되었다. 인민은 신문을 통해 서로 가르치고, 배우며, 아끼고, 권장하는 마음이 생긴다. 물건의 장단을 자로 헤아리고, 경중을 저울로 헤아리며, 일과의 춥고 더운 것을 한란표로 측량하듯, 《독립신문》은 백성이 개화하고 못한 정도를 나라의 세칙 다과, 신문의 성쇄로 간주했다(1898. 7. 26).

2) 신문의 기능

그렇다면 신문의 기능은 무엇인가? 그것은 바로 사회와 국가를 구성하는 백성들을 계몽하는 것이다. 백성의 견문을 넓히고, 사회의 운영되는 바를 알게 하면 그것은 곧 나라의 부유함과 연결된다는 것이 윤치호의 생각이다. 따라서 독립협회는 백성의 입장에서 정부로부터 쓸모 없는 사람을 해고하고, 국가 관리가 백성의 목소리를 경청토록 했다. 《독립신문》은 왕, 독립협회 간부, 탄핵 상소 등의 의심나는 입장을 계속 연재하면서, 자세히 적어 사람들 간에 서로 소통하는 공론장으로 만들었다.

> 인민의 이해를 안 즉 정부에서 일하기도 쉽고, 정부의 사정을 안 즉 인민들이 아무 일 없이 정부를 의심하거나 미워하지 아니하여, 결과적으로 관민이 일심하여, 국사를 태평스럽게 한다(1898. 7. 22).

《독립신문》은 각 개인의 소명의식을 표출하며, 다른 한편으로 독립협회의 연설, 토론, 그리고 그 결과를 《독립신문》의 〈잡보란〉에 게재했다. 조선에 주어진 현안, 즉 평화로운 개혁, 기강 잡힌 군대, 정부의 재건, 쓸모 없는 말단관리들의 숙청, 언론과 출판의 자유, 그리고 교육의 개혁 등에 필요한 과제를 《독립신문》에 지적했다.

현안 문제를 찬반으로 갈라 강론하고, 이 내용을 토론하기에 이른다. 지금까지의 조선의 역사와 전통을 부정적으로 여기며 조선인들의 민족성이 열등하다고 믿는 시각에 반론을 던지며, 심지어 노동까지 경시하는 과거의 구습을 타파하는 방법으로 연설, 토론과 그 결과를 《독립신문》에 게재한 것이다.

윤치호는 교회의 신 안에서 확고한 공동체의 세계관을 제공하고자 했다. 즉, "각 개인은 신의 사자(使者)로서의 개인성을 가진다. 정치인은 사회의 외적 복지를 증가시키도록 노력하나, 성직자는 사람의 도덕심을 고양시키고, 의식을 계몽한다. 각 다른 개인은 교회 안에서 사회적, 종교적인 모임을 갖는다. 그들은 교회를 통해 모임을 갖고 서로 의견을 교환하며, 문화발전을 시도한다"(윤치호 ②, 1974: 92).

마찬가지 원리로 개인의 직분, 그 자세가 명확하듯 제도로서의 독립협회와 《독립신문》은 그 역할과 직분이 엄연히 존재한다. 《독립신문》은 성직자 아펜젤러를 사장으로 하고, 사무장 윤치호와 직원들을 두고 있었다. 윤치호의 언론관은 종교적 의미를 지니면서 신문은 신문대로 역할과 기능을 하도록 규정했다.

정부, 협회, 신문은 각기 다른 측면에서 기능하며, 서로 필요에 따라 서로 소통한다. 각기 그 보는 바를 두루 할 때, 협회는 정부의 사정을 헤아리고, 정부는 협회의 사정을 돌아봄으로써 서로 잘못한 것을 용서하며, 서로 의견을 교환한다. 윤치호는 미국인 로버츠(H. Roberts)가 작성한 《의회통용 규칙》(*Pocket Manual of Rules of Order for Parliamentary Assemblies*)을 번역하여 《독립신문》에 광고했다.

그는 1892년 옥스퍼드에서 두 번에 걸쳐 미국 대통령의 민선광경을 목격하고, 미국인들의 고도의 정치의식과 자유로운 정치토론, 국민의 여론과 다수에 의한 민주주의적 통치방식을 경험했다. 당시 인민의 무관심으로부터 탈피하여 참여하는 정치체제의 전환이 시급히 요구되었다. 그는 민주주의가 군주로부터 국가로 충성이 변화하여야 하며, 백성의 마음과 정신의 변화가 일어나야 한다는 당위성을 감지하였고, 자주독립, 자기 의존, 자기 결정의 존립 등이 개인적, 국가적 수준에서 이뤄지기를 염원한 것이다.

3) 독립협회

독립협회는 갑오개혁 당시 내각의 자문기관으로 만들어진 뒤 유명무실했던 중추원을 개편하여 관선의원과 민선의원 각 25명으로 의회의 기능을 수행하도록 했다. 중추원의 구성은 실제 실행되지 않았지만 1898년 4월 3일 독립협회 토론회에서 의회설립의 정치적 중요성을 공식 거론하였으며, 1898년 10월 28일 '관민공동회'가 개최됨으로써 의회설립운동이 표면화되었다. 민권이 독립협회를 통해 제도화하는 단계에 이른 것이다.

당당한 대한제국의 자주적 독립국의 여러 인민이 '충군애국'하는 목적으로 일심 화합하는 의미에서 투표하여 많은 지지를 받은 자를 정부에 통첩하도록 했다. 대표자가 조칙과 국법을 만들어 인민의 생명과 재산의 권리를 보호하도록 했다. 황제 폐하는 장정과 규칙을 익혀서 백성의 권익을 보호해주도록 했다.

입헌정치와 법치행정의 내용을 담은 '헌의(獻議) 6조'[8]가 고종에게

---

8) 헌의 6조(獻議六條)의 내용은 다음과 같다. ① 외국인에게 의부치 말고 관민이 동심합력하여 전제황권(專制皇權)을 견고케 할 것, ② 광산, 철도, 매탄 및 삼림급 차관, 차병과 정부와 외국조약사는 각부대신과 중추원의장이 합동

건의되었다. 즉, 관민공동회는 종로광장에서 정부 대신들이 참석한 가운데 시민들의 찬동 속에 헌의 6조를 고종에게 건의했다. 당시 각 대신과 주요 관리가 와서 관민공동회의 기관(奇觀)을 이룬 것은 나라를 사랑하는 본심에서 온 것이 아니라 여론이 무서워서였다(윤치호, 1931: 546).

여론의 힘이 강하게 고조되었다. 시민권자의 여론이 빗발치자 조정의 비정(秕政)을 탄핵하고, 탐관오리의 비행을 공격하는 것이 무서워서 관변 황국협회가 나서 독립협회와 대항했다. 황국협회 회원은 사발통문(砂鉢通文)을 사용하여 일제히 경성으로 모여들어 기민한 활동을 개시했다. 독립협회를 혐오하는 관리들은 인민들에게 새로운 공화정에 박정양이 대통령이 되고, 윤치호가 부통령이 되며, 이상재가 내부대신이 된다는 소문을 유포했다. 황제는 이런 엉뚱한 소문으로 위협을 받은 것처럼 행동했다(윤치호⑤, 1975 : 179). 고종은 헌의 6조를 승인하며 중추원을 부활시킬 듯하였으나, 실제로는 민중의 기세를 수위 조절하기 위한 탄압의 방책이었다(이기백, 1986 : 361).

독립협회는 유명무실한 중추원의 직제를 부활시켜 입헌군주 정치를 시도하고자 했다(윤치호, 1931: 546). 민선의원은 민권을 대변하는 기구로 작동하길 바랐던 것이었으나, 고종은 이를 확대 해석하여, 대한제국의 황제를 폐하고 대통령을 옹립하여 공화정을 수립하자는 의미로 '헌의 6조'를 받아들였다. 강경해진 고종은 독립협회를 해산했고, 이상재 등 17명의 중심인물을 체포하였다.

하여 착어날인(着啣捺印)한 것이 아니면 시행함을 부득할 사, ③ 전국 재정은 어떠한 세이든지 탁지부(度支部)로 관할케 하되 타부부(他府部)와 사회사(私會社)는 간섭함을 얻지 못하며 예산과 결산을 인민에게 공포할 사, ④ 지금부터 중대한 범죄인은 공판에 붙이되 피고가 도저(到底) 설명하여 구경(究竟) 복한 후에 실시할 사, ⑤ 칙임관(勅任官)은 대황제 폐하께서 정부에 자순(諮詢)하여 그 과반수에 따라서 임명할 사, ⑥ 장정(章程)을 실천할 사(이기백, 1986 : 361).

독립협회를 해산한 현재의 대한제국 상황은 비관적이었으며, 내부 정치가 잘못되어 감으로써 사회는 활기를 잃어가고 있었다. 독립협회는 인민에게 강한 애국심을 불러일으킬 필요가 있었으며, 《독립신문》은 이런 상황에서도 발행하는 것이 합당하였다. 《독립신문》의 사주이자 주필인 서재필은 윤치호에게 국·영자 신문을 맡기면서 현재의 정책으로 계속 발행하기를 원했던 것이다.

7. 윤치호의 독립협회의 성과와 한계

독립협회는 법률과 공정한 재판에 의하여 국민의 생명과 재산 등 기본적 자유민권의 보장을 위한 운동을 추진했다. 교육 받은 개인은 서구적 개인성을 갖고, 그들의 권리를 확보하며, 구체적 현실에서 정신적, 물질적 교환의 원리에 따라 사회를 형성한다. 그러나 이런 서구적 가치관은 왕의 권한을 축소하여, 법에 의한 지배를 받을 때에만 가능하다. 인민의 교육은 현실적으로 불만을 쌓이게 하며, 인민의 권리는 초창기 혁명적 사고를 확산시키게 마련이었다.

그러나 당시의 열악한 정치적 복지, 유교적 권위주의 상황에서 《독립신문》은 과거의 권위적 전통을 해체시키고, 따라서 오히려 인민의 불만을 증폭시켰다. 독립협회의 해체는 이런 과정의 산물이다.

《독립신문》을 인계하고서도 윤치호는 자유, 민권, 그리고 자주독립 사상의 고취에 집중적으로 관심을 가졌다(최준, 1983 : 55). 소외되지 않은 권리, 자유, 평등, 박애 등 윤치호는 '우주적' 권리를 덕목으로 삼았던 것이다. 무엇보다 합당한 개인의 민권을 조선인의 우선적 과제로 삼았으며, 이 과제를 위해서 민권의 향상은 성실, 정직, 신용, 공공정신, 노동존중 정신, 민족성 개조 등 개인의 민족적 소명의식의 덕목을 습득할 때 가능하다고 윤치호는 보았다.

윤치호 개인의 그리스도교적 인생관, 신의 대리인으로서 삶은 독립협회와 《독립신문》의 민권향상에 투영되었다. 《독립신문》은 인민의 권리와 의무의 실체를 계몽했으며, 인민이 나라의 주인이며, 관리는 국민을 위해 봉사하는 존재임을 알렸다. 관존민비의 봉건적, 유교적 권위주의 아래 3천 년을 살아왔던 조선인민에게 윤치호는 그리스도교적 개념의 민권을 계발, 계몽했다. 윤치호는 그리스도교가 많은 사람들이 미신, 무지, 정치적 노예가 되어 있는 사실을 측정할 수 있는 빛을 가졌음을 상기했다(윤치호 ②, 1974 : 405).

윤치호는 신앙의 빛을 지닌 사람은 신앙에 의해 생활이 통제되고, 사회는 개인의 법과, 도덕 등을 바로 세울 수 있음을 굳게 믿었다. 그는 비신자인 인민은 안정, 번영, 재산도 누릴 수 없을 뿐 아니라 개인과 국가도 성공할 수 없다고 믿었다(윤치호 ②, 1974 : 410).

윤치호의 한계는 바로 이런 점에서 나왔는지도 모른다. 윤치호의 민족적 소명과 기독교 신앙은 조국의 현실에 부딪치면서 적극적 행동의지의 동력으로 전환되지 못하고, 자기성찰의 내면화 속에서 빈번히 무력화되었다. 그의 신앙적 성향은 마침내 지나친 자기성찰의 내면화 속에서 외향적 행동의지를 약화시키고, 대외적 상황윤리에 취약성을 노출시켰다. 결과적으로 실용성만을 과다하게 강조한 윤치호는 외국문화를 무분별하게 받아들이는 통역관, 대리인의 삶, 친일자, 서구지향적 사고 등 오명을 얻게 되었다.

무분별한 외국어의 사용, 주체성을 결한 정보전달의 의미만을 일삼을 때 민족성이 상실하게 마련이다. 물론 윤치호는 개인의 자성윤리가 민족자아의 윤리로 탈바꿈하면서 민중의 이기심, 부정직, 노예근성을 갖게 된 현실을 직시했다. 그에게 민중은 능력 없고 무지한 집단이고, 수세기에 걸친 종속적 습성에 의해서 공공정신이 결여되어 있기 때문에 국가 문제를 위임받을 수 없는 존재였다.

장지연

국민된 책임을 다하여야 비로소 국민이라 이를지니
어찌 나라의 난을 당하여 가만히 앉아 보고 구하지 아니 하리오.

제 3 장

국사(國士) 언론인 장지연

애국계몽운동을 중심으로

1. 서론

기자는 시대에 따라 사명감과 책임이 있다. 그 사명감은 특수성과 보편성을 동시에 지니고 있다. 구한말의 상황에서 그 특수성은 구국(救國)과 더불어 민족의 정체성을 확립하는 일이었으며, 보편성은 자유주의 언론에서 주장하는 언론자유 개념을 수용하는 일이었다. 자유주의 관점에서 기자는 자유를 누리며, 사회적 사명감과 책임감을 갖는다. 장지연(韋庵 張志淵, 1864~1920)은 아마도 특수성・보편성을 아우르는 언론인일 것이다.

언론자유의 보편성은 무엇인가? 밀(J. S. Mill)에서 우리는 보편적 관점에서의 자유, 그리고 언론 자유의 사상적 단편을 찾을 수 있다. 그는 개인의 자유를 "① 내면적 영역에서 사상의 자유, ② 자신의 삶의 계획을 세울 수 있는 자유, 그리고 취미와 자신의 일을 할 수 있는 자유, ③ 개인과 개인 사이의 단결"로 간주했다(J. S. Mill, 1977 : 16). 하지만 그런 보편성은 시대와 지역의 특수한 상황과 결합하고, 그 내용이 변화하게 된다.

구한말은 그 시대적 상황의 특수성으로 인해 장지연, 남궁억, 박은식, 양기탁(梁起鐸), 유근(柳瑾), 오세창(吳世昌) 등 당대의 지식인들에게 '기자정신'을 심각하게 논하게 했다(임근수, 1977 : 3). 그런 기자정신에 대한 논의에는 역사의식과 애국심이 포함되어 있었고, 언론의 자유뿐만 아니라 민족의 자유의 수호라는 기자정신으로 발전한다.

장지연이 1905년 11월 20일 《황성신문》(皇城新聞)[1]에 게재한 "시일야방성대곡"(是日也放聲大哭)은 그의 기자정신이 온전히 드러난 글이다. 그는 그 글에서 을사늑약(乙巳勒約)에 항의·저항하면서 사전 검열을 받지 않는 채 이 조약의 허구성과 난맥상을 고발하였다.

러일전쟁을 승리로 이끈 일제는 정부각료들로 하여금 무력으로 을사늑약을 채결하였다. 을사늑약은 한국의 외교권을 박탈한 것인데, 그 내용은 ① 일본 외무성이 한국의 외국에 대한 관계 및 사무를 통리 지휘한다는 것이요, ② 금후 한국정부는 일본정부를 거치지 않고 국제적 성질을 띤 어떠한 조약이나 약속도 하지 못한다는 것이요, ③ 일본이 한국의 외교에 관한 사항을 관리하기 위하여 대한제국 황제 밑에 한 명의 통감을 둔다는 것이었다(이기백, 1986 : 367). 이 조약에 항의한 장지연은 《황성신문》에 을사늑약의 허구를 지적하였고, 저항적 기자정신으로 소신과 신념을 피력했다.

대한제국시대 언론인을 흔히 '국사(國士) 언론인'이라고 칭한다. 그것은 다분히 보편성의 관점이 아니라, 특수성의 관점에서 이루어진 것이다. 특수성의 관점에서 지사언론은 '민족'이란 개념뿐만 아니라 구국의 시대적 상황을 도외시할 수 없었다. 따라서 당시 언론의 자유는 저

1) 《황성신문》은 국·한문 혼용체로서 1898년 9월 5일 창간하였다. 이 신문은 지식층과 상류층 독자를 상대했다(정진석, 1990 : 168). 또한 《황성신문》은 고금제(股金制·주식제)를 채택하여 운영하였으나, 재정이 넉넉하지 못하였다. 정부는 황제의 하사금뿐 아니라 사옥의 대여와 구독료의 징수까지 맡았다. 《황성신문》의 주요 수입원은 주식제의 수입을 포함하여 구독료, 정부의 도움, 일반의 의연금 등이었다.

항적일 수밖에 없었다.

이것은 중국의 사상가 양계초에서 영향받은 바가 크다. 양계초는 1899년에서 1905년 《청의보》(淸議報), 《신민총보》(新民叢報)에 기고한 글에서 자유를 개체가 아닌 '군체'(群體), 즉 집단의 자유로 논했다(백지운, 2003 : 133). 이는 앞서 말한 밀의 자유와는 의미가 좀 다르다. 양계초는 '아(我)'를 논하면서 '일군지아'(一群之我)와 '일신지아'(一身之我)를 분리시키고, 전자는 일군의 사람이 늘 나아가 몸을 굽혀 '군'(群)에 따르고 소아(小我)를 버리고 대아(大我)를 지켜야 한다는, 즉 타(他)를 아끼고 타를 이롭게 하는 '의'(義)가 포함되어 있다고 주장했다(백지운, 2003 : 136). 한마디로 말해 양계초는 군체(群體)에서 자유를 얻는다고 생각했다.

이런 양계초의 사상은 구한말 '국사 언론인'의 모습 속에 구현되었으며, 그들의 구국운동으로 스며들었다. 구한말 '계몽가형' 애국지사로 분류될 수 있는(최준, 1965 : 60) 장지연은 국사적 언론인으로서 국권수호를 애국계몽사상가·운동가의 임무로 간주했다. 장지연의 '애국계몽운동'[2]은 상주시 왕산공원 내 그의 기념비에 잘 묘사되어 있다.

> 장지연은 구한말 대표적 민족언론인이다. 1895년 10월 일제의 명성황후 시해사건이 자행되자 의병의 궐기를 호소하는 격문을 지어 각처에 발송하였으며, 1901년 황성신문사 사장을 맡아 민중 계몽과 독립정신 고취에 진력하였다. 《황성신문》 1905년 11월 20일자에

---

2) 애국계몽운동(愛國啓蒙運動)은 1905년 을사늑약 체결 이후부터 한일합방이 이뤄진 1910년까지 박은식, 장지연 등 언론인이 주축이 된 사회운동이었다. 그들은 대한자강회(大韓自强會), 대한협회(大韓協會) 등을 결성하고, 독립협회의 정신을 이어받았다. 애국계몽운동은 국민의 의식을 계발하여 애국심을 기르고, 국가의 힘을 축적하여 주권을 회복하려는 자주적인 구국운동이었다(변태섭, 1991 : 455). 이 운동에 참여한 주요 언론은 《황성신문》, 《대한매일신보》 등이다.

> 을사늑약의 강제체결 사실을 “시일야방성대곡”(是日也放聲大哭 · 이 날에 소리내어 크게 울었다)이라는 논설을 통해 폭로하였으며, 1906년 3월 대한자강회를 조직하고 《대한자강회월보》, 《조양보》를 비롯한 잡지, 신문에 애국계몽 논설들을 발표하여 애국계몽운동의 대표적 지도자로 활약하였다. 1907년 1월에는 신문과 잡지에 국채보상운동의 참여를 촉구하는 논설을 발표하였고, 동년 4월 신민회에 가입 활약하였으며, 블라디보스토크에서 간행되는 《해조신문》의 주필로 활약하는 등 언론인으로 민중계몽과 독립정신 고취에 전력하였다. 1910년 8월 언론인으로서 활동무대를 완전히 박탈당하자 1911년 이후 향리에 칩거, 나라 빼앗긴 울분을 토하다가 1920년 10월 2일 마산에서 순국하였다.

그의 삶은 기념비에서 알 수 있듯, 국사적 언론인으로서의 민중계몽과 독립정신 고취에 앞장섰다. 그는 언론을 통해 애국계몽에 참여하였으나, 58세의 나이로 생을 마감했다.

이 글은 지사언론의 실체를 장지연의 언론관에서 도출하고자 한다. 장지연에 관한 연구는 많이 진행되었다. 실학의 정책학적 관점에서 접근한 천관우(1971)와 장지연의 업적과 위치에 대한 임근수(1971) 등의 논문, 또한 언론활동에 관한 정진석(1993)의 논문 등 많은 기존 연구가 존재한다. 그러나 이 글은 장지연의 세계이해와 기자정신에 관해서 주로 논하고자 한다.

2. 사상의 형성

위암 장지연은 경북 상주목(尙州牧) 출신으로 구한말의 대표적 ‘애국계몽’ 사상가였다. 위암은 6세 때부터 서당에 입학하여 한학을 배웠다. 인동(仁同) 장씨 문중에서 한학을 배운 장지연은 1883년 20세 되던 해에 고조부뻘 되는 장복추(張福樞 1815~1900 · 理氣論의 主理說을 중시)로부터 성리학을 배웠다. 영남학파의 심학(心學), 예학(禮學) 등 학풍을 간직한 장지연은 허훈(許薰)의 근기학파(近畿學派) 전통을 전수하였다(구자혁, 1993 : 9~14). 당시 근기학파가 지식주의, 실용주의를 신봉하였는데, 장지연은 영남학파와 근기학파의 학풍을 동시에 전수받을 수 있었다.

장지연의 '애국계몽사상'은 경학 위주의 영남학파에 기초할 수밖에 없었다. 장지연은 1885년 6월(22세) 소과(小科)의 향시 응제과(鄕試應製科)에 합격하였으나, 복시에 불합격하였다. 장지연은 네 차례 낙방한 후, 1894년 2월(31세) 진사병과(進士丙科)에 급제했다. 그러나 그는 의병운동, 청일전쟁으로 등용되지 못한 채 상주로 낙향하여 실학에 몰두했다.

장지연은 1897년 사례소(史禮所) 직원(直員)으로 벼슬길에 올랐고, 8월에는 내부주사(內部主事)를 겸임하게 되었다. 이때 장지연은 김택영(金澤榮), 윤희구(尹喜求) 등과 함께 《대한예전》(大韓禮典) 10권을 편찬하는 작업에 참여했다. 짧은 관직생활이었지만, 이때의 활동은 장지연에게 후일 사학자로서 활동하는 기반을 제공하였다(구자혁, 1993 : 34). 1898년 10월 장지연은 내부주사를 그만두고, 독립협회가 주관한 제 2차 만민공동회에 참여하며, 남궁억, 이승만, 양홍묵(梁弘默) 등과 함께 총무위원으로 활약하면서 만민공동회를 주도하였다. 장지연은 독립협회에서 언론인으로서의 삶을 사는데, 당시 독립협회의 기관지였던 《독립신문》, 《대조선독립협회회보》(大朝鮮獨立協會會報)와 《황성신문》 등의 발간과 연관이 있는 편집부장(編輯部長) 역할을 담당했다. 이런 언론을 매개체로 독립협회는 강연회, 토론회를 개최하면서 '자주독립', '자주민권', '자강개혁', '부국독립' 등을 부각시켰다(최기성, 1997 : 422).

장지연은 1898년 《황성신문》의 창간에 간여하였으며, 1901년 봄

《황성신문》의 주필과 그 경영까지 맡게 되었다. 당시 《황성신문》은 윤치호가 창간한 《경성신문》을 인수함으로써 시작되었다. 남궁억, 유근, 박은식 등은 《경성신문》을 인수하여 《대한황성신문》으로 개제(改題) 하였고, 9월 5일 《황성신문》 제 1호를 발간했던 것이다.

장지연은 1898년 9월 5일 발간된 《황성신문》에 참가하면서 "주권자의 통치대권을 보필할 것을 밝히고, 춘추직필(春秋直筆)의 사관사필(史官史筆) 지도원리 아래서 선정(善政)을 요망했다"(방상훈, 2001: 117). 《황성신문》은 남궁억 사장과 박은식, 남궁훈(南宮薰), 신채호, 김상천(金相天), 나수연(羅壽淵) 등의 편집진을 구성했으며, 장지연은 《황성신문》의 논설기자(주필)가 되었다. 그러나 장지연은 곧 이 신문을 떠나, 1899년 1월 22일에 격일제로 간행되는 《시사총보》(時事叢報)[3]의 주필로 초빙되었다. 당시 《시사총보》는 고종황제가 독립협회에 대항하기 위하여 발행한 정부의 기관지였다(신석호, 1973: 서문).

장지연은 《시사총보》의 주필이 되었으나, 《시사총보》에서의 활동은 경영난으로 오래가지 못하고, 1900년에 들어서면서 《시사총보》를 개편하여 그 시설로 광문사를 설치하고 서적을 간행하였다. 장지연은 광문사에서 정약용의 《목민심서》, 《흠흠신서》 등을 간행했다.

장지연은 실학의 근기학파 전통을 고수했다. 즉, 유학에 소양의 기초를 두되, 당시까지의 일반적 경향이었던 유학의 의리학(義理學)을

---

3) 《시사총보》는 1898년 12월 독립협회가 해산된 지 약 1개월 뒤인 1899년 1월 22일 홍중섭(洪中燮), 현영운(玄暎運) 등이 창간하였다. 최준(崔埈)의 《韓國新聞史》에서는 이 신문이 "친러 수구파가 조직한 황국협회의 기관지로 독립협회에서 발행한 《독립신문》에 대항하기 위해 창간하였다"는 논리를 펴고 있지만, 구자혁(具滋赫)은 황국협회는 독립협회가 함께 해산됨으로써 황국협회가 발행하였다고 볼 수 없으며, 오히려 고종의 허가를 받아 발행한 수구계의 기관지로 보았다(구자혁 1993 : 81). 수구파들은 《시사총보》를 창간하여 《독립신문》의 자주·자강에 대항했다. 장지연은 1898년 10월에 내부주사를 사임하고, 그 이듬해인 《시사총보》의 주필이 되었다.

뒤로 하고 경세학에 치중하였다. 장지연은 정약용의 학풍을 답습했다.

정약용은 정책학〔經濟學〕에 치중한 인물이었는데, 장지연은 정약용의 학설을 신봉했다. 그는 《아방강역고》(我邦疆域考)를 개정, 《대한강역고》(大韓疆域考)를 출간함으로써 정약용의 학문에 더욱 활기를 불어넣었다. 지지학(地誌學)의 《대한강역고》는 경제학의 한 부분으로, 오늘날의 분류에 따르면 역사지리, 영토사(領土史) 같은 것이다. 장지연은 정약용의 것을 증보한 것이다. 그리고 장지연은 1907년 《대한신지지》(大韓新地志) 2책을 저술하기도 했다. 그는 이들 책에서 국경, 개항장, 통상, 도시, 각 군의 연혁 등을 역사적으로 접근하였다.

장지연은 경세의 정책학뿐 아니라 역사학에도 관심을 가져 《증보대한강역고》를 비롯하여 《대한최근세사》(大韓最近世史), 《동국역사》, 《만국사물기원역사》(萬國事物紀元歷史), 《대동시선》(大東詩選), 《일사유사》(逸士遺事), 《조선유교연원》(朝鮮儒敎淵源) 등을 저술했다.

한편 언론인 장지연은 1902년 8월 31일 《황성신문》 사장으로 취임하여 국정쇄신, 국민계몽 및 항일언론을 전개했다. 그는 일제의 침략을 규탄하고, 자주독립정신과 민족정신을 고양시키는 데 주력한다(유승, 1985: 144). 장지연의 그러한 사상적 경향은 독립협회 때부터 시작되었으나, 독립협회가 1898년 12월 해산된 후 당분간 그 뜻을 접었다. 그러나 《황성신문》 사장 장지연은 1902년 이후 개화사상가로 전향하게 된다(구자혁, 1993 : 41). 하지만 그의 신문사 생활은 순탄하지 않았다. 《황성신문》 사장이 된 장지연은 1903년 9월 일본이 궁궐을 호위할 군사를 파송한다는 기사로 경위원, 경무청에 체포되었다가 다음날 석방되었다. "시일야방성대곡" 필화사건[4]은 더 말할 나위가 없

4) 장지연은 몇 번의 필화를 경험하는데 그것은 "① 1903년 일본이 궁궐을 호위할 군사를 파송해온다는 신문기사로 경무청에 2일간 구속, ② 1905년 11월 20일자 《황성신문》의 "시일야방성대곡"이란 논설로 신문을 압수당하고, 신문사는

다. 그 사건으로 잡혀가 64일 만에 출옥한 후, 1906년 6월 25일 《조양보》의 편집원으로 잠시 머물렀다. 그 후 장지연은 나수연, 김상범(金相範), 윤치호, 윤효정(尹孝定), 임병항(林炳恒) 등과 더불어 1906년 8월 대한자강회(大韓自强會)를 결성하고 교육진흥과 산업발달, 사회교풍과 같은 민족계몽운동에 나섰다(최준, 1965 : 146).

대한자강회 회원은 '국민계몽', '항일운동'을 위해 각 지역을 순회하면서 강연회를 개최하는 한편 《대한자강회월보》(大韓自强會月報)를 발간했다. 또한 대한자강회는 전국에 지회를 두었는데, 황해도·평안도의 서우학회(西友學會), 함경도의 한북학회(漢北學會), 경기도·충청도의 기호학회(畿湖學會), 전라도의 호남학회(湖南學會), 경상도의 교남학회(嶠南學會), 강원도의 관동학회(關東學會) 등을 결성하여 월보를 발행하였다. 그 세력이 전국으로 확산되자, 이완용 내각은 해아밀사사건(海牙密使事件)을 빌미로 고종의 양위와 군대해산을 단행한 후, 대한자강회도 선동민심(煽動民心)을 이유로 1907년 8월 21일 강제해산 명령을 내렸다. 이에 굴하지 않고 그해 11월 9일, 윤효정, 남궁억, 오세창 등과 장지연은 대한협회(大韓協會)를 결성하고, 평의원으로 《대한민보》(大韓民報) 발간에 참여했다.

1907년에는 일제에 의한 학회령(學會令)과 신문지법이 제정되어 대한협회 활동도 할 수 없게 되었다. 감시와 핍박이 심해지자, 장지연은 블라디보스토크로 건너가 1908년 2월(음력 1월 1일) '해삼위'에서 최봉준(崔鳳俊)이 발행한 《해조신문》(海朝新聞)의 주필이 된다. 당시 《해조신문》은 "지식계발과 국권회복"을 위해 창간했으나, 일제의 탄압과

정간, 장지연은 투옥당했으며, ③ 장지연은 1908년 1월 블라디보스토크로 망명을 시도하여, 《해조신문》의 주필로서 항일 논조를 폈으나 일제의 탄압과 자금난으로 《해조신문》은 3개월 만에 문을 닫게 되었다. 또한 그는 의병활동·항일구국운동으로 피습 당하고 부상을 입었으며, ④ 1909년 10월 진주의 《경남일보》 주필로서 1910년 10월에 '절명시'를 게재하여 신문이 압수되고 정간" 되었다(최기성 1997 : 430~431).

경영난으로 계속 간행할 수 없게 되자 장지연은 귀국 길에 올랐다.

귀국 후 그는 1909년 10월 15일 창간한 《경남일보》(慶南日報)의 주필직을 맡았다. 진주에서 발행한 김홍조(金弘祚), 김영진(金榮鎭) 등의 《경남일보》는 "반일적 논조를 자제하고, '교육·실업지시귀'(實業之蓍龜)의 취지를 밝혔다(최기영, 1991 : 182). 하지만 《경남일보》는 1910년 8월에 합병조약이 성립된 후, 매천(梅泉) 황현(黃玹)의 "절명시(絶命詩)"를 신문에 게재한 까닭에 압수, 정간되었다.

장지연은 1913년 8월에 경남일보를 사임하였고, 《매일신보》에서 근무 초빙을 받았으나 이를 거부하고 "기신보사"(奇申報社)란 글을 남겼다(임근수, 1977 : 3). 즉, 거절문으로 작성한 이 글에서 그는 "언론은 반드시 정직해야 하며, 그 기사 또한 반드시 공명(公明)해야 할 것이니, 아첨하는 말을 하거나 숨기는 일이 있어서는 안 된다. 그래야 후세의 이목(耳目) 있는 사람이 신문을 믿고 또한 그것을 공기(公器)로 삼을 것이다. 현재 사설을 읽어본 즉 아첨하는 말이 많고, 또 그 기사를 보면 은폐하고 숨기는 것이 허다하다"라는 말을 남겼다. 장지연은 신문의 공정, 공평성을 강조하면서 '곡필아세'(曲筆阿世)[5]를 격렬히

5) '곡필아세'는 "바른 길에서 벗어난 학문으로 세상 사람에게 아첨함"을 의미한다. 한편 장지연은 "《경남일보》에 숭양산인(崇陽山人)이라는 필명으로 사조(詞藻)의 고정란에 빈번히 집필했다"라는 주장이 있다(정진석, 2005: 18). 또한 장지연은 《매일신보》 일본인 사장 아베〔阿部充家〕의 권유를 받아들여, 1914년 12월 23일부터 《매일신보》의 '기고자'가 되었다(정진석, 2005: 20). 그는 《매일신보》에 1918년 7월까지 "고재만필"(古齋漫筆), "송재만필"(松齋漫筆), "일사유사"(逸士遺事), "조선유교연원"(朝鮮儒教淵源), "기창만필"(羈窓慢筆), "만록"(漫錄) 등을 연재한 바 있다. 최근 민족문제연구소 김경현(金倞顯) 《친일인명사전》 편찬위원은 《경남일보》 1911년 11월 2일 일왕 메이지〔明治〕의 생일인 천장절(天長節)을 축하하는 한시 "성수무강"(聖壽無疆)(日出扶桑 赫赫太陽 虹斗毓精 誕我天皇) 게재사실을 밝혔다(《경향신문》 2005. 3. 5.). 다시 말해 김경현은 《경남일보》의 주필 장지연이 "성수무강"을 작성하였다고 단정하고, 그의 친일행각을 문제삼은 것이다.

비난한 것이다.

장지연은 《매일신보》 1914년 12월 23일부터 1918년 7월 11일까지 고전·전고·풍속·국학 등 비정치적 분야에 많은 글을 남겼다(천관우 외, 1993 : 628). 그 후 장지연은 심한 음주로 위암으로 고생하다, 1921년 10월 2일 운명하였다.

3. 장지연 사상의 특징

장지연은 언론인의 기능은 과거의 언관(言官), 사관(史官) 직과 동일한 것이며, 역사서술의 관점에서 보면 신문은 야사(野史)에 속한다고 보았다. 신문은 구한말 극적으로 발전되었고, 장지연은 신문발간에 즐겨 참여했다. 이유는 문명개화의 촉매자로서는 신문의 사명만 같은 것이 없다고 생각했기 때문이었다(신용하, 2003 : 5). 또한 장지연을 포함한 《황성신문》의 관련 인물들은 신문의 역할을 나라의 문명부강을 위한 사회의 이목이 되고, 민중을 계몽하는 역할로 인식하였다(김영희, 1999 : 24).

물론 장지연의 언론활동은 상소에서부터 시작되었다. 그는 1893년 7월 안효제(安孝濟)의 요청으로 충주 출신 무당 진령군(眞靈君)의 목을 벨 것을 청하는 "청참진령군소"(請斬眞靈君疏)를 작성하였다(구자혁, 1993 : 200). 당시 안효제는 사간원 정언(司諫院 正言)이었는데, 그가 부탁할 정도였다면 장지연의 필력은 그 위력을 능히 짐작할 수 있다.

한편 장지연은 과거시험에서 진사를 합격하기 전, 1897년 1월 아관〔俄館, 러시아 공사관〕에 파천해 있는 고종의 환궁을 청하는 "각도신사 만여인"(各道紳士 萬餘人)의 "만인소"(萬人疏) 운동에 참여하여 그 제소(製疏)를 맡았다. 그 내용은 국왕이 러시아공사관으로 피신한 뒤 러시아에 아첨하는 무리들의 행패가 극심하므로 환궁하여 나라의 존엄과 기강을 바로잡도록 해야한다는 것이다(구자혁, 1993 : 29). 장지연은 1897년 2월 환궁한 고종에게 황제 즉위를 요청하는 "군신청진위황제소"(群臣請進位皇帝疏)에서 역시 제소와 독소(讀疏)를 맡기도 했다(천관우, 1993 : 16).

장지연의 잇따른 상소에서 그의 사상을 논할 필요가 있는데, "대안효제논의제소"(代安孝濟論衣制疏)는 영남학파의 기풍으로 미루어 예학에 기초를 둔 것으로 간주된다(구자혁, 1993 : 71). 장지연은 이 상소에서 의제개혁(衣制改革)의 불가함을 논하는 방향을 전통의 엄중함에서 설정하고 있다. 그러면서도 그는 시간이 지나고 풍속이 바뀜에 따라 덜고 보태며 이름을 달리한, 즉 '시이속변 손익이명'(時移俗變 損益異名)이라는 표현을 이 상소에서 사용한다. 이는 과거의 유학적 사고에서 새 것을 받아들이는 장지연의 온고지신(溫故知新)의 사고가 함축된 것이다. 그의 사고는 양계초가 《신민설》(新民說)에서 "옛것이라해도 그것을 새것이라 부르지 않을 수 없으니, 날로 새로워지는 것은 그것이 모두 오래된 것이기 때문이다"(舊也而不得不謂之新, 惟其日新, 正所以全其舊也)라고 말한 것을 연상하게 한다(백지운, 2003 : 75에서 재인용). 문제는 변하는 현실에서 지켜야할 것이 무엇인지를 명확하게 아는 일이다.

1897년에 지은 "상정부서"(上政府書)는 좋은 자료다. 장지연은 그 글에서 군신(君臣), 부자(父子), 부부(夫婦), 형제(兄弟), 장유(長幼) 등 강상(綱常)의 도(道)를 훼손할 수 없음을 강조하였다. 그는 삼강오륜을 해하지 않는 범위에서 전장(典章), 법도(法度), 교화(敎化), 강령(政令) 등이 바뀌는 것은 인정하였다(구자혁, 1993 : 73). 이런 동도서기론(東道西器論)은 하나의 내적 모순으로 혹은 외적 동력으로 작용하였다. 사회진화론과 자강운동은 그 일면이다.

1) 사회진화론

장지연은 구학(舊學)을 시세에 맞게 진흥, 개선하는 동시에 서양의 기술문명을 수용할 것을 주장하였다. 그가 생각하는 정치의 원칙은 "고제만필"(古齋漫筆)에서 다음과 같이 제시된다.

> 政治之術은 不可但以工商으로 爲富强之根本이오 倫理道德과 文學法律이 實爲文明之基礎 則 五千年 東洋學術이 雖云 腐弊極矣나 然이나 苟能振興而改善하여 以適合乎時世 則乃政治之大關 而不可廢者也라(《매일신보》1915. 4. 14).

위의 말에서 확인할 수 있듯 장지연은 유학에 근거한 윤리·도덕·문학·법률 등을 개선, 진흥하면서 아울러 공상(工商)의 발전을 염원했던 것이다. 장지연은 자강정신으로 국가가 교육과 식산(殖産)의 정책을 펼 것을 기대했다. 국가의 생존력을 강화시키는 것이 필요하다고 생각한 것이다. 그가 국가의 생존력을 키우는 일에 관심을 가진 것은 당시 유행했던 국가론, 사회진화론과 밀접한 관련을 갖는다.

장지연은 '국가'란 인간이 생존경쟁의 과정에서 군(群)을 형성하고, 군과 타군(他群)과의 생존경쟁 가운데 발생한 단체가 타 단체와의 불가역적 진화의 과정에서 발생한다고 보았다(우남숙, 1997 : 283). 말하자면, 장지연은 인간이란 자연적 자활능력이 금수보다 열등한 존재이므로, 생존경쟁이 격렬한 자연계에서 개별적 존재로서는 자립할 수 없다고 본 것이다. 따라서 집단〔群〕은 우승열패의 역사발전의 법칙에 의해 '합군'(合群)하게 되고, 그것이 오늘날의 국가로 발전했다고 간주한다. 이런 생각이 사회진화론의 핵심임은 두말할 나위가 없다.

장지연은 "相團結 相補助 相捍救 相利益之道者"를 위해 국가 구성원들이 유기적으로 상호작용하는 유기적 구성체를 염원했다(우남숙, 1997 : 287). 단체는 구성원의 공통의 이익인 '공공(公共)의 이익(利

益)'을 기초로 하여 '합동'하여 단합이 이루어질 수 있다고 본 것이다. 그렇다면 장지연에게 '군'(群 : 단체)으로 이뤄진 국가〔合群〕가 없으면, 유기체의 구성이 불가능하다. 같은 원리에서 국가사상이 없으면 끝내 단체를 이룰 수 없으며, 인도(人道) 인간의 생존도 이룰 수 없게 된다. 장지연은 인간이 생존하기 위해 '태평(太平)의 시(時)'에는 '상호분업'(相扶分業)하며, '환란난제'(患難之際)의 경우에는 '군책'(群策)으로 '한위어모'(捍衛禦侮)하기 위한 상호의존, 상호작용하는 유기적 구성체로 인식하였다(우남숙, 1997 : 298). '군'은 역사적으로 진화하는데, 현시대에 있어 '공국가'(共國家)의 특성을 지니지 못하면 국가는 진화와 보존을 할 수 없다는 것이다. 국가 전체가 안정적으로 성장하기 위해서는 국민은 각각의 기능을 담당해야 한다. 같은 원리로, 국제사회도 격렬한 우승열패의 메커니즘이 지배하는 생존경쟁의 장을 피할 수 없다.

이런 사회진화론은 장지연의 저서 곳곳에 나타난다. 그리고 사회진화론의 핵심 개념인 '우승열패'(優勝劣敗)와 '적자생존'(適者生存)은 (장지연, 1956 : 177) 그의 과학기술론과 연결되는 단서를 제공한다.

2) 과학기술론

우승열패의 메커니즘이 지배하는 생존경쟁에서 중요한 것은 힘이고 이 힘의 근거는 바로 서구의 과학기술이다. 장지연은 "산업발전의 급무"[6]에서 서구의 과학기술을 '부강지술'(富强之術)로 간주함으로써 서도(西道)의 입장을 강화시켰다. 당시 애국계몽운동의 '개화'[7] 사상가는

6) 《매일신보》에 1915년 5월 12일에서 12월 15일까지 25회 연재되었다.

7) 개화란 '개물성무 화민성속'(開物成務 化民成俗)의 준말이며, '수시찰변 참호고금'(隨時察變, 參互古今)의 뜻을 지닌다. 여기서 개물성무(開物成務)는 《역경》의 "계사전"(繫辭傳)에 나오는 말이며, 《예기》의 학기(學記)의 화민

'서도'의 원리에 충실했다. 개화 사상가는 처음부터 신교육을 통해 새로운 학문의 세계와 접하게 된 사람이거나, 혹은 전통적 교육방식에 의해 한학을 수학하였지만 점차 새로운 지식과 사상에 접하게 된 지식인들이다. 장지연은 1898년 《대한황성신문》, 《황성신문》 등 언론에 참여하면서 서서히 개화사상가로 기울게 된다(구자혁, 1993 : 34).

장지연은 1897년 "상정부서"(上政府書)에서 상(常)과 변(變)의 실상을 다음과 같이 언급하였다(장지연, 1956 : 104).

> 천지 萬物의 이치에는 常이 있고 變이 있습니다. … 오직 常을 잡으면서도 變에 通해야 능히 經卷의 道에 이를 수 있고 時措의 마땅함에 合할 수 있습니다. 대저 나라에 君臣, 父子, 夫婦, 兄弟, 長幼가 있음을 五常이라 하여 천지 고금을 통틀어 바꿀 수 없는 常經이요, 禮樂, 刑政, 典章, 法度는 때에 따라 변하는 것입니다(《文稿》卷 3, "上政府書" 丁酉 : 104).

장지연은 종래의 유학만으로 당시 침투해 오는 외세에 적절하게 대응할 수 없으며, 주권을 지키기 위해서는 국민의 지식개방과 개화의 필요성을 느꼈다. 그는 "과거의 '동도서기'(東道西器), '구본신참'(舊本新參)에서 한걸음 더 나아가 피아(彼我, 동서양)를 서로 참고하고, 헤아려 나은 방향이라면 반드시 옛 제도를 기본으로 할 필요는 없다"는 입장을 취했다(구자혁, 1993 : 59).

3) 자강사상과 부국강병

언론인으로서 장지연은 개화, 자강사상의 실천적 범주를 강화시킬 수밖에 없다(구자혁, 1993 : 73). 언론은 속성상 추상적 강상(綱常)의 표현에 장애를 받기 마련이었다.

성속(化民成俗)하는 것일 뿐이라고 말했다.

장지연은 언론을 통해 국민을 계몽하고, 나아가 자강독립을 이룩하고자 했다. "대한자강회 취지서"(大韓自强會 趣旨書, 1906. 7) 에서 장지연은 교육과 산업의 육성으로 독립을 쟁취하기를 원했다(《신동아》 1966년 1월 부록).

> 夫邦國之獨立은 惟在自强之如何耳라… 如究其自强之術이면 無他라 在振作教育也요 在殖產興業也니… 亟亟奮發於自强之術… 而蒸進於回復之途則 大韓獨立之基礎가 必權輿於此矣니….

자강(自强) 은 "《역경》의 '자강불식'(自强不息) 의 중국말로 양무(洋務) 라고도 하는데, 서양의 기술문명을 습득하고 부국강병을 꾀하여 외국의 침략을 막는다는 뜻으로 사용되었다"(최기성, 1997 : 426). 구한말 '자강운동'(自强運動)[8] 은 청국(清國) '무술정변'(戊戌政變) 의 변법운동(變法運動) 으로 일본에 망명한 양계초의 활동과 그의 저술《음빙실문집》(1903) 등을 소개함으로써 시도하였다(최기성, 1997 : 426). 장지연은 1906년 "대한자강회 취지서"에서 자강운동을 "교육을 진작하고 식산(殖產) 을 흥업시키는 것이요, 국민정신을 배양하는 것이다"라고 규정한 것이다.

4) 신문과 저널리즘의 기능

장지연은 당시의 저널리즘의 기원을 신학(新學) 에서 찾았다. 물론 그가 말한 신학은 새로운 문화형태인 언론이다(구자혁, 1993 : 75). 언

8) 강유위(康有爲), 양계초의 자강사상은 장기적이고 점진적이다. 양계초는《음빙실문집》에서 다윈(C. Darwin), 스펜서(H. Spencer), 헉슬리(T. Huxley) 등의 생물진화론을 인간사회에 적용시켜 적자생존법칙의 진화를 설명하였다. 이들의 사상은 장지연에게도 영향을 미쳤다(구자혁, 1993 : 70).

론을 경세의 일종으로 생각한 장지연은 신문을 통한 언론활동으로 국민을 계몽하고, 국가의 부강을 도모코자 했음을 알 수 있다.

장지연이 이렇게 신문을 중요하게 생각한 것은 그의 일본방문과 관련이 깊다. 그는 일본을 방문한 뒤, 일본인들이 황궁제후(皇宮帝后)로부터 평민에 이르기까지 열심히 신문을 읽고 있음을 목격했다. 이런 방문의 기행문이 "동유문견"(東游聞見)이라는 글인데, 이 글은 3회에 걸쳐 《황성신문》에 실렸다. 그때 장지연은 일본인의 신문구독을 이렇게 감탄하였다(《황성신문》 1905. 9. 27).

> 其家家戶外에 皆設新聞接受之筒ᄒᆞ며 町町家家에 皆有新聞賣捌之聲ᄒᆞ니 全國人人之愛讀新聞을 如是則其人民社會之程度를 可想矣라 然而其國이 惡得不開發而興昌哉아.

일본의 신문구독 실태를 보면서 장지연은 신문이 개화를 위한 최고의 도구로 생각했던 것이다. 장지연은 《기신보사》(寄申報社)에서 신문기사를 실록에 비유(報筆卽褒貶之哀鉞, 記事之實錄也 … 今聞世之公論者)한 바 있다(장지연, 1956 : 140).

신문기사가 실록에 비유된다면 당연히 기자는 사관(史官)이 될 수밖에 없다. 전통사회에서 역사는 정치의 귀감이며, 문헌의 홍보로 어떤 학문이든지 역사를 통해야 하기 때문에 학문 중에서 가장 긴요하다. 우리 역사를 가르쳐 조국정신을 환기시키고, 동족의 감상을 불러일으켜 애국의 열성을 배양함으로써 그 발전의 노력을 공고히 한다. 그러므로 사학은 중요한 학문이었다(천관우, 1993 : 3에서 재인용).

또한 역사와 유학관계를 주로 집필했던 장지연은 저널리즘에 정력을 기울였다. 그는 문명개화의 촉매자로 신문의 사명만 한 것이 없다고 생각했기 때문이었다(신용하, 2003 : 5). 장지연은 《시사총보》 1899년 1월 22일 발간 취지서에서 신문이 국민에게 주는 보익(補益)을 다음과 같이 다섯으로 열거하였다.

① 돈려(敦勵) : 개인의 옳지 못한 행실이 신문에 보도될까 두려워하여 풍속을 교화함.
② 권징(勸懲) : 신문이 충효를 포양(褒揚)하고 재능있는 자를 장려해 주며, 용렬한 자의 지식을 인도해 줌.
③ 발달(發達) : 세계의 물정을 통달하고 세고(世故)를 단련해 각각 그 신령한 마음에 지식을 발달하게 함.
④ 자제(資濟) : 학사 술업과 농민의 경작하는 방법, 상업매매의 이해.
⑤ 유람(遊覽) : 국민들이 외국에 가보지 않고도 만국의 사정을 알 수 있게 함.

전통사회에서 경세(經世)는 정권에 참여하여 정책을 구현하거나, 재야자(在野者)가 상소(上疏)함으로써 이루어졌다. 그런데 과거와 달리 서양 신문의 유입으로 재야자가 쉽게 경세적 정책론을 펼 수 있게 되었다. 장지연에게 사학은 경세학의 주요한 일부분이고, 저널리즘은 일종의 경세학이었던 셈이다(천관우, 1993 : 34). 장지연은 "패창수록"(覇窓手錄)에서 사학, 경세학, 그리고 저널리즘과의 관계 및 그 책무를 다음과 같이 연계시켰다(장지연, 1956 : 285~286).

今之報館者 卽古之太史之職 抑亦野史之類也 每合史家之諸體 記述一紙之上 而殺活縱奪之權 隱行於其中 後之作史者 不考 於新聞 則其何以取徵矣乎 雖然報館之責任 如是綦重 操筆於其間者 必須謹愼詳核 高朗公平 以博一世之信用 然後可副與論之望 而買收公衆之歡心也 新聞者, 所謂不窺戶牖, 而知天下者也

개화를 언론에 관련시킨 장지연은 1899년 1월 22일 《시사총보》(時事叢報)의 "본보발간지취지"(本報發刊之趣旨)에서 "옛날 패관(稗官)과

야사(野史)가 있어 역사를 지었는데, 요즘은 그것이 변하여 신문이 그 역할을 하고 있다"(구자혁, 1993 : 74에 재인용)고 논리를 폈다. 그에 의하면 현대의 신문은 크게 논설(論說)과 잡보(雜報)로 나뉘는데, 전자는 사가의 평론에 해당한 것이요, 후자는 사가(史家)의 기사라는 체(體)를 일컫는다.

또한 장지연 주필은 신문의 역할로 국가 정치에 공헌하는 바를 다음과 같이 다섯 가지로 분류하였다(구자혁, 1993 : 74).

① 규풍(規諷) : 그 나라의 정치, 교육, 법령, 상벌, 출척(黜陟) 등 득실의 논증함. 이는 간관(諫官)의 직책(職責)을 갖게 함.
② 면경(勉警) : 신문의 정치감시로 잘못을 깨닫고, 천하의 공안을 갖게 함.
③ 보습(補拾) : 시세형편과 이해의 방략(方略)을 각각 의견으로 베풀어 논설에 기록함.
④ 성찰(省察) : 민간의 풍속을 살피어 국정에 반영케 함. 즉, 민심의 동태를 찰지(察知)하여 올바른 여론을 조성함.
⑤ 감계(鑑戒) : 지난 일을 잘 생각하여 스스로를 경계함. 신문이 국내 보도뿐만이 아니라, 외국의 국정과 정치동향을 보도하고 자국의 정치도 반성케 함.

장지연은 《황성신문사기》(皇城新聞社記)에서 언론인으로서 신문의 본분을 다 함으로써 뱃길을 잡아주고 교화에 이르게 하고, 이것을 문명으로 열어 나가는 제일의 임무(盖報館者 秉筆鉞操津筏 以導達政化 開進文明 爲第一義諦)라고 하였다(장지연, 1956 : 177).

장지연은 신문을 개화 혹은 근대화에 필수 불가결한 수단이며, 따라서 신문을 보지 않은 선비가 자신의 고상함을 말하는 것은 무지일 뿐이라고 생각했다. 장지연은 《기신보사》에서 신문은 이목이요, 만인의 우역으로 강조하고, 언론은 정직해야 하고, 기사는 공평해야함을 주장했다(장지연, 1956 : 140).

夫報紙 一世之耳目 萬人之郵驛 其言論必正直 其記事必公明 無諛辭無諱言 然後世之有耳有眼者 靡然信仰 視新紙爲至公之物 今讀其社說

전술했듯, 장지연에게 언론은 애국계몽운동의 좋은 수단이었다. 장지연의 자강론은 위로부터의 자강정책뿐만 아니라 아래로부터의 자강상황을 논하였고, 오히려 아래로부터의 자강, 개신의 길을 찾는 데 더욱 열심이었다. 장지연은 신문을 통해 국력의 발전과 국권의 신장을 도모함으로써 동양의 평화를 회복하는 과제를 인식했던 것이다. 그는 교육과 산업을 추진하며, 국민적 단결로 민족과 국권을 보유하려 했다. 또한 그는 국권회복, 국력배양을 위하여 신문은 개명의 한 역할을 담당할 수 있을 것으로 보았다.

대한제국은 민족적 단일성을 가진 국가라 종족의 보존은 곧 국가의 보존이며, 민족의 위기는 국가의 위기로 인식되었다. 장지연은 국가의 위기에서 언론이 위기를 극복할 수 있다고 본 것이다.

4. 국사 언론인

1905년 11월 18일 외부대신 박제순과 일본공사 하야시〔林權助〕가 을사늑약을 체결하였다. 이 조약으로 일제는 한국의 외교권을 박탈하고, 통감부를 설치했다. 군체(群體)의 실체인 국가에 위기가 온 것이다. 구국언론은 애국계몽운동의 첨병이 되었고 언론인은 애국지사가 되었다. 장지연은 애국심을 타민족에 의한 속박과 일체의 권리를 허용하지 않는 것으로 보았다(우남숙, 1997 : 292에서 재인용). 따라서 국가가 위기에 처했을 때, 당연히 언론은 저항적, 사회운동적 성향을 띨 수밖에 없다. 또 다른 한편으로, 민중은 계몽을 통하여 구국의 대열에 동참할 필요가 있었다. 장지연에게 애국심이란 국가의 빛이며, 생명의 양식이며, 학문의 근원이었다.

장지연은 1907년 10월 국문 신소설 《애국부인전》[9]을 발표하여, 간절한 애국관을 피력하였다. 이 소설은 1428년 프랑스 지배 야욕을 품은 영국이 프랑스를 향해 남하를 꾀한 사실을 그린 것이다. 그 소설은 주인공 잔다르크(Jeanne d'Arc)가 중심에 서 있었다. 당시 영국군의 공격을 받았던 프랑스군은 거듭된 패전에 사기가 땅에 떨어졌다. 프랑스의 운명은 말 그대로 풍전등화 상태였다. 이때 기적과 같이 나타난 잔다르크는 전의(戰意)에 불타올랐고, 프랑스군을 독려하여 그들을 전쟁터로 끌고 나왔다. 장지연은 잔다르크의 전의를 이렇게 묘사했다(장지연, 1975 : 20~34).

> 시절이 왔도다. 시절이 왔도다. 내가 나라를 구치 못하고 다시 누구를 기다릴까. 즉시 부모 앞에 나아가 여쭈오되, 오늘은 여식이 부친과 모친을 하직하고 문외에 나아가 큰 사업을 세우고자 하니 혹 요행으로 우리 국민동포의 환난을 구제하고 우리나라 독립을 보전할는지 알지 못하나이다. … 다만 국가와 동포를 안녕히 보전할 지경이면 이 몸이 만 번 죽어도 한이 없으며 하물며 이 일은 한 집안 사정이 아니라 백성된 공공한 사정이오니 제 몸은 비록 여자이오나 어찌 법국의 백성이 아니리까. 국민된 책임을 다하여야 비로소 국민이라 이를지니 어찌 나라의 난을 당하여 가만히 앉아 보고 구하지 아니 하리오. … 국가가 한 번 망하면 인민이 다 노예가 될 것이요. 한 번 노예가 될 지경이면 일평생을 남에게 구박과 압제를 입어 영히 하늘을 볼 날이 없지 않소. … 모든 국민된 자는 모두

---

9) 《애국부인전》은 1906년 4월부터 《황성신문》에 연재된 후, 1907년 10월 광학서포에서 단행본으로 출간되었다. 1900년대 장지연의 저술활동은 역사학과 저널리즘의 긴밀한 관련 아래에서 이루어졌다(강영주, 1983 : 95). 그는 사실을 허구보다 더 높이 평가하였고, 크고 작은 사건들의 연대를 정확히 밝힐 뿐만 아니라 역사적 사실들에 대한 설명을 소상히 기록하였다.

> 군사될 의무가 있다 하니 그 말이 웬말이오. 사람이 생겨 국민이 되면 사람마다 주권에 복종하며 사람마다 군사가 되어 나라를 갚는 것이 당연치 아니하오. 이것은 자기의 몸과 힘으로 자기의 생명과 재산을 보호함과 일반이오. … 우리들이 오늘은 맹세코 반드시 나라와 한가지로 죽을 것이요, 만일 나라가 망하면 우리 단정코 살지 못하리다.

장지연의 우국충정의 기자정신은 "시일야방성대곡"[10] 에서 잘 나타난다. 이 글을 쓰는 동안 그는 분통을 이기지 못하여 불과 480자의 이 글을 완성하지 못하고 쓰러졌다. 이때 옆에서 지켜보던 유근(柳瑾)[11] 이 필을 받아 나머지 부분을 마무리했다(구자혁, 1993 : 92).

《황성신문》은 가가호호에 무료로 배달되어 국민의 여론을 환기시켰다. 놀란 일본 순사가 신문사로 와서 장지연을 체포하고 신문을 정간시켰다. 천관우는 "시일야방성대곡"의 내용을 다음과 같이 요약한다(천관우 외 1993 : 572).

> ① 동양 삼국의 평화와 우호관계를 강조해 온 이토 히로부미가 돌연 대한제국의 국권을 강탈하는 이른바 보호조약을 내밀고 나왔음에 몹시 놀랐고, ② 고종 황제가 이를 강경히 거절하였으므로 이

---

10) 장지연은 평소 가야산을 유람하길 좋아했는데, 그는 김청음(金淸陰・병자호란 때 척화를 주장하며 최명길이 기초한 굴욕적 국서를 찢어버리고 통곡함)과 정동계(鄭桐溪)의 유지가(병자호란 때 인조가 청나라와 화의하자 할복자살을 기도했으며, 실패하자 덕유산서 숨어살다 죽었다) 실린 용천정(龍泉亭)을 찾았다고 한다. 장지연은 후일 "시일야방성대곡"의 논설에서 정동계의 우국충절을 떠올리고 있다(구자혁, 1993 : 26).

11) 유근은 《대한황성신문》의 주필직을 맡았는데, 당시 주필은 매일 논설 한 편씩을 기고하고 일정한 월급을 받는 촉탁기자와는 달리 고용된 전문 논설기자였다(정진석, 1995 : 134). 그 후 1898년 9월 5일 유근과 장지연은 《황성신문》을 창간하는 동지였다. 더욱이 장지연의 셋째 아들 재륜과 유근의 딸 숙희(淑姬)가 혼인함으로써 사돈이 되었다.

> 조약은 성립된 것이 아니며, ③그런데 개돼지만도 못한 우리 대한제국 대신들은 벌벌 떨고 이에 서명하여 나라를 팔았으니, 무슨 면목으로 임금과 동포를 대할 것이냐, ④이천만 동포여! 사천 년을 이어온 국민정신이 하룻밤 사이에 망할 것인가.

그 요약에서 주된 역점은 일본이 내민 조약문에 서명한 정부 대신들을 통렬히 비난하는 데 있었다(천관우 외, 1993 : 572). 장지연에게 그들은 개돼지만도 못한 매국노였다. 장지연은 이완용, 박제순 등 매국노에 분개하였다. 장지연의 행위에 대하여 《대한매일신보》 1905년 11월 23일자 "사장항변"(社長抗辯)은 "국가가 없는데, 무슨 치안방해가 있을 수 있는지"를 반문하고, 그 내용을 국민에게 알렸다. 이 신문은 장지연의 애국정신을 이렇게 서술했다.

> 再昨日에 日本 巡査가 皇城新聞社長 張志淵氏를 捉去하여 警務廳에 拘囚였더니 警廳 顧問이 質問曰 何故로 新聞을 不由檢查하고 擅自發布하여 治安을 妨害케 하느뇨, 同社長이 抗辯曰 所爲治安妨害는 吾所不知라, 大抵 國이 有한 然後에 治安 與否가 有할 것이니 今旣無國矣라, 治安을 何論가, 吾가 秉筆七八年에 世上의 公論을 主張하다가 今日 國家가 없어지게 된 관계사실을 豈可不據事直書하여 使我國民知之며 試觀하라.

《대한매일신보》 1905년 11월 21일 제82호의 "황성의무"(皇城義務)에서 장지연 사장은 광명, 정직 등 표본을 보였다고 보도하고, 장지연을 정의의 화신으로 간주했다.

> 果然 日本 巡査等이 來到하여 社長 張志淵氏 捉去하고 該報를 停刊케 하였으니, 嗚呼라, 皇城記者는 但該社義務를 不實할 뿐이 아니라 實로 大韓全國社會 臣民의 代表가 되어 光明正直한 義理를 世界에 發顯하리로다. 至若放聲大哭이라는 論說 一篇은 凡爲

大韓臣民者가 無不痛哭이어니와 世界各國의 凡有公心正義者는 皆當爲之慨念痛惋하리나, 嗚呼라, 皇城記者之筆 可與日月爭光이로다.

장지연은 '단합지의 단합지력'(團合之義, 團合之力)을 피력했다. 유교의 강상은 의리를 낳고, 의리는 단합된 힘을 발휘한다. 사익이란 국민 개개인의 이익이다. 공익과 사익은 항상 합치될 수 있는 것은 아니다. 그러나 이럴 경우, 장지연은 사익이 공익에 종속해야 한다고 보았다(우남숙, 1997 : 288). 장지연은 국가사상이 없으면 단체를 끝내 이룰 수 없으며, 인도(人道), 즉 인간의 생존도 이룰 수 없게 되는 것이라고 여겼다(우남숙, 1997 : 290). 그는 근대적 자유의 주체를 '개체'가 아닌 '군체'(群體), 즉 집단의 자유의지 속에서 찾고자 하였다. 신문은 군체의 자유를 찾는다. 구국언론, 혹은 기자정신도 같은 차원에서 논하였다. 그의 구국언론, 지사언론은 이런 사상적 맥락에서 도출된다. 언론은 일제에 신음하는 우리 백성들의 계몽에, 그리고 국가의 위기를 타개할 수단으로 사용되는 것이다.

한편 장지연은 언론이 정직·공평하기를 바랐다. 또한 그의 언론관은 난세를 정면으로 부딪칠 만큼 확고했다. 장지연은 임오군란, 갑오개혁, 을미사변, 청일전쟁, 러일전쟁, 을사늑약, 한일합방 등의 난세를 살면서 언론인으로서 용기와 좌절을 동시에 경험했다. 심지어 그는 일왕의 존재를 우상화하는 작시에 동참하기도 했다. 그러나 그는 '변'(變)의 시대에 살았다. 그 와중에 장지연은 애국심을 발휘하기 위한 국사적 언론을 펴기를 염원했다. 장지연은 '동도서기론'을 뛰어넘어 치열한 현실인식과 역사인식으로 구국언론을 폈다. 장지연은 국사적 언론인이 애국계몽운동을 담당하기를 염원하고 실천했던 것이다.

신채호

탁월한 언론인으로서 신채호는 언론의 의미에 대한 직접적 논문을 남기지는 않았으나 커뮤니케이션의 활성화를 집중적으로 분석하였으며, 언어의 중요성을 누구보다 강조하였다.
신채호에게는 언어가 곧 민족주의의 도구였다.

제 4 장
신채호의 민족주의 언론사 방법론

1. 서론

신채호(丹齋 申采浩, 1880~1936)는 일제의 강점기에 민족주의적 표현의 언어·방법론을 논하였다. 신채호의 민족주의는 '타민족의 간섭을 불수(不受)하는 주의'로 이해되고 있으나, 그는 실재 민족주의에 대해 자세한 글을 작성하지 않았다. 역사, 정치학 분야에서 민족주의자의 비조(鼻祖)로서 신채호의 민족주의에 관한 많은 연구논문과 서적이 출간되었으나, 언론학에서 구한말의 으뜸가는 언론인이었던 신채호의 민족주의는 연구의 대상으로 주목을 끌지 못했다. 신채호에 대한 언론분야의 몇 편의 논문도 그의 언론활동에 집중되어 있다.

이 글에서는 신채호[1]의 민족주의가 언론학 연구의 핵심임을 밝힌

1) 신채호는 6세 때부터 정언(正言)을 지낸 조부 성우(星雨)가 운영하던 사숙(私塾)에서 한학교육을 받았다. 18세 때 조부의 소개로 학부대신 양원(陽園) 신기선(申箕善)의 사저를 출입하면서 신학문을 접하였다. 신기선은 동도서기(東道西器)의 개화사상을 가진 정치가였다(김삼웅, 1998 : 56). 신채호는 1898년 19세가 된 가을 신기선의 추천으로 성균관에 입교하였고, 1905년에 성균관 박사가 되었다. 신채호는 박은식의 '민족주의'적 세계관에 동감하였으며, 독립협회의 자주, 민권, 자강운동에 참여하였다(김삼웅, 1998 : 57).

1905년부터 《황성신문》의 논설위원, 1906년 《대한매일신보》의 논설기자로

다. 당시 언론은 ‘사실’의 기록이나 정보전달이 아니라, 커뮤니케이션 활성화를 위한 언어 이용에 관심을 가졌다. 이 상황에서 신채호는 커뮤니케이션 활성화를 위한 언어정립에 중점을 두었다. 그는 단군조선부터 이두문의 역사, 그리고 구결문, 언문으로 발전하는 언어진화과정을 근간으로 하여 민족주의 역사를 서술하였다. 또 신채호는 단군조선부터 인명, 지명, 수도명, 관직명, 강 이름 등 고유명사가 발전한 과정을 추적하였다. 그리고 “20세기 신국민”에서는 언어의 간소화, 음운을 균일케 사용할 것을 요구하였다. 이런 신채호의 생각은 근대적 커뮤니케이션 활성화를 위한 것에서 시작되었으며 언어적 민족주의 성향으로 이어졌다.

입사, 주필기자로 시론(時論)과 사론(史論)을 집필하였다. 1908년 여성계몽을 위해 《가정잡지》를 편집, 발행하였다. 그는 1910년 4월 중국으로 망명, 연해주 블라디보스토크〔海蔘威〕에서 《해조신문》의 후신인 《대동공보》(大東共報), 《청구신문》(靑丘新聞), 《권업보》(勸業報) 등에 관여하면서 해외동포를 대상으로 애국계몽운동과 독립운동을 전개하였다. 1919년 상해임시 정부에 대립되는 《신대한》(新大韓)의 주필, 다양한 언론활동을 전개하였다. 신채호는 1907년 안창호(安昌浩)가 주도하는 독립운동단체 신민회(新民會)에 참가하였고, 국채보상운동을 전개하였다. 1910년 4월 중국 산둥〔山東〕반도의 칭다오〔靑島〕에서 토지개간사업, 무관학교 설립, 사관양성 및 전문기술자 확보 등을 결의한 청도회의(靑島會議)를 개최하였고, 1915년 베이징〔北京〕에서 신규식(申圭植)과 신한청년회(新韓靑年會)를 조직하였다. 1923년 그는 의열단(義烈團)의 요청으로 “조선혁명선언”(朝鮮革命宣言)을 작성하여, 민중직접혁명을 주도하였다. 당시 신채호는 《조선상고문화사》, 《조선상고사》, 《조선사연구초》 등을 집필, 한국사의 자주적 체계화를 시도하여, 근대 민족사학의 줄기를 확립했다(김삼웅, 1998 : 61). 또한 그는 1928년 5·4 운동의 정신적 지주가 된, 북경대학의 이석증(李石曾), 채원배(蔡元培) 교수와 함께 무정부주의운동에 조선대표로 참여하여 일제의 모든 시설물, 관공서의 파괴를 위한 활동에 동참했다. 그의 조선사에 대한 연구업적은 《조선일보》, 《동아일보》에 연재되었다. 그 후 독립자금 염출에 직접 나섰으며, 1928년 5월 ‘외국위체위조사건’ 연루자로 일경에 체포되어 10년형을 선고받고, 뤼순〔旅順〕 감옥으로 이송되어 1936년 2월 21일 그곳에서 옥사하였다.

2. 언어적 민족주의

1) 기존 역사서술의 비판

신채호는 일제의 강점기에 민족주의적 표현의 언어·방법론을 논하였다.

신채호는 민족주의에 대한 강렬한 사회적 욕구에 고무되어 과거의 조선사 집필자를 비판하였다. 그는 고려 인종(仁宗) 13년에 편찬된 《서경전역》(西京戰役)에서 '민족주의'의 사망을 선언하였다(신채호, 1981b : 23). 《삼국사기》(三國史記)를 비롯하여 그 후 조선의 역사는 중국의 역사와 그들의 풍습에 따라 작성되었다고 비판한다. 그는 《동국통감》(東國通鑑), 《동사강목》(東史綱目) 등 몇 가지 역사서를 제외하고, 고금을 상통한 저작이 없고, 모두 왕조의 흥망전말(興亡顚末)을 엮었을 따름이라고 본 것이다(신채호, 1981a : 69).

서구사회와 비교할 때, 양계초(梁啓超)[2]가 언급하였듯, 과거의 중국사회는 사학만이 존재하였다. 권중달(權重達)이 소개한 양계초의

---

2) 양계초는 '군주입헌사상론자'이며, 1903년 "정치학 대가 브른츄리의 학설"의 논문에서 '국가유기체설'을 주장하였다(허학도, 2000 : 51). 양계초는 이 논문에서 국민·민족·국가의 3자가 하나의 유기체임을 주장하였다. 1902년 《논입법권》(論立法權)에서 3요소를 논하면서, 양계초는 과거의 국가는 군주의 사유물로 군주의 의지가 곧 국가의 의지였지만, 지금은 국가가 국민의 재산이며, 국민이 곧 국가의 의지임을 강조하였다. 언론과 교육을 통해 민도(民度), 민지(民智)를 높일 때 입헌사상이 실현될 수 있을 것으로 본 것이다. 양계초의 《자유서》, 《신민총보》는 한국에도 전해져 한말 장지연(張之淵), 박은식(朴殷植), 신채호(申采浩) 등 애국계몽사상(1905~1910)을 배태시켰다(허학도, 2000 : 26). 또한 양계초는 《중국사서론》(中國史叙論) (1902) 제 1절 〈史之界說〉과 《新史學》에서 "역사란 인간 과거의 사실을 기술한 것"이며, "역사가는 반드시 사실의 인과관계를 설명해야 한다"는 실증주의 역사관을 펼치기도 했다(박찬승 1988: 295).

중국의 과거관은 ① 조정이 있으되 국가가 있음을 몰랐으며, ② 개인은 있으나 군체(群體)가 있음을 몰랐으며, ③ 과거의 흔적은 알았지만 오늘날에 해야 할 일은 몰랐으며, ④ 사실이 있음을 알았으나 이상이 있음을 몰랐다(권중달, 1983 : 71~72). 양계초는 왕조와 국가, 개인과 단체, 과거와 현재, 사실과 이상에서 중국과 서양과의 차이를 인지한 것이다. 양계초의 이러한 생각은 우리의 역사학자들에게도 많은 영향을 주었다.

2) 새로운 역사관 정립

신채호는 새 시대의 새로운 역사관 정립에 관심을 가졌다. 그에게 역사는 인류사회의 '아'(我)와 '비아'(非我)의 투쟁이 시간에서 발전하여, 공간으로 확대하는 심적 활동상태의 기록이었다(신채호, 1995b: 61). 이런 원리에서 세계사라 하면 세계인류의 '그리 되어 온' 상태의 기록이며, 조선사라 하면 조선민족의 '그리 되어 온' 상태를 일컬었다. 여기서 신채호의 갈등론적 역사관은 "'아'(我)가 주관적 위치에 선 자이고, 그 외에는 '비아'(非我)로 간주"하였다(신채호, 1981b : 61).

신채호는 반제(反帝) · 반봉건(反封建)으로부터 '민족주의' 아(我)의 관점을 정립하였다. '아'는 개인적 '아'와 '비아'의 투쟁도 없지 않으나, 그때의 '아'는 범위가 약소하다(신채호, 1981a : 59). 신채호는 서구의 '천부인권 사상', 심리적 문화가치를 넘어 사회적 가치에 관심을 가졌다. 그의 사상적 핵심은 '민족주의'이며(안병직, 1978 : 454), 그의 민족주의는 '타민족의 간섭을 불수(不受)하는 주의', 혹은 '아족(我族)의 국(國)은 아족이 주장한다'로 규정된다(《대한매일신보》 1909. 5. 28). 물론 여기서의 민족은 단순한 정치적 경제적 통일체에 그치지 않고 인종이나 국토 등 자연풍토적 조건과 언어 및 문화적 전통 등 사회 풍토적 조건을 바탕으로 형성된 공동체이다(강만길, 1978 : 545). 신채호는 동양의 고사(古史)를 연구하면서 조선 고문화의 원류를 탐색치 않고는 도저히 사(史)의 근거, 진수, 체계와 통지(統志)를 작성할 수 없음을 인지하였다(신채호, 1995e : 239).

3) 역사서술에서 언어의 위치

역사가가 서술한 개성적 역사는 단순한 이질성과 좁은 의미의 개성이라는 두 종류로 나눌 수가 있다(Rickert, 1973 : 152). 전자는 현실 그 자체로서 객관적 보편성을 지니지 않지만, 후자의 경우 현실적인 것의 일정한 해석이며, 개념 안에 받아들여질 수 있는 것이다. 개성은 무수히 많은 이질성 가운데서 문자, 문화발전에 기여할 본질적 요소를 지니고 있다.

신채호의 역사의 서술을 이해하기 위해 우선 소아(小我)와 대아(大我)의 개념을 구분해야 한다. 그는 소아를 개인 즉 이목, 수족, 피부, 모발, 해골, 혈육 등을 합한 신체를 지닌 존재로 본다. 다른 한편 대아(大我)는 곧 정신, 사상, 의미, 그리고 목적의식이다. 정신적 아는 무한한 자유를 누린다(《대한매일신보》 1908. 9. 16~17). 대아는 정신적 국가를 형성한다. 국가는 그 민족의 독립, 자유, 생존, 불굴, 국권의 보전, 국위 앙양, 국가의 영광 등의 정신을 대변한다.

신채호는 고문화의 원류를 민족의 생성과 그 언어에서 찾았으며, 언어를 민족의 보편적 문화가치로 인식하였다. 신채호에게 음성의 도(道)는 타인을 지극히 감동시키기 때문에 그의 문학은 시대에 민감하였다(신채호, 1987: 56). 언어가 중요한 것은 그것이 개인을 넘어서 문화, 민족과 뗄 수 없는 상관을 갖기 때문이다. 언어의 대표적 표상물인 시는 공유자에게 감동을 준다. 이에 신채호는 "시가 융성하면 나라도 융성하며, 시가 쇠퇴하면 나라도 쇠퇴하며, 시가 살아있으면 나라도 역시 살아있으며, 시가 망하면 나라도 역시 망한다"라며 언어의 중요성을 강조하기도 하는 것이다(신채호, 1995c : 379).

신채호는 원시 언어가 그림〔圖繪〕, 글자〔文字〕가 되고, 형자(形字)가 진보하여 음자(音字)가 되는 인류 문화사의 보편 원리를 설명하고, 이 원리를 조선의 역사에 적용시켰다. 즉, 그는 형자인 한자를 모체로 삼은 음자인 '이두문'[3]의 형성을 주장하였다(신채호, 1998 : 61). 극단적이긴 하지만 신채호는 《대한매일신보》 1909년 12월 29일자 "국문의 기원"이라는 글에서는 세종대왕의 한글창제에 의문을 제기하기도 했다.[4] 언론인, 역사가로서 신채호는 의미를 발생시키는 언어조합에 관심이 많았고, 언어의 보편적 의미를 찾고자 했다.

신채호는 조선의 민족주의의 기원을 한민족의 언어에서 찾았지만,

---

3) 이두문(吏讀文)은 한자의 전음(全音), 전의(全義) 혹은 반음(半音), 반의(半義)로 만든 문자이다(신채호, 1995c : 192). 고대에는 '국서'(國書), '향서'(鄕書), 혹은 '가명'(假名)이라 일컫고 고려조 이후에 비로소 이두문이라 일컬었다. 통설로는 고대의 것까지 이두문이라 한다. 이두문은 통설로 신라 설총(薛聰)이 이두문을 지었다고 한다. 그러나 신채호는 설총 이전의 옛 비석(진흥왕 순수비)에도 가끔 이두문으로 적은 시가(詩歌)가 있음을 상기시켰다(신채호, 1998 : 61). 그는 이두문의 역사성을 이야기하고, 그 사용의 실례를 들었다. 이두문에 "불(弗)·발(發)·벌(伐)은 같이 통하는 것인데, 벌휘(伐揮)와 발휘(發揮)가 동일한 '뿔휘'니, 뿔휘는 《용비어천가》에 의하면 금어(今語)의 '뿌리'〔根〕이다"(신채호, 1995c : 194). 신채호는 "페니키아 인이 이집트 형자의 편방(偏邦·글자의 한 부분)을 따라서 알파벳을 만듦과 같이, 형자(形字)인 한자를 가져다가 음자인 이두문을 만들었다"는 주장을 폈다(신채호, 1998 : 61).

4) 오늘날 사람들이 모두 국문을 조선조 세종대왕이 창조한 것으로 알고 있으나, 실로 그렇지 않다. 내가 일찍이 책방을 지나다가 《진언집》(眞言集)이란 한 책자를 구입하여, 이것을 읽어보았다. 《진언집》은 불가(佛家)에서 전교(傳敎)하기 위해서 국한자를 교용(交用)하여 저술되어 있었다. 그 가운데 국문의 기원을 말한 일단(一段)이 있는데, 국문의 창조자는 고승 요의(了義)로 기록되었으며, 요의가 어느 때 사람인지 알지 못하나 세종 이전 사람이 되는 것은 의심할 수 없다(신채호 1995f : 395).

민족주의의 발원지는 서양사회의 소산물인 근대 민족주의다. 민족주의는 근대국가의 발달 과정에서보다 오히려 외침을 받은 민족의 저항운동 과정에서 형성되었다(강만길 1978 : 540). 이스라엘은 주변 이슬람 국가나 기독교 문화권 등에 뿔뿔이 흩어져 살던 유태인들을 현재의 영토로 결집시키기 위해 민족주의 개념을 사용하였다. 유태인은 구약을 통하여 그들의 민족주의 의식을 고취시켰다. 1차 대전의 패전을 설욕하기 위한 독일의 나치정권은 순수 게르만 사회의 전통주의를 바탕으로 민족을 집결시켰던 것이다.

신채호는 반제 · 반봉건으로 민족주의를 고취시켰다. 민족주의는 당시 세계적으로 지배적인 관점으로 부상하고 있었다. 르 봉(Le Bon)은 명예와 명성, 신과 조국 등을 과장, 주장, 반복하면서 민족주의를 전파시켰다. 민족주의는 대립되는 타민족의 견제를 위한, 주도적 사회운동의 도구가 되었다. 그의 이러한 역사인식의 태도는 유럽 근대 역사학에서의 민족주의와 기본적으로 같은 맥락이다. 당시 중국의 역사학계에는 근대 역사학의 모든 이론이 모두 유입되어 있었으며, 신채호의 역사학도 중국 학계의 이러한 동향과 무관하지 않았다(김용섭, 1978 : 440).

근대 내셔널리즘은 대체로 국가주의와 국민주의, 그리고 민족주의의 3가지 개념을 함께 가진 것인데, 우리의 내셔널리즘은 실학, 개화당, 독립협회운동, 애국계몽운동, 더 나아가서 3 · 1 운동, 국내외에 독립운동으로 발전되는 과정에서(강만길, 1978 : 541) 당시 민족주의의 목표는 대내적으로 민족이 역사의 주체가 되고, 대외적으로 주권을 행사할 수 있는 민족국가 건설에 있었다(홍승기, 2001 : 169). 신채호의 민족주의 운동은 반제, 반봉건의 성격을 띠고 전개되었다.

이 글은 ① 신채호의 민족주의 실체를 규명하며, ② 신채호가 바라는 역사서술의 방법론을 서구의 방법론과 비교론적 관점에서 논하며,

③ 그리고 신채호의 민족주의는 쇼비니즘, 국수주의가 아님을 밝힌다.

현실적으로 이 글은 인터넷의 '지구촌' 문화에 대한 충격해법이 될 수 있다. 세계화나 '지구촌'화는 시공간의 개념을 '변형'시키는 엄청난 변동을 요구한다. 그러나 학계와 논쟁은 민족주의를 국수주의로 간주하고, 여전히 기능적 관점에 치중하여 역사성을 무시하는 일방적 논의에 편중되었다. 그렇다면 과연 신채호가 '민족주체성'과 '주체의식의 선명'을 내세우면서 쇼비니즘에 몰두했는지를 역사 방법론에서 밝히고자 한다.

언론인으로서의 빼어난 업적에 비해 신채호의 언론사 연구는 아직 초보적 단계로서, 연구논문은 천관우(1971), 송건호(1987), 오세창(1987), 정진석(1994) 등에 불과하다. 그러나 이 논문들은 신채호의 언론인에 대한 행적과 그의 사상에 관한 주장에 초점이 맞춰져 있다. 전형적인 신채호의 소개는 오세창의 논문에서 읽을 수 있다. 그는 "신채호의 해외 언론활동"으로 1911년 12월 17일 중국 연해주에서 《권업보》(勸業報)의 신문부장 겸 주필로서, 한인사회의 민족의식의 고취, 지위향상, 산업진흥 등 제반 사회문제의 계몽적 역할을 수행하였음을 서술하였다(오세창, 1987 : 339). 신채호는 언론의 의미, 개념 등에 대해 직접적으로 밝히지 않았다. 그러나 이 글에서는 신채호의 언어, 즉 커뮤니케이션 결과물에 근거하여 그의 '커뮤니케이션 활성화'와 방법론을 부각시키고자 한다.

신채호의 '고유명사' 이두문 연구가 언어를 통한 '커뮤니케이션 활성화'에 기여하였다면 기존의 언론사 연구를 한 차원 올려놓았다. 이 글은 최범훈(1987)의 이두문, 이만열(1990)의 방법론, 신용하(1984)의 민족주의 등에서 기본 아이디어를 얻었다.

3. 역사학의 방법과 민족주의

신채호는 근대적 개념의 국가를 민족과 관련시켰다. 그는 국가의 역사는 민족의 소장성쇠(消長盛衰)의 상태를 가려서 기록한 것으로 간주한다(신채호, 1995a : 12). 《독사신론》[5]은 그와 같은 생각에서 나온 저작이다. 신채호는 민족을 버리면 역사가 없을 것이며, 역사를 버리면 민족국가의 개념이 상대적으로 희박하게 된다고 생각했다.

국가는 형식상·정신상 국가로 나누어지는데, 형식상 국가는 영토와 국민과 주권이며, 정신상 국가의 요체는 민족정신이었다(한영우, 1994 : 56~58). 정신을 가진 민족이 결국 국가의 기본 전제가 되었다. 신채호의 민족[6] 개념은 《독사신론》(1908), 1910년 4월 망명 후 작성한 《조선상고사》(1924), 《조선사연구초》(1929), 《조선상고문화사》(1932) 등에서 발견된다.

1) 실증사학

신채호는 개념의 구성 작업을 위한 사실의 선택에 관심을 가졌다. 고대사 연구는 고인들이 남긴 서적을 자료로 삼았다. 신채호는 조선(고조선)뿐만 아니라 인접국의 것도 참고하여 정사(正史)에 못지 않게 신화(神話), 소설(小說), 요담(妖談), 잡서(雜書) 등을 비교적 관점에서 분석하여 서술하였다. 그는 역사연구를 위해서는 우선 자료 수

---

5) 신채호는 주필기자로서 《대한매일신보》에 1908년 8월 27일부터 9월 15일까지, 그리고 10월 29일부터 12월 13일까지 총 50회에 걸쳐 "독사신론"을 연재했다. 그는 풍전등화 같은 국운(國運)을 안타깝게 여기는 한편, 쇠미해진 국운을 떨쳐 일으키고자 《독사신론》을 집필하였다(정해렴 편역, 1995a : 10).

6) 신용하는 "신채호가 독립 논문으로 민족주의 개념을 정의하지 않았으며, 단지 특정 주제를 다루는 글 속에서 간단히 논급하고 있을 뿐이다"라고 주장하였다(신용하, 1984 : 134).

집과 정리, 서술에 객관적 신임을 얻기 위해 최선을 다해야 함을 강조했다.

역사를 서술하는 데에는 자료의 수집·비판·정리를 거쳐 새로운 지식체계를 구성하는 여러 단계를 거치는데 동양사학은 전 단계에 특장(特長)이 있고, 서양사학은 후 단계에 치중한다(권중달, 1983 : 75). 신채호는 서구의 비판적 접근에 더욱 익숙했고, 신뢰할 만한 것으로 여겼다. 과거 조선의 역사서술은 혼자 초사(抄寫)로 작성하는 경우가 허다하였다. 이에 신채호는 《조선사 총론》에서 고대의 한두 명의 사가가 주관적 판단에 따라 아무 책임감 없이 저술한 것을 신뢰할 수 없다고 비판하였다(이기백, 1981 : 78에서 재인용). 더욱이 일반 서적이 초사로 전해짐으로써 전도, 와오, 탈락, 증첩(增疊)된 자구가 허다하였다. 이런 맥락에서 신채호는 사료의 선택에 실증적 입장을 취하였다.

실증적 사학은 이후 《조선사》를 저술하는 데 주요한 입장이었다. 신채호는 1914년 윤세용(尹世茸), 세복(世復) 형제의 초청을 받아 그들이 경영하는 만주 봉천성 회인현(懷仁縣)의 동창학교(東昌學校) 교사로 재직하게 된다. 그때 신채호는 조선민족에 관심을 가지고 《조선사》를 집필하였다. 그는 만주 일대의 백두산 등산, 광개토대왕릉 답사 등 고구려와 발해 유물, 유적을 답사하여 민족사학의 실증적 토대를 마련하였다(김삼웅 1998 : 59).

2) 실증사학의 입장에서 조선상고사 개관

신채호는 4천 년 우리의 역사를 부여족의 흥망성쇠 역사로 본다. 그는 조선의 인종은 부여족을 주족으로 여기고, 선비족(鮮卑族), 지나족(支那族), 말갈족(靺鞨族), 여진족(女眞族), 몽골족(蒙古族), 일본족(日本族), 그리고 토족(土族)을 객족(客族)으로 열거하였다. 그들이 생존했던 시기의 진위를 따지고, 그들 족속들의 유래를 밝히면서

체계적으로 분류하였다.

신채호는 당시 유행하였던 '진화론'[7]의 생물학적 원리를 원용하여 토족을 상세히 설명하였다. 토족은 고대 남북한 지역에 있었던 종족으로 삼한(三韓)의 여러 부락과 동쪽의 예(濊)와 맥(貊) 종족 등이 모두 여기에 속하였는데, 우세한 족속은 살아남고 열등한 족속은 도태한다는 적자생존의 원리에 따라 토족의 발전을 규정하였다(신채호, 1995 : 15).

민족적 역사의 시작은 부여족의 시조인 신인(神人)이 태백산(太白山) 박달나무 아래에 내려오는 것에서 시작한다. 이에 단군 왕검(王儉)은 왕검성(王儉城)에서 정치를 베풀었다. 여기서 왕검을 이두문으로 옮기면, 왕(王)은 그 글자의 뜻에서 소리의 처음 절반을 취하여 '임'으로 읽고, 검(儉)은 그 글자의 음에서 소리의 전부를 취하여 '금'으로 읽었다. 즉, 왕검을 이두문으로 풀이하여, '임금'의 단어를 만들었다(신채호, 1998 : 55).

신채호는 단군(檀君)의 사관(史官)인 신지(神誌)[8]를 소개하고, 사관이 남긴 책을 역사의 기원으로 보았다. 왕검은 태백산의 고원(高原)

---

7) 신채호는 진화론을 "盖 吾人이 進化된 故로, 제 1기 동물 중에서, 此 특이한 人類를 成하고, 제 2기 禽獸와 競爭하여 勝利를 得하고, 제 3기 사회적 생활을 營하고, 제 4기 國家的 생활을 營하고, 제 5기 世界共通的 시대를 成하였도다"라고 설명하였다(신채호, 1987 : 208).

8) 전사(前史)에 의하면 단군 때에 신지가 사관이 되었는데, 신지는 곧 '신치'의 번역이요, '신치'는 '신크치'의 약자요, '신크치'는 '신가'의 별칭이다. '신가'는 '신수두'〔神蘇塗〕의 제일(祭日)에 우주 창조의 신화와 영웅·용사 등이 행한 일과 예언, 유의, 경계 등 이야기를 노래한 것이다. 신지가 지은 책도 《신지》인데 전해지지 않아 그 가치를 정확하게 알 수 없으나, 그 책이름이 이두문으로 지은 것이니 그 내용의 기사도 이두문으로 기재한 것일 것이라는 것이 신채호의 생각이다(신채호, 1998 : 63). 신채호는 신지가 우주창조의 신화와 영웅 용사 등의 행사와 예언류의 경계담 등을 싣고 있는 신지를 호머의 시편과 연계시켰다(이만열, 1990 : 305).

에서 일어나 압록강 줄기를 따라 내려와서 부근의 넓은 지역에 흩어져 살았는데, 강의 서쪽은 요동(遼東)이요, 강의 동쪽은 조선(朝鮮, 현재 평안, 황해도)이었다. 그들은 압록강 유역에 성장하였으며, 그들의 후손 고구려와 발해는 번성하였으나, 주변의 강국들과 북쪽지방의 오랑캐, 그리고 남쪽 민족의 협공으로 고전을 면치 못하였다.

한편 우리 민족이 서북쪽으로부터 동남으로 옮겨 들어온 것은 추위 때문에 백성이 살기에 적합하지 않았기 때문이었다(신채호, 1995 : 18). 내륙지방으로 내려온 부여족은 천연의 산물들을 풍부하게 사용하였다. 비교론적 관점에서 보면, 그리스, 이탈리아 등과 비슷한 반도(半島)이나, 천연 산물이 풍부하여 바깥과 통하지 않더라도 생업이 자족함으로써 항해와 원정(遠征)이 필요치 않았다. 그러나 동남의 내륙지방으로 이주한 부여족은 산령(山嶺)들이 겹겹이 싸여서 통상과 행군에 큰 장애를 겪었다. 두메가 깊은 곳에 치우쳐 각 지역이 떨어져 중앙정부의 간섭이 두루 미치기가 어려워 청학동(靑鶴洞), 우복동(愚伏洞) 같은 깊은 산골에 은거하면서 가장정치(家長政治)가 발달하였다(신채호, 1995 : 19). 즉, 가장정치가 국가의 존재를 대신하였다.

단군의 족속을 실증적으로 규명함으로써 신채호는 한민족의 종족적 기원을 국가의 발달, 주권상의 주인 종족에 따라 '상세, 중세, 근세대' 등으로 시대구분을 하였다. 주족의 부여족은 압록강 유역에 고구려, 한강(漢江) 유역에 백제, 낙동강 유역에 가락(駕洛), 신라를 세웠다. 그들이 같은 부여족임을 보이는 증거로서 각각 태대형(太大兄)과 태대각간(太大角干), 구사자(九使者)과 구간(九干), 주주(州主)와 군주(軍主) 등 유사한 관리의 직위를 비롯하여, 지역, 가옥, 음식, 풍속 등을 갖고 있었다(신채호, 1995g : 34).

삼국시대의 으뜸 고구려왕은 동명성왕 고주몽(高朱蒙)이었다. 고주몽은 성왕(聖王)으로 부르다가 다시 성제(聖帝)로, 군주(君主), 관위(官位)의 명칭을 사용하였다(신채호, 1995g : 36). 후에 한자로 번역하여 제왕(帝王)이라는 용어를 사용하였다. 한민족의 고유한 언어로 성왕의 명칭을 사용한 것이다.

한편 가장 늦게 성장한 신라는 소수 부족들이 연합하여 가락(駕洛)과 적대하였다. 그러나 신라는 지리적으로 치우쳐 있어 말갈, 일본 등과는 교류가 거의 없었다. 반면 신라와 같은 처지에 있었던 한강 이남의 백제는 일본에 화친을 열어 일본에 온갖 문물, 즉, 문자, 미술, 심지어 인종까지 전파했다(신채호, 1995g : 39).

상대적으로 위약했던 신라는 상하(上下)가 자강하여, 외교의 힘으로 적자생존에서 승자가 되었다. 그러나 신라는 다른 족속을 끌어들여 형제를 죽였고, 고구려의 옛 땅의 반을 상실하였다(신채호, 1995g : 54~55). 신라는 당을 끌어들여 고구려 유족 발해까지 멸망시켰다. 역사가 김부식은 《삼국사기》에서 고려에 정통성을 부여함으로써, 발해의 존재 자체를 도외시하였다.

이런 해석에서 볼 수 있듯 신채호는 조선사를 서술함에 있어서 조선민족을 아(我)의 단위로 설정했다. 신채호는 역사적 아(我)가 되려면 반드시 ① 시간에 있어서 생명의 부절(不絶)함을 가진 상속성(相續性)을 지녀야 하고, ② 공간에 있어서 영향 파급의 보편성을 지녀야 한다고 말하는데, 이는 민족주의 역사학의 기본적 입장이다. 신채호가 역사적 아(我), 조선 민족의 정체를 찾는 방법은 언어에 대한 연구를 통해서 좀더 확장된다.

3) 언어는 민족 정체성의 근본

그리스의 호머가 《오디세이》와 《일리아드》에서 그러했듯이 신채호는 시간과 공간 속에서 지명, 인명, 관직명, 산, 강 등 고유명사가 형성된 과정을 추적한다. 이는 언어에 대한 연구에서 한 민족의 정체성과 문화의 형성에 중요한 방법이다. 언어는 커뮤니케이션의 가장 기본적인 도구로 거기에는 사람들의 정신과 역사가 고스란히 녹아 있다.

신채호는 지금까지 조선을 주체로 한 진정한 조선사가 없음을 개탄하고, 이두문의 해석을 통해 종래의 오류를 시정해야 할 필연성을 강조하게 된다(신채호, 1995 : 228). 언어 정립의 차원에서 신채호는 "평양패수고"(平壤浿水考)를 《동아일보》에 연재한다.[9] 그 글은 옛날 강성했던 고구려의 수도 '평양'[10]에 관한 지명을 추적하는 글이었다. 그는 왕조 중심의 사관에서 벗어나 모든 문화의 특질이 표현된 언어로 주체적 민족주의 사관을 정립하였다. 즉, 언어 생성과정의 인과관계를 규명한 것이다.

더욱이 평양은 중국과 항상 마찰과 경계의 진원지였다. 중국은 예나 지금이나 고구려 땅의 경계에 대해 민감하게 반응하였다. 사대주의자는 중국의 반응에 직접 대응하기를 꺼렸다. 그 경향은 평양의 지명에서 나타났다. 평양의 지명은 ① 삼조선(단군·기자·위만) 시대, ② 삼국·동북국 양 시대, ③ 고려 이후의 장소, 지명에서 유동적일 수밖에 없었다(신채호, 1999 : 53). 역사책에 수록된 지명인 평양(平壤, 平穰)·평나(平那)·변나(卞那)·백아(百牙)·낙랑(樂浪)·낙량(樂良)·패수(浿水)·패강(浿江)·패하(浿河) 등은 다만 '펴라'를 갖가지 가음(假音)으로 쓴 것이다(신채호, 1999 : 55). 평양·평나·변나·백아는 이두문에 의해 음의 초성을 읽어 '펴'가 되었고, 락랑(樂浪)·랑량(樂良)은 '락'의 뜻 '풍류'의 초성을 읽으며, '浪', '良'은 음 '랑', '량'의 초성·중성을 읽어 '라'가 되었다. 패수(浿水)·패강(浿江)·패하(浿河)는 '패'(浿)의 음 '패'의 초성을 읽으며, 수(水)·강(江)·하(河)의

---

9) 《동아일보》 1925. 1. 30~3. 16.

10) 고구려는 장수왕(長壽王) 15년, 427년에 통구(通溝)의 국내성(國內城)으로부터 대동강 유역인 평양으로 수도를 옮겼다. 천도로 고구려는 대동강 유역의 풍요한 경제적 부를 향유하고, 고조선, 낙랑군(樂浪郡)의 문화유산을 차지하며 중국뿐 아니라 백제·신라로 진출할 수 있었다(변태섭, 1991 : 87).

뜻 '라'의 소리를 읽어서 '펴라'가 되었다.

언어는 원래 총체적 자기반성을 포괄하는 반성된 보편성을 지니고 있다. 신채호는 '펴라'의 역사를 통해 조선역사의 보편성을 더욱 확실하게 하였다. 그러나 후기 고려시대의 이두문을 모르는 사대주의 학자들이 이를 한자의 음으로 읽어서 평양(平壤)으로 칭함으로써 이두문에 의해 전승되어 온 민족 주체성을 포기했다고 신채호는 주장했다(신채호, 1999 : 55). 주요 원리가 왜곡됨으로써 근본형식의 변화를 초래했다고 보는 것이다. 다시 말해, 고유 언어의 상실뿐만 아니라 사회의 보편적 근본원리가 재구성되었다.

신채호는 "조선역사상 1천년래 제 1대사건"(朝鮮歷史上 1千年來 第一大事件)에서 묘청(妙靑)의 '서경천도론'(西京遷都論)이 김부식의 관군에게 패한 것을(仁宗 12년, 1135년) 통탄하였다. 이 전쟁은 국풍파(國風派)와 한학파(漢學派), 독립당과 사대당의 싸움으로 치달았다. 결과적으로 조선사가 사대적, 보수적, 속박적 유교사상(儒教思想)에 정복되고 말았다고 통탄한 것이다(신채호 1981b : 24).

민족의 '자주독립 사상'은 종속적 역사 맥락 속으로 매몰되었다. 신채호의 민족주의 사상은 추상적이고 보편적인 신(神)이나 혼(魂)보다는 구체적인 고유한 사상체계를 중요시하였다(이기백, 1981 : 247). 화랑도(花郎徒)의 낭가사상(郎家思想)은 묘청에 의해 전수되었으나, 결국 김부식의 유교사상에 의해서 이 사상이 점령당한 것이다. 김부식의 왕조 중심의 정통주의 사상은 다른 민족주의 사상을 불식시켰다. 전통과 외래의 '아(我)와 비아(非我)의 투쟁'으로 외래사상이 득세함으로써 전통사상은 소각되고, 본질은 망각되었다. 소각되고 망각된 '사실'의 실체를 후세 사람은 알 수 없게 된다. 그 후의 역사는 소각된 사실을 누락시킨 채, 홀연히 일어난 것으로 간주한다. 더 이상 역사의 인과성을 규정할 수 없게 된 것이다. 이에 신채호는 김부식이 분류한 역사 사료(史料)들을 맹렬히 비판했다.

물론 이두문은 그 해석에서 여러 단점이 있다. 이두문의 시, 글, 인명, 지명, 관명 등 고유명사는 오직 같은 시대, 같은 지방 사람들이 그 관습에 의하여 서로 해득할 수 있을 뿐이었다. 이유가 없는 것이 아니다. 신채호는 "적국의 외환(外患)으로 정치상 비밀을 지키기 위해 글을 적국(敵國) 사람이 일체 이해하지 못하게 하기 위하여 이같이 불확실한 글을 쓴 것이다"라고 그 이유를 제시한다(신채호, 1998 : 62). 즉, 그는 이두문의 이러한 표기는 조선인의 재지(才智)가 부족하여서 그렇게 된 것이 아니라 정치상의 장애로 말미암은 것으로 생각한 것이다. 분명 그것은 커뮤니케이션의 장애로 나타날 것이다. 때문에 신채호는 "민지(民智) 발달에 유익한 자전(字典)의 편찬에 종사하되 글자 모양을 간소화하고, 음운을 균일케 하여 독자가 같이 사용할 것을 기대"하기도 했던 것이다(《대한매일신보》 1908. 2. 14).

이런 문제에도 불구하고, 민족 정체성 형성의 근본이라 할 수 있는 언어를 나름대로 기록하고 역사를 형성할 수 있었던 민족은 고대 동아시아에서 (불완전하기는 하지만) 중국과 조선밖에 없었다는 점을 신채호는 또한 지적한다(신채호, 1998 : 109).

4. 보편성의 역사서술과 민족주의

1) 사실의 기술로서의 역사

신채호는 객관적으로 사회의 유동상태와 거기서 발생한 사실을 그대로 적은 것을 역사로 간주하였다(이기백, 1981 : 58). 역사는 역사를 위하여 역사를 지으란 것이요, 역사 이외에 무슨 딴 목적을 위하여 지으라는 것이 아니다. 그는 저작자의 목적을 따라 그 사실을 좌우하거나 첨부 변개하지 못하도록 하였으며, 사실(事實)에 근거한 역사서술을 권장하였다. 신채호는 역사서술 방법에서 일종의 '모사설'(模寫說)을 주장하였다. 그는 모사설에 충실한 객관성을 선호하였다. 이는 "자의적 역사 구성보다는 반드시 사실을 존중하라"고 강조한 랑케(L. Ranke)의 역사관과 같은 맥락이다.

하지만 역사서술 방법상의 문제로 조선의 역사를 서술하는 데 책에서 사료를 구하기 힘들었다. 이에 따라 사학자가 조선과 만주 등지의 유물을 직접 출토하도록 하거나, 금석학 · 고전학 · 지리학 · 미술학 · 계보학 등의 전문영역에서 학자 배출의 필요성이 대두되었다. 학문이 세분화되지 않았던 과거의 역사를 고려할 때 전문영역의 역사물을 구하기는 쉽지 않았다.

신채호는 이에 대한 해결책의 모색뿐 아니라 당시 시급히 필요한 것으로 사책(史冊)에 의해 득실을 평하며, 진위(眞僞)를 교(校)하기 위한 조선사의 전도(前途)를 시도하였다(신채호, 1995b : 66~67). 역사가는 자구간에 만족하기보다는 대세의 관계를 직시하며, 유교의 강압에 억제되어 있는 사실을 발견하고, 서적 선택의 부정(不精) 등을 밝혀낼 혜안(慧眼)이 필요하였다.

신채호는 기존의 조선의 역사서술을 분류, 검토해보고 ① 대개가 정치사들이어서 수준 높은 문화사가 몇 작품 남지 않았으며, ② 정치사 중에도 《동국통감》(東國通鑑), 《동사강목》(東史綱目) 외에는 고금을 회통한 저작이 없고, 모두 왕조의 흥망 전말로 글을 시작하고 끝맺었고, ③ 공구(孔丘)의 《춘추》를 사의 극칙(極則)으로 알아 맥락도 모르고 덩달아 흉내낸 나머지 존군억신(尊君抑臣), 숭화양이(崇華攘夷)에 만족하였으며, ④ 국민의 자감(資鑑)에 공감하려 함보다 외인에게 첨미(諂媚)하려 한 의사가 많았다고 지적한다(신채호, 1995 : 74). 이런 의미에서 민족주의 역사관 정립은 그에게 중요한 과제다.

2) 민족주의 역사관

신채호는 고금을 회통한 역사뿐 아니라 아(我)의 민족주의 역사관을 선호하였다. 이런 면에서 김부식은 비판의 대상이 된다. 김부식은 《삼국사기》를 작성할 때, 송(宋) 사람의 《책부원귀》(冊府元龜) 1천 권을 사들여서 참고로 제공하고는, 내각에 깊이 감추어 다른 사람의 열람을 불허해서 자신만이 국내 유일의 역사가가 됨을 희망하였다(신채호, 1999 : 50). 김부식을 비판한 신채호는 《삼국사기》의 아(我)의 역사관 부재를 피력한 것이다. 아(我)의 역사관은 바로 민족주의적 관점의 확립에서 나온다.

3) 실증적 서술의 방법 사례

신채호는 사료의 수집과 선택의 객관성 확보에 관한 장황한 풀이를 하였다. 《동아일보》에 게재한 "조선 고래(古來)의 문자(文字)와 시가(詩歌)의 변천"(1924. 1. 1)은 시공간 안에서의 민족의 정체성 규명에 획기적 자료를 제공하였다. 고유명사, 그리고 그 명사의 생성, 변화, 소멸, 변조는 조선역사의 실체였다. 신채호는 인명, 국명, 수도명, 산명, 관직명, 그리고 수명(水名) 등 고유명사 자료를 면밀히 분석, 귀납 추론하여 역사의 객관성과 합리성을 모색했다(최범훈 1987 : 243).

그가 사용한 실증적 방법은 다음과 같다. ① 고비(古碑)에서 사료를 추출했다. 예를 들어 고구려구비(高句麗舊碑)에서 왕의 '황제'(皇帝), 고구려 대신(大臣)의 '상가'(相加)의 호칭을 입증하였으며, ② 각 서적의 호증(互證)을 통해 사료의 객관성을 확보했다.

일례로 《고려사》 최영전(崔瑩傳)에 의거한즉, 최영이 "당이 30만 병으로 고구려를 침범하매, 고구려 승군(僧軍) 3만을 발하여 이를 대파하다"하였으나 《삼국사기》에는 이 사실이 누락되었다. 《고려도경》, 《통전》, 《신당서》, 《후주서》 등 서적 6, 7종을 섭렵한 결과 '승군'이 선인(先人)과 같은 말로, '종교적 무사단체'로 판단할 수 있으며, ③ 각종 명사의 해석에 대하여 《삼국유사》 이두문(吏讀文)으로 많은 정보를 습득했고, ④ 위서(僞書)의 판별과 선택에 대하여, 위중(僞中)의 위(僞), 진중(眞中)의 위, 위중의 실체에 대한 다량의 정보를 파악했고, ⑤ 몽골, 만주, 토족의 언어와 풍속의 비교적 연구로 역사의 발자취를 추적했다(신채호, 1995b : 77~90).

4) 역사서술에 나타나는 문제점

그러나 객관성의 추적과정에서 한자의 명사화, 이두표기법, 국어의 생성 등에 문제점이 노출된다. 이는 신채호 자신도 잘 알고 있었던 바다. '이두문자 자체의 문제'[11] 뿐 아니라 사실 자체의 혼돈이 빈번히 문제시되었다. 한강을 신라는 漢江(한강)이라고 불렀지만, 백제는 욱리하(郁里河)로 사용하였으며, 《삼국사기》는 중국의 요동성(遼東城)을 오열홀(烏列忽)로 표기하고 있다. 또한 아버지와 아들, 할아버지와 손자가 같은 이름을 사용하였다. 전술했듯이, 페니키아인이 이집트의

---

11) 이두문 자체의 문제는 다음과 같다. ① 자음과 모음이 분리되지 못하였다. 즉, '가'는 'ㄱ'과 모음 'ㅏ'의 음철이요, '라'는 자음 'ㄹ'과 모음 'ㅏ'의 음철인데, 이를 구별치 아니하여 한 음철이 한 글자가 되어 '가'를 '加' 혹은 '家'로 쓰고 있으며, '라'는 '良' 혹은 '羅'로 써서 음자(音字)의 수효가 너무 많으며, ② 음표(音標)를 확정하지 못하였다. 즉, '白'자 한자를 '백활'(白活)이라 쓰고는 '발'로 읽고, '위백제'(爲白齊)라고 쓰고는 '살'로 읽으며, '교의'(敎矣)라 쓰고는 '대'로 읽어 아무런 준칙이 없고, ③ 상음하몽(上音下蒙 혹은 譯上不譯下)의 이치를 획청(劃淸)하지 않았다. 즉, '달이'를 '월이'(月伊)라 쓰지 않고 '월리'(月利)라 써서 '달이'로 읽으며, '바람이'를 '풍이'(風伊)라 쓰지 않고 '풍미'(風味)라 써서 '바람이'로 읽어, 언어의 근간(根幹)과 지엽(枝葉)이 서로 뒤죽박죽 되었다(신채호, 1998 : 61~62).

상형자를 가져다가 알파벳을 만든 것과 같이 한자를 가져다가 이두문을 만들 때, 지방마다 모음(母音)을 다르게 사용하였다.

같은 원리로 '소지(炤智) 또는 비처(毘處), 벌휘(伐暉) 또는 발휘(發暉)'라고 하였으니, '소지'의 '비칠 소'(炤)에서 반 뜻을 취하여 '비', '지'는 온음을 취하여 '치'로 읽은 것이다. 소지와 비처가 한가지로 '비치'이며 이두문에 빈번히 불(佛)·발(發)·벌(伐)로 소통하였다. '벌휘'와 '발휘'가 동일한 '뿔휘'이니, 뿔휘는 《용비어천가》에 의하면 현대어에서의 '뿌리'이다(신채호, 1999 : 18).

또한 임의적으로 쓰인 글자는 출판의 성격과 관련이 있다. 조선의 사책(史冊)은 저자만 있고 독자는 없는 서적이어서, 고증(考證)할 때 오류가 지면에 가득 찼다. 한장책(韓裝冊)의 필사가 양장책(洋裝冊)의 대량생산의 인쇄에 비해 오자, 탈자 등이 허다함을 역사 서술자는 염두에 둘 필요가 있다.

하지만 역사가는 기록에 있어 정확한 자료, 개념, 체계화 등을 시도하더라도 민족주의와 같은 주도적 관념을 가질 필요가 있다. 김부식은 토속의 옛 땅이름과 벼슬이름 같은 이두문을 오랑캐 말로 간주하여 배척하였다. 삼국시대의 역사를 고증할 때, 김부식은 같은 사람을 '발기'(發岐)와 '발기'(拔奇)로 다르게 표기했을 뿐 아니라, 이두문자에 '무지'함으로써 알기 쉬운 우리말의 뜻을 왜곡함으로써 《삼국사기》에 틀린 왜곡된 글자를 그대로 기록하였다. 그 후 역사가들은 이런 글자를 거의 베껴 쓴 나머지 바로잡는 사람이 없었다(신채호, 1999 : 16). 더욱이 사회가 안정된 국면에서는 개인의 힘쓰기가 매우 곤란하나, 사회가 미정(未定)한 국면에서는 개인의 영향력이 돋보인다. 또 사회가 혼란할 때는 개개 인물의 창조적, 혁명적 발상이 필요하다.

5) 실증주의와 민족주의

신채호는 1910년 4월 중국 망명길에 올랐다. 전술하였듯이, 그는 1914년 만주 보천성에서 《조선사》를 집필하면서 실증적 관점을 취하였다. 그는 객관적으로 타당한 민족주의 사상의 특징을 추출하고, 그 특징이 발생하게 된 배경이나 원인을 귀납적, 긍정적으로 설명할 때, 새로운 역사상을 정립시킬 수 있다고 봤다.

실증주의 과학자로서의 역사가는 사실(史實)을 사실 그대로 인식하여 거기에 비판을 가한다. 역사과학자는 사실에 대하여 엄정한 비판을 가할 의무를 가졌을 뿐이지 이 사실을 무시 또는 간과할 권리를 갖지 못한다. 역사가 과학인 한 공정하여야 할 것이요, 편협하여서는 안 될 것이다(손진태, 1948 : 6).

그러나 역사서술에서 객관성의 확보로 실증주의적 경향을 보인다고 하더라도, 민족사학의 폐쇄화, 국수주의화의 경향은 피할 수 없었다. 역설적이게도 민족주의도 따지고 보면 동양의 '대동사상'(大同思想)이 아닌 서양 각국의 국가·민족주의이다. 그렇다면 신채호가 민족주의자인가 교조주의자인가에 대한 의문이 생긴다. 신채호의 교조주의에 대한 의구심은 당연히 서양이론을 '선정적'으로 수용하는 그의 태도에서 비롯되었을 것이다.

신채호에게 민족이란 한 국가의 주체(主體)이다. 그는 주체를 인(人), 인종(人種)으로 표현하였다(안병직, 1978 : 454). 그는 인종을 혈통에 따라 나누어지는 종족으로 이해하였다. 물론 인종은 천부적인 것이 아닌 역사적 생성물이다. 그렇다면 신채호의 방법론은 헬러(Heller, 1994 : 138)의 이론처럼 ① 모든 범주가 어느 정도까지 가치를 담고 있는가를 보여줌으로써 실증주의에 반대하고, ② 역사의식을 최대한 동원해서 가치에 대한 보편화를 변론하고자 하고, ③ 과거에 발생했던 사건에 관해 적절한 도덕적 판단을 내린다는 점에서 맥락을 같이한다.

6) 보편적 사회발전이론

신채호는 조선민족의 특수성을 서술하면서 서구의 보편적 기독교 사상을 주장한다. 다시 말해 그는 조선인의 역사를 구성하는 시(時), 인(人), 지(地)의 요소를 특수성의 관점에서 열거하고 분석하면서도, 동시에 《대한매일신보》에 연재(1910. 2. 22~3. 3)한 "20세기 신국민(新國民)"에서 신채호는 평등, 자유, 정의 등을 새 시대의 덕목으로 나열한다. 역사는 보편성의 길을 걷고 있으며, 그 가치들이 바로 자유와 평등과 정의라고 생각한 것이다.

인간은 강한 자, 약한 자, 부자, 가난한 자 등 모두 사람이 평등하다. 지금까지 조선은 씨족·관민·적서 등의 계급 불평등이 성행하였다. 불평등 아래 조선은 '자유를 모르는 나라'였으며, 국가의 주인은 인민이 아니었다. 사심과 미신은 '국민의 공동의 도덕'인 '민덕'(民德)을 방해하였다. 개인과 개인 사이의 도덕은 사덕(私德)이며, 개인과 사회, 국가 사이에 도덕은 공덕(公德)이다.

이런 측면에서 볼 때 신채호는 더 이상 폐쇄화, 국수주의화된 민족주의를 주장하지 않았다. 그는 서구의 발전적·변동적 역사이론을 수용한 민족주의자였다.

역사성을 지닌 인간은 사회적 동물일 수밖에 없다. 사회는 또한 시대와 환경에 따라 다른 모습을 하고 나타난다. 이러한 기본적 사상이 바로 다윈의 영향을 받은 사회진화론이다. 신채호는 다윈(C. Darwin)의 물경천택(物競天擇), 우승열패(優勝劣敗)의 개념으로 역사의 변화법칙의 발견과 미래의 예측도 가능하다고 보았다. 진화법칙은 강한 것이 약한 것을 집어삼키며, 큰 것이 작은 것을 병합하는 것이다. 이 법칙은 원시시대에 이미 있었으며, 근세 이래로 한층 격렬하여 마침내 제국주의의 도래에까지 이르렀다.

이런 사회진화론에 입각해 신채호는 조선의 역사를 분석한다. 그가 나누는 상고(上古), 중고(中古), 근고(近古)는 위의 사회진화론에 입각한 것이다. 신채호에 따르면 상고의 마한(馬韓)·진한(辰韓)의 수십 부락이 병립한 때에는 추장(酋長) 자신〔身〕이 국가의 중심이 되며, 중고의 라(羅)·려(麗)·제(濟) 봉건시대에는 봉건의 가(家)가 국가의 중심이 되며, 근고의 고려 이후에는 귀족(혹은 군주)이 국가의 중심이 된다(《대한매일신보》 1909. 8. 13).

신채호는 시대구분을 '인군진화'(人群進化)에 따라, 상고·중고·근고로 나눔으로써, 과거의 왕조 중심의 '정통론'을 무시한다. 물론 신채호는 사회적 변화뿐 아니라 언어의 변천도 이두문(吏讀文), 구결문(口訣文·한문책의 토), 언문(諺文) 등 3시기로 나누었다(《동아일보》 1924. 1. 1). 신채호는 개인이 아닌 사회를 역사의 표준으로 삼음으로써 사회·문화의 진화에 관심을 가졌다. 그는 언어, 문화진화론으로 시대구분을 시도하였다. 시대구분은 바로 당대의 방향설정과 관련이 깊다. 신채호가 고려 중엽 이후를 문명의 쇠퇴시대, 조선 이후를 암흑시대, 1905년 이후를 신문명의 맹아시대를 맞이하였다고 본 것은(박찬승, 1988 : 317) 사회 변혁운동과 맞닿아 있다.

7) 민족독립운동

사회진화론의 적자생존·자연도태의 개념과 사회유기체설은 사회의 변혁운동과 연관이 깊다. 신채호가 맑스의 유물사관에 의해 계급투쟁을 인류역사발전의 원동력으로 삼아 원시·노예·봉건·자본·공산사회로 발전한다는 역사의 '과학적 사회주의'의 견해를 제시하고, 인민이 지배하는 공산주의 사회를 바람직한 미래의 조선사회로 여겼던 것 또한 당시의 식민지 상황을 타개하기 위한 것과 관련이 깊다.

1920년에 들어서 신채호는 민족독립운동의 새로운 주도적 역량으로서 민중을 발견하였다(안병직, 1978 : 467). 미래의 민족독립운동의 주도세력은 농민, 노동자임을 인식한 것이다. 신채호는 모든 피압박 개체가 민족에 포섭되어 완전한 평등, 자유, 합리성이라는 보편적 가치를 확보하기를 바랐다. 민중이 주도하는 민족혁명의 목표는 식민지 지배체제를 타도하고, 민중의 언어로 그들이 지도하는 새로운 국가를 건설하는 데 있었다.

신채호는 1923년 의열단의 요청으로 〈조선혁명선언〉(朝鮮革命宣言)을 작성하였으며, 1928년 무정부주의운동에 참여하였다. 그는 아(我)와 비아(非我)의 투쟁으로 무산계급과 지주, 자본가의 대립의 역사를 기록하였다. 자본주의 성장에 희생되는 광범한 대중들이 새로운 민족주체 세력으로 등장하였다. 민족운동의 주도적 세력은 민중이며, 민중은 혁명의 대본영(大本營)으로 부상했다.

민중적 조선은 자연연합, '무강권'(無强權)의 사회를 조성하여, 부르주아적 민족주의 사상은 중국의 장개석(蔣介石) 지배하의 국민당 정부와 같이 지배계급의 모순에 의해 좌절됨을 인식하였다. 계급간의 모순이 격화된 상태에서는 손문(孫文)의 '삼민주의'(三民主義)도 구호로 그칠 뿐, 애국심의 발현은 기대하기 어렵다. 신채호는 민족적 애국심은 민중계급의 성장과 더불어 더욱 높은 차원의 진화로 승화될 것이라고 보았다.

5. 민족주의 언론사 방법론

신채호는 여러 가지 방법론을 혼용하여 사용하였다. 그는 실천적 방법으로 맑스와 진화론의 논리를 도입하기도 하였으며, 민족주의적 입장과 가치에 입각해 민족어의 주체적 법칙을 정립하였으며, 역사학에서는 서구의 실증주의를 받아들이기도 했다.

신채호는 근대사회의 새로운 문화현상인 저널리즘을 민족주의 역사학에 접목시켰다. 언론인으로서 그는 민족주의에 헌신적 실천을 보였다. 즉, 신채호는 민족주의 실천의 계몽적 도구로서 언론을 택한 것이다(천관우 1971 : 35). 그는 언어를 매개로 한 언론이론을 발전시켰다. 문자로서 조선 글은 이두문으로 시작하였으나, ① 자모의 미분, ② 음표의 미확정, ③ 역상 불역하(譯上 不譯下)의 이치를 가짐으로써 빈번히 커뮤니케이션을 왜곡할 수 있었다. 그 대안으로 신채호는 글자 모양을 간소화하고, 음운을 균일케 하여 독자가 같이 사용할 것을 기대하였다. 그리고 주체적 민족의식을 고취시킬 목적으로 소설, 시 등을 직접 집필하기도 했다.

신채호는 역사 방법론에서 민족, 국가, 역사의 정의를 내리고, 조선역사의 범위를 정하였다. 역사는 '아와 비아의 투쟁'이지만, 그는 주체관이 뚜렷한 상태에서 상속성과 보편성을 지닌 사관(史觀)을 선호하였다. 그러기 위해서 시·공간 안에서 국가의 정신이 되는 민족을 규정하였다. 그는 민족주의적 요소를 분석, 분류하여 개념을 확고히 하였다. 신채호는 자료의 수집과 선택을 위해 ① 옛 비문을 참조하고, ② 각 책의 상호 증명을 시도하였으며, ③ 각종 명사의 해석을 이두문에 비교하여 규정하였으며, ④ 몽골족, 만주족, 토이기족의 언어와 풍속을 비교하였다. 이를 통해 단순한 사실의 증명으로부터 시작하여 보편적 개념들의 체계를 세웠으며, 보편적 이론 구성, 주요 형식, 그리고 사회진화론의 근본형식으로 확대시켰다.

한편 신채호는 양계초가 《중국사서론》(中國史叙論)에서 말한바, 즉 역사가는 반드시 사실의 인과관계를 설명해야 한다는 권고에 충실하였다. 역사적 사실의 전후관계를 보아 같은 종류의 갈래를 수집하고, 사실의 과장을 줄이고, 또한 유래의 의문을 지속성, 독립성의 관점에서 명확히 밝혔다. 사실의 인과관계를 규명하고, 조직적으로 정돈함으로써 인과관계를 민족의 개념, 국가, 역사의 발전법칙과 연계시킨 것이다.

신채호는 국가를 '민족정신으로 구성된 유기체'로 인식함으로써 역사에 투영될 수 있는 더 넓은 세계를 겨냥하는 보편원리를 찾고자 하였다. 신채호는 시론과 사론을 쓰는 언론인으로서, 시대의 사조와 변천에 적극적으로 대응함으로써 그의 민족주의 이론은 국수주의의 범주에 한정되지 않았다(송건호, 1987 : 275). 탁월한 언론인으로서 신채호는 언론의 의미에 대한 직접적 논문을 남기지는 않았으나 커뮤니케이션의 활성화를 집중적으로 분석하였으며, 언어의 중요성을 누구보다 강조하였다. 신채호에게는 언어가 곧 민족주의의 도구였다.

그는 적자생존, 자연도태의 원리를 언어발전에 적용시켰으며, 진화론을 사회 전체의 운영원리로 확장시켰다. 신채호는 '사실'의 역사가 아니라 언어의 역사에 관심을 가졌다. 문자는 사회진화의 보익(補益)이 되며, 사실과 사상을 전달하는 것을 원칙으로 한다. 그러나 동시대인의 기록과 말을 해득하지 못한다면 문화 보익의 이기(利器)가 될 수 없다는 것이 신채호의 중심사상 중 하나이다.

신채호는 이두문의 제약성을 극복하기 위해서 언어학적 방법론을 사용하였다(이만열, 1990 : 140). 그는 고증을 거쳐 객관성과 증거주의를 채택하였다. 실증성을 확보한 이두문이 완전한 문자로 승화할 때에만 사회의 커뮤니케이션이 활성화될 뿐 아니라 더 넓은 사회 구성원이 서로 공유할 수 있고, 큰 조선은 다름 아닌 언어의 통일로 가능하다고 보았다.

근대 언론의 사회적 계몽과 의무 교육의 확충에 의해 언어의 통일이 성취될 수 있었지만, 신채호는 그 기초 작업으로 지명의 명칭, 한글의 비판적 정립에 관심을 가졌다는 것이다.

결론적으로 말해 신채호의 민족주의는 지금까지의 기존 연구의 개념과는 달리 언어의 역사를 의미한다. 언어사의 방법은 곧 신채호의 민족주의 언론사의 방법론이다.

이광수

우리에게 독립을 쟁취할 실력만 있으면 우리의 사업은 성공될 것이요
없으면 실패하게 된다. …민족 개조의 사업은 계속적으로,
장구한 세월과 수다한 인물과 금전을 요구하는 대사업이다.

제 5 장
이광수의 언론관

1. 개인성과 쟁점

《무정》, 《재생》, 《흙》, 《개척자》, 《나》 등 수많은 작품을 남긴 이광수(春園 李光洙, 1892~1950)는 한국 근대사상 형성에 지대한 영향력을 끼쳤다. 그러나 김동인, 송욱 등은 소설가로서의 이광수를 혹독하게 비판했다(이동하, 1992 : 113). "이광수는 소설 쓰는 일에 전력투구를 하지 않았다"란 이유에서 비판의 표적이 되었던 것이다. 그들의 비판은 당연하였다. 문인들은 《매일신보》에 연재한 《무정》과 같은 수준의 소설을 계속 요구했지만, 《무정》 이후 이광수는 언론사에 근무한 조직인(*an organizational man*)의 성격이 강했다.

1930년대 말 언론사 상황을 회상해보자. 1940년 8월 10일 《조선일보》, 《동아일보》가 폐간될 때, 발행부수는 《조선일보》가 6만 3천 부, 《동아일보》가 5만 5천 부였으며, 근무한 인원은 《조선일보》가 912명, 《동아일보》가 902명으로 총 1,814 명이었다(김현호, 2004 : 578~579). 더 이상 이들 신문은 개인이 운영하는 소규모 중소기업이 아니었다. 양 신문사는 상업적·산업적 사회제도의 구조를 갖춘 경제적 기구였다. 더욱이 상해 임시정부 외에 조선인의 독자적 공식 정치기구가 부재했던 당시 조선의 상황에서, 신문은 사회의 핵심기구일 수밖에 없었다.

이러한 시대적 환경에서 이광수는 신문소설을 연재하였으며, 《독립신문》,[1] 《동아일보》(10년), 《조선일보》 등에서 사장, 편집국장, 부사장 등 언론사의 핵심인물로 활동하였다. 소설은 그의 가외 업무일 수 있었다. 이광수는 글을 읽을 줄 아는 합리적 독자를 상대로 소설창작과 언론활동을 폈다. 또한 독자들은 더 이상 과거의 일상적 습관, 전통적 감정, 종교적 헌신, 민족에 대한 무조건 복종 등에 얽매이지 않고 자신의 목적에 따라, 적극적으로 정보를 추구했다.

이광수를 이해할 때, 목적에 대한 적절한 수단을 가졌는지의 차원에서 분석해야 함은 당연하다. 그러나 언론은 사회·문화적 외부체계 안에서 작동한다(M. L. DeFleur et al., 1989: 136). 그렇다면 '가치합리성'의 잣대로 언론을 판단하기보다는, '목적합리성' 그 자체의 견지에서 이해할 필요가 있다.

이 장은 언론인 이광수를 통해, 작금의 언론의 작동원리를 이해할 수 있다는 생각으로 쓴 것이다. 현재도 언론의 목적·가치합리성 사이에 갈등이 여전히 존재한다. 이 글은 이광수가 일찍이 언론의 목적합

---

1) 《독립신문》은 1919년 8월 21일 상해 법조계 늑로동익리(法租界 勒路同益里) 5호에서 임시정부기관지로 화·목·토 주 3회 발간되었다. 《獨立》이란 국한문 혼용체의 활판인쇄 신문으로 발행되었으나, 10월 15일 제22호 때부터 《獨立新聞》이라 개칭하였다. 그리고 1924년 1월 1일부터 《독립신문》을 한글로 표기했다. 사장은 이광수, 영업부장 이영렬(李英烈), 기자 조동호(趙東祜), 그리고 출판, 취재, 편집, 교정은 주요한 등의 진용으로 출발하였다(김사엽 편, 1988 : 10; 정진석, 1990 : 346에서 재인용). 신문의 논조는 독립의 기상으로 충만했다. 국내 동포의 총궐기를 채찍질했고 일제가 해외 민족지의 국내 반입을 금지하자 연통제(聯通制, 전국 각지에 책임자를 두어 동지를 규합하는 방법) 조직을 구성하여 국내 동포들에 배포했다(방상훈, 2001 : 191). 연통제는 독립운동의 근거가 되었을 뿐 아니라 독립자금의 조달에도 큰 역할을 했다. 또한 이 신문의 사설 및 상당부분의 기사들이 춘원과 주요한에 의해 작성되었을 가능성이 높은데, 이때 춘원은 사설과 단편 및 논평 작성 외에도 간혹 시나 수필을 쓰기도 했다(김사엽 편, 1988 : 10).

리성에 익숙한 나머지, 가치합리성에 갈등제기를 했다는 점을 부각시켰다.

이광수는 《동아일보》에 10년간 재직하면서 논설 · 사설 · 소설 · 횡설수설을 써 신문의 4설(說)을 도맡았다. 그는 부사장, 취체역, 편집국장, 정리부장, 학예부장 등 5~6인의 대역을 홀로 담당할 만큼 일에 파묻혀 살았다. 1935년 《삼천리》 1월호는 이광수의 글쓰기를 소개한 바 있는데, 그에 의하면 이광수는 사설 한 단을 10, 20분 만에 쓸 수 있었다고 한다. 그가 하루 붓을 잡으면 연재소설을 5, 6회씩을 작성했다. 그의 재주는 독자를 끌고 다녔다. 그는 " 《동아일보》에 어느 날짜 신문에서나 내가 쓴 글이 아니 실린 날이 거의 없다"라고 회고한 적도 있다(김현호, 2004 : 311).

그러나 그는 화려한 경력 뒤에서 한국인으로서는 수용하기 어려운 몰가치적 삶을 살았다. 이광수는 전통적 행위의 기준으로 볼 때, 일탈적 삶을 살았다고 할 수 있다. 그는 11세에 고아가 되었다. 고아에게 부모에 대한 효심은 그다지 설득력이 없어 보였으며, 제도로서의 가족관계도 소원했다. 또한 그는 동경 유학시절에 애정행각을 벌였다. 정서행위(*affectual action*)에 민감한 그는 일가족주의에서 벗어나 사랑의 감성 · 마술을 경험했다.

송건호는 이광수를 비판하면서, '사이비' 민족주의를 일삼으면서 남녀의 연애에 더 관심을 보였다고 평했는데(송건호, 1994 : 550), 이는 이광수의 '사이비'적 요소, 즉 가치적 행위에 문제를 제기한 것이라 할 수 있다. 물론 그의 삶은 가치 일탈적 요소를 부인할 수 없지만, 다른 한편으로 이광수의 삶은 독특한 측면을 지니고 있었다. 즉, 목적합리성이 그의 삶을 지배했던 것이다.

이광수의 삶은 매우 공개적이었다. 그는 소설을 통하여 개인의 삶을 상품화하기 시작했다. 오락으로 둔갑한 개인의 상품화된 삶은 다른 사람에게 흥미를 끌 수 있었다. 그의 삶은 독자의 의견, 필요, 태도, 믿음 등에 자극을 주기에 충분했다. 그는 자신의 생활을 일찍 공개하였고, 사람들은 그의 삶을 비일상적으로 수용할 뿐 아니라 즐기기도 했다. 이광수는 독자를 즐겁게 하였고, 독자는 이광수의 삶을 소비했다.

한편 그는 일제에 타협하여 적극적 독립운동의 논조와는 상이한 '타협적 개량론'을 폈다. 즉, 이광수는 1919년 2월 8일 독립선언서[2]를 작성할 만큼, 애국적 행위에 민감했다. 하지만 국내에서의 그의 언론 활동은 독립운동의 열기와는 달랐다. 그는 항일독립운동의 허구성·무모성·맹목성을 지적해왔다. 그는 고아의 입장을 거두어준 동학을 외면하고, 오히려 안창호가 운영하는 기독교 단체에 관심을 가졌다. 그는 안창호(安昌浩)의 '실력양성론', '무실역행론'(務實力行論)과 "민족개조론"(《개벽》 1922. 5)에 동조했다.

이광수는 과거의 국왕과 양반의 잘못을 지적하였으나, 일제에 대한 당면한 비판을 접어둔 채, 참정권 운동, 실력양성, 민족성 개조 등의 원칙에 동조하였다. 이광수는 '수양동우회 조직'[3]에 앞장섰다. 1937년

---

2) 독립선언서는 첫 번째로는 만주지역 독립군 신채호 등 39인으로 된 대한독립선언서(일명 무오독립선언서), 두 번째로는 도쿄 유학생의 2·8 독립선언서, 세 번째로는 기미독립선언서 등으로 나눌 수 있다. 그 중 이광수는 2·8 독립선언서를 작성했으며, 그 문체는 수려했다. 2·8 독립선언서는 세세한 세계정세와 외교노선을 논리적으로 정리한 다음, 이에 민족자결의 기회를 요구하며, 독립을 선언한다는 내용을 담고 있다. 뒤에는 재일본 동경조선청년 독립단 대표 최팔용(崔八鏞) 이하 11명의 명단도 수록되었다(김윤식, 문학산책, 《한겨레》 2005. 2. 5). 이 선언서는 대외를 향한 일방적 선언을 시도한 것이다.

3) 수양동우회는 12명의 수양동맹회(1922. 2)에서 시작하였다. 평양의 동우구락부와 합쳐 1926년 1월 수양동우회로 개칭하였다. 그리고 1929년 11월 동우회로 명칭을 변경하였다. 이 조직은 1926년 5월 민족성·민족생활에 관심을 갖고 《동광》이란 잡지를 출간하기도 했다. 이광수는 안창호의 흥사단 운동의 국내 운동을 벌인 것이다(이동하, 1992 : 97). 그는 1922년 5월 《개벽》에 덕·체·지의 3육과 부의 축적, 사회봉사상의 함양 등을 요지로 한 "민족개조론"(1921. 11. 구상)을 발표하였다. 수양동우회는 덕·체·지의 교육사업에 관심을 가질 뿐, 일체 정치적 색채를 띠기를 거부했다.

8월 청년면려회가 "멸망에 함(陷)한 민족을 구축하는 기독교인의 역할"을 발표하자, 일제는 그들의 배후세력으로 '수양동우회'를 지목하였다(김현호, 2004: 315). 이광수는 이 사건으로 서대문형무소에 수감되었으며, 그후 6개월 만에 병보석으로 출소되었다. 그리고 그는 출옥 후 "2천만 동포를 진정한 천황의 적자로 만드는 데 여생을 바치겠다"고 선언하였다.[4] 그후 이광수는 1950년 7월 납북되었다. 말하자면, 그의 생은 영광과 오욕의 그림자로 점철되었다.

1) 이광수의 삶

이광수는 평북 정주군 갈산면 익성리 출신이다. 이광수는 곧 부모를 여의고, 동학인으로 교육을 받았다. 이런 그의 개인사에서 확인할 수 있는 것은 그가 일찍이 목적합리성에 노출되었다는 점이다. 이후 그가 목적합리성을 중시하는 조직인의 관점을 갖게 되는 것도 이런 연유에 있다고 볼 수 있다.

이광수는 새로운 시대의 새로운 삶을 자신에 일상화시킨다. 그는 새 시대의 지도자가 갖는 탁월한 판단력을 소지하게 되었다. 소년 이광수는 지방 동학두령인 해명대령(海明大領) 박찬명의 도움으로 거처를 마련했으며, 일본 대성중학에 입학할 수 있는 기회를 얻었다. 이후 그는 명치학원 보통부를 졸업하고 귀국, 오산학교 교사로 일했다. 그리고 1914년에는 샌프란시스코의 국민회의 기관지 《신한민보》의 주필로 내정되었으나, 여비 부족으로 뜻을 이루지 못하고, 1914년 6월 시베리

---

4) 김동인(金東仁)은 당시 수양동우회 평남지부 책임자로 사건에 연루되었던 친형 김동원(金東元)의 부탁으로 이광수의 집을 찾아가 40명의 생명을 구할 것을 부탁했다. 이광수는 이 사건의 책임을 지고 "천황의 적자가 되도록 하기에 여생을 바치겠노라"의 서약을 했다(김현호, 2004 : 317). 그 서약으로 5년간 끌던 동우회 사건은 모두 무죄판결을 받았다.

아 치타에서 이강(李剛)이 발행하였던 시베리아지역 국민회 기관지 《정교보》(正敎報)의 주필이 된다.

1915년에 이광수는 인촌 김성수(仁村 金性洙)의 도움으로 다시 교육의 기회를 얻었다. '천재' 소년 이광수는 일본 유학길에 오르게 된다. 1915년 1월 동료들보다 나이가 들어서, 와세다대학의 철학과에 입학한 이광수는 1916년 9월 27일부터 《매일신보》에 "東京雜信"을 연재하였고, 1917년 1월 1일부터 6월 14일까지 126회에 걸쳐 한국 최초의 장편소설 《무정》을 연재하였다.

《무정》에서 그는 "주권을 빼앗긴 비참한 조국에 대한 사랑과 자신의 괴로운 과거의 기억" 등을 서술하였고, 이 소설은 조선의 독자들을 사로잡게 된다(이동하, 1992 : 77). 말하자면 이광수는 《무정》에서 자신의 자서전을 작성한 것이었다.

이광수는 1919년 2월 8일 와세다대학 재학 중 "조선청년독립단 선언서"를 작성하게 된다. 최팔용이 주도하고, 백관수(白寬洙)가 낭독한 이 "선언서"는 제1차 대전 후 항일독립운동의 성공 가능성을 타진하면서 작성한 것이다(이동하, 1992 : 80~81).

그 후 이광수는 최팔용의 권유로 상해로 건너간다. 그곳에서 그는 임시정부 기관지인 《독립》의 사장 겸 편집국장을 지냈다. 이광수는 임시정부와 항일독립운동이 더 이상 기댈 것이 없다고 판단하고, 조선땅에서 도덕적 인격의 수련을 내걸고 공개적으로 단체를 조직하기로 결심하게 된다(이동하, 1992: 92). 그는 안창호의 "압록강 도(渡)는 적에게 항서(降書)를 시납(提納)하는 일"을 거부하고, 1921년 4월 19일 조국으로 돌아왔다.

이광수는 1923년 5월 《동아일보》 송진우(宋鎭禹)의 권유로 촉탁기자로 입사했다. 그리고 1924년 1월 2일부터 6일까지 "민족적 경륜"(民族的 經綸)을 집필했는데, 그 마지막 논설 "교육·산업·정치의 관계"가 문제가 되어 그해 4월 신문사를 퇴사한다.

그에게 1925년 8월 다시 입사하는 기회가 왔다. 재입사할 당시 일제는 1925년 5월 "치안유지법"을 통과시켰다. 이 법의 제 1조에는 "국체의 변혁과 사유재산 제도의 부인을 목적으로 하여 어떠한 결사를 조직하며 또는 그 상황을 알고 이에 가담하는 것은 10년 이하의 징역 또는 금고에 처한다"(최민지·김민주, 1994 : 156)를 규정하고 있었다. 일제의 눈〔目〕이 너무 세밀하여 어느 누구 하나도 헤어나지 못할 상황에 직면했다.

이광수는 1926년 11월 편집국장에 취임하였으나, 이듬해 신병으로 9월 퇴사하였다. 몸이 회복되자 1929년 12월 다시 편집국장으로 취임하여, 1933년 8월까지 약 4년간 신문사의 중책을 맡았다. 당시는 1931년 9월 18일 만주사변의 발발로 사회가 더욱 냉각되어 있던 때였다. 이때 그는 구원투수 격으로 언론사의 중책을 담당한 것이다.

당시 언론검열 실무책임자였던 다츠타〔立田淸辰〕는 민족지의 협력관계에 탄복하였다(최민지·김민주, 1994 : 162). 그는 총독정치와 민족지가 잘 공명하여 조선의 개발과 문화발전에 노력하고 있다고 지적하였다. 이에 발맞춰 일제는 1932년 이후 심전개발(心田開發), 자력갱생(自力更生), 농공병진(農工竝進), 남면북양(南棉北羊) 등의 구호 아래 농어촌과 산업진흥운동을 일으켰다. 동시에 물질적 사상적 운동을 착오 없이 수행했다. 또한 전시체제가 강화되었고, 반일 민족운동은 완전히 지하로 숨어들어 노동자, 농민의 조직화에 힘을 기울일 수 밖에 없었다. 민족지는 이에 맞춰 미신타파, 과학정신의 앙양을 주장하면서 민중생활의 근대화를 목표로 하는 일종의 신생활운동, 문예운동, 계몽운동을 펼치게 된다.

1933년 8월 이광수는 동아일보 편집국장 자리를 떠나 《조선일보》 부사장으로 자리를 옮겼다. 직장을 옮긴 이광수는 《매일신보》의 《무정》의 후속으로 《조선일보》에 《유정》(有情)을 집필했다. 더욱이 그는 《조선일보》에서 부사장 겸 취체역, 편집국장, 학예부장, 정리부장 등 다섯 개 직책을 맡았다. 그러나 1934년 5월 9개월 만에 아들 봉근(鳳根)을 패혈증으로 잃고, 상심한 나머지 조선일보를 떠났다. 이듬해 4월 이 신문의 편집고문으로 다시 입사하여, "일사일언", 그리고 중단됐던 소설 〈그 여자의 일생〉, 〈이차돈의 사〉, 〈그의 자서전〉 등을 연재하였으나, 1937년 수양동우회 사건으로 언론인 이광수의 역할에 종지부를 찍었다.

2. 언론의 기능

역동적 삶의 여정을 경험한 이광수에게 어떤 평가를 할 수 있을까. 역동기에 신문사의 중책을 맡았던 이광수의 족적은 아주 뚜렷했다. 그는 상업언론의 제도하에서 언론인과 독자 사이에 새로운 관계형성에 기여하였다. 말하자면, 이광수는 사회적 행위자의 상호지향과 그들 각 개인 행위의 동기에 관심을 가졌다. 타인의 행위동기뿐 아니라, 이광수 자신의 행위동기에도 관심을 가졌다. 개인의 행위이론은 전통사회에서의 집단적 가치와 차별화 된다.

지금까지 송건호(1994) 등의 비판적 이해와 달리, 이광수 연구에 긍정적 관심을 가져야 할 이유가 여기에 있다.

1) 시대적 상황

언론인으로서 이광수의 성공은 시대적 상황과 관련을 맺고 있다. 언론은 외부의 사회·문화적 상황과 밀접하게 맞물려 있다. 다시 말해 당시 우리 언론이 자리를 잡게 되는 것은 일제시대의 상황과 분리될 수 없었다. 이광수의 편집국장 재임 당시 장기간에 걸친 일제 식민지 통치는 민족독립운동의 기를 억눌렀다. 신문사는 초기 민중(민족)의 대변기관의 기치로 출발하였지만, 경영의 기반을 튼튼하게 하지 않고는 지탱할 수 없었다(정진석, 2001 : 30).

이에 따라 신문사는 어떤 갈등적 상황에 처하게 되는 것이다. 1930년 이후 《동아일보》, 《조선일보》는 재정적으로 건실한 운영을 해왔다(정진석, 2001: 31). 그러나 압수·정간이 계속되면서 신문은 재정상태를 고려하지 않을 수 없었다. 전통적으로 언론사는 수없이 많은 성공과 실패의 부침을 계속했다. 언론사가 재정적·조직적 성공을 거두지 못하면, 곧 폐간의 길을 걷게 되었다. 또 역으로 신문기업은 같은 논조를 계속적으로 유지하면서 신뢰를 확보하지 못하면, 그 생존을 보장받을 수 없었다.

2) 신문의 기능

문명인의 생활에 언론이 필요함을 다시 말할 필요가 없다. 언론은 고립된 개인들을 묶을 수 있는 소통의 장을 마련하는 도구이다. 시대적 상황뿐만 아니라, 근대사회는 언론을 요구한다. 더욱이 당시 조선은 일제에 대항할 수 있는 의식의 통일, 단결이 중요한 시대라고 이광수는 판단했고, 이에 신문은 중요한 기능을 담당할 것이라고 보았다. 즉, 이광수는 전 국민이 일심이 되고 일체가 되여 견고하고 통일 있는 대단결을 만들어내는 것은 재력이나 군대보다 신문이라고 보았다.

이런 일환으로 1920년대 말, 그리고 1930년대 초 한국언론은 문자보급운동, 유적보존운동, 농촌계몽운동을 시작한다. 일제는 일어를 계속 이식시켰고, 그 대항으로 언론사는 문자보급운동을 확산시켰다. 문맹률이 80~90%를 기록한 상황에서 언론의 문자보급운동은 당연하였다. 당시 이광수가 1932년 4월 12일부터 《동아일보》에 향토색 짙은 언어로 연재한 《흙》은 역시 동아일보가 주도한 '브나로드'운동과 같은 맥락에서 이해할 수 있다(최민지·김민주, 1994 : 199).

이뿐만이 아니었다. 《동아일보》는 '조선어학회'의 후원으로, '한글 맞춤법 통일안'을 실현시켰고, 조선어학회는 표준어 책자를 20만 부 인쇄하여 국내뿐 아니라 만주, 일본으로 배포하였다. 한글보급운동에 이광수의 기여는 엄청난 것이었다.

3) 상업신문

당시 신문은 문맹에서 갓 깨어난 민중에게 흥미 본위의 보도를 선보이기 시작한 《동아일보》와 보조를 맞추었다. 이광수는 《동아일보》에 재직하면서 끊임없이 소설을 연재한다(이동하, 1992 : 104). 홍명희(洪命憙)가 《조선일보》에 1928년 11월 17일 《임꺽정》을 연재하자, 《동아일보》는 이광수의 《단종애사》로 맞불을 붙였다. 신문소설을 연재한 것은 신문이 가지는 오락적 기능을 충분히 인식한 것의 발로이다.

이광수는 소설형식을 띤 자서전을 "그의 자서전"이라고 명명하고, '그'를 본문에서 '내'라고 하였다. 그 이유로 내라는 존재를 당신네 동네, 당신 이웃에 사는 사람으로 간주하였다(이광수, 1965 : 241). 즉, 그는 자서전을 일반 사람의 생활로 생각한 것이다.

신문소설은 계몽적, 상업적 성격을 동시에 지닐 수 있었다. 소설 한 편이 끝나면 곧 바로 또 한 편을 시작하는 식으로, 이광수는 《동아일보》 소설란의 지면을 완전히 장악하였다. 이광수는 신문의 오락적 기능에 대해서 매우 긍정적 시각을 가졌다(유재천, 1992 : 406).

4) 선전의 시대

이광수는 당시를 '선전(宣傳)의 시대'로 간주했다. 여기서 신문은 당연히 선전하는 기구로 된다. "관건은 동지의 규합과 선전이다"(이광수, 1922. 5 : 50). 그는 언론을 생각하면서 많은 동지를 얻으려면 사상의 선전이 근본이고, 사상의 선전을 힘있게 하려면 또한 많은 동지가 필요하다고 역설한다(이광수, 1922 : 50). 즉, 그는 동지가 많아야 입이 많고, 손이 많고, 몸이 많고, 돈이 많고, 선전 방면이 더욱 넓어진다고 본 것이다. 동시에 많은 동지가 결합한 단체는 가장 유력한 구체적 선전기관이 될 것이기 때문이다.

선전의 조직으로 신문은 그 사명을 지닌다. 《독립》의 1919년 8월 21일 창간사에서 이광수는 신문의 사명을 "① 독립사상 고취와 민심통일, ② 독립사업과 사상을 우리의 신문으로 하여금 전파하고, ③ 유력한 여론을 환기하고 정부를 독려하여 국민의 사상과 행동의 방향을 제시하고, ④ 문명 국민에게 불가결한 신학술과 신사상을 소개하고, ⑤ 국민의 국사(國史)와 국민성을 고취하고 개조 혹은 부활한 민족으로서 신국민을 이끄는 데 노력하는 것"(정진석, 1990 : 406)으로 규정하고 있었다.

이런 면에서 볼 때 신문의 기능적 스펙트럼은 매우 폭이 넓고 다양하다. 이광수에게 신문은 그 시대, 그 민족의 생활의 기록인 동시에 어떤 이상에 도달하려는 항쟁의 기록이었다(유재천, 1992 : 405). 그렇게 하자면 신문의 사명은 사회를 여실히 반영해야 하는 동시에 사회변화를 추구해야 한다.

5) 연성뉴스

일제는 정치·경제뉴스를 독점하였다. 단지 조선의 언론은 그들에게 유리한 사회·학예면 기사를 활성화할 뿐이었다. 취재원은 한정되었으며 교통망과 취재망은 근대화되지 않은 상태에서, 기자가 이용할 수 있는 유일한 통신수단은 전화·전신 정도였다. 그러나 이들 통신수단마저도 일본인에 의해서 철저히 통제되었고, 압수·정간은 계속되었다.

당시 정치권력과 대항하지 않겠다는 이광수의 사고는 신문의 상업적 이익에 도움이 된 것은 당연하였다. 그는 목적의 세계와 가치의 세계를 분리시킬 것을 독려했다. 상업언론은 '당위적 진술'에 부정적이었다. 그렇다면 그동안 언론의 제도를 육성시키고, 상업언론으로서 성공을 거둔 이광수의 공로는 인정하지 않을 수 없다. 이광수 체제에서는 막대한 비용을 요구하는 '하드(경성)' 뉴스보다, '소프트(연성)' 뉴스가 언론사의 경영에 더욱 도움을 줄 수 있었다.

이광수는 독립·사상에 무관심하거나 혹은 비판적 입장을 드러냄으로써, 일제의 '불온'(不穩)에서 벗어나 신문제작을 오히려 용이하게 할 수 있었다. 정치가 막혀 있는 상황에서, 학예부는 더 많은 창조성이 필요했을 것이다. 이광수의 시대가 온 것이다.

6) 조직인으로서의 언론인

개인은 목적을 의식적으로 확립하고 누구나 그 자신의 믿음, 그 자신의 도덕적 입장을 정리한다. 그 목적을 달성하기 위하여 일정한 조직적 행동을 하고, 통일적인 계획을 세우고 그 계획을 실현하기 위하여 조직적·통일적인 노력을 시도한다는 것이 이광수의 기본적 개인관이다. 이런 개인관은 조직으로 확장된다. 이광수는 조직의 계획성을 강조함으로써 관료제의 원리 도입을 언급한 것이다.

관료제는 목적합리성의 원칙에 따라 조직된다. 관료들은 하나의 위계질서 속에 계열화되며 그들의 행동은 비인격적 규칙에 의해 특징지어진다. 현직자는 권한의 범위와 의무가 영역이 엄격히 배분되어 있다. 이런 각 사회의 전문조직은 관료제에 의한 운영되는 원리이다. 조직과 조직은 서로 진화론적 법칙을 이루면서 서로 상호관계를 형성한다.

신문은 조직원리에 의한 운영에 관심을 가졌다. 이광수 시대는 그

원리에 의해 작동하는 언론사가 생소할 수 있었지만, 현대는 조직의 원리가 신문운영에 필수적이다. 또한 이광수의 일관된 주장은 개인의 지사적 정신이 아니라, 조직인으로서의 언론인 상을 부각시켰다. 조직은 효율성을 따졌고, 그 효율성 하에서 기자는 빈번히 '윤리의식', '기자정신'을 상실하기 일쑤였다. 그는 조직사회의 조직인으로 언론인을 천직으로 여겨왔다.

이광수 자신이 《동아일보》 편집국장이었던 시절을 회고하는 장면을 보자(《동광》 1932. 11; 김현호, 2004①: 314에 재인용).

> … 신문사에 가서는 동료들의 출석상황을 보고 숙직부를 보고 서신 온 것을 보고 주요한 신문을 보고 소설을 한 회 쓰고 혹은 횡설수설을 쓰고 부득이하면 사설도 쓰고, 공장에 몇 번 들락날락, 사장실에 몇 번 불리어 가고 사설 횡설수설 기타 각 면의 주요 기사를 읽어 혹시 시비들을 것이나 없나 혹시 압수당할 것이나 없나를 보고 각 면 대장을 보고, 내객 몇 분을 보고, 전화 몇 10차 주고받고 그리고 전표에 도장을 찍고, 간혹 편집회의를 하고 간혹 동료의 불평을 듣고, 간혹 경무국에 불려가고, 그리고 윤전기가 돌아 신문이 제 시간에 나오는 것을 보고 나면 만족으로써 내 하루의 작업이 끝이 난다.

이런 언론인의 생활에 대해 이광수는 스스로 "신문기자라는 직업을 천직"으로 여기고 있다. 그 직업으로서의 신문기자의 삶에는 근대 자본주의 체재의 모든 직업이 그렇듯 그 특별한 분야만이 가질 수 있는 기쁨과 슬픔이 있다. 이광수는 신문기자를 직업으로 가지고 있는 데서 오는 기쁨에 대해 다음과 같이 말한다(이광수, 1931: 27).

> ① 민중이 다 기뻐할 만한 사건을 보도할 수 있을 때,
> ② 민중에게 유익한 사건을 보도할 수 있는 때,

③ 격려하는, 또는 민중과 같이 기뻐할 평론을 쓸 때,
④ 고심하여 수사(搜査) 한 기사를 남보다 먼저 보도할 때,
⑤ 자기가 쓴 기사가 그날 지면에 가장 중요한 기사가 되는 때,
⑥ 자기의 손으로 된 기사로 해서 사회에 반향(反響) 을 일으킬 때,
⑦ 신문이 끝이 나고 밖에 나갈 적에 길거리에서 사람들이 우리 신문을 탐독하는 양태를 볼 때,
⑧ 석반(夕飯) 후에 각 신문을 비교해볼 때에 우리 신문이 남보다 나음을 발견할 때,
⑨ 때때로 내 천직(天職) 이 사회의 양심이 되고 대언자(代言者) 가 된다는 프라이드를 느낄 때 등이다.

그리고 그는 신문기자의 특유한 슬픔을 다음과 같이 논했다.

① 슬픈 사건을 보도할 때,
② 게재하기 싫은 것을 게재하지 아니치 못할 때,
③ 사설로나 기타로 하고 싶은 말, 분명히 정당한 말이지마는 하지 못할 때,
④ 신문이 압수가 되는 때,
⑤ 신문이 정간이 되는 때 말할 것은 없다 등이다.

이광수가 기자 시절에 느낀 천직(天職)의 의미를 언급한 것이다. 경우에 따라, 개인의 능력 · 동기에 따라 차이는 나지만 신문기자가 박봉을 받고 생명을 깎는 일이 허다하다. 그러나 그는 언론인을 기쁨이 많은 직업으로 간주하였다(이광수, 1931 : 27).

이광수는 1933년 8월 《조선일보》로 자리를 옮기면서, 《동아일보》는 기성세력의 집결지라고 평가하고, 인사조직, 영업정책에서 뛰어남을 술회했다(壁上生, 1933 : 28). 당시 이광수는 《동아일보》를 주초(柱礎) 가 잡히고, 완성하여 가는 도중에 있는 공기(公器) 로 간주했다

(草兵丁, 1933. 9 : 58). 《동아일보》는 '민족주의 선전', '의식적 계몽운동' 등을 앞세우며, 한 경영자 밑에서 같은 논조로 확고한 기틀을 마련했다. 일제 '문화정치'하에 좌·우의 민족주의가 격렬하게 부딪치는 기간 동안, 이광수의 《동아일보》 편집국장 5년(1926~1933년 사이)은 짧지 않는 세월이었다.

3. 사회개조론에서의 언론

1) 민족개조론

당시 일제의 압정 속에서 상업언론이 자리잡는 데 성공하고, 또 투쟁의 방식에서 합법적이고 점진적인 개혁을 선호한 이유를 알기 위해서는 그 사상적 기반을 볼 필요가 있다.

이광수의 기본 생각은 그 유명한 "민족개조론"에 반영되었다. 《개벽》 1922년 5월호에 게재된 "민족개조론"은 1924년 1월 1일부터 5회에 걸쳐 《동아일보》 사설에 게재한 "민족적 경륜"과 더불어 당시 이광수의 사상을 잘 반영하고 있다.

먼저 이광수는 당시 지식인의 허위, 비사회적 이기심, 실행정신의 박약, 실행의 용기·사회성의 결핍, 그리고 무소신 등 악정자(惡政者)의 문제를 지적한다(이광수, 1992 : 36~37). 이에 민족개조의 필요성이 역설된다. 지금의 문제를 후손들에게 물려주지 말 것을 당부하고, 독자들이 지금 현 처지를 마치 전장에 나간 군사와 같이 생각하도록 이광수는 바랐다(이광수, 1965 : 422). 조선의 낡은 것에 대하여 선전포고를 한 것이다. 이광수는 그 자신의 신(神), 그 자신의 자유주의적 입장을 정리했다. 그 입장의 내용은 거짓과 게으름을 버리고 이기주의를 버려서, 말이나 행실이 오직 참되고, 저를 잊고 부지런히 일하는 것이었다.

물론 그것은 당장 극복될 수 있는 문제가 아니라 긴 시간을 두고 해결해야 한다. 따라서 이광수는 그 논문에서 정치권력이 1년이 멀다하고 추이(推移)함으로써, 50~100년을 일소기로 해야 할 민족개조운동은 불가능하다고 봤다(이광수, 1922 : 29). 그는 "개조 실체의 시발점이 도덕적·정신적 개조에 있다"고 본 것이다.

이런 논리를 정당화하기 위해 그는 독립협회의 정치적 행보에 주목한다. 이광수는 독립협회가 정치에 대하여 아무 간섭이 없이 오직 "교육의 진흥, 산업의 발전, 민기(民氣)의 진작 등만을 몰두했다면, 당시의 집권자의 증오를 받을 것이 없이 효과를 거둘 수 있었다"고 회상한다. 이런 이광수의 사상에 대해 송건호는 이광수가 일본 법률이 허용하는 범위 안에서 비정치적 운동을 벌여야 한다고 주장하고, 비타협 항일투사들을 '절대주의자'라고 꼬집었다고 비판하지만(송건호, 1994 : 357), 당시 민족개조론은 설득력이 있었다.

2) 민족개조의 방법

민족개조론은 평등사상에 기초를 두고, 이광수는 현재 문제되는 악습관, 문맹 타파, 농촌개발, 경제적·사회 개량적 각종 조직운동이나 민중교화 설치 등을 개혁의 내용에 포함시켰다. 그러나 그는 외국에서의 독립운동 등 조직적 행동에 대해 비관적이었다. 이광수는 이를 민족적 손실이자 독립운동의 명분으로 타국에서 남의 머슴살이로 공연히 시간을 보낸다고 봤다. 그는 지금 현 상태에서 운동자간에 도무지 통일이 되지 아니하고 서로 압력하고 비난하는 것을 한탄했다(이광수, 1965 : 369). 이광수는 각 개인이 자신이 개조할 때까지, 조선으로 돌아가 공부하거나, 농사를 짓거나, 장사를 하거나, 아이들 야학을 가르치도록 권장했다.

더욱이 유교의 악습에 대한 개혁을 우선적으로 논하였는데, 그는 한족(漢族)을 숭배하는 유림의 노예근성 타파, 조상중심, 가문중심인 사상과 도덕의 타파를 주장하였다(이광수, 1965 : 422).

이광수는 당시 회자(膾炙)되던 개조의 정당성에 대해 언급했다. 그는 "조선사람으로서 시급히 하여야 할 개조는 '조선민족의 개조'이다" 라고 전제하고, 개조의 정당성을 이야기했다(이광수, 1922 : 19).

> 오늘날 신간서적이나 신문잡지나 연설이나, 심지어 상품의 광고에까지, 또 일상의 회화에서까지 개조란 말이 많이 씨운 것은 아마도 공전(空前)한 현상일 것이외다. 무릇 어떤 관념이 지배하던 시대가 지나가고 새로운 어떤 다른 관념이 지배하라는 시대가 올 때에는 반듯이 인심에 갱신이라든지, 개혁이라든지 변천이라든지, 혁명이라든지 하는 관념이 드는 것이지마는 갱신, 개혁, 혁명 같은 관념만으로 만족치 못하고 더욱 근본적이오, 더욱 조직적이요 더욱 전반적, 침투적인 개조라는 관념으로야 비로소 인심이 만족하게 된 것은 실로 이 시대의 특징이라 하겠습니다.

또 이광수는 문명인 개인이 자기의 목적을 정하고 그 목적을 달하기 위하여 계획된 진로를 밟아 노력하면서 시각마다 자기의 속도를 측량하는 데 있다고 주장했다(이광수, 1992 : 20).

3) 정치색이 없는 조직운동

이광수의 개조론적 관점은 《동아일보》의 "민족적 경륜"에서 계속 유지되었다. 그는 1924년 1월 2일부터 5회에 걸친 장문의 사설을 작성하였다. 이광수는 조선민족의 장래에 대한 계획에 물음을 우선 제기했다. 교육과 산업의 진흥을 위한 우리의 목적에 알맞은 계획·방법을 모색한 것이다. 모든 조건하에서 가장 합리적인 것을 추구한다는 명제 아래 그가 강조한 것은 조직운동이다.

조직운동의 기본은 국민의 전체가 교육을 받았을 때 가능한 것이다. 그렇기 때문에 교육적 결사는 정치적·산업적 결사 등 모든 민족적 문제에 앞선다고 이광수는 보았다.

이광수는 교육을 민족의 가장 근본적 대문제로 간주하였다. 그 문제가 풀리지 않은 상태에서 정치문제, 경제문제, 사회문제 등 모든 문제가 미궁에 빠질 것으로 간주하였다. 이광수는 당분간 정치적 결사 이외에는 정치색을 띠지 않을 것을 다짐했다.

"민족적 경륜"은 일본을 부인하는 무장 항일노선의 무모함을 지적하면서, 일본의 주권 아래 법률이 허(許)하는 범위 안에서 활동해야 한다는 자치운동으로의 전향을 제시한 것이다.

그의 이 같은 주장은 1923년 가을 조직된 연정회(硏政會)와 관련이 있다(최민지·김민주, 1994 : 132). 당시 연정회는 《동아일보》의 김성수, 송진우, 이광수, 최원순(崔元淳), 《조선일보》의 신석우(申錫雨), 안재홍, 천도교의 최린(崔麟), 이종린(李鍾麟), 평양의 조만식(曺晩植), 변호사 박승빈(朴勝彬) 등 15~16인이 "지금 정세하에서는 직접적 독립운동을 불가하다"는 판단을 했다. 연정회는 타협적 민족주의를 시도한 것이다. 《동아일보》는 이광수에게 대표 집필을 맡김으로써, 이 신문은 '자치운동'의 기관지 역할을 자임한 셈이다.

《동아일보》'자치운동'의 논조에 불만을 품은 친일폭력배인 박춘금(朴春琴)이 그해 3월 '재외동포 위로금'을 문제 삼아, 송진우와 김성수를 협박한 '식도원 사건'을 일으켰다. 박춘금은 1922년 9월 발생한 관동대지진과 남북만주 시베리아에서 대기근을 당한 재외동포를 구제하기 위한 《동아일보》의 3만여 원의 의연금 출처를 문제삼았다.

또 《동아일보》의 "민족적 경륜"의 논설에 대해 조선노농총동맹(朝鮮勞農總同盟), 《개벽》, 《독립신문》 등이 문제를 삼았다(최민지·김민주, 1994 : 128). 《독립신문》은 일본의 법 테두리 내에서 결사운동을 하자는 《동아일보》의 "민족적 경륜"을 거부한 것이다.

일제시대 우리 민족의 최대 목표는 민족의 해방, 독립투쟁이었다(최민지 · 김민주, 1994 : 130). 조선인들은 합법적 · 비합법적 · 정치적 · 경제적 · 문화적인 투쟁 등을 계속하고 있었다. 어떤 투쟁이든 민족의 해방, 독립이라는 대원칙을 벗어날 수 없었다. 그렇다면 정치적 독립에 우선순위를 둔 '비타협적' 민족주의자들은 교육에 우선순위를 둔 "민족적 경륜"을 수용할 수 없는 일이었다. 이에 조선노농총동맹은 1924년 4월 20일 창립총회를 열어, "신문의 주요 간부와 옹호파를 사회에서 매장할 일"로 규탄했다.

하지만 민족개조론자(타협적 민족주의자)는 일제의 문화운동, 식산운동 등에 적극 참여했다. 그리고 개조를 가능케 할 단체를 조직하고 회원을 양성하도록 했다. 즉, 그 단체의 조직보다도 그 기초 조직의 양성이 우선되었다. 무엇보다도 그들의 정치적 · 경제적 · 문화적 생활의 개조가 필요했다.

이런 개조는 영국인들에게서 찾아볼 수 있는데, 그들은 실제적, 점진적으로 접근하되, 자유를 근거로 실마리를 찾았다. 이때 그들의 자유는 실용적 자유였다(이광수, 1992 : 33).

영국인은 국가의 역할도 개인의 자유를 간섭케 아니 할 만큼 철저한 개인 자유주의자이다. 개인이란 그 자체가 절대적인 것이다. 개인은 다른 사람의 반대에도 불구하고 자신의 의지를 실현시킬 수 있는 권력을 가졌다. 밀(J. S. Mill)이 《자유론》에서 언급한 절대적 자유를 옹호하고 나선 것이다.

그러나 이광수는 '민족'의 개념을 도입함으로써, 그가 말하는 자유는 한계를 지닐 수밖에 없었다. 즉, 서구 근대 자유주의의 본연의 모습을 그대로 받아들이기보다 민족의 개념을 도입한 것이다. 이광수의 자유론은 물질적 속성에 더욱 가깝게 접근하고 있다.

목적합리성을 지닌 개인은 예측 가능한 상태를 유지한다. 다시 말하면, 개인이 공적 업무를 수행함에 있어 사랑, 미움 등 인간의 감정적 요소를 제외시켰다. 비합리적이고 예측 불가능한 감정을 완전하게 제약할수록, 더욱 원형에 가까운 목적합리성의 관리제를 운영할 수 있기 때문이다. 개인은 직업적 전문가의 영역을 확보한다. 그러나 현실적으로 개인은 사회적 맥락, 역사적, 구조적 환경에 따라 달리 사고함으로써, '순수한' 관료를 예상하기가 쉽지 않다. 개인·조직·사회제도 간에 서로 갈등이 일어날 수 있다.

그렇지만 관료제가 일찍 정착된 영국인은 국가생활, 사회생활, 즉, 단체생활의 필요를 알아 봉사의 정신을 왕성케 하였다. 개인은 능히 자기가 속한 단체를 위하여 자기의 자유를 희생하였다. 그러나 그 희생은 자유의 의사에서 나온 것이었다. 민족생활의 모든 기관, 즉 정치기관, 경제기관, 교육기관, 그리고 각종의 민간결사의 크고 견고한 동맹을 형성하여, 유기적 성장을 시도한다. 그곳에 참여한 전문직의 지식계급은 정치가, 관리, 상공업자, 교사, 목사, 학자, 문사, 예술가, 신문기자, 지방유지 등이었고, 이들은 각 조직을 구성하고, 그 조직들 간에 상호동맹을 맺었다. 이들 구성원들은 서로 의지하고, 서로 도와나가는 것이다. 이광수는 그 구체적 순서를 다음과 같이 말했다(이광수, 1922.5 : 49).

① 민족 중에서 어떤 일개인이 개조의 필요성을 자각한다,
② 그 사람이 그 자각에 의하여 개조의 신 계획을 세우는 것,
③ 그 제 1인이 제 2인의 동지를 득하는 것,
④ 제 1인과 제 2인이 제 3인의 동지를 득하여 이 3인이 개조의 목적으로 단결하는 것, 이 모양으로 동지를 증가할 것,
⑤ 이 개조단체의 개조사상이 일반민중에게 선전되는 것,
⑥ 일반민중 중에 그 사상의 토론의 제목이 되는 것,
⑦ 마침내 그 사상이 승리하여 그 민중의 여론이 되는 것, 즉 그 민

중의 사상이 되는 것,

⑧ 그리고 이에 그 여론을 대표하는 중심인물이 나서 그 사상으로 민중의 생활을 지도하는 것 등이다.

민족성의 개조는 지속성을 요구한다. 사상을 보존하고 선전하는 가장 필요한 방법은 단체를 조직하는 것이다. 그는 《독립》의 1919년 9월 4일에서 10월 28까지 연재한 "개조(改造)"에서 문명은 조직이라고 봤다(김사엽, 1988 : 301). 조직을 완비한 다음에 일어날 것은 조직의 활용문제이다. 적임자와 재정적 기본 조건이 갖추어져 있어야 한다. 그 조직자는 단합의 주의를 실현하기에 가장 적당한 방침을 확립하는 자를 규합한다. 그 방침에 근거하여 가장 적당한 기관을 조직자에게 맡긴다. 그러나 아무리 완비한 기관과 인재가 있더라도 금전이 없으면 예정한 사업을 진행치 못할 것이다.

이광수는 "금전적 어려움"[5]에 대하여 극단적 표현을 하였다. 《독립》의 1920년 2월 7일 "돈! 돈!"의 시사단편에서 이광수는 다음과 같이 말한다(김사엽 편, 1988 : 258).

> 애국자야, 돈을 내며 돈을 모으라. 독립전쟁의 성부(成否)는 오직 돈에 달리었나니 국민아, 돈이 있으면 자유민이 되고 돈이 없으면 노예를 면치 못하리라, 자유를 원하냐 돈을 내어라. 독립을 원하냐 돈을 내어라. 생명을 내기 전에 먼저 돈을 내어라.

그는 조직과 금전으로 민족개조의 방법을 모색했다. 자본주의 사회가 그렇듯, 조직은 일정한 양의 자본이 계속적으로 유입될 때 가능하

5) 《독립신문》은 '금전적 어려움'으로 1920년 6월 24일자를 발간하고 거의 6개월 동안 공백기를 보내는 등 경영난이 풀리지 않아 주 1회가 발행되었다가 다시 월 1회 발간되는 등 고난의 길을 걷다가 1925년 5월 5일 폐간되었다.

다. 개인의 행위는 패턴을 형성하고, 그 패턴은 조직의 향상성을 담보한다. 조직의 향상성은 다른 조직의 향상성을 동시에 요구하면서, 조직의 진화론적 발전을 도모할 수 있다.

인심(人心)에 갱신, 개혁, 변천, 혁명 등을 도출한다. 개인의 목적합리성은 남녀 평등하게, 생존경쟁을 유발하고, 세계는 상호부조의 곳으로 인도한다. 개인의 차원뿐 아니라, 조직과 집단의 차원으로 생존경쟁을 도모하고, 개조를 시도한다. 이광수는 단체로 하여금 사람의 개조를 원했다. 그는 사람을 개조하는 방법으로 다음의 네 가지를 지적하였다(이광수, 1922. 5 : 24).

① 신사상을 받은 신인으로 하여금 계속하야 그 환경에 처하여서 그 사상을 잃어버리지 않게 함이오,
② 동 사상을 표방하는 수다한 인이 일단이 되어 언어나 행동이 일치하여 다른 사람들과는 다르게 때문에 뚜렷이 세상에 들어나서 자연하고 유력한 선전의 공효(功效)가 있는 동시에 그 단원 자신에게도 일종의 자부와 자신이 생김이오,
③ 다수인의 능력과 학식과 기능과 금전을 모두어 개인으로는 도저히 발할 수 없는 위대한 세력으로 그 사상의 향상과 선전과 현실에 관한 사업을 경영할 수 있음이오,
④ 개인의 생명은 유한하되 단체의 생명은 무한하여 영구히 그 사상의 보존, 선전, 현실의 사업을 경영할 수 있음이다.

민족개조의 작업은 계속적으로 장구한 세월과 많은 인물과 금전을 요구하는 대사업이다. 그러므로 단체를 만드는 것은 개조된 각 개인으로 하여금 개조의 환경 속에 계속적으로 처하게 하는 데 절대로 필요한 것이다.

4. 이광수의 언론관

이광수는 교육·언론으로, 그리고 자성자수(自省自修)로 전 국민이 각 개인을 모두 믿게 되고, 생겨나는 각 단체를 다 믿게 되고, 대한 민족이라는 전 민족이 세계 인류에게 대하여 믿는 민족이 되도록 권장했다(이광수, 1988 : 276). 그는 평등사상에 근거한 후세 교육과 서구 자유주의적 사고에 따른 각 개인의 개조를 주장했다. 그 자신의 신(神)과 그 자신의 도덕적 입장을 정리함으로써 개인은 자기반성을 시도한다. 이광수는 엄격한 도덕적·정신적 개조를 앞세웠던 것이다. 정신적 개조에 필요한 것은 바로 사상을 강하게 하고 민심을 통일할 언론이다.

이광수는 언론인이 천직이라고 간주했다. 비상사태에 직면한 조선은 당시 문화적 규범과 믿음을 갖지 못했다. 즉, “부활의 서광”(1918)에서 조선인에게는 시도 없고, 소설도 없고, 극도 없고, 즉 문예라 할 만한 문예가 없고 즉, 조선인에게는 생활이 없다고 간주했다. 의·식·주 등을 위하여 조선인은 수족(手足)의 운동을 하였으나, 정신생활은 거의 정지의 상태에 있었다고 본 것이다(이동하, 1992 : 67). 이에 정신생활에 생명을 불어넣는 데는 언론이 핵심역할을 한다고 이광수는 생각했던 것이다.

이광수는 현재 조선이 실력에 문제가 있다고 생각하였고, 그 실력을 키우는 것이 더 중요한 독립의 방법이라고 본 것이다. 그는 “왜 돈을 벌지 아니하고 인재를 양성치 아니 하였던가” 하고 반문하면서, “조선인은 부질없이 누워 익은 감이 떨어지기를 고대하며, 혹은 다만 성공만 급해하며, 혹은 준비 없고 승산 없는 계획으로 한때의 울분을 해결하려 하였다. 대저 무슨 사업의 성공은 그 사업에 필요한 실력의 준비가 있어야 한다. 하물며 광복·건국사업은 더욱 그렇다”고 비판한다.

이는 항일독립운동을 근본적으로 무지하고 무모한 불장난으로 여기는 시각으로 이어진다. 이광수는 항일독립운동을 거부하면서, 민족개조론의 대안을 제시하였다. 그것은 결국 교육과 산업을 통해 할 일을 찾아나가자는 점진적 개혁론이었다. 즉, 이광수는 현상수용을 전제로 한 타협적 개량론을 주장한 것이다.

> 우리에게 독립을 쟁취할 실력만 있으면 우리의 사업은 성공될 것이요 없으면 실패하게 된다. 우리의 실패의 원인은 단체사업이란 것을 깨닫지 못한 점에 있다. 민족 개조의 사업은 계속적으로, 장구한 세월과 수다한 인물과 금전을 요구하는 대사업이다(이광수, 1922.5 : 49).

개조론은 실력론에 관심이 집중된다. 실력을 쌓기 위해 민족생활의 모든 기관, 즉 정치기관, 경제기관, 교육기관, 그리고 각종의 자유결사의 크고 견고한 동맹을 형성하여, 유기적 성장을 시도하는 것이 급선무라고 이광수는 보았다. 그는 우리가 지금 요구하는 것은 영웅이 아니며, 오히려 사회 모든 기관을 착실히 운전할 만한 기능의 보유자, 다시 말해 조직인이 필요하다고 보았다.

그곳에 참여한 지식계급은 정치가, 관리, 상공업자, 교사, 목사, 학자, 문사, 예술가, 신문기자, 지방유지 등이다. 민족개론의 핵심은 전문가의 양성이다. 전문직종의 종사자는 개별 조직을 확고히 하고, 경제원리에 충실한 조직들간에는 상호 동맹을 맺는다. 이들 구성원들은 서로 의지하고, 서로 돕는 것이다.

당시 언론은 조선의 기본적 선전기구였다. 독자적 정치기구를 갖지 않았던 일제하에서, 신문기구는 사회제도의 핵심이 될 수밖에 없었다. 이광수는 당시를 '선전의 시대'로 간주함으로써, 언론의 기능을 막대하게 보았다. 물론 여기서의 관건은 동지의 규합과 선전이다(이광수, 1922.5 : 50). 폭력이 아닌 공론(公論)으로 동지를 규합하고, 그 일을 선전한다. 이광수는 독립이 오직 우리들의 심성여하에 있다고 하였다(이광수, 1988 : 28). “전 국민이 일심이 되고, 일체가 되어 견고하고, 통일적 대단결을 가짐은 재력보다도 병력보다도 우리 사업의 기초요 생명이다.” 이에 따라 조직으로서의 언론은 목적합리성에 매진할 필요가 있었다. 그리고 그 정신을 사회로 확산시킬 수 있었다.

1930년대 상황에서 언론은 총독부를 비판하거나, 그 기능은 ‘…로부터의 자유’만으로 만족할 수 없었다. 그러나 그의 가치합리성은 목적합리성에 빈번히 매몰되었다. 언론인으로서의 그의 약점은 숨길 수 없다. 설령 그렇더라도 이광수는 건전한 언론기관이 있어 동일한 주의를 고취하고, 동일한 문제를 제창하며 개인과 개인, 단체와 단체 간에 그 의사를 소통케 함을 원했다.

홍명희

《임꺽정》은 객관보도의 기능적 접근, 역사적 접근을 훌륭하게 실현하고 있을 뿐만 아니라 다큐드라마 형식의 글쓰기를 시도하고 있다. 그런 글쓰기를 통해 홍명희는 그 자신이 의도한 바 '조선 정조의 복원'을 성취하고 있다.

제6장
언론인 홍명희의 사실성의 글쓰기

1. 홍명희의 사실성(事實性)의 역사적 위치

문맹률이 80~90%에 달하였던 1920년대 말부터 문자보급운동이 본격화되었다. 《동아일보》는 1928년 4월 1일부터 '글 장님 없애기 운동'을 시도하였으며, 《조선일보》는 1929년 7월 14일부터 '귀향남녀학생 문자보급운동'에 앞장섰다. "아는 것이 힘", "배워야 산다" 등이 당시 조선일보사의 문자보급반의 기치였다(정진석 1990 : 520). 일제로부터 언어와 문화를 강점당하던 때, 민족정신이 파편화된 시점에서 문자보급운동은 단순한 글 깨우치기뿐만 아니라 사회운동의 의미까지 지녔다.

문자보급운동은 표준한글을 중심으로 조선민족의 하나되기 운동이었다. 《동아일보》는 '조선어학회'의 후원으로 1933년 10월 29일 '한글 맞춤법 통일안'을 펴냈다. 조선어학회는 표준어 책자를 20만 부 인쇄하여 국내뿐 아니라 만주, 일본으로 배포하였다(정진석 1990 : 523). 한편 조선일보사는 《임꺽정》을 통해 고어 발굴과 표준어 정착 작업을 펼쳤다. 언어의 '귀재' 벽초(碧初) 홍명희(洪命憙)[1]는 1928년 11월 21

1) 홍명희(1888~1968)는 충북 괴산(槐山) 출신이다. 아버지 홍범식(洪範植)은

1910년 국치일에 "죽을지언정 친일을 하지 말고 먼 훗날에라도 나를 욕되게 하지 말라"라는 유언을 남기고 자결하였다. 홍명희는 1906년 일본인을 따라 양잠 재배법 공부를 위해 일본 유학길에 올랐다. 일본의 동양상업학교, 대성중학교를 수학한 후, 아버지의 자결로 귀국 길에 올랐다. 그 후 홍명희는 1912~18년 사이 중국을 방황한 후, 귀국하여 1919년 3월 1일 만세 시위를 주동하였으며, 3월 17~18일 양일간 "최후의 일인까지 조선의 독립운동을 하지 않으면 안 된다"는 취지로 "조선독립선서"를 집필하였다(홍기삼, 1996 : 40~41). 18일 밤부터 홍명희는 등사판으로 수백 장의 유인물을 찍어 조선인에게 배포하였다. 일제에 발각된 그는 "출판법", "보안법" 위반혐의로 1년 6개월 동안 옥살이를 했다. 그 후 홍명희는 휘문고보, 경신고보, 중앙불교전문(동국대 전신) 등 교육계와 인연을 맺었다. 1923년 조선도서주식회사 편집부 근무로 인쇄매체와 인연을 맺었다. 홍명희는 장덕수(張德秀)에 이은 제2대 주필 겸 편집국장으로 1924년 5월 15일부터 《동아일보》에 몸담았다. 당시 《동아일보》는 이광수가 1월 2일 자부터 5회에 걸쳐 연재한 "민족적 경륜"으로 비난의 화살을 받고 있었다. 그해 3월 《동아일보》는 친일 폭력배 박춘금(朴春琴)의 '식도원 사건'으로 정체성의 위기를 맞았다. 밖으로부터의 불매운동, 안으로부터의 사장사퇴 요구 등으로 경영진이 압박 당했다. 김성수는 이승훈(李昇薰) 사장, 홍명희 편집국장 등 진보적 인사를 영입함으로써 위기 탈출을 시도하였다(홍기삼, 1996 : 43). 그 후 《동아일보》는 '언론집회압박탄핵회' 등에 참가하여 언론자유를 수호하기 위해 일제에 대항하였다. 《동아일보》는 비타협적 노선을 계속하면서 일제의 검열에 의해 기사가 압수되는 사례가 빈번했다. 예를 들면, 1920년에서 1923년 사이 《동아일보》의 기사나 사설이 일제당국에 의해 압수된 횟수가 연 평균 15회이던 것이 1924년에는 한 해에 56회로 급증했다(강영주, 1999 : 161). 한편 1923년 7월, 홍명희는 홍성희, 이재성 등 16명과 더불어 신사상(사회주의사상) 연구회를 창설하고 사회주의사상을 이론적으로 탐구하였다(홍기삼, 1996 : 43). 1924년 10월 29일, 신사상연구회는 맑스의 생일이 화요일임을 착안해서 화요회로 창립하였다. 한편 혁신세력으로 위기를 모면한 《동아일보》는 민족 개량주의적 타협노선을 계속하였다. 홍명희는 《동아일보》를 사퇴하고, 1925년 4월 2일 《시대일보》로 근무지를 옮겨, 편집국장, 부사장 그리고 사장으로 승진하였다. 홍명희 체제하의 《시대일보》는 압수, 차압기사, 사설 등 필화사건을 빈번히 경험했다. 《시대일보》와 총독부 사이의 마찰은 심화되었으며, 1926년 8월 휴간 후 폐간되자 1926년 9월 이상협(李相協)이 《시대일보》를 《중외일보》(中外日報)로 개재(改題)하였다. 홍명희는 1926년 1월 카프의 기관지 《문예운동》에 "신흥문예의 운동"을 발표하였으며, 제2호에는 "예술기원론의 일절"을 발표하였다. 그리고 1928년 11월 21일부터 일부터 13년간 《임꺽정》[2] 을 《조선일보》, 《조광》에 몇 차례의 휴재를 포함하여 연재[3] 했다.

《조선일보》에 《임꺽정》을 연재하였다. 한편 홍명희는 1927년 2월에 신간회(新幹會) 창립에 참가하였으며, 1929년 12월 신간회 민중대회사건으로 검거된 후, 1932년 1월 22일에야 출옥하였다. 《임꺽정》의 연재 동안 장남 홍기문(洪起文)이 《조선일보》에 입사한 후, 1934년 말부터 1939년까지 학예부장을 맡았다. 그리고 홍명희도 1935년까지 《조선일보》의 비상근 논설위원과 고문 등을 역임했다. 해방 후 1945년 11월 22일부터 이듬해 3월 22일까지 홍명희는 《서울신문》의 고문이었으며, 1947년 10월 중도파 정당세력의 결집체인 민주독립당을 창당하여 위원장에 취임하였다. 그 이듬해 1948년 4월 평양에서 열린 '남북조선 제 정당 사회단체 대표자 연석회의'에 참가한 이후 북한에 잔류하였다.

2) 임꺽정(林巨正)은 명종조(明宗朝) 때 해서·경기 지방을 중심으로 대적(大賊) 노릇을 하다가 명종 17년(1562) 정월 3일 토포사 남치근(討捕使 南致勤)에 의해 포살(捕殺)된 인물이다. 작품 《임꺽정》은 홍문관 교리 이장곤(李長坤)이 거제도로 귀양간 갑자사화(연산군 10년, 1504) 무렵부터 시작하여, 이장곤의 처외사촌 아들인 백정 임꺽정이 도당(徒黨)을 이루고 대적활동을 영위하기까지의 약 55년간의 시기를 다루고 있다. 1928년 11월 21일 《조선일보》에 연재를 시작하여, 1929년 12월 26일까지 307회를 우선 연재하였다. 1929년 12월 13일 홍명희는 신간회 '민중대회사건'으로 검거되어 경찰서 유치장에서 집필을 계속하였으나, 12월 24일 구속됨으로써 연재는 일단 끝을 맺었다. 《임꺽정》은 조선 중기의 봉건적 모순 속에서 노비·평민 등 각 계층의 삶과 갈등을 생동감 있게 묘사하였으며, 천민 백정의 아들 임꺽정을 통하여 민중들의 애환과 분노를 표출하였다. 《임꺽정》은 사건, 인물묘사 등에서 조선의 정조(情調)를 담아내었다(김경식 2001 : 324~325). 이 소설은 풍부한 조선말 어휘의 사용, 민족공동체의 아름다운 전통을 적극적으로 재현하였다. 결국 이 정서는 1930년 중반부터 일제가 우리의 언어와 문자, 이름과 성까지 말살하는 시기에 조선인의 대항정신과 일맥상통한다.

3) 《임꺽정》은 5차에 걸쳐 연재되었다. 연재된 일자와 곳을 보면 1차 《조선일보》(1928. 11. 21~1929. 12. 26 — '봉단편', '피장편', '양반편'. 투옥으로 인해 장기 휴재), 2차 《조선일보》(1932. 12. 1~1934. 9. 4 — '의형제편'), 3차 《조선일보》(1934. 9. 15~1935. 12. 24 — '화적편', '청석골' 장. 신병으로 제2차 장기 휴재), 4차 《조선일보》(1937. 12. 12~1939. 7. 4 — '화적편', '송악산'에서 '자모산성' 장의 서두까지), 5차 《조광》(1940. 10 — '화적편', '자모산

《임꺽정》 제1권이 발매되자 조선의 전 독서계는 취한 듯 혹은 미친 듯 그 인기에 휩싸였으며, 조선 출판계 미증유의 성황을 이루었다(《조선일보》 1939. 12. 31). 임꺽정이 휘두르는 칼은 조선인의 심금을 쳤다. 또한 일본 광고주는 《조선일보》의 《임꺽정》에 극찬을 보냈다. 임꺽정은 마치 한 국가의 국운을 한 몸에 걸고 선전한 개선장군이었다. 역사소설 《임꺽정》은 일제의 강압에 대한 비판과 더불어 조선민중을 일깨우기에 충분하였다.

홍명희는 당시 고전언어의 발굴과 확산에 사회적 사명감을 지녔지만 소설가로서는 이단자였다. 《임꺽정》은 당시 문단의 동향과는 동떨어진 이색적인 작품으로 취급되었고(강영주, 1995 : 111), 시인, 소설가, 언론인이었던 그는 단 한 편의 연재소설 《임꺽정》을 발표했을 뿐이다.

이 글은 홍명희가 문단에서 고립되어 존재했던 이유를 설명하고자 한다. 결론적으로 말하자면, 홍명희는 소설가이기 이전에 '객관적 사실', '객관적 보도' 혹은 사실에 충실한 언론인이었다. 그는 종교적 의견 패러다임을 사실 패러다임으로 대치함으로써 객관적·과학적 근거를 확립했다. 홍명희는 기자, 사회주의자 그리고 소설가 등으로 각기 다른 장르의 글을 작성하였지만, 그의 글을 관통하는 '사실성'(사실적 보도)의 정신은 전문직 상업언론 보도의 글쓰기에 큰 족적을 남긴 것이다.

'사실의 질서', '사실의 언어'의 형성은 더욱 발전된 형태로 객관보도, 그리고 '역삼각형' 보도 등 전문직 언론보도의 초석이 되었다. 그런 점에서 이 글은 홍명희의 ① 《학창산화》의 사실주의 언론, ② 《문예운동》, 《신소설》, "신간회의 사명" 등의 맑스주의 당파성 언어, ③ 그리고 《임꺽정》의 다큐드라마적 언어 등에서 홍명희의 글쓰기라는

성' 장. 미완으로 중단)이다(채진홍, 1996 : 17).

맥락에 관심을 집중시켰다. 첫 두 문제에서 객관보도의 형태가 진화론적, 변증법적 발전을 통해 '사실의 질서'를 형성하는 과정을 설명하였다. 마지막 다큐드라마는 '목적론' 하에서 혁명적 질서를 형성하는 데 관심을 가졌다.

홍명희는 안재홍과 더불어 일본 제국주의시대에 으뜸가는 언론인이었다. 그는 3·1 운동 후 폭력이 일상화되고, 좌파 언론이 싹트기 시작한 즈음인 1924년 5월 15일, 상업 언론사에 발을 내디뎠다. 홍명희는《동아일보》,《시대일보》,《조선일보》그리고《서울신문》등에 직간접으로 간여했다. 당시는 3·1 운동과 더불어 한반도에 부르주아 개인주의 '문화정치'가 시도되었으며, 자본주의가 본격적으로 유입된 시절이다. 1920년에는《조선일보》,《동아일보》,《시사신문》등 독립적 상업언론이 창간된 시기이기도 하다. 자본주의 문화에서는 자본주의 언론이 태동하기 마련이다. 그 시기 비록 언론은 일제에 대항한 조선 민족의 당파성을 가졌다 할지라도, 언론은 검열을 피하기 위해 객관보도의 형태를 유지했다.

한편, 뉴스는 자본주의 상품으로 간주되기 시작하였다. 상품으로서의 뉴스는 중립적 혹은 비판적 입장을 지니게 된다. 당시 언론은 사실을 근거로 '인간의 관심거리'를 찾아내고, 진리를 규명하기에 이른다. 뉴스는 현실의 '거울'로서 '객관보도'를 시도할 수 있었다.

홍명희는 이런 자본주의 언론문화를 접하면서《동아일보》,《시대일보》,《조선일보》등 언론사 생활을 시작했으며, 아울러 당시 '대정(大正) 민주주의' 하에서 자본주의 언론, 사회주의운동, 그리고 신간회운동에 참여했다. 당시 언론은 일제시대의 강력한 검열 아래 전문화되어 갔으며, 자본축적의 도구로 작동하기 시작하였다. 언론사는 전문부서를 신설하고, 사회부, 학예부를 설치하였다.《동아일보》는 1920년 4월 1일 창간 당시 이상협을 편집국장, 사회부장, 정리부장의 겸임으로(정진석, 1990 : 406), 그리고 김형원(金炯元), 유광열(柳光烈), 이서구(李瑞求)를 전문직 사회부 기자로, 진학문(秦學文), 고의동(高義東), 김정진(金井鎭), 신길구(申佶求) 등을 학예부 기자로 임명하였다. 한편 1924년 신석우 체제의 《조선일보》는 김형원, 김달진(金達鎭), 박헌영(朴憲永), 임원근(林元根), 김단야(金丹冶), 정인익(鄭寅翼), 홍덕유(洪悳裕), 홍남표(洪南杓) 등 진보적 인사가 사회부를 담당했다. 자본주의 문화의 확산과 더불어 언론사의 전문 사회부가 본격화되고, '인간의 관심사'를 중심으로 한 글쓰기가 활성화되었다.

이런 전반적인 당시의 상황을 참조하여, 이 글은 홍명희의 독특한 사실성의 글쓰기와 그 언어에 관심을 갖는다. 말하자면 이 글은 한국 언론사에서 "잡보"가 발전하여, "사회면", "학예란"으로 진화되는 과정에서 홍명희의 사실성의 글쓰기와 그 의미의 형태를 부각하고자 한다. 홍명희의 글쓰기는 전문 상업언론의 글쓰기 정립에 공헌을 함으로써 언론사 연구에서 중요하게 다뤄져야 할 주제이다. 여기서 쟁점이 되는 분야는 사실성, 그리고 '역삼각형'의 기사형식에 관한 것이다.

또한 이 글은 언론사 연구에서 전혀 다뤄지지 않았던 홍명희의 《학창산화》에서 사실보도의 언어를, 둘째로, 홍명희의 일제시대의 사회주의적 사실보도를, 끝으로 《임꺽정》에 나타난 계급타파의 사실보도 등을 언급하고자 한다. 이 글은 《학창산화》, 《임꺽정》 그리고 《문예운동》, 《신소설》, 《자유신문》 등으로부터 홍명희의 사실성 글쓰기의 편린을 언급한다. 그 출발점은 '연역적' 방법론으로 시작하지만, 결국은 귀납적 방법으로 홍명희의 사실적 글쓰기의 근거를 제시한다. 즉, 이 글은 《학창산화》에서의 사실적 · 과학적 · 분석적 글쓰기, 사회운동 차원에서의 사실성과 사회주의적 사실성, 그리고 《임꺽정》의 계급 타파의 사실성 등으로부터 홍명희의 글쓰기 실체를 규명한다.

물론 여기서 계급타파의 사실성은 다큐드라마와 같은 목적성을 가진 글쓰기이다. 말하자면 '폭력혁명' 같은 목적성을 지녔다. 그렇다면 사실성, 그리고 그 사실성에 따른 당파성은 진화론, 변증법 등의 방법이 통용되지만, 다큐드라마는 레닌의 혁명론에서 보듯 급진적 방향으로 사회변혁을 시도한다. 그러나 '역삼각형'뿐만 아니라 과학적 분석, 당파성, 그리고 다큐드라마의 형식은 사실성의 글쓰기로부터 시작된다. 즉, 다큐드라마, 진화론, 급진적 혹은 변증법적이든 그 나름대로의 운동법칙은 사실성의 글쓰기로부터 시작한다.

이 글은 홍명희가 전문직 글쓰기를 통해 상업적 언론을 확고하게 기여한 점에 주목하였다. 또한 궁극적으로 홍명희의 글쓰기를 통해 언론인 홍명희를 재조명하고자 하였다.

2. 《학창산화》의 사실성 언어

1) 학창산화는 어떤 책인가

《학창산화》[4]는 희귀한 단행본이다. 이 단행본은 사실보다 의견을 중시했던 전통적 언론 글쓰기에서 이탈하였다. 홍명희는 사실을 바탕

---

4) 《학창산화》는 1924~25년 《동아일보》에 "월요만화"(月曜漫話), "학예란", "학창산화", 그리고 《시대일보》의 "학등"(學燈) 등의 제하(題下)로 연재된 칼럼을 1926년 조선도서주식회사에서 단행본으로 출간하였다(임형택 · 강영주 1996 : 535~536). 이 책은 당시 학예부의 칼럼이나 글쓰기의 양식을 대변한다. 사실을 바탕으로 개념을 규정하고, 비교, 분석, 그리고 그 개념을 현실에 적용시켰기 때문이다. 홍명희는 《학창산화》에서 문학, 역사, 철학, 사회과학, 자연과학 등 다방면에 걸쳐 동서고금의 이색적인 지식들을 소개하였다. 그는 초창기 신문의 의견과 사실의 융합에서 벗어나 의견을 극도로 제약하고, 사실에 근거한 정보, 해석을 서술하였다. 《학창산화》의 경향은 소설 《임꺽정》으로 이어졌다. 《임꺽정》을 연재하면서 홍명희는 《조선왕조실록》, 《기재잡기》, 《패관잡기》 등 기록된 자료를 사용하고, 그 자료를 치밀하게 분석하였다(임형택 · 강영주 1996 : 325). 즉, 홍명희는 기본사료에다 야담, 야사 등의 잡다한 이야기나 잡록(雜錄) 유형의 자료를 배합시켜 서술하였다.

으로 한 칼럼을 "학예란"에 시도하였는데, 이 글쓰기는 역사소설《임꺽정》에도 투영되었다. 홍명희 전문가 강영주에 의하면, 홍명희는 동아일보 재직 시절 칼럼을 연재하여 독자들의 인기를 모은 바 있고, 이를《학창산화》라는 단행본으로 출간한 사실로 미루어 볼 때 조선일보 측에서는 아마 그와 유사한 흥미로운 읽을 거리를 기대했던 듯하다(강영주, 1995 : 120).

소설《임꺽정》의 글쓰기 유형은《학창산화》의 글쓰기와 연관되어 있다.《학창산화》는 92개 소재로, 당시 관심거리였던 단어들을 모아 풀이하였다(홍명희, 1926 : 1~3). 대략 살펴보면, 과학, 숫자유희, 질소량, 분자체적, 아편, 양(羊), 호(虎), 연초, 무선전신, 사진방송, 비행기 발전사, 비행술, 색과 감정, 색의 속성, 색의 상징, 혼인제도, 매음기원, 언어분류, 표준어, 정음(正音), 가치와 시대, 지자(知者)의 비애 등이 수록되어 있다.《학창산화》는 당시 "학예란" 칼럼에서 쉽게 볼 수 있었던 단독 칼럼의 글쓰기 모음이다.

2) 사실성의 글쓰기

'사실적 보도'는 사실로 하여금 사실을 말하게 한다는 것으로서 사실제시를 매우 중요시하는 보도라 할 수 있다(강현두, 1993 : 310). 저널리즘에서의 사실은 우리의 정신으로부터 독립해 독자적으로 존재하며, 세계의 숨겨진 사실과 그 구조, 그리고 작동원리로 기능한다.

따라서 객관보도의 객관성은 "낱말, 표현, 그리고 내용에서 필자의 사적 감정과 편견을 배제한다"(이현구, 2002 : 197). 이러한 보도는 독립 상업언론에서 정확성 · 객관성 · 공정성으로 나타나며, 개인의 의견을 철저하게 '분리'시킨다. 또한 객관보도는 "진리 · 정확성 · 종합성을 지닌 보도를 말한다"(David T. Z. Mindich : 65). 이때 보도자는 사실의 제시야말로 진실을 보여준다고 믿는다. 그 결과, 사실보도는 "보다 많은 사실은 보다 좋은 것이다"란 명제를 깔고 있다.

홍명희는 위의 맥락에서 '사실의 질서', '언어의 질서'를 형성시켜, 전문직 상업언론의 글쓰기를 정립시켰다 할 수 있다. 다시 말해 홍명희는 '사실'을 객관적으로 표현하는 '객관보도'의 정신에 충실하였다.

"연초"(煙草) 라는 글을 통해 홍명희의 '사실의 질서', '언어의 질서'의 글쓰기의 특징을 알아보자.

> 연초(煙草)는 가과(茄科) 일년생 식물이니 니코틴(Nicotine)이라 칭하는 일종 알카로이드(Alkaloid)를 함유한 것이다. 대개 식물에 있는 염기(鹽基) 화합물을 '알카로이드'라 칭하니 보통 염산이라 칭하는 커니네(Quinine)나 전독(傳毒) 주사제로 문제가 되는 몰퓌네(Marphine) 같은 것도 다 각기 알카로이드의 종류이다. 니코틴은 무색유상액(無色油狀液)인데, 공기에 접촉하면 갈색으로 변하고 극렬한 독이 있어서 2, 3적(滴)을 위중에 주사하면 생명이 위험하고 극소량을 폐중에 흡입하면 현훈(眩暈)과 두통이 생긴다고 한다.
>
> ▪불란서 어느 학자의 실험한 바를 들은 즉 보통지권연(普通紙卷煙) 한 개에서 취급한 니코틴 분량으로 몰모트(Marmot) 열필〔十匹〕의 생명도 끊을 수 있었으나 지권연 열 개를 태우고 채취한 니코틴으로는 몰모트 1필의 생명도 빼앗을 수 없었다하니 이것은 연초에 극독(劇毒)이 있으나, 끽연은 그다지 해가 없음을 증명합니다. 일본제 제물뿌리 지권연 1개 중에 함유한 니코틴 분량은 평균 약 8,5%라고 한다.
>
> ▪연초의 원산지는 미주(米洲)요. 끽연의 발명자는 동색인(銅色人)이다. 서반아인이 서인도제국 중에 있는 타바고(Tabago)島에서 연초를 구주로 수입한 까닭에 타바고라는 이름이 생겼다하며 구인(歐人)으로 동색인이 끽연을 발견하고 모방함을 시작하기는 콜럼부스(Columbus) 일행이라 한다. 16, 17세기 여름 불란서 왕 프란시스(Francis) 2세 때에 포도아(葡萄牙) 주재 공사로 있었던 불인(佛人) 잔 니코트(Jean Nicot)가 연초를 불왕에게 헌상(獻上)하

였는데 그때 마침 감기로 고생하던 왕후가 이를 맡아보고 코가 트이었다. 그리하여 불란서에서 일시 연초를 니코틴안(Nocotiane)이라 이름하여 불렀다고 한다. 니코틴(Nicotine)이란 말은 현재도 일반으로 통용한다.

▪구아(歐亞) 교통이 열린 뒤에 서반아인이 연초를 중국과 일본으로 전파하였는데 일본에는 경장(慶長) 10년경에 그 종자를 처음으로 장기앵지마장(長崎櫻之馬場)에 파식하였다고 한다. 우리 조선에는 동래(東來), 울산(蔚山)에 왜관(倭館)이 생긴 이후에 일본인이 그 종자를 이식하여 파전(播傳)하게 되었다고 한다. 연초를 남초(南草)라 함은 우리나라에서 남부지방으로부터 오기 시작한 것을 의미함이요. 담파고(淡婆姑)라 함은 세계적 명칭을 번용(飜用)함이다.

▪연초를 동색인(銅色人)은 윱포옥(Yppowoc)이라 칭하고 구미인은 보통 토바코(Tobaco)라 칭하는데 전에 불란서인은 성초(聖草, Herbe sainte)라 만병초(萬病草, Herbea touslesmaus)라 여왕초(Herberegina)라 칭하여 연초의 공덕을 찬양하였다. 영국서는 엘리자베스(Elisabeth)와 총신 월터 롤리(Walter Raleigh)가 끽연(喫煙)을 개시하였는데 하인에게 맥주(麥酒) 벼락을 맞았다는 것이 유명한 이야기 거리가 되었다.

▪동색인종은 평화의 요건으로 연초를 사용하여 다수인이 일처에서 끽연함은 평화회복을 의미하였다. 이 본의가 다소 전래함인지 일본서는 매매 계약 같은 때 사용하였다. 우리의 소위 성의 담배는 일본인의 유래한 관습이다.

▪연초사용을 각 국가에서 종교적으로 금하여 십계(十誡) 중 '간음하지 말라'는 아래에 끽연하지 말라고 첨가까지 하였고, 노국과 터키에서는 사용자에게 엄혹(嚴酷)한 형벌을 더 하였고, 일본서는 덕천막부(德川幕府)에서 일시 법령으로 금하였다. 우리나라에도 풍수상기(風數上忌)하던 것은 두말할 것도 없다(홍명희, 1926 : 35~37).

홍명희는 세상을 인지할 뿐 아니라 명명할 수 있다는 순수한 경험주의 신념을 가졌다. 그는 연초를 정확하게 정의하고, 감정을 제외시켜 객관성을 유지하며, 자연과학적 내용을 취급하듯 치우침이 없이 공정하게 처리했다. 정의 · 사실 · 정보 · 지식 등에 기초하여 순서를 정하고, 정확성 · 객관성 · 공정성 등에 의해 분석적으로 접근함으로써 의견을 극도로 제한시키고 사실에 근거한 글쓰기를 시도하였다. 홍명희는 마치 콜레라균이 감염되는 경로를 설명하듯, 또한 다윈의 '진화론'의 일부를 접하듯 철저하게 사실에 충실했다.

당시 동아일보와 조선일보는 점점 증가하는 독자에게 봉사하기 위해 정확성 · 객관성 · 공정성 보도에 알맞은 언어를 선택했다. 홍명희가 규정한 과학적 · 객관적 · 가치 중립적 사실은 지식을 규정하거나, 그 지식을 명명할 언어를 사용하였다. 그는 연초의 풀이름에서 시작하여, 특성, 원산지, 파식, 그리고 그것이 우리나라에 이식된 경로를 설명하였다. 이 칼럼은 연초를 피우는 의미와 더불어 사회적 규제를 언급하고 있다. 사실이 글의 대부분을 장악한 반면, 의견은 글의 어디에서도 쉽게 발견되지 않는다. 심지어 글의 끝부분에도 자신의 의견 대신 연초의 수용문화를 언급하고 있다.

홍명희는 연초를 설명하기 위해 역사적 사실을 기술함으로써 타바고 · 니코틴 · 남초 · 여왕초 등의 단어의 유래를 설명하였다. 연초의 수용과 거부를 문화적 속성과 함께 서술하면서 주관적 판단을 유보하였다고 볼 수 있다. 말하자면 광고나 물품을 소모하듯 수용자가 소비하기에 편한 뉴스를 제공한 것이다. 이때의 뉴스는 세속적 내용의 소모품이므로 기사는 사실에서 시작하고, 사실로 끝나도록 작성되었다.

3) 객관성 확보의 조건

스티븐스(M. Stephens)는 저널리즘의 객관성 확보로 네 가지를 지적한 바 있다(M. Stephens, 1999 : 457~459). 즉, 기자가 준수해야 할 첫째 규칙은 기사에 기자의 개인적 선호가 명백하게 개입되지 않아야 한다. 둘째, 가치가 겉으로 명백하게 드러나는 용어의 사용을 피한다. 셋째, 기자는 균형성을 확보하고, 마지막으로 뉴스의 객관성을 유지하기 위해 기자는 정보의 확실한 출처와 논쟁성이 있는 주장에 대해 그 발화자를 분명히 밝힌다.

물론 이들 네 가지 객관성의 확보가 우선적으로 이루어져야 하지만 누구의 의견을 선택하여 실을 것인가 하는 문제에서 저널리스트의 주관적 편견이 제외될 수 없다. 그러나 기사는 진실에 가까운 사실성의 유지와 균형, 비당파성, 중립성의 불편부당성을 우선한다. 그 과정에서 기자는 독자에게 '알게 하기', '정보를 제공하기'의 수준에 만족함으로써 결국 '사회적으로 의미 있는 정보'와 '유용하면서도 절실한 정보'가 사회를 지배토록 한다. 사실적 보도는 사실로 하여금 사실을 말하게 한다. 홍명희는 "연초"에서 보듯, 의견을 극도로 제한시키고, 사실을 바탕으로 역사와 인과관계를 규명하였다.

홍명희는 "온돌"(溫突)에서 당시 산림이 동탁(童濯)하고, 국민의 건강이 위약한 상태를 나무의 처지에서 도출하였다.

> 우리 조선 가옥의 온돌제도는 인조조(仁祖朝) 이후로 전국에 보편화되었다. 그 전에는 한절(寒節)이라도 큰 병풍과 두터운 자리로 마루에서 거처하고, 노인과 병자를 위하여 혹 온돌 한두 간을 설치하였을 뿐이었다. 인조조 때 서울 네 산〔四山〕에 송엽(松葉)이 퇴적하여 화재가 잦아 김자점(金自點)이 꾀를 내어 인조께 품(稟)하고 오부인민(五部人民)에게 명령하여 모다 온돌을 설치하게 하였다. 따뜻하고 배불은 것을 좋아하는 것은 사람의 상정이라 오부의 받은 명령을 일국이 봉행하게 되어, 송엽을 처치하라던 것이 송목까지 처치하게 되었다. 온돌제도가 일반으로 행한 후에 큰 패해가 두 가지 생겼으니, 하나는 울창하던 산림이 차차로 동탁(童濯)하

게 된 것이다. 또 하나는 건장하던 국민이 차차로 위약하게 된 것 이다(홍명희, 1926 : 156~7).

홍명희는 '온돌'의 언어적 의미를 사회제도적 차원으로 확대시켜, 한 단어가 갖는 의미를 인간의 제도, 문화와 관련시킨다. 여기서 언어는 환경에서 유입되는 자극을 개념화시킴으로써 추상적 과정을 거친다. 홍명희는 생성된 언어의 의미를 규정하였다. 즉, 추상화된 단어의 재해석은 문화적 실체의 파악을 용이하게 함으로써, 이 과정에서 역사의 실체가 부분적으로 규명된다.

우리말의 어원(語源)을 소구(溯究)하면 사실(史實)로 말미암아 생긴 말이 적지 아니하다(홍명희, 1926 : 121). 홍명희는 "어원과 사실"에서 여아(女兒)를 가승아(嫁僧兒)라 한자로 쓰고, 이것을 고려조 악습에 나온 것이라 하니 곡해가 상당한 것으로 간주하였다. 또한 '화냥'이란 말은 '화랭이'와 같고 '화랭이'는 신라 때 화랑을 악의(惡意)로 통용한 것으로 간주하였다. 여기서 개념은 사실을 기초로 하며, 추상화시킨 언어의 의미를 기술한 것이다. 이때 홍명희는 개인의 주관성을 배제시키고, 객관성을 담보토록 개념을 정립시켰다.

홍명희가 《학창산화》에서 "과학"에 대하여 정의한 것을 살펴보자.

과학은 무엇인가. 실험, 관찰, 비교, 추리든 개개 지식을 통일하여 일과학문(一科學問)을 조직한 것이니, 그 목적하는 바는 곧 개개 지식을 추구하여 일정한 이법(理法)에 도달함이다. 과학은 광의로 말하면 자연계 특수적 현상을 연구하는 자연과학과 사상 행위 급 미감(美感) 등의 법칙을 연구하는 정신과학을 포괄하나 협의로 말하면 자연과학을 지칭함에 그치는 것이다(홍명희, 1926 : 1).

홍명희는 한편으로 정의하고, 다른 한편으로 정의의 의미를 반추(反芻)하였다. 또한 그는 개념과 더불어 과거에 정의한 과학의 개념을 이론적으로 분류, 규명하였다. 결과적으로 홍명희는 과학의 정의를 과거와 현재에 연계시킴으로써, 시간의 엮음의 힘을 인정한 것이다. 그리스의 아리스토텔레스와 현대인의 연계의 시도를 살펴보자.

> 희랍 대학자 아리스토텔레스는 싸이언스를 3종으로 대별하였다. 제1은 순리적(純理的, *Theoretical*)이니 수학 물리학 철학 같은 것을 이름함이요, 둘은 실천적이니 윤리학 경제학 정치학 같은 것을 이름이요, 셋은 창조적이라 하니 시학 미사학(美辭學) 같은 것을 이름이다. 영국학자 베이컨(Bacon)은 기억 사상 이성 등 정신능력으로 학문을 분류하여 기억은 역사로 대표하고 상상은 문학으로 대표하고 또 이성은 철학으로 대표하였다(홍명희, 1926: 1).

그는 대상을 분류하고, 다른 언어와 연계시켰다. '세속적' 학문이 소개되고, 과학적 사실의 사고가 활성화되면서 시작된 글쓰기 형식이었다. 홍명희는 "색(色)과 상징(象徵)"에서 색을 분류하고, 그것을 상징과 관련시켰다.

> 미학 상에서 색을 의론(議論)할 때 대개 색의 종류, 색의 명암, 색의 농담(濃淡)이 문제되는 것이고, 미술가로 천재가 있으면 능히 색의 배합으로써 일종 말하기 어려운 미감을 감상자에게 줄 수 있다.… 백색은 순결을 표하고, 흑색은 비애와 사(死)를 표하고, 녹색은 위안을 표하고, 황금색을 연상함이겠지만 황색으로써 영광이나 권력을 표함도 모두 상징적이라 할 것이다. 이만 한 정도는 보통 두뇌로도 이해할 수 있을 것이나, 민감을 가진 시인의 쓰는 상징에 이르러는 거의 언설 경계를 떠나는 것이 있다. 우선 악기 소리에서 색을 구별한 사람이 있으니 수금(*harp*)을 백색이라 하고, 풍금(*organ*)을 흑색이라 하고, 제금(*violin*)을 청색이라 하고, 또 적(*flute*)을 황색이라고 하였다. (홍명희, 1926 : 79~80).

홍명희는 자연·사회현상을 언어화, 기호화하였다. 유럽 국가들은 인쇄문화를 보급하면서 사물을 규정짓고 일률적으로 코드를 형성시킴으로써, 방언의 규격과 교육체제, 그리고 지역분리를 통합하였다(J. W. Carey, 1992 : 158). 그 과정에서 전신은 적절한 정보를 신속하게 보급시켰다. 독자는 상품을 소비하듯 언어를 소비함으로써, 소비의 내용이 풍부하고 다양해졌다. 그때 사실을 직시하는 기자는 사실과 언어를 규명하여 질서를 형성하도록 요구받았으며, 독자는 사실의 의미를 깊이 있게 분석하도록 기대되었다. 시카고학파는 커뮤니케이션을 정보를 전달하는 것 이상으로 간주하였는데(J. W. Carey : 144), 그들은 커뮤니케이션을 통해 문화가 존재케 되고, 시간 안에 유지되고, 제도 안에 침전되는 완전한 과정으로 봤다.

4) 언어를 통한 사회운동

홍명희에게 문화는 언어로 표현되었다. 원래 언어는 인간 유기체가 갖고 있는 유일한 특성이다. 인간은 자극을 받아, 그 자극을 상징으로 조작하여 타인에게 의미를 전달한다. 동물은 자극을 원형대로 전달하지만, 인간은 과거에 가졌던 경험을 바탕으로 현재의 경험과 그리고 미래의 것을 함께 전달할 언어사용의 능력을 지녔다. 인간의 사회적 행위는 언어로 경험을 교환하고, 경험을 축적하고, 의미를 나눔으로 가능하다(P. Atkinson & W. Housley, 2003 : 6). 여기서 언어는 문화를 창출하며, 시간과 공간을 통해서 지식을 전파하는 데 결정적이다.

여기서 근대인의 일상적 삶을 묶었던 표준어의 탄생과 그들의 근대적 의식의 탄생과의 연관을 살펴보자. 미드(G. H. Mead)는 인간의 행위를 두 가지 양면적 성격으로 설명하였는데, 주관적 자아(*self*)의 행위 원천을 'I'라고 하고, 객관적 자아의 행위 원천을 'Me'로 규정하였다. 'Me'는 사회적 자아를 형성한다(G. H. Mead, 1934 : 173~8).

사회적 자아는 표준어로 전달된다. 근대적 의식의 탄생은, 말하자면 사회적 자아의 근대성은 바로 표준어와 관련이 깊다고 하겠다.

홍명희에 의하면 표준어는 중앙 도회지의 상류사회 언어를 표준방언으로 정하고, 전국방언을 참고하여 발음 어휘·어법에 인위적 수정을 더한 것이다(홍명희, 1926 : 110~11). 말하자면 '표준어를 보급'[5] 함으로써, 사회적 자아가 형성된다. 그러나 '정음'(正音)[6] 의 표준어는 일반언어와 같이 각종 원칙과 각종 원인으로 말미암아 변화하여, 결국 여러 가지 방언이 생기게 된다.

사회가 진보하여 교육이 보급되고, 교통이 발달하고, 정치기관이 통일함에 따라서 언어통일에 불리한 사정이 점차 소멸하게 됨으로써, 개명한 사회에서 언어의 변화는 완만하다. 그렇더라도 표준어의 자연적 추세에 방치할 때, 그 통일 속도가 완만하고 국어의 불순함이 증가된다. 문제는 더욱 더 확대된다. 인문이 이렇게 발전하지 못하고, 국가가 약한 것은 언어가 동일하지 않기 때문이다(홍명희, 1926 : 116).

---

5) 표준어 보급은 여러 가지 수단이 있을 것이다(홍명희, 1926: 111). 개인교제에 이를 사용케 함과 관력(官力)을 이용하여 강제로 이를 사용케 함과 신문잡지와 보통 저서에 이를 사용케 함이 모두 유력하다. 또한 국어교육으로 이것을 보급함은 가장 유력하다. 표준어도 일반언어와 같이 각종 원칙과 각종 원인으로 말미암아 변화하는 것이니, 이를 보급케 함에 국어교육상 엄중히 감시치 아니하면 도리어 여러 가지 방법이 생기게 된다. 그럼으로 프랑스 같은 나라는 학사회원 같은 일종기관을 설치하여, 표준어의 순수한 상태를 항상 보존하려고 노력한다.

6) 정음은 세 가지에서 나온 것을 숨길 수 없다(홍명희, 1926 : 113). 정음은 범문(梵文), 몽문(蒙文), 전문(篆文) 등이 모두 우리 정음과 관계가 있는데, 범어로부터 음운을 따왔고, 그 조직을 몽문에 의존하였으며, 글자의 형태를 중국 고대 한자의 전문으로부터 취했다. 이들을 모아 대성함은 있어도, 모방한 것이 아니다(홍명희, 1926 : 113). 여러 문자를 참작하여, 세종대왕과 제학사의 창작품이다. 세계에 완전한 문자가 있다 하면 우리의 정음을 가리킨다. 정음은 글자의 발음을 잘 갖추고 있으며, 글자의 조직이 정제함으로써 세계에서 으뜸의 문자이다.

불안정한 국가일수록 언어의 통일이 시급한 것이다. 홍명희는 언어를 통한 사회운동을 요구하였다. 사실을 쪼개어 규정하고, 표준어를 만들고, 그 표준으로 사회를 분화시킨다. 그때 언론은 사실, 정보, 지식을 전파하는 기능을 한다. 여기서 객관적 보도는 사실적 보도이며, 사실적 보도란 사실로 하여금 사실을 말하게 한다. 객관적 보도는 모든 사람의 인지가 동일하다는 소박한 리얼리즘에 기초한다.

3. 사회주의적 사실성의 언어

1) 사실성의 언어는 당파성의 언어

홍명희는 자유방임이 아닌, 일제의 강력한 통제 안에서 살았다. 그는 1924년 5월 15일 《동아일보》의 취체역(取締役) 주필 및 편집국장으로 언론활동을 시작하였다. 당시 시국은 홍명희로 하여금 '민족주의'·'사회주의적' 성향을 띠도록 강요하였다. 사회운동이 활발하였던 1920년대 중반 홍명희는 일제의 강력한 통제하에 언론계 직책을 맡았으며, 신사상연구회·화요회·정우회·조선사정조사연구회 등 사상단체에서 활동하였다(강영주, 1995 : 112). 홍명희는 역사의 객체가 아닌, 주체로서의 당파적·참여적 글쓰기를 시작하였다.

홍명희는 1926년 카프(KAPF) 문인들과 관련을 맺었으며, 그 기관지 《문예운동》 1월호(창간호)에 "신흥문예의 운동"을 기고하였다. 그리고 홍명희는 《시대일보》 사장 시절에 김기진(金基鎭), 안석주(安碩柱), 조명희(趙明熙) 등 같은 사회주의자를 신문사에 근무시켰다. 그는 《시대일보》 학예면을 신흥문예운동의 중요한 근거지로 삼아 사회주의적 사실성의 언어를 사용한 것이다(김팔봉, 1988 : 358).

> 문예사상(文藝史上)에서 고대의 궁정문학(宮廷文學)이, 또는 종교문학이, 문예부흥으로 인하여 쇠멸하고 새로이 개인주의적 문학이 그와 대체되었을 때, 그것을 가리켜 신흥문예라고 이름하였던 것을 우리들은 알고 있다. … 자연주의의 문학은, 비참한 생활 속에서 신음하는 농부를 그린다 하여도, 그것은 다만 비참한 상태 그 물건을 그림에 더 지나지 못하였고 조금 나아가서 거기에서 작자의 태도를 본다 하여도 그것은 그 비참한 상태에 향한 연민, 혹은 동정에 더 지나지 못하며, 극도의 압제하에서 불합리한 제도하에서 횡포한 착취를 당하는 계급을 그린다 하여도 그 계급에 대한 동정-우월감으로 더불어 오는 동정에서 더 지나지 못하는 것이 사실이었다. … 세계를 들어서 새로운 계급의 발흥은 바야흐로 대홍수를 일으키게 되었으니 금일의 사대사조는 사회변혁, 계급타파, 대향, 해방 등의 사상이니, 이 시대의 문예가 이것을 중심사상으로 하고서 새로이 출발할 것은 당연한 일이다(홍명희, 1926. 1; 임영택 · 강영주, 1996 : 69).

홍명희는 자연주의 문학에서 언급되는 농민의 비참한 모습에 대한 연민 · 동정 · 우월감을 못마땅하게 생각하며, 오히려 독립 상업언론의 정확성 · 객관성 · 공정성 등 현실성으로부터 일어나는 불가피한 계급 형성, 사회변혁에 무게중심을 두었다. 그의 좌파적 사유는 오래전으로 거슬러 올라간다. 홍명희의 아들 홍기문은 홍명희가 1921년 이전에 이미 맑스주의에 관심을 가졌으며, 그 관계 원서들과 일본의 맑스주의자들의 저서를 탐독하였다고 술회한 바 있다(홍기문, 1936: 186). 홍명희는 계급운동을 통한 사회변혁에 많은 관심을 가지고 있었던 것이다. 좌파 잡지 《신소설》 12월호(창간호)에서 홍명희는 자신의 사회주의적 사실성의 입장을 다음과 같이 분명히 하였다.

> 우리 사회는 분열의 사회요 원만한 사회가 아니며, 모순의 사회요 통일한 사회가 아니다. 이러한 사회에서 나오는 예술은 이러한 사

> 회의 특질을 포함치 아니치 못한다. 묻노라! 누가 말하기를, 예술은 사회적 모순을 초월한다고 하더냐? 《거북전》은 봉건적 충의(忠義)를 장려하고 《춘향전》은 동양적 정렬(貞烈)을 고조하였다. 미미한 조선의 소설가도 양반계급의 이익을 대변하기 위하여 성심(誠心)만은 충분하였다. 막연히 사회적 모순을 엄폐하고 사회적 모순을 한각(閑却)하느니보다는 차라리 내 견지를 명백(明白)함이 대담치 않을까? 예술가도 한 개의 사람이다. 사람의 사회를 벗어난 신이 아니요 또는 짐승이 아니다(홍명희, 1929, 12 ; 임형택·강영주, 1996 : 73).

홍명희는 사회의 모순을 사실적으로 표출한 상태에서, 사회주의적 사회참여를 독려하였다. 사실적 언어질서의 확립은 당파적 운동과 순환관계에 있다. 홍명희는 작품에서 사실성의 규명에 중심을 두었고, 그것은 결국 당파성 언어를 잉태하게 했다. 사회 모순에서 경제적 사실을 먼저 위치시킬 뿐 아니라 강조함으로써 홍명희는 프롤레타리아 계급의 당파성을 확고히 한 것이다. 홍명희의 당파적 언어는 발전, 지속되었다. 그는 자아비판을 통해 자신의 편견을 분리시킴으로써, 지식인의 당파성 법칙을 확보한다.

> 과거를 돌아볼 때, 우리 정치인들에게 자기비판이 부족한 것을 통감한다. 독선적 경향이 너무나 많다. 정치란 산 물건이고 부절(不絶)히 움직이는 물건인지라 머릿속에서 만들어진 이론만 가지고 정치를 해나갈 수는 없다. 정치인들이 현실의 동태를 똑바로 인식하여 그 이론을 보족(補足)하며 수정하는 것은 결코 그들의 변절도 무정견(無定見)도 아니고 도리어 반드시 실행하지 않으면 안 되는 의무요 책임인 것이다(홍명희, 《자유신문》 1946. 10. 9. ; 임형택·강영주, 1996 : 151).

홍명희는 계급적 편견을 배제할 자기비판을 앞세우고, 현실의 동태적 과정에 대한 사실 인식의 중요성을 언급한 것이다. 적자생존의 과정을 진화론적으로 표현하되, 맑스주의자 홍명희는 갈등적 과정을 부각시켜 사실의 내적 구조를 발굴하였다.

2) 민족주의적 당파성

한편 홍명희는 신간회에 가입하면서, 또 다른 형태의 인위적 변신을 시도한다. 홍명희는 '진화론'의 발전을 뒤로하고, 자신의 목적을 적극 개입시켰다. 즉, 그는 자신의 당파성의 확보를 민족적 자아로 발전시켰다. 레닌(V. I. Lenin)이 주도한 1920년 6월 코민테른 2차 회의에서 '개혁적 부르주아지와 함께 식민 제국주의 투쟁'을 포함시킴으로써, 민족주의는 당연히 당파성으로 간주되었다. 같은 맥락에서 홍명희는 프롤레타리아의 세계공산당선언이 아닌, 민족적 집단적 주체인 '신간회'[7]를 창설하고 "신간회의 사명"을 집필하게 된다.

---

7) 신간회(新幹會)의 발기는 1926년 평안북도 정주 소재 오산학교 교사 홍명희가 기초작업을 하였다. 홍명희는 경성의 최남선, 안재홍, 신석우(申錫雨), 그리고 북경의 신채호로부터 비격(飛檄)하여, '신간출고목'(新幹出枯木)으로 신간회를 결성하였다(《동아일보》 1927. 2. 2.). 홍명희는 1925년 4월 《시대일보》 편집국촉탁 신채호를 영입할 만큼 신채호에게 존경을 표하였다. 홍명희가 신간회 추진에 나서게 된 시기는 1926년 12월경으로 예측된다. 이듬해인 1927년 1월 19일 문일평, 신채호, 안재홍, 한용운 등 28인의 이름으로 창립이 공포되었다(홍기삼, 1996 : 47). 홍명희의 지시에 따라 신간회의 강령, 규약 등 실무를 맡았던 사람은 이승복, 홍기문 등이었다. 처음에는 신한회(新韓會)라고 했으나, 총독부가 '신한'을 반대하자 '한'과 같은 뜻으로 쓰이는 간(幹)으로 바꾸어 '신간회'가 되었다(신간은 新幹出古木에서 유래). 국권회복의 대도에 분파가 있을 수 없다고 생각한 홍명희가 주동이 되어 이념과 분파를 벗어나 반제, 민족해방에 뜻을 같이하는 모든 그룹과 제휴한 운동이었다(홍기삼, 1996: 47). 홍명희는 1927년 2월 창립 후, 조직부 총무간사를 지냈다. 그는 1929년 7월 4일 중앙상무집행위원이었으며, 9월 4일 상주지회 설립 기념강연을 시발로 안재홍과 강연회의 초청 연사로서 전국을 순회하였다. 1929년 12월 13일

> 우리들의 정치적 의식은 곧 민족적 운동의 전제가 될 것이다. 장차 일어날, 일어나지 않고 마지아니할, 우리의 민족적 운동은 어떠한 목표를 세우고 나가게 될 것일까. 대개 세우지 아니하면 아니 될 목표는 오직 하나일 것이나 바르게 그 목표로 나가고 아니 나가는 것은 우리들의 노력 여하로 결정될 것이다. … 우리들은 우리의 경우가 허락하는 대로 과학적 조직 — 일시적이 아니요 계속적인 또는 개인적이 아니요 단체적인 — 행동으로 노력하여야 할 것이니 새로 발기된 신간회의 사명이 여기 있을 것이다(홍명희, 1927; 임형택 · 강영주, 1996, 144~5).

신간회의 민족주의적 사실성의 언어는 "우리들은 경우가 허락하는 대로 과학적 조직이며, 일시적이 아니다"(홍명희, 1927. 1) 라고 함으로써, "신간회의 사명"에서 확연하게 드러난다. 또한 신간회가 앞으로 나가면 나갈수록 밖에서 오는 분열정책이 회유와 압박으로 내부의 통일을 방해할 것을 예측함으로써, 당파성의 불가피성을 역설했다.

4. 《임꺽정》에 나타난 계급타파의 사실성 언어

신간회의 당파적 언어의 성격은 진화론의 발전이 아닌, 혁명에 직접 개입하는 정신으로 《임꺽정》에서 나타난다. 임꺽정은 명종 14년(1559) 3월부터 강원, 경기, 평안도를 무대로 하던 군도(群盜)의 백정 두목이었다. 임꺽정은 봉건사회에서 가장 학대받던 백정계급의 한 인물이었고, 사회의 경제적 · 신분적 질서에 불만을 품어왔다. 그는 사회구조의 모순을 직시하면서, 폭력으로 사회를 개혁코자 했다.

《임꺽정》 소설의 전반부에 당시 상황묘사가 나온다. 즉, 지배층의

광주학생사건이 일어나, 그 사건의 진상보고 민중대회를 개최하려다 사전 발각되어 홍명희는 투옥되었고, 4년간 수감생활을 하였다.

부정부패, 수탈과 심한 군역(軍役)으로 백성들이 죽음 직전의 극한적인 궁핍에 처한 모습이 묘사되었다(장량수, 1991 : 54). 이 작품은 특히 황해도 일대 백성들의 시달림에 대해 자세히 기술되었다. 그 지방에 나지도 않는 물건을 진상하라고 강요해 백성들의 울분을 자아낸 것이다. 이 상황의 사실적 세부 묘사는 농민저항을 유발시키기에 충분했다. 억압과 착취의 상황은 축적되었고, 기득권에 대한 적대감은 그 정도를 넘었다. 홍명희는 사회상황의 탈출구로 군도(群盜)가 형성되었던 것을 독자에게 설득했다. 당시 사관이 쓴 실록기사(實錄記事)의 사평(史評)에서 '취즉도 산즉민'(聚則盜 散則民), 즉 "백성이 모여있으면 도적이고 흩어지면 백성이다"라는 것에서 군도란 민(民)의 한 존재형태라고 할 수 있다(임형택 · 강영주, 1996 : 535~6). 《명종실록》에서도 임꺽정 일당이 "모여서는 도(盜)가 되고 흩어져서는 민(民)이 되니 출몰이 무상하여 구포(驅捕)할 수 없다."[8] 고 서술하였다. 그런 의미에서 소설 《임꺽정》은 농민 전체의 계급적 운동을 표상한 것이었다.

흔히 자연주의 문학은 비참한 생활 속에서 신음하는 농부를 묘사한다. 그러나 그 비참한 상태에 향한 연민은 그 계급에 대한 동정에 불과하다. 하지만 홍명희는 《문예운동》에서 그 계급에 대한 연민이나 동정이 아니라, 자신의 참여적 견해를 다음과 같이 밝히고 있다.

> 새로이 일어나게 된 신흥문예 그것은 이 생활에서 분리된 문학에 대항하여 서게 되는 생활과 디렉트한 관계를 가진 문학이어야만 할 것이다. 생활을 떠난 문예는 생활의 문예는 아닌 까닭이며 그리고 인생은 실재하는 생활의 권외에 있는 것이 아닌 까닭이다(홍명희, 1926; 임형택 · 강영주, 1996 : 71에서 재인용).

---

8) 《명종실록》 권25. 명종 15년 12월 계미조(癸巳條) ; 강영주, 1996 : 389에 재인용.

분명 홍명희는 《임꺽정》을 실재하는 생활의 권외로 두지 않았다. 그는 백정 임꺽정의 삶을 언어를 통해 현재로 몰입시킴으로써, 현재의 민중들의 곤궁한 삶과 이를 극복하려는 그들의 의지와 노력 등을 생생하게 그려내었다. 그렇다면 그의 동기는 무엇일까. 그가 계급타파를 위한 선동가였을까. 그것은 아니었다. 홍명희는 독립 상업언론에 《임꺽정》을 게재했다. 그는 전문 커뮤니케이터로서 당파성 소재의 언어를 선택했다.

홍명희가 객관보도의 직업윤리인 진실성, 정확성, 그리고 종합성을 지녔다면, 소설 《임꺽정》도 저널리즘과 같은 선상에서 분석할 수 있다. 만약 '시간의 엮음'으로 시간적 요소를 권외로 한다면 소설 《임꺽정》은 계속적으로 폭력적 사건을 만들어감으로써, 분명 사회면의 사건들로 둔갑할 수 있었다. 사건의 정확성·객관성·공정성의 보도의 잣대를 홍명희는 《임꺽정》의 기술에 사용하였다. 그는 사건의 중요성과 더불어 언어가 시간을 엮는 힘을 염두에 두었다.

1) 언어를 통한 조선정조의 복원

소설 《임꺽정》에서 그는 백정계급의 토속적인 보통·고유명사를 사용하였다. 홍명희는 전래의 민담, 전설, 관혼상제 및 풍속 등을 고유의 인명, 지명, 고어와 속담들로 작품 중에 유입시켰다. 과거의 시대를 오늘의 풍속과 언어로 번역함으로써 오늘날의 독자에게 가까이 다가오게 하였다(강영주, 1988 : 105). 고유명사는 민족의 당파성을 지니게 하지만, 보통명사는 사용하는 인민에게 '사회적 시간'을 공유케 한다. 홍명희는 토속적인 보통명사 발굴에 앞장섰다. 누구나 일반적으로 사용하는 보통명사를 《학창산화》에서 찾아내고 정의하였다. 그리고 찾아낸 개념들을 사실과 관련시켜 소설 《임꺽정》을 작성한 것이다.

언어의 반추(反芻)는 과거의 경험을 현재로 되돌려 놓는다. 그러나 당시 홍명희는 언어와 문화, 성(姓)까지 일본제국주의에 의해 빼앗긴 굴종의 시대에 살았다. 조선인의 역사적 경험을 통해 이룩한 문화 또는 문화의 숨결인 조선정조가 파괴되어 사라져갈 위기에 처해 있었다. 홍명희는 《임꺽정》을 통해 위기 탈출에 관심을 가진 것이다.

토속어는 조선사람을 연계시키고, 변형시켰다. 이는 곧 일제와의 점진적 투쟁의 의미를 지녔다. 즉, 홍명희는 언어로서 조선인의 정조(情調)를 표출하였으며, 일제와 색다른 투쟁방식을 택한 것이다.

홍명희는 조선인의 지적이고, 고차적 복합감정을 고유명사로 표현하였다. 그의 사실적 표현에서 '객관성', '정확성'이 중요한 덕목으로 작동한다. 민족 누구나 공유할 수 있는 고유명사들이 홍명희의 작품에서 수없이 나타났다.

> 이장곤이 봉단이 삼촌 양주팔(楊周八)을 만나서 이야기하면서 …. 양주팔은 명산대천을 구경하는 소원을 이야기했다. 이십 안에 칠보산과 회령 두만강을 구경하고 이십이삼 세 때에 회양 금강산을 구경한 외에는 다른 유명한 산천을 구경하지 못하였습니다. 인제 차차 좀 소원을 풀어볼까 합니다 … 우선 남으로 내려가서 지리산, 한라산을 구경하거나 또는 서로 가서 묘향산을 구경하거나 하렵니다. … 묘향산은 회천, 영변, 영원, 덕천 네 고을 사이에 사백여 리 동안을 웅거하고 서리어 있는 겹산이라 상봉인 비로봉 외에 석가봉·관음봉·원만봉·향로봉·법왕봉 …. (홍명희, 2002 : 168 ~172)

고유명사는 조선 땅의 정서를 대변하였다. 고유명사는 민족공동체를 함께 엮어주었다. 서울말을 표준어로 삼듯, 민족의 명산으로 백두산을 꼽았다. 소설 《임꺽정》에서 꺽정이는 갖바치와 백두산을 오르면서 사십 리 고개의 허항령(虛項嶺)에 다다랐다. 이곳에서 꺽정이는 후일 부인이 될 운총(雲寵)과 천왕동(天王童)을 만났다. 홍명희는 백두산에 대한 애착의 정도를 표현하였다. 운총과 천왕동은 백두산의 정기 속에서 원초적 순수성을 그대로 지니고 성장한 인물들이다. 이들은 인간사회의 제도나 문물의 영향을 거의 받지 않았고 따라서 말과 행동에서 추호의 거리낌이나 숨김이 없었다. 좀처럼 길들여지지도 않고 굴복되지도 않는 고집스런 천성과 우직하고 소박하며 건강한 생명력으로 충만한 삶의 분위기였다. 이것이 홍명희가 형상화해낸 특유의 민중정서이었다(이남호, 1990 : 301).

소설로서 실패하여도, 사실을 기술하는 홍명희의 언어는 대단하였다. 이효석(李孝石)은 《임꺽정》을 가리켜 '조선 어휘의 대언해(大言海)'라고 평한 바 있다. 임꺽정은 조선사회의 만화경인 동시에 동원된 어휘의 구사는 일대 장관이다. 고대어로부터 현대어로, 궁중어에서 서민어로, 양반 말에서 상민의 말, 그리고 백정의 말에 이르기까지 어휘의 보고이었다. 이 같은 어휘정복은 재주와 노력 없이는 도저히 불가능했다(이기영, 《조선일보》 1937. 12. 8).

홍명희는 소설 《임꺽정》에서 진리, 언어의 힘을 통해 독립운동·사회주의운동을 전개시킴으로써 일제에 저항한 것이다. 그는 일제에 대항하여 언어를 통한 투쟁을 계속하였다. 언어의 투쟁은 장기적 투쟁이고, 국가 전체의 집단적 갈등의 의미를 지녔다. 즉, 시간과 공간을 초월한 대항이었다. 홍명희는 조선어와 생명을 같이하여, 영구히 전할 문자 등 민족어의 완벽한 구사로 일제에 대항하였다.

2) 가치중립적 언어를 통한 객관적 묘사

홍명희의 언어는 절제되고 '가치중립적'이다. 설령 행동의 참여는 독려하였지만, 심리적 글쓰기를 자제하였다. 《임꺽정》은 사실을 바탕으로 기술하고, 그리고 몇 가지 단편으로 토막토막 끊어 장편소설을 만들었다. 즉, 《임꺽정》은 단편소설이자, 장편소설로 엮여져 있다.

사실을 다룸에 있어, 홍명희는 작중인물의 사실적 묘사를 시도했지만, 심리적 묘사를 누락시켰다. 그는 '소프트 뉴스'보다 '하드 뉴스' 형태의 양식을 택한 것이다. 등장인물과의 사이에 일정한 객관적 거리가 유지됨으로써, 서사적 현실 묘사를 시도한 것이다. 사건을 직접 묘사하기 위한 것도 아니면서 홍명희는 사람들의 일상생활의 이야기를 실감나게, 객관적으로 묘사하였다.

정확한 사실이 작품을 살렸다면 홍명희는 분명 전문직의 언론인이었다. 전문직의 언론인은 사실의 정확성·객관성·공정성을 그 무엇보다도 최우선으로 한다. 개인의 밖에 존재하는 정확성·객관성·공정성을 지닌 '사회적 사실'들은 서로 어울리면서 진화론, 변증법의 과정을 거치면서 자연적 사회질서를 형성한다. 그리고 사회질서와 더불어 언어의 질서가 형성된다.

당시 언론보도에서 '역삼각형' 보도가 확립된 것과 홍명희의 글쓰기는 많은 연관이 있다. '역삼각형'의 스트레이트 뉴스는 누가, 언제, 어디서, 무엇을, 어떻게, 왜 등을 구비한 사실을 근거로 한다. 이 형태는 사실들의 질서체계이다(David T. Z. Mindich, 1998 : 65). 역삼각형은 기본적으로 가장 중요한 사실을 앞에 배치하고, 덜 중요한 것을 끝에 둔다. 과거의 시간적 연속성에서 벗어나 기자는 리드를 앞세우고, 중요한 사실을 먼저 언급한다. 전력이 약했고, 사용상 제약이 있었던 전신사용은 '역삼각형'의 효율성을 생각하지 않을 수 없었다. '역삼각형'은 사실성에 기초해야 할 필요가 있었으며, 사실들의 연결도 객관성을 유지해야 했다. 더욱이 '정밀보도'는 객관보도의 더욱 발전된 형태로서 사실, 통계, 조사기술, 그리고 과학적·합리적인 서술기법을 사용한다. '역삼각형'의 기사형식은 정확성·객관성·공정성 등의 뉴스 체계로 사실성 질서가 형성될 때 가능하다.

물론 한국에서 '역삼각형'의 보도는 1897년 3월 1일 《독립신문》이 로이터통신과 계약을 맺으면서 이미 시작되었다고 하더라도 대한제국은 '역삼각형'을 사용할 만큼 '사실·언어의 질서'가 형성되지 않았다.

또한 《독립신문》의 "잡보"에서 다루어졌던 사실과 의견은 홍명희의 것과 명확하게 차별화 된다. 《독립신문》은 사회면의 기사를 "잡보"란에서 단순 정보제공 기사와 사실을 덧붙인 해설기사의 형태로 취급하였다. 단순 정보제공 기사가 '관보' 수준의 정보제공이었다면, 그것은 오늘날 사건·정치 기사의 형식에서 말하는 스트레이트 뉴스는 아니다. 더욱이 《독립신문》은 1898년 독립협회와 관련된 사실과 그 해설기사를 늘렸다(채백, 1995 : 15). 채백은 《독립신문》이 당파적 경향을 띤 증거를 제시하였다. 그 후 《대한매일신보》에 "국내사보", "국내기사" 지면에 당파성 혹은 객관보도의 기사가 사회면에 게재되었으나, 1920년 《조선일보》, 《동아일보》, 《시사신문》 등 전문 상업언론이 등장하면서 사회면, 학예면의 객관보도의 기사는 더욱 확장되었다. 홍명희의 《학창산화》는 전문직 언론의 글쓰기의 획기적 의미를 던져주었다. 때문에 역삼각형의 보도형태가 1930년대 초 정착되었다는 이재경의 주장은 설득력이 있다.

3) 사실주의적 묘사

《임꺽정》은 공간적 요소를 가미시켜, 자연주의적 묘사를 가능케 했다. 공간을 확장시켜 소설의 소재를 넓게 잡았다. 《임꺽정》은 주제를 분산시킴으로써 심리적 접근을 줄일 수 있었다. 다양한 사실을 소설 《임꺽정》에 삽입시켰다. 작가는 매 사건마다 몇 줄에 불과한 간단한 역사적 기록을 바탕으로 극도로 치밀한 세부 구성력을 빈약한 소재로부터 대단히 구체적이고 생생하며 빈틈없이 짜인 이야기를 만들어 냈다(임형택·강영주 편, 1988 : 112).

홍명희는 공간의 배치에 관심을 가졌을 뿐 아니라, 공간에 따른 인물의 고유명사에도 관심을 가졌다. 당대 인물을 묘사할 때, 철저히 그 계층언어를 구사하였다(임형택·강영주, 1988 : 95). 백정이면서 양반

언어를 사용할 줄 아는 양주팔(갖바치)은 꺽정이와 전국을 유람하는 도중, 도처에서 만난 이황, 서경덕, 황진이, 정희량, 이지함, 보우 등과 같은 사람과 대화를 가졌다. 말하자면 각 계층의 언어가 서로 대화로 엮었다. 백정의 언어는 양반에게, 혹은 양반의 언어는 백정에게 투영되었다. 그리고 언어를 사용하는 당사자는 더욱 그 숫자와 범위를 넓혔다.

공간의 확장, 과다한 인물의 나열 등은 소설에 문제를 발생케 하였다. 최명은 아무리 대하 장편소설이라고 떠들어도, 《임꺽정》을 소설로서는 다소 문제가 있는 작품으로 간주했다(최명, 2004 : 33). 즉, "봉단편", "피장편", "양반편"은 그 후편들과는 달리 사실을 억지로 꿰맞춘 느낌을 줄 뿐 아니라, 주인공인 임꺽정과는 별로 관계없는 이야기를 너무나 많이 담고 있기 때문에 소설이라기보다는 사화(史話)의 모음으로 착각하게 한다.

홍명희는 고전소설의 어법을 현대문으로 바꾸었고, 선비 및 고위관직에 있는 벼슬아치와 관계되는 경우의 대화나 지문에는 고급스러운 고전적 교양을 토대로 하는 문어체 문장을 사용하였으며, 백정 등 민중계층의 생활을 묘사한 경우 그들의 실제로 사용하는 언어를 생생하게 구사했다. 《임꺽정》은 시대와 계층에 맞는 능숙한 대화의 처리와 치밀한 묘사의 성과를 지적할 수 있다. 변화를 줄 때, 즉 시간의 요약, 국면의 전환, 신속한 전개 등 사건전개의 속도조절은 거의 대화로 풀었다(홍기삼, 1996 : 114~116).

홍명희는 과거의 역사적 사실과 언어를 선택하고, 대화의 형식을 취함으로써, 역사적 사실성을 현대로 끌고 왔다. 홍명희는 과거의 역사적 사실들을 대화방식을 이용해 현실적 감각을 살린 것이다. 사건들을 몇 개의 장면들에 집약시키고, 대화의 비중을 증대시키는 등 작중의 극적 요소를 도입함으로써, 등장인물 상호간의 직접적 대립을 통해 당시의 현실을 입체적으로 형상화하였다(임영택 · 강영주, 1988: 109).

당시의 대화의 언어는 시간을 초월한 현재의 언어로 다큐드라마 형식으로 표출되었다.

홍명희의 《임꺽정》은 '다큐드라마 형식', 즉, 사실적 보도와 진실에 바탕한 사회·인간관계의 연결고리를 극화시켰다. 그러므로 사실성 보도는 정밀보도뿐만 아니라 당파성, 다큐드라마로 발전될 수 있었다. 쉴러(D. Schiller)는 《객관성과 뉴스》에서 "1820년대 말, 1830년대 초 뉴스의 객관성은 미국 주간신문의 범죄기사에서 유래되었다"고 언급한 바 있다(D. Schiller 1981 ; David T. Z. Mindich, 1998 : 19~20에서 재인용). 이때 언론은 범죄사건의 피해자와 가해자에 가담하지 않고 중립적·객관적으로 정확한 사실에 근거하여 글쓰기를 시도하였다. 쉴러의 말에 비춰볼 때, 홍명희는 객관보도의 기능적 접근뿐만 아니라 역사적 접근, 그리고 다큐드라마 형식으로 글쓰기를 시도하였다고 볼 수 있다. 그는 일제시대 언론의 경향에 따라 사건의 사실적 보도에 관심을 가졌지만, 사건의 세부적 묘사에 신중한 언어 선택을 시도했다.

5. 홍명희의 사실성의 글쓰기

홍명희는 자신의 주관성을 제외시키고, '떨어져서' 사실을 객관적으로 묘사하였다. 사실적 보도는 검열이 일상화된 일제시대 상황에서 압수와 정간을 피할 수 있었다. 홍명희는 《왕조실록》, 《기재잡기》, 《패관잡기》, 《대동야승》, 《연려실기술》, 《수호지》 등 자료를 현실로 끌고 와서, 프롤레타리아의 언어로 소설의 논리를 전개시켰다.

언론인 홍명희는 13년간 단 한 편의 소설 《임꺽정》을 썼는데, 《임꺽정》은 러시아 자연주의 작가 쿠프린의 장편소설과 같은 형식을 취하고 있다(홍명희·설정식, 1948; 임형택·강영주, 1988 : 302에서 재인용). 《임꺽정》은 토막토막 분리된 단편이 엮여져 구성된 장편소설이다. 사실을 바탕으로 한 단편소설들이 독특한 장편소설로 구성되었다. 그 사실은 정보적 요소를 지녔으며, 간결했고, 자신을 분리시켰고, 비인격적인 것이었다. 홍명희는 정확성·객관성·공정성의 요소를 기준으로 하면서, 사회현실의 질서에 순응·적대토록 했다.

홍명희는 임꺽정이 계속적으로 사건을 만들도록 하였다. 그는 당파적 사실성의 사건을 끊임없이 생산했다. 사건을 계속적으로 창조함으로써, 《임꺽정》은 역사소설에서 쉽게 볼 수 있는 이데아를 망각하였다. 때문에 《임꺽정》은 이념이 산만한 사회소설이라고 할 수 있다. 이 소설은 마치 계속적으로 일어나는 사건 기사를 엮어 놓은 것 같았다. 하지만 그런 객관주의적 뉴스와 같은 사건들의 연속은 사실주의 문학의 성공으로 이어졌다고 할 수 있다. 사실주의의 문학은 객관주의 뉴스 생산과 같은 맥락에서 이해할 수 있다(David T. Z. Mindich, 1998 : 106).

상업언론의 전문직 언론인 홍명희가 사회면, 학예면 기사의 형식을 빌어 《임꺽정》을 저술하였다고 우리는 판단할 수 있는 것이다. 하지만 사건에 중요성을 두었다지만, 《임꺽정》의 사건들과 관련된 충분한 기록을 찾을 수 없다. 임꺽정의 궤적은 사화(史話)에서 가져올 수밖에 없었다. 그러나 사화는 저급하여 오전(誤傳)된 전설이든지, 저급한 야담이 되기 십상이었다. 언론인의 전문직 윤리인 사건의 진실성·정확성·종합성을 제외시킨다면, 그 기사는 객관보도의 뉴스 가치를 저하시킨다. 언론인은 사실의 정확성, 객관성, 중립성 등을 가장 중시한다. 이들이 진리를 담보해주기 때문이다. 《임꺽정》은 언론의 사실·객관보도가 정형화된 역사소설이다. 소설로서 고착된 보도양식은 또한 언론에 다시 반영되었을 가능성을 배제할 수 없다. 그렇다면 소설 《임꺽정》은 한국언론사에서 규명해야 할 중요한 과제이다.

《임꺽정》은 상황의 세부적 묘사, 그리고 작중인물의 대화로 일관하였다. 홍명희는 상황의 묘사에서 정확한 사실의 취급에 뚜렷한 족적을 남겼다. 그는 의견과 사실을 철저히 분리시켜, 정확성·간결성·명확성의 언어를 사용하였다. 홍명희는 《임꺽정》에서 리얼리즘 문학을 일관되게 주장하고 있다. 그는 문학·정치에서 과학적·객관적·가치중립적 사실을 중시한 나머지, "최후의 승리는 사실 뿐"이라는 리얼리즘 정신을 옹호하였다.

《임꺽정》은 "잡보"란에 자주 등장하는 도적 이야기를 조밀하고, 세련된 세부묘사로 일관하였다. 홍명희는 주의를 한군데 집중시키지 않으면서, 활동사진 필름처럼 전개되는 세속생활의 재편을 시도하였다. 《임꺽정》은 사실성을 모두 중요하게 생각한 나머지, 본문의 사실은 어느 것이 중요하고, 어느 것이 중요치 않는가를 구별할 수 없게 했다. 작가 홍명희는 세부묘사에 성공했지만, 그 필연의 결과로써 플롯이 미약한 소설을 작성했다. 홍명희의 '세태소설'은 한마디로 사상성의 결여로 집약된다. 그러나 넓게 보면, 《임꺽정》은 계급타파를 위한 사회운동의 성격을 지녔다. 민중이 군도(群盜)가 될 수밖에 없었던 상황을 묘사하였다. 군도는 '의형제'를 규합하여, 프롤레타리아 의식으로 봉건사회에 도전하였다. 홍명희는 인간 임꺽정을 도구로 사건을 만들어내고, 조선의 상황을 표현하는 데 그 사건을 적극 이용하였다.

맑스주의에 관심을 가진 홍명희는 저항적 프롤레타리아 계급의 존재를 자각하고, 《임꺽정》에서 억압받는 백정의 프롤레타리아 계급을 사실적으로 묘사했다. 그는 역사적으로 정확한 사실, 그 사실성의 의미를 현실문제로 풀어감으로써, 사실성의 진화론적 질서를 형성케 했다. 《학창산화》의 글쓰기는 폭력으로 난무한 사건들의 집합인 《임꺽정》의 글쓰기와 일맥상통한다. 그렇다면 홍명희는 누구인가. 그는 객관보도, 역삼각형의 사실적 보도에 지극히 충실했던 언론인이었다. 그에 따라다니는 수식어 중에서 언론인 홍명희가 그의 본연의 모습이다.

안재홍

이 정신(다사리정신)에 따라 나는 생활이념의 실제 피지자요 행위자이다.
나에게 개성으로서의 자유가 있어야 하고,
외지 나라에 대하여는 집단적 자아로서의 내 나라의 자유가 있어야 한다.

제 7 장
안재홍의 신민족주의 언론사상

1. 서 론

민세 안재홍(民世 安在鴻)[1]이 논설을 시작한 지 벌써 80년이 지났다. 21세기를 맞이한 지금 문민정부 이후 국민의 정부가 들어서면서 햇볕정책으로 6·15 선언이 이뤄지고, 남북정상회담이 성사되었다. 더욱이 IMF 이후 외국과의 교류가 활발해지며, 세계화로 무한경쟁 시대로 돌입했다. 문민정부 이후 세계화로 인해 민족문화, 민족주의는 단지 구시대적 발상으로 간주되고 있다. 안재홍이 활동하던 시대와는 어떤 차이가 있는가? 신문, 잡지, 서적 등 인쇄매체가 주종을 이뤘던 당시와는 달리 지금은 위성, 공중파, 케이블뿐만 아니라 인터넷에 이

1) 안재홍(1891~1965)은 민족운동가, 언론인, 역사가, 정치인이었다(천관우 1992 : 381). 그는 상해임시 정부를 돕는 대한국민청년외교단의 비밀조직의 참여로 인해 1919년 11월 대구에서 수감되면서부터 아홉 차례의 옥고를 치른 바 있다. 1914년 와세다대학을 졸업한 안재홍은 신석우(申錫雨)의 혁신《조선일보》에 참가했다. 이후 언론인으로서의 안재홍의 활동을 살펴보면, 시대일보 논설 기자(1924. 5~9), 조선일보 주필(1924. 9~1928), 조선일보 부사장(1929~1932), 조선일보 객원논설위원(1935~1936), 한성일보 사장(1946~1950) 등을 역임했다. 그의 민족주의사상은 한국의 풍토와 역사적 조건 안에서 민족의 향방을 찾으려고 고심한 독자적인 것이었다(천관우, 1992 : 381).

르기까지 다매체 시대를 맞이했다.

이 상황에서 모름지기 기자는 '국사적 기풍'을 바탕으로 사회의 선각자, 지도자, 매개자로서 도덕, 견식, 기술, 지조를 갖추어야 한다는 당시 안재홍의 기자상과는 동떨어진 기자의 직업화가 현재의 다매체 상황에서 득세하고 있는 것이 사실이다. 신문은 상업화되고, 기자는 개성을 망각한 채 직업인에 만족한다. 기자는 시대와 민중에 대한 선구자, 매개자로서의 봉사의 사명과 직업직무에 상응하는 기자도덕을 망각한 지 오래이다. 더욱이 정보사회가 심화될수록 외국기술, 자본, 문화가 자국문화를 선도함으로써 일제시대와 별반 다를 것이 없는 근본적인 종속적 상황이 지속되고 있다. 당시 상황이 권력의 노예적 굴레를 쓰고 있었다면, 우리는 지금 자본의 사슬에 묶여 있다. 직업화된 기자는 인격적, 의식적 노력의 자유를 누리지 못하며, 그 사이에 사회의 민주적 유동성은 점점 더 경직성을 더해간다. 그리고 민족의식은 세계화의 위력하에 점점 약화된다.

이런 맥락을 감안할 때, 문민정부의 세계화의 발상이 자민족 중심주의로 시대를 헤쳐갈 수 없다는 취지에서 나왔다면, 오늘날 일제시대의 안재홍의 민족주의 언론사상을 논해볼 충분한 가치가 있다.

안재홍에 관한 기존연구인 한영우(1987)의 "신민족주의와 사학"은 민족주의를 역사에서 도출한다. 하지만 이 글은 '신민족주의'를 현재 시점의 일상생활을 기반으로 도출한다. 한편 정영훈(1992)은 "안재홍의 신민족주의이론"에서 그의 '신민족주의'이론을 토착적 관점에서 찾는다. 그러나 우리가 보는 안재홍의 일상생활의 언론자유 개념으로 파악한 '신민족주의'는 폐쇄성을 그 바탕으로 하지만 이를 넘어선 세계적 보편성을 지닌 것으로 파악한다.

지금까지 사학, 정치학, 교육학 분야에서 안재홍은 심도 있게 다루어졌지만 언론학에서 안재홍의 언론사상사적 연구는 초보단계에 머물고 있다. 정진석(1993)은 "안재홍의 《조선신문소사》가 이해창의 신문

연구에 전재되어 신문사 연구의 골격을 제공했다"라고 단언한다(정진석, 1993 : 66). 하지만 필자가 보기에 이해창의 언론사상사연구는 통사의 범주를 벗어나지 못하고 있다. 일상생활의 관점에서 다룬 안재홍의 신민족주의 언론사상은 앞으로 언론의 정론지 방향의 논쟁과 맞물려 중요한 쟁점이 될 것이다.

2. 안재홍과 당시 조선의 상황

1) 상황진단

안재홍은 1948년 당시의 정치사회적 상황분석을 바탕으로 국민개노(國民皆勞), 대중공생(大衆共生), 만민공화(萬民共和)의 '신민족주의' 건국이념을 논한다. 안재홍이 보기에 미·소 양대 이데올로기의 격전장이었던 한반도는 민족주의와 외세, 민주와 공산세력과의 파당적 정권쟁탈의 각축장이 되었다. 민족의 독자적 건국이 누락된 채, 타국의 의존상태에서 분열이 계속됨으로써 민족은 위험한 지경에 놓이게 된 것이다. 이에 위험을 부추기는 일반 지도자와 좌변의 지도자들에게 안재홍은 맹성을 촉구한다(안재홍, 1983: 370).

안재홍에게 해방 직후의 사회상황은 36년간의 일제의 지속적 파괴공작으로 인해 계급지배의 기본 조건이 소멸된 상태였다(안재홍, 1983: 348). 공산주의 계급논쟁은 무의미했을 뿐만 아니라 오히려 분열을 조장하는 결과를 초래했다. 안재홍은 공산주의 소련조차 국민주의적 욕구를 근저에 깔고 있음을 감안하여, 좌파의 계급적 성향을 극복하고 전 민족통합을 목표로 했다. 다른 한편으로, 극우세력의 뻗어가는 넝쿨도 진작부터 끊어버린 상태에서 안재홍은 전 민족의 국민적 통합을 중대한 시대적 사명으로 간주했다(안재홍, 1983 : 370).

2) 계급논쟁

시대적 상황이 난항임에도 불구하고 안재홍은 계급논쟁을 회피하기보다는 적극적인 계급논쟁을 전개시켰다(안재홍, 1983 : 366). 그에게 인류역사는 투쟁의 역사이다. 안재홍은 조선의 역사가 스스로 일정한 역사발전의 순탄한 생장발전을 이루어 가기 전에 외래적 신사조 파동의 몰개성적 영향하에 있다고 가정한다(안재홍, 1992 : 323). 이에 안재홍은 역사를 지배하고 있는 객관적이며 외부적인 여러 가지 힘을 인간의 통제 밑에 복종하게 하는 단계까지 역사가 발전하도록 권장하는 맑스의 이론을 언급한다.

그의 계급논쟁의 핵심은 다음과 같다. 계급 대 계급의 투쟁과 화합은 갈등을 겪으면서 단결로 이어지는데, 이는 민중의 친밀성과 평등성이 전제될 때 가능하다. 이를 세계적 차원에서 확대하면, 각 민족은 대동의 방향으로 구심운동을 하며, 다른 한편, 각 민족은 이러한 세계적 영향력 아래 있으면서도 각자 민족문화를 순화·심화하려는 의욕과 노력을 기울인다는 것이다. 즉, 민족문화로서 세계에, 세계로서 민족문화에 상호 호혜적으로 민족적 국제주의와 국제적 민족주의를 형성한다. 또한 민족 대 민족은 전쟁과 평화를 반복하지만, 민족이 주체적이면서도 개방성과 세계성을 이룰 수 있다면 투쟁과 갈등은 단결·화합으로 이뤄지게 마련이다.

개인아(我), 사회아, 민족아, 인류아의 기본조건은 민족과 계급의 차별 없이 갈등과 단결을 반복하면서 발전하지만, 해방 직후 조선의 상황은 자본주의적 민주주의와 공산주의가 끊임없이 갈등관계를 표출했으며, 경제적 평등이 안전한 기초를 보장한다는 원리를 도외시했다. 안재홍은 이 같은 상황의 해결을 계급적 문제해소에 앞선 국민적, 민족적 과제로 여기고(안재홍, 1981 : 122), 조선의 풍토, 자연, 사회 인습, 국제적 계약관계 등을 고려한 민족주의에 발전의 근거를 삼았다.

이러한 배경 아래 안재홍은 신민족주의를 구상하게 된 것이다.

3. 신민족주의의 내용

안재홍의 오랜 동반자였던 유광렬(柳光烈)은 안재홍을 평하면서 애국적 정조에 약간의 사회사상이 가미된 소부르주아적 이데올로기로 규정한 바 있다(김재명, 1986 : 422). 유광렬은 안재홍이 경제적 균등을 중요한 덕목으로 삼으면서 현실문제를 객관적, 과학적으로 풀려는 민족주의자라고 규정했다.

안재홍은 '민족주의' 형성의 상황과 필요성을 강변한다. 그가 보기에, 조선인은 개성을 자각하는 독자적 권위와 품성을 잃어버린 채, 삶은 토막토막 절단된 역사로 이어져왔다. 조선의 역사는 각 계단을 밟기보다 최첨단적 생동을 급조하는 일에만 몰두하고 있다는 것이 그의 생각이다(《철필》 1930. 7). 조선인은 한 건에 대해 목숨을 걸고 거기에 전 역량을 집중하여 그 필승을 다짐하기보다, 유행을 따르기에 급급하다는 것이다. 이에 따르는 조선인의 큰 결함은 조직적, 협동적 힘의 현저한 부족이다(안재홍, 1981 : 496).

안재홍은 외세를 무조건 모방하는 또 다른 이유(《조선일보》 1925. 3. 1)와 동서 교통이 빈번하고 강린(强隣)의 침핍(侵逼)이 자심한 지정학적 이유를 설명한다. 조선의 조상들은 오랫동안 동서남북으로 닥쳐오는 엄청난 국제침략으로부터 조국의 자유와 자손만대의 안전한 생존 때문에 피와 목숨을 걸고 최대한 소극적인 반항투쟁을 벌였던 것이다.

1) 민족주의

통상적으로 '민족'[2]은 전통·향토·문화·정치·경제 등을 통한 공동체로서, 이를 의식적으로 지키려는 심리가 '민족주의'로 표현된다(김종원, 1996 : 45). 하지만 안재홍에게 '민족주의'[3]는 "민족적 개아성(個我性)을 토대로, 각각의 인민이 낙후된 처지에서 진지한 생활협력의 투쟁적인 역량을 길러내기 위해 필수적인 단계이다"(안재홍, 1981: 462).

그러나 지금까지 수천 년 역사는 대립, 분열, 차별, 억압 등으로 단 한 번의 청산의 기회도 없이 일관했다. 민족문제의 이런 난맥상은 대외관계와 깊은 관련을 맺고 있다. 최근 분열사를 종식시키려는 의도가 문화적 방법에 의한 민족주의, 실력양성, 민족정신함양, 교육진흥, 산업의 개발, 물산장려운동 등으로 발전되었으며, 다른 한편으로는 계급, 사회혁명을 통한 민족주의 방법으로 싹이 텄다.

안재홍은 계급적 사회혁명론자는 아니었지만 민족성을 우위에 둔 계급론을 용인했다(이지원, 1991 : 58). 그는 역사성을 바탕으로 지도자적 혹은 국토적 기풍을 간직하면서 조선민족이 셈하는 '숫자'[4]로부

---

2) 민족은 "투쟁을 통하여 형성된 역사적 응결체이며, 그 독립과 자유와 완전한 생존을 옹호하기 위하여 그 의식이 형성된 동일언어, 동일혈연의 집단"을 일컫는다(정호원, 1987 : 47).

3) "각 민족의 운명은 그 민족 스스로가 결정해야 한다"라는 윌슨(W. Wilson)의 민족자결주의가 조선의 민족주의 독립운동을 크게 고무시켰다(한영우 외, 1991 : 264). 안재홍은 독립운동 차원에서 시작한 민족주의 운동에 깊이 관련된 인물이다. 안재홍은 대한민국청년 외교단 비밀조직(1919), 조선기자대회(부회장), 태평양문제연구회(1925), 조선사정연구회(1925), 신간회(1927), 신생활개신연구회(1929), 조선건국준비위원회(1945), 신생회(신생활구국운동, 1948) 등 민족주의적 색채가 농후한 조직에서 사회운동으로서의 민족주의 운동에 가담했다.

4) 민세는 하늘, 땅, 인간 숫자를 우주생성의 3가지 기본요소, 즉, 3원(三元)으로 보았다(정호원, 1987 : 51~54). 숫자의 한, 둘, 셋에서, 한은 우리말의 한이니, 한은 즉, 한울로서 곧 수의 시원 天, 둘은 들, 대지, 셋은 종자 씨앗, 쓰임 씨는 用, 사람은 사름, 사랑과 유사어이다. 넷은 나와 나라, 즉 개인과 국가간의 관계를 기술했다. 다섯은 다사리로 자연계의 섭리와 인간사회의 治理의 의미를 포함한다. 나와 집단적 자아로서의 나라의 합일관계가 다사리로 구현된다. 그러나 안재홍은 "상고사에서 하층계급을 무시하고 공민계급에만

터 민족성의 유래를 추적한 바 있다. 안재홍에게 조선민족은 "① 동일 혈연체, 씨족공동체이며, ② 일정한 지역, 일정한 공간에서의 협동체인 생활을 논함에 있어서, ③ 운명공동체로서의 생활협동체"이다(안재홍, 1983 : 16~17). 이에 그의 민족운동은 조선의 풍토와 역사적 조건 속에서 민족의 살길을 찾고자 고심한 흔적이라 할 수 있다.

2) 자강론적 민족주의

안재홍의 민족문제 인식은 대외적 저항성에만 국한되지 않고 반봉건적 자본주의 문명을 추구하는 '자강론적' 민족주의에서 출발하였다. 즉, 그는 사회진화론에 영향받아 형성된 한말 자강운동론을 주장한 실력주의를 표방하고, 자본주의적 근대 문명화를 추구하였다(이지원, 1991 : 42). 그는 현재의 문제점을 풀이하는 일환으로 과거의 민족주의를 고증, 비교론으로 언급하면서 민족, 국민, 국가의 개념을 등치시켜 부국강병화의 주권국가, 자강국가의 상에 부합하는 민족 개념을 사용했다. 그는 근대적 민족국가 건설의 주체로서 민족의 형성을 민족문제의 내적 과제로서 설정하였다. 국가의 진격이 곧 나의 자신이요, 생명이요, 생활이라고 전제하고, 각 개인은 자기아로서 자각하며, 현재의 민족아로서 자각함이요, 그리고 피압박 국가, 민족으로서 자각한다. 때문에 안재홍에게 '3·1 운동'[5]은 우리 민족이 자주정신으로 조국의

독점되었던 현상을 상기하고, 신민주주의는 나와 집단적 나인 국가와 같이 다 살리는, 예외와 차등을 없게 한, 균등 사회와 공영국가를 지향함"을 목표로 했다(안재홍, 1983 : 32~37).

5) 안재홍은 3·1 운동 당시 대한민국청년외교단의 일원으로 이병철(李秉澈)과 함께 총무로서 참가했다. 이 단체의 목적은 "① 국내의 독립운동에 관한 정보를 임시정부에 통신하여 주는 일, ② 독립운동자금을 모금하여 임시정부에 보내는 것, ③ 선전활동을 통하여 《독립신문》을 고취하는 것" 등이었다(천관우 1992 : 393). 안재홍은 이 사건이 발각되어, 대구 경무국 제 3부에 검거되어 3

자유와 안전한 생존을 위해 개인들이 협동적으로 진전시키고 있는 운동이고 실천이다.

그러나 안재홍은 나라와 조국 못지 않게 자아도 천하와도 바꿀 수 없는 지상(至上)의 가치를 파악하는 의식자라고 말한다(안재홍, 1999: 101). 그는 민족주의건 사회주의건 어떤 주의도 하나의 주의 이전에 먼저 사람으로 났음을 상기시킨다. 즉, 자아는 조선인으로 나기 전에 먼저 사람으로 났기 때문에 이론상 자아가 먼저 사람답게 잘살아보려고 한다는 것이다. 우리가 무슨무슨 주의자라는 특수한 경향을 갖게 되는 경우, 이는 우상에 굴복하는 미신이 되고, 그러므로 '주의'에 맹목적으로 굴하지 말 것을 권고했다. 그러나 주의가 사람으로 인해 생겨난 것을 승인하는 이상, 개인은 먼저 사람으로 돌아와 그의 실제를 검토해야 할 것이다.[6]

따라서 개인의 자유는 어떤 통일보다 앞선다(안재홍, 1981 : 499). 사회발전의 일정 단계에 이르면 필연적으로 자유를 그 생활태도의 필수조건으로 삼게되는 것이요, 근대 선진제국의 역사적 과정에서는 자유주의를 중심으로 발전의 사상적 축이 형성되었다. 자유주의가 개인의 자유에서 시작한다면 언론의 자유가 필연적으로 대두된다. 안재홍에게 언론은 행동의 표출이고, 따라서 실천을 개시하는 자아의 의사의 표출이다(안재홍, 1992 : 331).

년간 옥고를 치렀다.

6) 안재홍은 오인(吾人)이 세계인류에게 임하여, 그의 높은 이상과 깊은 사랑을 선양하여야 하겠지만, 오인은 졸지에 전 세계를 상대로 그의 힘과 뜻을 펼 수 없다고 가정하고, 오인은 결국 다 자기의 종족과 집단들을 인솔하고, 한 걸음씩 사회개조, 세계혁신의 길에 나아가야 할 것이다라고 말했다(안재홍의 개인중심적 민족주의 사관은 1924년 6월 19~20일에 《시대일보》에 게재되었고, 그는 같은 해 9월 신석우의 혁신 《조선일보》의 주필이 되었다. 참조 안재홍, 1999 : 17).

3) 일상생활의 신민족주의

언론인으로서의 안재홍은 신간회운동 등 현실을 타파하는 민중운동뿐 아니라 문맹퇴치운동에 앞장섰다. 민족문화 보존의 일환인 문맹퇴치운동은 사회를 변화시켜 일신하는 운동이다. 그는 문맹퇴치운동과 도시노동운동을 분리하고, 민족심의 결정인 나라의 언어를 옹호 및 선양하도록 촉구했다(《조선일보》 1926. 2. 4). 그에게 언어의 발전은 민족적 자립정신을 발휘하는 제일보이며, 독창적 문자로서의 고유의 언어는 가장 선명한 자립정신의 표현이다. 따라서 사회운동으로서의 문맹퇴치운동은 개인아, 민족아, 사회아, 인류아로서 그의 권위와 존엄과 안전과 행복의 모든 권리와 기회를 균등하게 누리게 하는 데 그 목적이 있다.

안재홍은 언론을 언어로 취급하면서(《조선일보》 1929. 3. 6), 손짓, 입짓, 몸짓 등이 원시인의 의사표시의 전부였기 때문에 외마디말, 단절음의 말도 그들에게는 위대한 발명이자 창작이자 위대한 선전전의 기구였다고 말한다. 바로 이들이 커뮤니케이션을 가능케 했으므로 그들의 문화가 생장 확대 및 계승 전수되는 것은 전적으로 언어의 힘에 의존했다는 것이다. 우리의 언어형성의 근저에는 민족적 사고가 뿌리 깊게 자리잡고 있다. 안재홍이 한글에 대해 말하는 부분을 보자.

> 한글은 과거 지향적 사고를 반추하며, 민족의 핏줄, 뼛속에서 우러나온 자연스러운 소리에다가 다시 민족적인 정성, 감성 및 영감을 붙이어 그 절주(節注)와 운율을 일으키고, 그리하여 그 생존, 발전, 번영 및 자유의 행진을 이념으로 삼는 천변만화하는 마음의 표현을 금실옥책처럼 실어두고 담아두었다(안재홍, 1983 : 490).

한글에 대한 미화된 표현이지만, 이 말에서 한글이 민족적 정체성 형성에 중요한 요인이라는 안재홍의 생각을 볼 수 있다. 이런 언어가

지난 수세기에 걸쳐 국민적 침체, 문화적 불순화 등으로 정치·문화의 부정적 특수성이 지니게 되었다는 것이 안재홍의 지적이다. 언어와 마찬가지로 사회현상도 포악, 탄압, 비굴 등이 강요되어 한층 병적인 사회기풍이 조성되었다. 일제의 강점체제하에 있던 조선 민중은 무기력, 불관용, 비현실, 지속성 부족, 비조직적 사고를 청산할 때가 왔다고 안재홍은 본다. 일상생활을 조직하는 언어의 혁신, 그리고 그 가장 중요한 도구인 언론은 그에 핵심적 역할을 수행한다고 그는 여긴 것이다.

(1) 신생활운동

안재홍의 신민족주의는 식민지체제를 타파하고, 외세에 대항한 국권회복 운동을 추진하면서 '신생활'의 터전을 다지는 데 있다. 이에 모든 경제의 사회화, 교육의 민중화, 그리고 민중의 생활화 등이 '신생활운동'의 주요 과제가 된다. 안재홍은 1929년부터 《조선일보》의 색의단발(色衣斷髮), 건강증진, 상식보급, 소비절약, 허례폐지, 귀향학생문자보급운동 등을 펼치는데, 이것이 바로 안재홍이 말하는 '신생활운동'의 내용이었다.

이는 조선일보의 네 번째 정간[7]과 연관이 깊다. 신문사의 신생활운동의 내용은 이렇다. 우선 생활, 경제, 정치, 문화 등 일상생활을 사회운동으로 승화시키고자 했다. 조선일보사는 사고(社告)를 통해 ① 백의단발운동, ② 건강증진운동, ③ 상식보급운동, ④ 소비절약운동, ⑤ 허례폐지운동 등 다섯 가지 개선 대상을 정하고, 신간회 조직을 통

7) 안재홍이 "제남사변의 벽상관"에서 다나카〔田中〕 내각이 중국 침략을 구체화하기 위해 행한 산둥〔山東〕지방의 일인 출병을 비판함으로써(안재홍, 1981 : 280), 조선일보사는 네 번째 정간을 당했으며, 4차 정간은 133일 만인 9월 19일 끝을 맺었다. 신간회의 배일 비타협 운동이 전국적 세력을 형성하는 것에 불안을 느낀 일제가 조선일보사와 신간회를 이간시키려는 의도에 의한 정간조치이다(방일영, 1990 : 197).

해 배포하거나 강연회를 개최했다(방일영, 1990 : 207). 당시 강연자는 대중교육의 중요성을 감안하여 목적 의식성에 의한 계획적인 대중 교양운동의 필요성을 역설했다.

그러나 1929년 11월 3일 광주학생사건이 일어나자 10여 일간 신문보도가 금지되었고, 이후 신문은 발간되었지만 정치적 문제로 인해 생활개신 운동에는 더 이상 무게가 실려지지 않았다(《조선일보》 1929. 2. 29). 실망한 안재홍은 광명이 없는 조선을 비관하고, 역사적 암흑의 거리에서 생존할 수 없음을 한탄한다. 그는 암흑한 거리에 스스로 등불을 들고 혼자만의 광명한 길을 호기 있게 찾아가는 것은 고대 전제자들의 짓으로 간주했다. 대신 안재홍은 계급차원의 투쟁욕보다 언론자유를 더욱 소중히 여겼다. 일상생활에서 현실투쟁을 전개하고 이를 집중시켜감으로써 일대 민족적 투쟁을 전개할 것을 강조했다(안재홍, 1981 : 342). 그는 규제와 방지만으로 현상유지와 평온만을 바라는 총독부의 오류를 지적하면서 민중의 일상생활의 의사와 감정이 발로되어 순탄한 표현의 경로를 밟아 대중적 성장을 이루기를 원했다.

(2) 신간회와 국민당

당시 조선의 노동자와 농민은 종속되었고, 중소지주와 중소상공업자, 그리고 중산층은 계속 몰락하여 민족성은 계속 부실해졌다는 것이 안재홍의 문제의식이었고, 이에 그는 신생활운동을 전개했던 것이다. 하지만 여러 가지 문제로 인해 운동이 힘을 받지 못하게 된다.

안재홍은 현실타파를 위해 현상태에서의 단결을 호소했다(안재홍, 1981 : 211). '단결이 약자의 무기이다'라는 확고한 진리에 의해 인민이 단결하도록 권장했다. 조선인은 민족적으로 약자이므로 민족적으로 될 수 있는 한 최대한으로 단결하는 것이 투쟁의 장래를 위하여 매우 필요하다고 강변했다. 각 사람은 그가 당하고 있는 처지대로, 또 관계되는 직업대로 단결하여서 그의 이익, 생활, 그리고 전 민족의 생존을 위하여 항쟁하는 것이다.

사람이 각기 다른 얼굴을 가졌듯이 그의 성능과 기질도 서로 다른 것이다. 여기에서 이른바 개성이 성립하며, 개성은 개인에게 한한 것이 아니다. 개인의 혈통적 확대체인 민족이나, 혹 전 인류에게도 이러한 특수성이 있는 것이다. 이에 민족주의의 특수성을 추구하고, 일제에 비타협적 신간회[8]가 1927년 2월 15일 발족된다. 안재홍은 영락산망(零落散亡)의 비운에 잠긴 조선인에게 그 생신한 생활의 시대가 오기를 희원했다(《조선일보》 1927. 1. 10). 신간회를 통해 그는 추스를 수 없는 조선의 상황에 새싹이 돋기를 바랐던 것이다.

그는 1928년 '신간회'의 당면문제로 언론·집회·결사·출판의 자유 획득 및 이를 위한 운동을 꼽았다(《조선일보》 1928. 3. 27). 각 개인의 자아의 자각, 민족아의 자각, 피압박민족의 자각, 민족심의 자각 등을 자유의 문제로 삼았다. 또한 나라의 언어를 옹호하고 신장하는 것이 민족적 자립정신을 발휘하는 제1보라는 현실적 대안을 제시했던 것이다. 고목신간(古木新幹)에서 말을 따온 신간회 창립의 근본적 동기는 대일 타협적 자치론을 반대하고 대일 비타협적 완전독립론의 전선을 형성시킬 수 있었으나, 이 단체는 사상단체의 범주를 크게 벗어나지 못했다. 이에 안재홍은 민족단일당의 발전을 위해서는 사상단체로부터 정치투쟁단체로 전환해야 한다고 주장하게 된다. 그가 진보적인 민족주의 정당인 국민당을 창당하여 단결된 자주독립의 국민생활을 목표로 삼았던 것은 이 이유에서다(안재홍, 1983 : 120). 안재홍은 국민생활에 필요한 자유권, 요구권, 참정권을 앞세우면서 목전의 산업,

---

8) 그는 신간회 활동의 구체적인 당면과제로서 다음의 여섯 가지 운동을 제의하였다. 즉, ① 농민 교양운동, ② 경작권의 확보와 외래이민의 방지, ③ 조선인 본위의 교육의 확보, ④ 언론 집회 결사 출판의 자유의 획득 및 운동, ⑤ 협동조합운동의 지도 및 지지, ⑥ 백의(白衣) 폐지, 심의(深衣) 착용, 망건의 폐지 등이 그것이다(신용하, 1981 : 195).

언론문제를 중요하게 부각시켰던 것이다.

이런 운동들은 대중 속으로 들어가서 대중을 의식적으로 전진시킬 때에만 그가 바라는 것이 가능하다고 보는 안재홍의 '다사리 정신'[9]에서 비롯된 것이다. 안재홍은 다음과 같이 말한다.

> 이 정신에 따라 나는 생활이념의 실제 피지자요 행위자이다. 나에게 개성으로서의 자유가 있어야 하고, 외지 나라에 대하여는 집단적 자아로서의 내 나라의 자유가 있어야 한다.

즉, 다사리 정신은 개인의 인권과 전체적 조화의 가치를 함께하는 정치사상임을 주장하였다. 그가 본 민족단일당의 조직 경로는 소부르주아 인텔리층 등 전위분자를 규합 통리시킨 후, 점차 노동, 농민, 자본 등 광범위한 계층을 결집하는 것이다(이지원, 1991 : 51).

안재홍은 선구자론(안재홍, 1999 : 62~63)에서 과거의 선구자가 소수의 인민에게 편중되어 역할이 주어졌던 것과 달리, 장래의 선구자는 반드시 대중 속에서 배출해야 한다고 강조했다. 과거의 선구자는 감정적, 기질적 또는 사상적으로 사회 기성세력의 일부 혹은 대부(大部)를 움직였으나 장래의 선구자는 이것 이외의 방법과 정책 등으로 조직결성의 방면에서 출현한다. 이런 목적을 위해 감정, 명분 등만의 문제가 아닌 '기회균등'의 차원에서 각 방면의 사람들에 대한 다각도의 이해를 목표로, 자신들의 권익옹호와 그 획득을 위해 점진적 집중과 진출을 요구했다. 그가 정치단체나 정당을 통해서 사회운동 세력을 결집하고, 조직을 결성한 이유는 바로 이런 생각에서 나온 것이다.

---

9) '다사리'는 만민공생, 대중공생 등의 뜻을 지닌다. 다사리는 안재홍이 하나(한울), 둘(땅), 셋(씨), 넷(나, 나라), 다섯(다사리), 여섯(연속), 일곱(성취), 여듭(열고 닫음), 아홉(아우름), 열(개전) 등의 숫자 중에 포함된다(한영우, 1987 : 270).

4. 신민족주의 언론사상

안재홍의 생활사관은 해방 후 더욱 심화되었다. 민족문화 전통 안에서의 개인, 그리고 개인의 일상생활사를 중시했으나 과거의 전통에 얽매이기보다는 민족성이 뚜렷한 역사적 존재, 또한 현실·미래의 존재로서의 개인을 강조했다. 그는 자유의 쟁취를 집단운동, 그리고 그 차선책으로 지리와 역사에 바탕한 생활문화운동을 통한 해방공간의 '신민족주의'를 통해 정립했다. 그는 서민성·민중성을 지닌 '국민당'을 창당[10] 하고, 과거에 연연하지 않는 '신민족주의'[11] 를 천명했다.

안재홍은 자주독립을 기본으로 하지만 '다사리'의 만민공화, 대중공생을 지표로 삼는 균등사회, 평권정치의 '신민족주의'를 독립국가의 건국이념으로 택했다. 개인인 나, 생존공동체인 민족은 국가기구의 힘에 기대지 않고서는 생존, 생활, 진취, 발전을 이룰 수 없는 것을 전제로 했기 때문에 그런 생각이 가능했다고 볼 수 있다(《서울중앙방송》 1946. 2. 13).

또한 안재홍은 해방정국 아래 국제협력을 증진시킨다. 극좌·극우

---

10) 안재홍은 1945년 9월 20일 국민당을 조직하고, 당의 중앙집행위원장이 되었다. 창당의 의의는 선진 기성국가의 정권수수를 목표로 삼는 정당과는 달리 독립완성을 위한 정치투쟁에 두었다(천관우, 1992 : 428). 국민당의 당강령은 "① 민족국가의 건전한 발전과 국제협력의 최선한 분담자 됨을 기하고, ② 국민개로와 대중공생을 이념으로 신민주주의의 실현을 기하고, ③ 민족문화의 전면적 앙양과 인류 대동의 조류에 순응키를 기한다"였다.

11) 국민당창당 이념으로 사용한 시민적, 민주적 민족주의를 일컫는다(정영훈, 1992 : 164). 신민족주의는 새로운 개념이 아니라 '신민주주의적 민족주의'가 정확한 표현이다. 만민평등의 민주주의를 바탕으로 한 민족주의로, 신민족주의 개념에 국제협력의 의미를 포함시켰다(한영우, 1987 : 13). 그러나 신민주주의는 "서구 민주사회주의 이론이 아니라 자주문화적 측면에서 유추한다. 즉, 안재홍의 독창적인 문제의식과 사고의 산물이었다"(정영훈, 1992 : 178).

를 배척하면서 민족주의와 사회주의가 합세하여 '중앙당'을 형성한다. 그것은 지금까지의 민족주의와 달리 폐쇄성을 넘어 세계적 보편성을 지닌 것이었다. 이와 발 맞추어 개인은 신민족주의 아래 정치적 균등, 자유권, 참정권 및 기타 권리를 향유한다. 지력과 부력, 그리고 권력을 고르게 하는 것이 이른바 '삼균주의'[12] 이다. 국민개노, 만민공생, 대중공생은 시대의 흐름에 따라 점차 소시민, 노동자, 농민 등 하층계급에게 정치참여 권력이 할애되는 이른바 자본주의적 민주주의를 말한다. 근로대중은 각각 최저 생활수준을 웃도는 신분을 보장받는다. 근로대중의 사상의 자유는 민주국가의 기본 요소이므로 자유권리를 사용하여 남과 대치되는 의사를 발표할 수 있게 한다는 것이 그의 기본 구상이다(안재홍, 1983 : 295).

정리하면 안재홍의 신민족주의는 일부 계급이 아닌 전 민족에게 적용되는 공생의 개념이다. 신민족주의 이념은 단군의 건국이념인 홍익인간의 대중공생, 만민공화, 균등사회의 사상이다. 민족정신으로 구성된 유기체로서의 민족국가, 국민국가가 형성되기 위해서는 국혼에 입각한 "민족정신＝국가정신"의 정립이 이루어져야만 한다(이지원, 1991 : 44). 따라서 안재홍에게 민족의 당면문제는 근대적, 민족적 각성을 위한 계몽과 교육의 민중화, 민주의 생활화라는 구호로 강조되었다. 국민의식의 향상발전과 민족문화 앙양을 위해 획기적인 '사회운동의 필요성'[13] 이 요구되었던 것이고, 각종 운동 그리고 조직결성을 통

12) 삼균주의(三均主義)는 조소앙(趙素昂)이 사용한 개념으로 1935년 최초의 좌우연합정당으로 탄생한 민족혁명당의 지도이념으로 수용되었다(정영훈, 1992: 178). 민세는 쑨원〔孫文〕의 삼민주의인 민족, 민권 민생을 병행 동진시켜 발전시켰다(유병용, 1996 : 146). 그러나 민세는 공산주의를 거부하는 이유로 ① 개인의 자유와 국민의 자율성을 무시한 전체주의라는 점, ② 무산자계급의 독재를 전제로 삼고 있는 점, ③ 한반도에 공산주의 정권이 설립되면 한국은 필연적으로 소련의 지지와 후원에 의존해야 된다는 점 등을 내세웠다(유병용 1996 : 147).

해 안재홍은 이런 운동을 실천했던 것이다.

그러나 해방 후 주요 교통기관인 철도 운행이 중지되고, 신문까지 간행할 수 없게 되자 대중의 일상생활은 점차 그 기능을 상실해갔다. 언론기관의 존폐는 조선인의 민중적 운명과 그 문화운동의 성쇄에 관련된 것이므로 민주의 표현기관인 사회의 공기가 바로 작동되어야 한다. 국민당의 기관지이든 상업지 조선일보이든 사회제도로서의 언론은 대중 속에 들어가 항상 대중을 지도하고, 매개자로서 대중의 의식적 진전을 파악하도록 하여야 한다.

언론인은 자유의 뜻을 바로 알고 존숭(尊崇)하고, 그 한도 내에서 행할 것을 요청받는다. 하지만 자유와 방자(放恣)를 뒤섞고, 민주와 무절제를 혼동하는 것은 묵은 체제에서 새로운 사회정서에 옮겨가는 과정에서 흔히 보이는 병적 현상이요, 이것이 사회의 병폐다(안재홍, 1983 : 293). 이런 병폐를 해결하기 위한 처방은 다음과 같다.

> 각 층 각 방면의 처지와 의식을 소이(小異)로 한 사람들이 각각 자기들의 처지에서 출발한 최선·최강의 타개 의지로 동일한 목표를 겨누고 나아가는 몇 줄기의 각 길에서 동지적 혹은 정략적 호응과 협동이 필요하다. 이들 각 부문의 세력 모두가 일상생활의 시민적

---

13) 안재홍은 위대한 한민족의 민족문화 앙양을 위해 "① 다음날의 강토통일(疆土統一)의 주권국가 완성으로 국가행정 체제가 완비됨으로써 일반 국민에게 귀일안정의 감을 주고, 또한 자율자제의 궤도에 오른 생활을 그 자각에서 추진케 할 것이다. ② 민족이 고국강토에서 수천 년 생존투쟁을 통하여 연성된 역사적 생성체인 것을 굳게 인식시키고, 협동호조 독립자활이 민족성원 각자의 필수 결치 못할 천연의 약속하에서 부과되어 있는 생활목표인 것을 견결히 자각할 만큼 학교·가정·사회의 모든 교육·교화의 방법을 통하여 각 계급의 국민을 교양, 훈련시킬 것이다.… ⑥ 요컨대, 온갖 시각으로 일상생활적 실천과업을 통하여, 민족성의 위대한 점을 그 본연한 자세대로 되살려내고, 모든 부가된 역사적 병폐를 거듭거듭 청산, 극복하여, 재흥조국으로 하여금 전 국제 선진국민의 수준에 도달하도록 하자 함이다"를 제안했다(안재홍, 1949 : 12).

> 이해를 바탕으로 현실투쟁을 전개케 하고, 그것을 하나로 모이게 함으로써 일대 민족적 투쟁으로까지 나아간다. 나라는 국가이고, 나라는 자아의 생활의식을 근본의도로 한 민족의 생존협동체로서의 정신적 집결체이다(안재홍, 1983 : 35).

민주적, 시민적 민족주의(신민족주의)에 의거하여 건국되는 새 나라는 사상의 자유를 민주국가의 기본 요소로, 자유권리를 최고의 덕목으로 삼아야 한다는 것이 안재홍의 생각이다. 그는 국가가 민권과 개인의 자유를 보호할 것을 선약하여야 하며, 민주정체의 요소가 개인의 근본적 자유를 보증함에 있다고 가정했다. 국가는 개인의 언론, 집회, 종교, 사상 등 자유를 적극 보호해야 할 것을 권장해야 한다. 아울러 그는 국민당의 강령처럼 노동자, 농민 등 근로인민의 생활을 개량, 향상시킬 것을 이 대통령에게 권고했다.

안재홍은 '신생회'(新生會)[14]를 1948년 9월 창립하고, 신생활 구국운동에 앞장섰다. 생활, 경제, 정치, 문화 등의 내용이 일상생활에서 발생했다면 신생활 구국운동에는 언론이 앞장서면서 매개했다.

지금까지의 사회병리가 언론의 부자유와 관련이 있다면 대항언론은 지사적 기자상을 갖추어야 한다. 부자유스런 병적 언어가 민중을 과거의 굴레에 머물게 했기 때문이다. 이는 자연스럽게 안재홍의 언론관으

14) 신생회는 "… ③항은 모든 의식주와 사유・행위 등 국민적 및 시민적인 일상생활의 온갖 부문에 걸쳐 진보적이요 혁명적인 신생체제를 전개 및 성과하여야 할 것이며, ④항은 전 국제문화는 적정 타당한 형태에서 우리에게 접취되어, 민족문화가 현대적으로 앙양쟁화될 것이며, 완전자주, 독립국가의 국민으로서의 실체가 구비, 확립될 것이다. ⑤항은 그리하여 신민족주의 이념이 실천되는 균등사회와 공영국가의 목표는 만민개로, 대중공생의 신생활체제의 토대 위에 구전(具全)한 달성이다" 등으로 규정했다. 또한 그 실천사항 ②조는 민족자활, 자주독립의 역사성의 철저한 인식을 통해 조선 4천 년의 최대한 반항침략의 역사와 민족자주가 생존 상에 요청되는 엄숙한 현실적 인식을 규정한다"라고 선언했다(안재홍, 1983 : 306~308).

로 이어진다.

1) 신문의 기능과 언론관

안재홍에게 인류는 항상 미래를 바라보면서 현실에서 살아가는 것으로서 생성의 유래인 과거와 앞으로 행진할 미래인 피안의 목표가 모두 오늘날의 현실에서, 일상생활로서 구체적으로 실천된다(안재홍, 1981 : 512). 그런 인류, 민족의 역사의 행로에서 일상생활의 핵은 바로 언어이고, 그것을 다루는 언론은 때문에 중요한 의미를 갖는다. 민중의 감각을 살게 하고, 피폐하게 하는 데 언론만큼 중요한 것이 없는 것이라고 안재홍은 본 것이다.

나라의 언어를 도구로 하여 사회의 이목인 신문을 간행하여 대중의 일상생활을 한걸음씩 나아가도록 할 때 민중의 감각은 살아나게 된다. 따라서 일상생활을 기록하는 신문은 영원히 멈출 수 없는 생존의 노력을 역사로 남기는 것이다. 신문은 대중 속에 들어가 대중을 지도하고, 각자 의식적 전진을 파악해야 할 것이며, 자율을 바탕으로 그 자체의 견실한 성장을 기하는 데 그 역할이 있다.

안재홍은 1925년 4월 16일 '언론의 권위신장'을 위한 '전조선기자대회'의 부회장에 피선되어[15] 언론자유의 필요성을 논한다. 전조선기자대회는 언론, 집회 및 결사의 자유를 허용하는 내용과 대중운동의 적극적 발전을 촉성하도록 했다. 전조선기자대회는 1920년대 이후 이광수의 《민족개조론》, 《민족적 경륜》 등과 맥을 같이 하는 '민족개량주

---

15) 전조선기자대회가 결의한 결의문은 다음과 같다. 제1부는 ① 우리는 친목과 협동을 공고히 하여 언론의 권위를 신장 발휘하기를 기함, ② 신문 및 기타 출판물에 관한 현행 법규의 근본적 개신을 기함, ③ 언론집회 및 결사의 자유를 구속하는 일절 규제의 철폐를 기함. 제2부는 ① 동척을 위시하야 현하 조선인 생활근저를 침식하는 각 방면의 죄상을 적발하야 대중의 각성을 촉함, ② 대중운동의 적극적 발전을 촉성하기를 도함(정진석, 1990 : 505).

의자'들의 민족성 개조주장을 전면적으로 거부한다.[16] 이 대회를 통해 안재홍은 당면한 문제를 해결하지 아니하면 안될 숙명에 놓여 있음을 널리 유포하고, 당면문제를 푸는 과정에서 신문의 기능을 다음과 같이 언급한다. 안재홍에게 신문은 천하 민중 감각의 세계를 다루는 것이다. 신문의 존귀한 사명이 다름 아닌 쉴새 없이 다투어 나아가는 백열(白熱) 한 정전의 평야에 임하는 것이다. 안재홍은 천하민중의 시대적 요구를 몸 받아서 그의 시대의식의 돌아가는 바와 시대인들의 원하고 구하는 바를 여실하게 표현하여, 그로써 민중적인 일대 표현기관을 만들자 함이 신문의 생명이요, 정신이요, 그 존생한 의의와 가치로 여겼다(안재홍, 1981 : 63).

안재홍은 "언론기관의 당사자로서 언론기관을 중심으로 이에 인연 있는 과거를 회고하며 감상한다"고 가정한 후, "무단정치가 전 반도를 강압하여 2천만 조선인의 사회가 불꺼진 듯이 잠잠하고 캄캄하였다"고 회상했다. 그는 조선인은 자유가 없었고, 경향 내외는 물론이고 조선인이 있는 곳에, 그리고 일본인의 관할이 있는 곳에는 반드시 동일한 유형의 압박과 구속이 있었다고 회고했다. 집회결사의 압박이나 모든 시위에 대한 불법적 간섭은 일일이 열거할 수 없을 정도였다. 언론이나 출판물에 대한 압박은 그 중에도 가장 현저한 일례였다(안재홍, 1981: 59).

기자는 천하보다 앞서 그 마음을 내가 먼저 전하겠다고 대중에게 외치며, 열과 성의를 가지고 시대와 민중에 대해 봉사의 사명감을 가진 자이지만 현실은 그렇지 못했다. 결사・집회・출판・언론 할 것 없이 손 하나 꼼짝할 수 없었던 조선인 사회는 참으로 적막하여 천지가 숨막힐 정도라고 실토했다.

---

16) '민족개량주의자'들의 민족성 개조 문화운동은 민족을 교묘히 미혹시키는 부분이 있었다. 그들의 자치운동은 반민족적인 성격이 너무 뚜렷하였으며, 조선총독부의 사주와 격려를 받으면서 은밀히 추진되었다(서중석, 1991 : 125).

역사는 성장하고 전개된다. 이 움직이는 천하의 한복판에서 신문은 천하의 마음을 충실, 과감하게 표현한다(안재홍, 1992 : 282). 신문이 실천을 개시하는 자아 의사의 표현이라면 언론은 하나의 행동이다. 그 당사자인 신문인은 개인을 자각하고, '신민족주의' 형성의 조건으로서 민족의 독자적 권위 품성을 고수할 필요가 있다.

2) 안재홍이 그리는 언론인의 모습

《시대일보》의 논설기자 출신인 안재홍은 당시 기자의 지도자적, 국사적 기풍을 접하게 된다. 직업인이기보다는 투사로서의 지사적 기자상은《독립신문》 이후 쉽게 볼 수 있는 경향이었다. 일제는 조선신문에 대해 삭제, 압수, 정・폐간을 일삼음으로써 이에 대항하는 언론인은 당연히 신문의 존폐에 많은 우려를 가질 수밖에 없었다. 그들은 일제의 억압적 위험을 무릅쓰면서 재산과 생명의 위험까지 각오하면서 지사적 기질을 발전시켰다. 지사가 아니면 자신의 뜻을 펴기가 쉽지 않았던 것이 당시의 언론상황이었다. 그러나 논설기자, 주필, 관리인 등 조직 내에서 활동한 안재홍은 '지사로서의 언론인에 대해 그다지 탐탁해 하지 않았다'(안재홍, 1992 : 315~316).

그럼에도 안재홍은 자신의 논조에 대한 확고한 사상 — 기자도덕[17] — 을 가졌다. 자신의 글로 인해 빈번하게 필화를 경험했던 그는 기자에게 '무관의 제왕'의 명예를 안겨준다.[18] 하지만 안재홍은 사회의 선

---

17) '기자도덕'은 ① 의기(意氣)와 조지(操持)를 고매 견고케 할 일, ② 항상 독서, 사고, 관찰, 비판을 게을리 함이 없이 하여, 학구상・견식상 적어도 일가견을 세우기에 반드시 정진하여야 할 일, ③ 문장에서 평이, 유려, 정확(문법 인증 등)을 기하도록 부단히 노력할 것, ④ 수삼 년의 노력 혹 생장으로 겨우 초가(稍可)한 기자로 된 후, 문득 권태, 태만에 흐르는 조숙적(早熟的) 과오를 절대 경계할 일 등을 열거했다(안재홍, 1992 : 323~324).

18) 안재홍은 기자에게 명예를 주었지만 세인은 기자를 털쐐기 같이 싫어하고 형

구자, 식자 그리고 지도자로서의 기자는 그에 필요한 도덕, 식견, 기술, 지조를 스스로 파악하려 노력하면서, 시대의 난국을 벗어나겠다는 의지와 각오를 가져주기 원했다. 즉, 안재홍의 이상적 기자상은 주장으로서의 보도와 보도로서의 주장으로 시대의 첨단에 서서 그 선구가 되고 매개자가 되는 것이었다(안재홍, 1992 : 322).

전조선기자대회와 신간회의 활동은 단결을 통해 안재홍은 생활의 윤택을 도모하려고 했다. 그는 살음〔生〕과 사랑을 통해 서로 동등한 조건에서 다사리 정신으로 엮어나감으로써 신민주주의적 민족주의의 싹을 내리게 했다. 언론의 정곡성(正鵠性)을 훼손하는 것은 민족적 도의성과 사회정의는 물론, 민중의 자쟁능력마저 해를 끼치는 것이다(안재홍, 1992 : 332).

'신생회 선언' 이후 모든 의식주, 사유, 행동, 시민 등 일상생활의 온갖 부문에 걸쳐 진보적 색채를 띤 신생체제가 출현했다. '일하고 있는 생활'에서 호조(互助)의 정신이 싹튼다. 신문은 민중을 움직이고, 사회의 마음을 움직이고, 역사에 따라 생장하도록 한다. 이때 공정한 하나의 언론기관의 존폐는 조선인의 민중적 운명과 그 문화운동의 성쇄에 가히 심대한 영향을 끼친다(《시대일보》 1924. 7. 10). 신문을 민족지상주의, 신민족주의 구현 기구로 여긴 것이다.

언론은 하나의 행동이며, 그 실천을 개시함은 자아의 의사표현이다. 각 개인은 그들에게 허락된 자유와 권리에 대한 정당한 행사여부에 따라 인격과 교양의 정도를 측정할 수 있는 것이니, 언론자유의 선용·악용의 관계 또한 지극히 큰 의미를 지닌다. 안재홍은 나, 나라, 누리가 함께 하는 언론자유를 염원한 것이다.

사에게처럼 경계의 념을 가지는 사람들이 많아, 남의 비밀을 적발하고 명예를 파괴하는 악덕기자들을 경계했다. 여기서 기자 도덕이란 것이 문제시된다고 봤다(안재홍, 1992 : 321).

천관우

자유와 저항정신을 잊어버리고도 안일하게 나날이 지나가는 것을
합리화시켜준 사이비의 언론자율과 사이비의 협조정신이 가장 큰 독소다.

제 8 장
천관우의 민족주의 언론사관

1. 서 론

천관우(千寬宇, 1925~1991)는 현대 언론의 정체성 확립에 큰 족적을 남겼다. 그는 〈신문윤리강령〉을 기초(起草)하였으며, 언론윤리위원회법을 반대하는 '전국언론인대회 선언'을 기초하였다. 뿐만 아니라 언론인으로서의 활동도 활발하였고, 또 그의 사상은 언론사상에서 그 비중이 크다고 할 수 있다.

천관우의 사상적 궤적은 서구의 민주화·근대화 정신을 '민족주의 정신'으로 토착화시키는 데 있었다 해도 과언이 아니다. 이런 그의 핵심적 사상은 그의 이력과 관련이 깊다. 6·25 전쟁으로 임시수도가 부산에 세워졌을 때, 천관우는 부산에서 언론사 생활을 시작한다. 물론 이전부터 천관우는 일제하에서 피압박 민족의 슬픔을 뼈저리게 경험하면서 성장했다. 일제의 압박과 전쟁을 겪으면서 그는 무엇보다 근대화(近代化)에 지향되었던 것이다. 이에 조국의 '근대화'가 그의 당면과제였음은 어렵지 않게 추론할 수 있다. 천관우에게 서구의 민주주의를 토착화시키는 일 또한 중요한 과제였다.

언론분야에서 천관우는 언론에서의 중요한 요소는 민주주의 발전, 근대화라고 보았으며, 또 언론의 내적 발전 등을 문제 삼았다.

이 글에서는 그의 생애와 그의 활동, 천관우가 언급한 저널리즘의 위치, 그리고 신문역사의 계보 등을 중심으로 다루고자 한다. 결국 천관우는 현대신문의 역사를 실학(實學)에서 그 기원을 찾는다. 실학은 주체적 사안을 가졌으며, 민중중심의 정책이 최우선 과제였다는 것이 그의 주장이다.

2. 역사학자, 언론인으로서의 생애

천관우는 충북 제천 출신으로, 6세 때 조부 천인봉(千仁鳳)으로부터 한학을 수학한다(한국사상사학회, 1993 : 553). 그는 1949년 서울대학교 사학과를 졸업하고, 그 이듬해 사학과 조수(助手)로 근무했다. 한편 6·25 이후에는 서울대, 고려대, 홍익대, 단국대 비상임 강사(1954~1959)로 근무하기도 했다.

1952년 창립한 역사학회의 발기인 중 한 사람이었던 천관우는 "반계 유형원 연구 : 실학 발생으로 본 조선사회의 일 단면"을 《역사학보》(1952~3, 2,3호)에 발표할 만큼 독특한 시각을 가진 역사학 연구자였다. 그 후에도 그는 학계에 실학(實學) 등에 관한 논문을 계속 발표하였다. 천관우는 "홍대용의 실학사상"을 집필했을 뿐 아니라, 실학의 관점에서 '북삼한(北三韓)', '남삼한(南三韓)', '기자(箕子)' 등 조선(朝鮮)의 기원론을 규명하였다. 이 역사관련 논문을 볼 때 조선의 주체성 확립은 그에게 중요한 과제였다.

한편 역사가로서 뚜렷한 위치를 점한 천관우는 언론 쪽에도 관심을 갖기 시작하였다. 27세의 천관우는 1951년 1월 임시수도 부산에서 대한통신 외신부 기자로 언론생활을 시작한다(천관우, 1985 : 1072). 그는 이듬해 9월까지 《대한통신》 기자생활을 계속했는데, 당시를 회상하면서 천관우는 "세 끼 밥을 먹기 위해, 친구의 연출로 대한통신의 기자가 되었다”(천관우, 1985 : 1083) 라고 말했다.

대한통신에서 수습 후 그는 UP통신 번역을 도맡는다. 그의 본격적인 언론생활은 《한국일보》 창간 멤버로서 활동한 것이다. 1954년 6월 창간한 《한국일보》로 직장을 옮겨 조사부 차장을 역임했으며, 곧 논설위원으로 전보되었다. 《한국일보》에 들어간 지 두어 달 만에 논설위원이 된 그는 “지평선”의 칼럼을 썼는데 세인의 이목을 끌기에 충분했다. 그는 “신문사에서 30세의 젊은 기운에 앞뒤 가리지 않고 마구 쓰라고 일부러 그런 직책을 주었다”라고 당시를 반추했다. 그러나 그는 한 곳에 몰두하지는 못했다. 당시 언론인은 조직에 애착을 갖기보다 오히려 자신의 논조를 펼칠 수 있는 환경을 중시했다.

천관우는 한군데 붙어 있지를 못하고, 이 신문에서 저 신문, 마음내키는 대로 전전하였다. 유능한 기자에게 이런 환경은 사회적 분위기일 수 있었다. 신문사가 근무조건이 열악한 상황에서 유랑 벽이 있는 일부 젊은 신문인들에게 일종의 유행이었던 것도 사실이었다(천관우, 1985 : 1084). 신문인들이 즐겨 내세우는 독립불기(獨立不羈 : 어디에고 매이지 않고 산다) 라는 것이 툭하면 충돌하거나 기회를 보아 슬며시 물러나곤 했던 것이다.

1) 역사학자 천관우

천관우는 글로써 승패를 거는 분위기에서 기자직에 연연하지 않았다. ‘강직하고’, ‘호방했던’ 천관우의 글은 사건의 핵심을 파헤치는 독특성과 힘이 있었다. 전쟁중에 구복지계(口腹之計) 로 시작했던 기자라는 직업이 그의 천직이 되어버렸다. 천관우의 언론관은 남달랐다. “흔히 기자는 깊지는 않더라도 우선 넓어야 한다고들 하지만, 기자도 무언가 하나에만은 깊은 것이 좋다” 라는 평소의 지론을 갖고 있었다. 즉, 하루하루에 승패를 거는 기자생활 속에서 무언가 장기적인 것을 붙들고 있지 않고서는 허전해서 못 견딜 것 같은 심정이었던 것이다(천관우, 1985 : 1085).

천관우는 역사학 논문을 계속해서 발표했다. 천관우의 역사학에 대한 조예는 그로 하여금 언론의 정체성을 심도 있게 다룰 수 있게 했으며, '품격'과 '힘'을 지닌 칼럼리스트로 자리잡게 했다. 그는 사고, 분석, 통합하는 것을 행동에 앞세웠다. 1970년대 박정희 정권에 의해 손발이 꽁꽁 묶이게 된 그는 모든 공직을 거부하고 칩거하면서 한국사, 특히 고대사 연구에 몰두해 《한국 상고사의 쟁점》, 《고조선사》, 《삼한사 연구》, 《한국사의 재발견》, 《인물로 본 한국 고대사》 등의 저서를 내놓았다(김현호, 2004 : 157). 그는 신채호, 장지연에 버금가는 역사 연구가였다.

2) 언론인 천관우

천관우는 언론사에 근무하며, 논객으로 활동하면서 비교적 시간적 여유를 가졌다. 그리고 한국전쟁으로 어수선한 분위기에도 불구하고, 1952년 9월 유네스코 기금으로 6개월간 미국 미네소타대학교 신문학과를 수학하였다. 귀국 후 천관우는 《한국일보》에 근무하게 되었으나, 1956년 다시 그는 《조선일보》 논설위원으로 자리를 옮겨, 편집국장(1958년)까지 역임했다. 그는 "만물상"으로 '해박한' 지식을 독자에게 선보였다. 그리고 입사한 지 2년 만에 편집국장에 명을 받게 되었다. 천관우가 편집국장이 된 것은 33세의 일이었으며 '외래파 30대 국장'이었다. 국장을 맡을 당시 자유당 정권은 '국가보안법 개정안'을 힘으로 통과시키려고 했다. 천관우는 지면을 통해 이를 강하게 비판했다(김현호, 2004 : 154). 붓을 들어 제목을 달고, 이승만 정권에 맞섰다. 그의 노력과 무관하게 1958년 12월 24일 끝내 개정 국가보안법이 국회에서 변칙 통과되었다.

그 후《한국일보》논설위원(1959),《민국일보》(1960년) 편집국장,《서울일일신문》주필(1961), 그리고《동아일보》편집국장(1963) 등 신문사 간부직을 두루 거쳤다. 다시 1970년에《동아일보》에 돌아와 상무이사, 1983년《한국일보》이사 등 신문사 간부직을 맡았다.

이런 이력 속에서 천관우는 대기자로 성장하였다. 이에 그는 한국신문편집인협회의[1] 윤리강령 제정을 기초하게 된다. 천관우는 "신문인의 본질적 윤리를 바탕으로 자유와 책임의 규약"을 초안한 것이다(한국신문편집인협회, 1987 : 40).

"우리들 신문인의 사회적 사명은 참으로 중대하다. 더욱이 조국을 민주통일 독립국가로 재건하는 민족적 과업에 당면하여 그러하다"로 시작되는 윤리강령은 '자유'를 우선적으로 직시했다. 즉, 신문의 자유는 인류의 가장 기본적 권리의 하나로서 끝까지 이를 옹호하여 민중의 알아야 할 권리에 부응하여야 한다. 신문은 '보도 및 평론'의 완전한 자유를 갖는다(한국신문윤리위원회, 1993 : 2). 윤리강령은 자유 외

---

1) 한국신문편집인협회는 1957년 4월 1일 서울 북창동 공보실 공보관실에서 발기위원회를 개최하고, 이관구(李寬求) 사회로 열린 이 회의에서는 신문윤리강령(안)과 편집인협회규약(안)을 검토하고, 별도로 구성된 소위원회에 자구수정을 일임키로 했다(나항윤, 1994 : 83). 회의 참석자는 고제경(高濟經), 고흥상(高興祥), 김광섭(金光涉), 김봉진(金奉鎭), 남상일(南相一), 박홍서(朴鴻緖), 석보(石輔), 설국환(薛國煥), 성인기(成仁基), 심정섭(沈貞燮), 원경수(元瓊洙), 이관구, 임근수(林根洙), 정인준(鄭寅俊), 천관우, 최병우(崔秉宇), 홍종인(洪鍾仁) 등 17명이다. 그들은 1957년 4월 7일 오후 7시 공보관 강당에서《독립신문》창간 61주년 기념식 및 제1회 신문주간대회에서 선포하고, 한국신문편집인협회 창립총회를 개최하였다. 창립목적은 국내 일간신문·통신사 편집관계 간부 및 방송사 보도관련 간부들의 협동단체로서 한국 언론인들에 부가된 중대한 사명을 달성하는 데 필요한 다음을 주요 사업으로 삼았다. ▪언론자유의 수호와 그 신장에 필요한 사업, ▪언론인들의 품위를 향상하고, 그 지위를 강화하는 데 필요한 공통과정의 연구와 업무에 관계된 정보의 상호교환, ▪신문·통신 및 방송의 공동이익을 위하여 국내 언론계의 힘을 합일시키는 데 도움이 되는 사업, ▪회원간의 친목과 단합의 증진 등이다.

에도 책임, 보도와 평론의 태도, 독립성, 타인의 명예와 자유, 품격 등 여섯 가지 강령을 제시했다.

천관우는 윤리강령을 발표한 직후 "매스커뮤니케이션의 한국적 과제"란 제목의 글을 《조선일보》에 세 차례 연재했다. 그 주안점은 객관보도였다. 즉 "의식적 왜곡에서 오는 심리적 폭력, 목적적 전달, 이데올로기 강요, 대중조작을 위한 정치선전" 등을 경계하며, 뉴스의 형식이 실물을 어떻게 정확하게 재생할 수 있는가 등에 관심을 가졌다(《조선일보》 1947. 4. 13). 천관우는 아울러 내셔널리즘의 경향보다 합리적 분석 및 여론형성을 선호했다.

천관우는 편집인협회의 목적을 무엇보다도 언론자유를 위해서 싸우는 단체로 부각시켰다(《기자협회보》 1968. 10. 4). 1952년 당시 이승만 정부는 독재성향을 띠기 시작했다(천관우, 1969 : 21). 대부분의 신문들이 반독재 투쟁을 전개함에 따라, 신문 및 신문인에 대한 탄압도 갈수록 혹심해졌다. 정부는 1955년 《동아일보》 정간(1개월간), 1959년 《경향신문》 폐간(1년간) 등을 시도하였으며, 또한 기회 있을 때마다 언론을 제약하는 입법을 시도했다. 그때마다 언론계의 맹렬한 반대에 부딪침으로써 언론의 자유를 수호하는 투쟁 자체가 반독재 투쟁의 주요한 부분이었다(천관우, 1969 : 22).

정부는 언론을 자신의 통제 아래에 두기를 원한다. 그렇다면 자유란, 그것을 전취(戰取)하고 수호하려는 자만이 누릴 수 있는 것이다(천관우, 1969 : 56). 그러한 투쟁 속에서 자유는 성장했다. 한국신문편집인협회가 결성되고, 1948년 정부는 '반국가 단체의 구성원 또는 그 지령을 받은 자'의 '선동 또는 선전'을 규제하는 국가보안법을 개정함으로써, 동 협회와 정부는 전취 관계를 유지를 계속했다.

이승만 정권에만 언론의 통제가 있었던 것은 아니다. 5 · 16 군사정변 후 박 정권은 '반국가 단체의 구성원 또는 국외의 공산 계열의 활동'

에 대한 '찬양고무동조' 및 '기타 방법으로 반국가 단체를 이롭게 하는 행위'를 규제하는 반공법을 제정하였다. 그리고 1960년 4월 혁명을 계기로 신문발간의 '허가제'를 받아들였다. 그러나 편집인협회는 정부의 정간폐간제를 받아들일 수 없게 했다. 이 역시 신문계 자체의 수년의 투쟁 결과였다(천관우, 1969 : 29).

신문편집인협회는 투쟁단체로서 기자협회와 더불어 언론자유를 수호하기 위한 공동투쟁을 시작했다. 더욱이 천관우의 '자유주의' 사상은 언론윤리위원회법을 반대하는 '8·10 전국언론인대회 선언' 초안에서 나타났다. 천관우가 초안한 이 선언의 요지는 다음과 같았다.

> 자유는 천부의 인권이며, 특히 언론자유는 제 1의 자유라 한다.… 이제 집권자들은 언론법이라는 악법으로 국민의 알 권리를 억압하려 한다.… 언론법은 언론의 윤리를 강조하면서 실은 법의 규범으로써 언론을 규제하려 한다. 언론이 일반법에 저촉되었을 때 그 책임을 면해본 예도 없거니와 언론의 책임을 스스로 강조하여 언론윤리위를 설치하고 그 자율규제 강화를 기약하고 있다. 명분 없는 악법으로 언론을 권력의 시녀로 삼고 자유를 질식케 하려는 책동이 계속되는 한, 민주주의에 대한 죄과는 길이 역사에 기록될 것이므로 경고한다. … 우리의 행동에 대의가 있으며 우리는 사필귀정을 확신한다(한국편집인협회, 1987, p. 76).

천관우는 신문편집인협회의 부회장(1966. 4~1969. 1)에 피선되어 언론인의 단체활동을 계속했다. 천관우와 박 정권의 갈등이 누적되는 가운데 《동아일보》 주필로 천관우는 《신동아》 1968년 12월 '차관 특집'[2)]

2) "차관" 기사의 줄거리는 현재까지의 차관의 실태, 차관의 도입과 병행하여 생성된 재벌의 생태, 그 정치세력과의 관련, 특히 정치자금의 문제 등에 관하여 구체적 사례를 들어 정리하였다. 그러나 차관이 가져온 경제성장의 성과를 충분히 인정하여 이를 자세히 설명하는 한편으로, 정치에 결부된 차관의 무원칙하고 특혜적인 일면이 여러 심각한 부작용을 가져왔다 하면서, 일반 소비자의

필화사건에 직면하게 되었다. 그 발단은 《신동아》의 논조였다. '언론윤리파동'이 날로 위축되는 가운데 유독 《신동아》는 본보 이상의 강한 논조로 일관하였다(김상기, 1985 : 326). 정부와 갈등은 불가피했다. 《신동아》는 "차관망국론"을 심층보도로 다뤘다. 원고지 200매 분량으로 정치부 김진배(金珍培) 기자와 경제부 박창래(朴昌來) 기자가 공동집필한 내용이었다. "차관"은 차관과 공화당정부의 정치자금관계를 파헤쳤다(김상기, 1985 : 330). 이 기사는 정치자금의 조달방법, 차관에서 떼는 비율 등을 다루었다.

이 사건으로 발행인 겸 부사장 김상만(金相万), 편집인 겸 주필 천관우, 《신동아》 주간 홍승면(洪承勉), 《신동아》 부장 손세일(孫世一) 등이 반공법 위반혐의로 중앙정보부로 연행되었다(김상기, 1985 : 340). 천관우는 "차관"에 대한 신문사 입장을 "사설"로 정부와 맞섰다. 천관우는 대부분 반독재 투쟁을 주도했던 언론인들과 같이 "서서 죽을지언정 무릎 꿇지 않겠다"는 정신으로 정부에 대항한 것이다. 그는 사설 필화로 인해, 1968년 12월 신문사를 떠나게 되었다. 그는 현직 언론인으로서의 지위를 마감했다. 그 후 천관우는 언론에 복귀하였으나 더 이상 일선 언론인은 아니었다. 《동아일보》를 퇴사한 이듬해 1월 10일 천관우는 《기자협회보》에 한국언론의 '가스 중독'을 게재했다.

> 한국 특유의 비극적 가스중독 같은 것이 있다고 할까. 잠든 사이에 스며든 가스에 취하여 비명 한 번 못 질러보고 어리둥절하고 있는

부당한 희생을 강요하는 차관업체의 폭리, 차관을 얻고도 주체 못하는 업체를 위한 현금차관이나 대불(代拂) 같은 또 하나의 특혜, 닥쳐온 원리금상환에 즈음하여 따라올 국제수지의 비관적인 전망 등을 역시 구체적으로 지적하고 있다(김상기, 1985 : 333). … 결코 차관의 당사자들이나 정부수립자들 사이에서, 어둠에서 어둠으로 은폐될 성질의 것이 아님을 분명히 했다. 언론은 국가와 국민을 위해 정부가 아니 한 일을 기자가 한 것이다(김상기, 1985 : 334). 언론인에게 상을 주지는 못할망정 벌을 줄 수 없는 일이다.

> 상태에 비할 수 있을 법한 것이었다. 돌이켜보면 가스가 스며들기도 하루이틀 저녁 일이 아니었던 것 같다. 신문이 자유보다 자율을 외치고 신문의 저항정신보다 협동정신을 외치면서부터 가스는 스며들기 시작했던 것이다. 자유와 저항정신을 잊어버리고도 안일하게 나날이 지나가는 것을 합리화시켜준 사이비의 언론자율과 사이비의 협조정신이 가장 큰 독소였다. 우선 나 자신부터 창을 열고 밝은 바람을 받아들여 내 정신을 가다듬어야 하겠다(《기자협회보》 1969. 1. 10).

천관우는 《신동아》 필화사건과 3선 개헌을 앞두고, 전개된 정부의 언론탄압 실태를 지켜보면서, '연탄가스에 중독'된 우리의 언론의 실태를 고발한 것이다. 정부 기관원이 신문제작에 영향력을 행사한다는 가공할 현실 앞에 그 사실을 사실대로 지적한 신문도 많지는 않았다(천관우, 1969 : 94). 언론은 자유 지키기를 포기한 것이다. 자살은 다름 아닌 스스로의 생명을 지키는 노력을 스스로 포기한 것이다. 즉, 천관우는 신문들이나 신문단체가 제대로 보도나 항의를 하지 못하고, 언론인으로서의 사명을 다하지 못했다는 자아비판을 하였다(김삼웅, 2001 : 182~3). 자유와 항쟁정신을 잊어버리고 안일하게 근무하는 것을 합리화시켜준 사이비 협조정신이 가장 큰 독소임을 그는 지적한 것이다.

천관우는 1971년 4월 '민주수호협의회' 창립 당시 공동대표로 피선되었으나, 이듬해 1월 정부는 그의 활동을 정지시켰다. 또한 1974년 12월 유신체제 아래 '민주회복국민회'를 창설하고, 이듬해 4월까지 공동대표를 지냈다. 천관우의 언론자유 투쟁은 오랫동안 치열하게 진행되었다. 그러나 말년의 천관우는 1981년 전두환 정권 당시 민족통일중앙협의회 의장 자리를 받아들여 재야 지식인을 놀라게 했다. 그러나 그의 삶은 1991년 사망까지 전체적으로 언론자유 쟁취의 투쟁으로 점철되어 왔다.

3. 언론의 실학적 접근

천관우는 근대화 과정에서 언론의 역할에 관심을 가진다. 매스컴은 국민의 동질성과 합리적 여론의 형성에 바탕을 둔 공중이 해체되는 과정에서 일어났고, 또한 그 해체를 촉진하는 하나의 계기가 된다(《조선일보》 1957. 4. 14). 즉, 저널리즘이 등장하는 계기는 곧 인간의 사회생활이 근대적 단계로 돌입하는 데서 시작된 것이다. 따라서 신문은 민주화, 근대화에 필요한 요소로 기능을 담당하였다. 다른 말로 현대 매스컴은 사회의 본질을 반영하고 또한 사회의 본질의 하나로 자리매김했다. 저널리즘은 이 과정에서 공론(空論)을 앞세우고, 사욕(私慾)에 사로잡힌 사례를 들추었다. 실학적 용어로는 '허(虛)' 대신에 '실(實)'을 역설하였다.

천관우는 저널리즘의 문제를 전통의 것으로부터 새로운 의미를 부여하는 독특한 작업에 몰두했다. 그는 "한국의 근대사에서 본 신문의 역할"을 논하면서 근대화 과정에서 민족의 정신을 잃지 않고 유지해온 배경의 중심에는, 다시 말해 민족의 정신을 지켜온 것이 신문의 역할이었음을 상기시켰다(천관우, 1966 : 64). 그는 신문을 하나의 상품이기 이전에 정신의 산물로 간주한 것이다.

1) 근대 저널리즘과 실학

근대 저널리즘의 효시는 당연히 《독립신문》이다(천관우, 1966 : 65). 《독립신문》은 여론을 활성화하고 지도하였으며, 《독립신문》은 한국의 근대화를 위해 민주주의와 민족주의를 부르짖었다. 당시 《독립신문》은 '오피니언 리더'의 역할을 담당한 것이다. 언론인의 기능은 과거의 언관(言官) 사관(史官)직과 같은 것인데 과거의 언관은 비판을 맡았다면, 사관은 내일의 비판을 위해 예비하였다(천관우, 1969 : 85). 즉, 언관은 비록 민중을 상대로 알리는 것은 아니었으나, 오늘날 저널리즘이 가져야 하는 비판기능을 가졌던 것이며, 사관은 비록 민중을 상대로 알리는 것은 아니었으나, 오늘날 저널리즘이 가져야 하는 기록의 기능을 가졌다.

여기서 민중을 상대로 한 역사기술은 야사(野史)라 할 수 있는데, "신문은 야사에 속한다"(정진석, 1995: 137). 천관우는 '실학'[3]을 야사의 원류 중 하나로 간주했다. 신문과 실학이 기능적 측면에서 연결되는 지점이 여기에 있다.

2) 실학과 근대정신

천관우에 의하면 실학이란, 첫째로 근대의식 내지 근대지향의식, 둘째로 민족의식인데, 이 둘을 측도로 해서 재구성한, 조선 후기 유학의 개신(*reformation*)적 사상이다(천관우, 1985 : 1087). 천관우는 실학의 특징으로 자유-실정(自由-實正)에서 '비판정신', 과학성-실증에서 '실증정신', 현실성-실용에서 '실용정신' 등을 도출했다(천관우, 1975 : 184~5). 실학에서 '실'(實)은 실심(實心), 실사(實事)로써 실학은 이 실(實)을 찾아야 한다고 역설했다(천관우, 1975 : 226). 실학이 유교

3) 실학은 영·정조 전후의 새 학풍으로 1930년대 정인보, 문일평, 최남선 등이 처음으로 부르기 시작하였다(천관우, 1967: 304). 여기서 '실'(實)은 '공'(空), '허'(虛), '문'(文), '화'(華)에 대립되는 개념으로 주자학 일변도에 대한 반감 반항을 일으킨 것이다. 실학자는 '통경명사'(通經明史)로 경서와 역사의 공부, 사장〔詩文〕에서 벗어나서, 서양의 백과사전파처럼 농업문제, 생물학, 병학, 건축술, 천문학, 수학, 역학, 물리학, 의학, 언어학, 지리학 등에 관심을 가졌다(천관우, 1967: 305). 실학자들은 실체를 일차적 문제로 간주하였는데, 실지로 공용성(功用性)을 가진 학문, 실용적 학문, 현실적 학문, 실천적 학문, 실증적 학문 등이라는 여러 가지 뉘앙스를 갖고 있는 내용을 함의하고 있다(천관우, 1975: 183).

(儒教)로서의 경국제민(經國濟民), 그리고 고증학·문헌학(考據之學)을 겸한 것이라면, 실학은 분명 위기에 빠진 현재 상황을 탈출하기 위해 체계적 정책을 논한 것이 된다.

실학자들은 외국문물을 소개하였고, 고증학의 방법을 사용하였으며, 우리나라의 역사, 지리, 언어 등을 연구하였다. 또한 그들은 서양문물의 영향을 받아 자연과학에 새로운 족적을 남겼을 뿐 아니라, 천주교까지 받아들이는 등 학문적·종교적 지평을 넓혔다. '실사구시(實事求是)'에 맞는 다양한 소재를 소개함으로써, 실학자들은 한 사람이 몇 영역을 섭렵했던 것이다.

원래 정통 유학은 의리지학(義理之學, 철학), 고거지학(考據之學, 고증학·문헌학), 사장지학(辭章之學, 문학), 경제지학(經濟之學, 정치학)으로 대별된다〔천관우, 1971; 천관우(외), 1993 : 26〕. 조선 후기의 실학파에 이르러 그 시야가 넓어짐에 따라, 실학자는 경제지학, 고거지학에 집중적 관심을 보였다. 실학자는 유교로서의 경제, 경국제민(經國濟民), 고거(考據) 등을 포함시키며, 체제적 정책에 관심을 가졌다. 당시 고거지학은 외국문물을 소개하는 것, 고증학을 통해서 우리의 경서(經書), 역사, 지리, 언어 등을 과학적으로 연구하였다. 실학자들은 서양문물을 적극적으로 소개하고, 자연과학에까지 새로운 족적을 남겼다.

실학은 주자학(朱子學)에 대한 비판과 더불어 현실정책에 대한 체계적 비판으로 시작하였다(천관우, 1967 : 304~305). 당시 실학자는 주자학의 중국학문에 대한 무비판적 수용을 지탄했다. 실학자 홍대홍에서 그 사고를 쉽게 알 수 있는데, 예를 들면 하늘에서 본다면 '화이'(華夷)가 일반이며, 내외의 분리 등이 있을 리 없다고 하여 중화주의적 사상을 비틀어서 본다(천관우, 1995 : 103). 화(華)로써 보면 '화'가 내요, '이'(夷)가 외이며, '이'로 보면 '이'가 내요 '화'가 외인 것이다. 따라서 공자(孔子)는 주인(周人)인 까닭에 주(周)를 존숭(尊崇)

한 것이지 공자가 역외(域外)에 태어났다면 마땅히 역외춘추(域外春秋)를 지었을 것이다.

실학파 이래 우리 사학의 지표의 과제는 중국 중심의 역사로부터 독립에 있었음을 새삼 돌이켜 보게 된다(천관우, 1975 : 32). 실학파는 유학을 이념으로 하는 현실정치에 대한 회의를 반영했다. 그들은 자유분방한 지식욕을 구사하고, 현실을 비판하며, 권위를 부정했다. 실제와 유리된 모든 공허한 개념의 유희를 경멸하고 현실생활에서 우러나오는 불만과 열정을 토대로 실학파는 현실성의 경세학에 몰두했던 것이다. 그들의 서술방법은 경험적이며, 실증적이었고, 귀납적이었으며, 역사적이었다. 천관우에 의하면, 실학파는 자유성·주체성을 바탕으로 중화사상·봉건사회사상·기존 사상 등 일체의 과거사에 대하여 거침없이 연구영역을 확장했다(천관우, 1975 : 103).

3) 실학과 민족의식

경세학은 민중의 생활과 직결되었다. 수천 년 역사에 왕조도 바뀌고 정권도 바뀌었지만 민족의 전통을 이어온 사람은 다름 아닌, 민중이었다. 저널리즘은 민중에게 발언의 기회를 제공한다. 천관우는 이 민중의 발언을 제외시키고, 정부만으로 온전히 나라를 지켜갈 수 없다고 단언했다(천관우, 1965~6 : 164). 그는 위정자들에게 민중의 저항을 짓밟지 말도록 권장했으며, 나라 위한 민중의 항의를 정당히 대하도록 바랐다. 그래야만 시련의 폭풍우를 민중 전체가 무릅쓰고 뚫고 나갈 수 있다고 본 것이다. 즉, 천관우는 나라가 껍질 없는 게 모양으로 되어 있더라도, 그 시련을 이겨나갈 수 있는 최대의 힘은 민중에게 있다고 단언했다(천관우, 1965~6 : 165). 현대사회에서 민중의 중요성을 과거의 역사학과 연결시키는 노력은 약간의 무리가 따르지만, 천관우는 역사를 경세학의 원리에 따라, 실천적인 의욕과 직결시켰다.

역사서 서술에 있어서의 사실의 취사선택뿐 아니라, 개개의 사실의 해석, 평가 등은 저널리스트의 주된 영역이다. 설령 권력과 맞부딪쳐 불굴의 용기를 가지는 것은 과거의 언관(言官)과 다를 바가 없으나, 근대적인 것과 전근대적인 것의 단절은 피할 수 없다. 민중의 일반적 지적 수준이 높아지고, 정밀화되었다. 주관적 의견이 여론으로 형성되는 과정은 과거의 '유언(流言)'의 떠도는 것과는 전혀 다른 맥락이다. 그러나 실학은 이러한 연결고리로 고증학의 합리성, 실증성, 과학성 등의 탐구정신을 요구했다. 실학은 과거의 정통 유학과 현대 학문 사이의 연결고리를 제공한 것이다.

4) 일제시대의 실학 전통

실학자의 전통은 일제시대 서구식 자본주의 유입과 맥을 같이 하면서 발전한다(천관우, 1967 : 309). 천관우에 의하면, 일제시대의 '식산흥업'(殖産興業)은 일본인이 우리에게 알려준 서구식 자본주의 체제의 육성방안이었다. 조선의 '문명개화'에 관심을 가졌던 최초의 사람은 후쿠자와 유키치〔福澤諭吉〕였다. 그는 현대 조선에 신문을 만들도록 권장한 사람이기도 하다. 신문은 근대화와 자본주의 체제정립에 중요한 역할을 한다. 문명개화 운동의 일환으로 1920년 《동아일보》가 창간되었는데 그 사시(社是)는 첫째, 민족주의, 둘째, 민주주의, 셋째, 문화주의였다. 당시 민주주의의 사시는 계몽사상운동에 적극성을 보인 것이다. 《조선일보》 또한 '신문명진보주의'(新文明進步主義)를 사시로 삼았던 것은 분명 근대화를 주요 덕목으로 삼았던 것이다.

일제시대 조선의 사학자는 민족정신을 앙양해 애국심을 고취시키고, 애국계몽을 통해 '국가'사상을 주입하도록 했다. 1930년대 초부터 실학의 위대성을 발굴해낸 문일평, 최남선, 정인보 등 논저는 민족주의와 무관할 수 없다.

조선의 민족주의 사상으로 면면히 내려왔던 실학의 발견은 장지연의 공헌과 무관할 수 없다. 더욱이 장지연은 실학의 경세론과 저널리즘 뿐 아니라, 자강주의, 근대지향의식, 그리고 민족주의를 연관시켰다(천관우, 1975 : 177). 장지연은 당시 자강주의적 입장에서 《대한강역고》를 증보, 간행했다. 장지연은 정약용의 《강역고》에서 국가의 3대 속성, 즉, 인민, 국토, 지리에 대한 서술을 자세히 했다. 이것은 자강파 지성들의 공통된 관심이었고, 근대적 국가사상의 도입에 의해 나타난 새로운 국토의식이었다. 또한 언론인 신채호는 인민과 영토에 대한 관심을 강조하고, 그 영토에 대한 관심을 바로 고대사에 있어서 지역의 팽창에 근거를 두었다(신일철 · 천관우 · 김윤식, 1979 : 177).

신채호 역시 후일 《조선사연구초》, 《조선상고사》 같은 저서를 통해서 민족주의 사학을 개척하다시피 했으며, 역사학의 과학적 방법론을 강조하였다(천관우, 1975 : 30). 같은 내용으로 장지연은 정약용의 지리고증(地理考證)을 증보하고, 그가 종사하던 《황성신문》에서 사학-경세학-저널리즘을 연계시켜 설명하였다(천관우, 1975 : 30).

천관우는 신채호, 장지연과 같은 맥락에서 고대사 연구를 시작했다. 고대사 연구는 민족의 정체성 확립과 연결되며 주체의식의 복원과 연결된다. 천관우의 민족주의 사관은 과거의 화이(華夷)를 탈피하려는 생각, 일종의 민족의 자의식 고취, 그리고 전근대 신분제의 타파 등을 내포하고 있다. 이런 논조를 통해 천관우는 동포의식, 동일체 의식을 시도했는데, 이는 실학파와 같은 맥락에서 연구한 것이다(신일철 · 천관우 · 김윤식, 1979 : 186).

일제시대 민족의 생존, 발전을 위협받는 상황에서, 당연히 민족주의가 득세하기 마련이었다. 그때는 이미 동아시아에 화이(華夷) 질서가 무너지기 시작한 때이기도 했다. 즉, 시대상황의 객관적 조건과 우리 자체 내의 조건이 합쳐 민족주의가 성장이 되었다(신일철 · 천관우 · 김윤식, 1979 : 186).

언론인 박은식, 장지연, 신채호 등은 청말(淸末) 받아들인 서구사상을 민족주의 관점에서 해석하였다. 즉, 국권주의적인 면을 강조하면서, 서구사상을 받아들인 것이다. 천관우는 근대화 과정에서 신문이 민족의 정신을 지켜왔다는 논조를 계속한 셈이다.

천관우는 "민족주의 언론이 사학의 '사풍'(史風)과 맥을 같이 하는데, 그 '사풍'은 실증(實證)·사론(史論) 양자로 대분된다"라고 봤다(천관우, 1975 : 47). 실증의 사풍이 해방 후 우리 아카데미즘 사학의 주류를 이뤘다면, 해방 전의 대부분의 시기에는 사론이 주류를 이루었다. 사론은 민족주의의 고유문화에 특수한 강조점을 부여한다. 민족의 주체의식은 오늘날의 연구자들에게도 필수의 것이지만, 학문을 전제로 하는 이상 한국문화를 세계문화의 일환으로 정확하게 파악하는 이상(理想)이 필요하다(천관우, 1975 : 53). 그렇더라도 각 사론에는 '입장'이 있고, '뜻'이 있다. 그것이 사안(史眼)이요, 사관(史觀)이다.

언론에서도 객관보도, 주관보도로 크게 대별된다. 설령 혹자가 주관보도를 주창하더라도, 이들은 정확성, 균형성, 객관성 등을 무시할 수 없다. 설령 객관보도를 한다고 하더라도 언론인은 통찰력을 필요로 한다. 여기서 통찰력은 심원한 학문, 숙달한 경험, 예리한 판단력 등 그런 모든 것의 종합에서 오는 식견이다(천관우, 1969 : 134).

글을 작성하는 언론인은 각 언론사의 사시(社是)의 사안을 염두에 둔다. 사시는 언론사 종사자뿐 아니라, 오랜 독자도 그것에 익숙하게 된다. 언론인이 보도의 관점을 중시하듯, 역사가의 서술은 어느 경우에나 그 서술자의 역사관을 드러낸다. 설령 역사관을 드러내지 않더라도, 그 서술 속에서 어느 사실은 크게 다루고, 어느 사실은 그냥 넘어가거나, 혹은 적게 취급한다. 우리 역사의 서술이 무미건조하다는 것은 이 역사관이 약하거나 흐리기 때문이다(천관우, 1962~3 : 323).

천관우는 우리 사학의 당면한 과제로 국사를 좀더 거시적으로 관찰하도록 권장했다. 하지만 아깝게도 이러한 자유성·과학성·현실성의 발아에도 불구하고, 실학은 서구 문예부흥의 혁명적 조류를 형성치 못했다. 실학자는 유학자의 정체적 순환론, 그리고 너무나 오랜 전통을 가진 동양적 세계관에 사로 잡혀있었다. 물론 실학은 봉건사회의 본질을 해부하고, 노동하지 않는 계급을 비방하고, 신분적 세습을 비판하고, 대토지 사유를 부인하였다.

유학의 경세학(법학, 경제, 군사 등의 정책론 및 그 사상, 역사, 지리)은 근대지향적 관점, 그리고 민족적 관점에서나 가장 실학적 요소를 담았다. 그러나 실학은 경세학에 더욱 몰두했다. 그 결과 조선 후기 실학은 역시 현실문제에 직결된 경세학에 의미를 부여했다(천관우, 1975 : 181).

4. 언론의 정체성 확립

김용섭은 《일제관학자들의 한국사관》에서 한국사의 본질에 관한 문제를 제기한 바 있다(김용섭, 1963 : 2). 그가 집요하게 주장한 두 가지는, 첫째, 한국사 또는 한국문화는 '주체성을 결여하고 있다'라는 점이다. 즉, ① 한국사의 본질이 타율성에 의존한다는 점이고, ② 한국사에는 정체성(停滯性)이 누락되어 있다는 점이다. 김용섭과 더불어 천관우는 역대 위정자들이 '민족정신'의 앙양정책이나, 주체성 확립에 관심을 둔 것은 같은 차원에서 논했다(천관우, 1966a : 27~28). 그러나 천관우는 "위인들의 동상을 세우고 무슨 센터의 빌딩을 짓는 것이 급한 것이 아니라, 정작 민족문화를 발굴하고 키워나갈 요원이 부족함"을 강변했다(천관우, 1966a : 31). 새로운 시련에 대처할 가장 크고 급한 당면한 문제로 천관우는 연구요원의 교육에 관심을 갖도록 했다. 또한 왜곡된 한국사를 바로 잡는 또 하나의 작업은 사실의 면밀한 검토와 더불어 역사의 전체 흐름을 파악할 필요가 있다.

조선왕조 시대 당쟁이 치열했다는 것은 사실이다. 그러나 전 국민의 몇 분의 일밖에 안 되는 지배층의 권력쟁탈에 역사가는 온통 몰두했다. 현대 신문이 민중 편에 선다는 의미에서, 권력쟁탈의 당쟁과는 차별화를 지닌다. 신문의 자유는 민중이 한편이 되어주기 때문에 유지되며, 신문의 위기는 법령에 의한 제재나 경영상의 압력이 아니라, 독자로부터의 불신으로 인하여 민중과의 공동전선이 무너짐으로써 맞게 된다(천관우, 1969 : 141). 그러므로 신문이 기뻐해야 할 일은 민중이 지지해주고 민중이 한편에 서 주는 것이다. 천관우는 언론인이어야 할 이유로 다름 아닌, 사회에 대한 사명감으로 간주한 것이다.

민중의 자유를 확보하는 일은 뚜렷한 시각의 정립으로부터 시작한다. 즉, 천관우는 역사에서 사안(史眼)의 중요성을 언급한 것이다. 천관우는 연구자의 고증적 자료의 확보와 더불어 연구자들의 사안(史眼)을 부각시켰다.

천관우는 언론인과 역사가를 같은 차원에서 논하였으며, 민중의 생활에서 역사의 소재를 얻었다. 또한 그는 역사의 실증성과 사안의 중요성을 인정했다. 역사가 천관우는 언론인 천관우와 연장선상에 있다. 천관우가 제시한 논객의 조건은 역사가의 조건과 유사하다. 그것은 천관우가 말한 논객의 조건을 보면 잘 드러난다. 논객의 조건은 '개성, 통찰력, 그리고 문장력' 등 세 가지이다.[4] 통찰력의 '사안'이 그만큼 중요한 것이다. 언론인은 자신의 주관성을 뚜렷이 할 필요가 있다. 천관우는 "'시(是)'면 시요 '비(非)'면 비이지 이것도 저것도 아닌 불분명

4) 논객은 자신이 지닌 개성으로 인해 영향력을 지닌다. 시비를 분명히 가리는 논리의 전개는 개성에서 우러나오기 때문이다. 이것도 저것도 아닌 불분명한 태도를 지닌 사람으로서는 영향력을 미칠 설복력(說服力)이 없다. 논객이 지닌 영향력은 그의 통찰력으로 비롯되며, 대개는 심원한 학문과 숙달된 경험과 예리한 판단력과 그런 모든 것의 종합에서 오는 식견이 통찰력을 형성한다. 논객은 자신의 논리를 뒷받침하고 상대방을 제압할 수 있는 뛰어난 문장력이라는 무기를 갖추어야 한다(정진석, 1995: 478).

한 태도로서는 누구에게도 영향력을 미칠 수 없다"고 단언한 것이다.

1) 산업화시대의 매스미디어

산업화 시대를 살아가는 현대인은 여론의 주체가 아니라, 객체로서 대중사회를 형성한다. 그들은 토론을 결한 채, 일방적으로 외부의 정보를 흡수한다. 현대 매스미디어는 정보를 날라주는 기구로 작동한다. 정보사회가 그 발전의 심도를 더할수록, 매스미디어는 더욱 그 위력을 발휘한다. 미디어의 영향력에 따라, 대중은 수동적으로 행동함으로써, 그 틈을 이용한 매스미디어는 왜곡을 일삼는다. 다시 말해 미디어는 여론을 의식적으로 왜곡함으로써 심리적 폭력을 행사하는 것이다(천관우, 《조선일보》 1957. 4. 13).

원론적으로 매스미디어는 사실과 사건을 정확하게 전달하고, 그것을 수용하는 민중은 합리적 비판과 판단을 하게 되는 것으로 여겨진다. 하지만, 그것은 문서상의 이야기일지도 모른다.

천관우가 활동하던 당시 자유당 정권은 매스미디어를 자의적으로 움직이는 것 같았다. 매스미디어는 선전에 의한 의식적 왜곡을 일상화시켰다. 사회 운영원리는 소비재 원조물자에 의존한 소비문화가 만연되고, 소비문화는 개인의 현실도피를 조장했다. 이에 대해 천관우는 "사회에 비판정신이 약화되었고, 획일주의가 현대사회의 위기를 조장하였다"(《조선일보》 1957. 4. 14) 고 봤다.

이승만(李承晩) 정권시대의 여론은 공중의 합리적 여론형성을 방해하였다. 그 당시 시도했던 대중사회는 근대의 공중(*public*)을 해체시켰다. 기계화에 의해 형성된 대중(*mass*)은 수동적 삶을 영위하게 되었다. 대중사회는 합리적인 토론이 아닌, 타자의 비합리적 동조를 부추겼다.

현대정치는 여론의 정치라고 한다(천관우, 1957. 4. 12). 대중이 형성하는 여론이 선거를 통해 정당에 흡수되고 의회를 거쳐서 다수 의견이 국가의사로 되며, 그것은 다시 관료기구를 통하여 사회의 저변으로 침투되었다. 여론을 통해 국가정책이 형성되고, 그리고 국민에게 침투되어 이른바 국력으로 나타나게 된다. 거대한 침투력과 기동력을 갖은 정치적 에너지로서의 매스미디어가 등장한다(《조선일보》 1957. 4. 14). 그러나 매스커뮤니케이션은 빈번히 민중의 주관적 정치참여를 방해할 뿐만 아니라 저해하는 경향을 지녔다. 그렇다면 사건의 합리적 분석과 비판정신에 입각하여 매스미디어를 운영할 필요가 있다.

매스미디어는 합리적 분석과 비판정신에 입각하여 운영할 필요가 있다. 마찬가지로 근대화의 상징인 서양사상도 비판을 통해 토착될 필요가 있다. 매스미디어의 속성은 인간의 기계화, 수동화를 부추겼다. 이런 상황에서 전통사상에 아무리 좋은 것이 있다고 하더라도 근대라는 국면에 적응하고, 근대로 해석하고 또 거기에 생명력을 불어넣어 주지 않는다면 그 자체는 아무런 소용이 없다, 이 문제는 오늘날뿐만 아니라 앞으로의 과제이다(천관우, 1986 : 185).

천관우는 "서양의 민주주의, 근대화 등 사상이 토착화되지 않으면 내 것이 될 수 없다"고 간주했다(천관우, 1986 : 185). 다른 한편으로 전통사상이 아무리 강점을 지녔다고 하더라도 근대라는 국면에 적응하고, 근대적으로 생명력을 불어넣어 주지 않는다면 그 자체는 아무런 소용이 없다, 이 문제는 오늘날뿐만 아니라 앞으로의 과제이다.

2) 언론인의 비판정신

비판정신은 언관, 사관, 그리고 저널리스트에게 일관성 있게 강조되어 온 언론자유의 정신이다. 논객들은 매일 "시(是)면 시요, 비(非)면 비"라는 통찰력의 요구에 직면한다. 이런 통찰력을 지닌 논객을 '대기자'라고 칭한다. 대기자들은 막강한 영향력을 발휘하는 사람들이기에 그 시대, 그 사회에 대한 사명감이 투철한 오피니언 리더들이었다. 그들은 그를 때 그르다고 이야기할 수 있어야 하며, 권력에 굴복하지 않으면서 대중의 인기에도 영합하지 않아야 한다.

천관우는 언론자유를 수호하는 단체인 편집인협회의 부회장에 피선되어 언론자유를 수호하기 위한 공동 투쟁에 참여했다. 그리고 그는 '민주수호협의회', '민주회복국민회' 등을 창립하여, 민주화운동에 앞장섰다. 천관우는 "서서 죽을지언정 무릎 꿇지 않겠다"는 각오로 일관했다. 이런 천관우의 생각은 그의 글에서, 그의 언론사 생활에서 잘 드러난다. 천관우는 《신동아》 필화사건과 3선 개헌을 앞두고 전개된 정부의 언론탄압 실태를 지켜보면서 우리 언론을 '연탄가스에 중독'된 상태라고 진단했다(《기자협회보》 1969. 1. 10). 즉, 그는 자유와 항쟁정신을 잊어버리고 안일하게 근무하는 것을 합리화시켜준 사이비 협조정신이 가장 큰 독소였다고 술회했다. 신문이 자유보다 자율을 외치고, 항쟁정신보다 협조정신을 외치면서부터 가스는 스며들기 시작했던 것이다.

이런 상태를 벗어나기 위해서는 그 근본적 사명을 환기시켜야 한다. "옛날의 언관이나 사관은 모두 관(官)으로서 관에 충실한 것이었음에 대하여 오늘의 저널리즘은 민(民)으로서 민에 봉사한다"(천관우, 1962: 21). 저널리즘이 민권을 토대로 하는 시민사회의 성장과 함께 성장한 것은 결코 우연이 아니다. 민의 입장을 지키지 못하고 민의 편에 서지 못하는 저널리즘은 아무리 외면상으로 저널리즘의 형태를 갖추었다고 하더라도 그것은 이미 저널리즘이 아니다. 관이 민의 이익에 역행하거나 무성의하거나 비능률일 때에는 저널리즘은 당연히 민의 입장에 서서 민의 권리를 되찾아야하는 것이 그 사명이요, 생리요, 존재이유요, 민의 기대이다(천관우, 1962 : 22).

민주정치에서는 정치하는 이들은 민중의 비판을 받게 되어 있다. 비판을 받기 싫어하면 이미 민주정치에는 틈이 생기기 시작한다. 귀에 거슬리는 말을 듣기가 싫을 때, 관은 아주 빈번히 저널리즘을 그들의 통제 아래 두고 싶어한다. 저널리즘을 통제해야만 정치가 된다면 그것은 벌써 민주정치와는 다른 방향으로 가는 것이다. 그러나 신문의 자유도 다른 모든 자유와 마찬가지로 책임을 거느리고 걸어간다.5)

사회에 대한 그 책임을 저버리면 신문도 자유를 누릴 수 없다(천관우, 1962 : 22). 〈신문윤리강령〉 2조는 "신문은 사회의 공기로서 그 공공성이 용인되고 신문인은 독특한 사회적 지위를 지닌다"고 규정하고 있다. 그러나 이런 독특한 사회적 지위는 오로지 "공중이 사회에 의하여 사건과 문제의 진상을 파악하고 이를 비판의 기초로 삼는다는 신뢰로부터 온다"라고 규정하면서, 이 강령은 자유와 더불어 책임을 본 강령의 핵심 부분으로 처리하였다.

위정자는 눈앞에서 얼씬거리며 아부하는 사람만 편애한다. 물론 슬기로운 위정자는 자유로운 여론과 자유로운 저널리즘을 민의 편에 놓아두고, 더 큰 가슴을 펼쳐 그것을 나라와 사회의 전진을 위해 공헌하도록 바란다. 또한 기자들은 더 큰 눈을 떠서 나라와 사회의 앞날을 함께 도모할 필요가 있다.

그러므로 그들은 권력과 맞부딪쳐 불굴의 용기를 가지고 꿋꿋하게 소신을 굽히지 않는 투사들이어야 하는 것이다. 논객은 때로는 권력이 아니라 일반 민중 만인이 싫다 해도 거침없이 자신의 길을 가는 신념을 지녀야 한다. 논객은 권력에 굴복하지 않으면서 대중의 인기에도 영합하지 않는 사람들이어야 하는 것이다(정진석, 1995 : 478).

---

5) 천관우는 언론자유와 여타의 관계를 설명하였다(천관우, 1969 : 78). 언론의 자유가 국민의 기본적 권리임은 새삼스럽게 들출 것도 없다. 그러나 우리는 자유가 있어야 하는 동시에 질서가 있어야 하며, 또한 개인의 권리가 있어야 하는 동시에 공공의 복리가 있어야 하는 까닭에 여기에 언론자유의 한계가 문제되는 것이다. 즉, 자유와 질서의 조절, 언론자유의 구체적 한계란 획일적일 수도 없겠지만 그 조절을 정부가 어떻게 실현하는가의 문제야말로 민주정치에 대한 순역과 역량을 측정하는 최대의 척도의 하나라고 아니할 수 없다.

5. 결 론

천관우는 현대의 저널리즘이 경세학을 계승한 것으로 간주했다. 그렇다면 그에게 실학, 경세학, 역사학, 저널리즘은 같은 맥락에서 발전한 것이다. 그는 박은식, 장지연, 신채호 등의 대한제국 말기의 언론인이 이들 학문을 통합하였다고 본 것이다.

오늘날의 세계에서 전통문화를 생각하고, 행동하는 기준으로 삼기는 어려운 과제이다. 근대적인 것과 전근대적인 것의 단절을 반드시 경험하게 된다. 실학은 이러한 연결고리를 마련해주었다. 조선후기 실학을 근대지향의식, 민족의식 등 기준으로 볼 때, 그것이 가장 두드러지게 나타난 것은 경세학이다. 따라서 조선후기 실학사상의 핵심이 바로 경세학에 있다는 점을 시인하여도 무방하다.

천관우는 현대언론의 기원을 실학의 경세학에서 잡았다. 또한 그는 근대화의 기수로서 논조를 폈다. 일제시대, 6·25를 시대를 살았던 천관우는 근대화와 민족주의 사관을 실현시키려고 했다. 《대한매일신보》가 의병들을 무장항일투쟁에 가담시켰듯, 《한국일보》, 《조선일보》, 《동아일보》 등 신문은 근대화의 정신을 구현했다. 분명 천관우는 장지연, 신채호, 안재홍, 박은식 등의 언론인들이 시도했던 길을 걸었다. 대기자 천관우는 그 시대 그 사회에 대한 자신의 사명감이 투철한 논객이었다. 그러기에 천관우는 당시의 권력과 맞부딪쳐도 불굴의 용기를 가지고 활동을 전개한 투사였고, 때로는 만인이 싫다 해도 거침없이 자신의 길을 가는 신념의 인물이었다. 즉, 논객의 삶이 언론의 정체성 확립을 위한 첫걸음이었다.

최석채

권력자는 은퇴 후 화려한 영광의 기억이 남고,
경제인은 은행구좌에 재산이 남지만,
신문인은 기사 스크랩과 자존심 외에는 남는 것이 없다.
언론인이 자존심을 버리면 언론에 대한 사명감도 없어지고,
언론의 권위도 떨어지는 것이다.

제 9 장
최석채 : 언론인의 사회적 사명

1. 언론의 사회적 역할

'언론윤리위원회법'(言論倫理委員會法)[1]이 1964년 8월 2일 국회에 통과되면서 언론계는 술렁이기 시작했다. 언론인 단체는 "동 법을 위

1) '신문윤리위원회법'은 1964년 8월 2일 국회에 통과되었다. 제3공화국 박정희 정권이 야당, 신문, 학생 등 3대 저항세력에 대항하여 견제적 장치를 위하여 이 법을 제정했다. 이 법안은 언론의 자율규제를 위해 윤리위원회를 설치토록 하며, 신문, 통신, 잡지, 방송의 대표자는 의무적으로 윤리위원회 위원이 되고, 윤리요강을 제정하여 공포하며, 윤리상설기구로 심의회를 두고, 심의회는 문제된 언론내용을 판정하고 모든 언론기관이 공포의 의무를 지도록 했다(김민환, 2002 : 485). 한국신문편집인협회는 "동 법안을 위헌적이며 비민주적인 악법으로 규정하고, 이 법 시행에 대한 일절의 협력을 거부한다"라는 성명을 내었다. 발행인협회, 통신협회, IPI 한국위원회, 그리고 기자협회 등은 '악법폐지투쟁위원회'를 결성했다. 이 투쟁〔言論波動〕은 9월 7일 언론계 대표 6명이 박 정권과 담판을 벌여, 38일간의 투쟁 후 정부가 스스로 후퇴함으로써 막을 내렸다. 전국 26개 언론사 가운데 21개 사의 발행인이 8월 28일 법 제정을 찬성함으로써 투쟁대열에서 이탈되었다. 그러나 끝까지 투쟁한 신문사는 동아일보, 조선일보, 경향신문, 대구매일신문 등 4개 신문이었다. 설령 사주가 정부에 동조하였더라도 편집인과 기자는 '언론파동'에 동조하지 않았다. 또한 대한일보는 태도표시에 기권한 상태였다. 그후 권력의 작용으로 경향신문은 은행부채로 채권자인 은행이 1966년 2월 공매처분을 결정했다(최석채, 1968:9).

헌적이며 비민주적인 악법으로 규정하고, 이 법 시행에 대한 일절의 협력을 거부한다"라고 성명[2]을 내었다(최석채, 1968 : 9). 같은 해 4월 편집인협회 부회장에 피선되었던 최석채(夢鄕 崔錫采, 1917~1991)는 언론윤리위원회법 반대투쟁위원회 실행위원의 핵심으로 투쟁했고, 그 해 9월 8일 박정희 대통령과 언론계 대표들과의 유성회담 때는 편집인협회 대표로 참석해서 박 대통령과 담판, 악법을 반대하는 논리를 전개했다(최석채, 1990 : 596).

당시 '군정연장 반대' 소용돌이가 채 가시지 않은 때였다. 1963년 12월 17일 제5대 박정희 대통령이 취임한 지 불과 2개월이 되지 않았던 1964년 2월에는 이른바 '3분폭리(三粉暴利)' 사건이 정치문제화되었다. 장준하(張俊河)가 "박정희란 사람은 우리나라 밀수 왕초다"라고 부르짖던 사건이다. 그해 3월에는 민정당(民政黨)과 삼민회(三民會)가 공동으로 대일 '저자세외교반대 범국민투쟁위원회'를 결성하고 전국유세를 시작하였다(정진석, 1992 : 180). 한일수교 반대시위가 1964년 6월 3일 절정에 치달았다. 서울 일원에만 1만 학생이 운집하자, 박정

2) 한국신문발행인협회, 한국신문편집인협회, 한국통신협회, IPI 한국위원회, 한국신문윤리위원회의 5개 단체대표로 구성된 "언론규제대책위원회"는 7월 30일 민주공화당이 국회에 제안한 "언론윤리위원회법안"에 대하여 다음과 같은 비민주성과 위헌성을 지적하고 끝까지 이를 반대할 결의를 표명하는 동시에 민주정치의 상도에 비추어 민주공화당이 즉각 자진철회하기를 전 언론인의 이름으로 강력히 요구한다라고 성명서를 낸다. ① 민주공화당이 제안한 이른바 "언론윤리위원회법안"의 내용은 "언론의 자율적 규제"와는 전혀 상반되는 것이니 언론자유의 본질적 내용을 정면으로 침해하는 완전한 "타율적" 규제이다. ② 이 법안은 언론의 자유를 보장하는 헌법의 규정과 정신에 대한 자명한 위배이며 또한 사법권의 범역을 침해할 요소까지 포함하고 있다. ③ 우리 언론인들이 그동안 대책위원회를 통하여 진지한 자아비판과 언론의 질적 향상을 위한 노력과 성의의 일단으로서 7월 30일에 채택, 발표한 언론자율규제보강에 관한 제 방안을 의식적으로 외면하는 이번 처사는 언론인뿐만 아니라 이 나라의 민주발전을 희구하는 건전한 사회여론의 준엄한 비판을 받을 것으로 믿는다(최석채, 1964a : 8).

희 정권은 서울 일원에 비상계엄령을 선포했다. 이때 박 정권은 6·3 사태의 원인으로 언론사의 '무책임한 선동보도' 때문이라고 단정하고, '언론윤리위원회법'을 제정한 것이다(주동황·김해식·박용규, 1997: 89). 박정희 전 대통령은 "우리나라 신문은 지난 18년간 선의이건 악의이건 너무나 많이 국민들을 자극했고, 선동적 언사를 써왔습니다. 이렇게 하여 경영상 수지는 맞추었을지는 몰라도 국가사회에 유익한 일만 해왔다고 단언할 사람이 누구이겠습니까"라고 '언론윤리위원회법' 제정에 대한 필연성을 언급했다(최석채, 1964b : 6).

같은 법에는 언론보도 내용을 심의하는 심의회를 설치하고, 심의회에게 정간여부까지 결정할 수 있도록 했다. 《경향신문》, 《대구매일신문》, 《동아일보》, 《조선일보》 등 네 개 신문은 법 제정을 반대했으나, 나머지 신문·방송은 찬성함으로써 언론사 간에 찬반논쟁이 가열되었다(주동황·김해식·박용규, 1997 : 90). 이런 와중에 최석채는 반대투쟁위원회 실무위원을 맡았으며 편집인협회 소속 언론계 대표로 박정희 대통령과 '유성회담'의 담판을 승리로 이끈 것이다.

최석채가 유성회담에서 내세웠던 근거는 자유주의 정신이었다. 그는 정치와 신문의 위치가 음과 양의 대각선상이며, 물체의 표리처럼 서로 근접하지 못하는 한국적 풍토를 직시했다. 그러나 최석채에게 언론의 자유는 헌법 이전의 천부인권이며, 그 누구도 뺏을 수 없는 절대적 기본권에 속했다(최석채, 1964b : 7). 따라서 정치, 혹은 정권에 의해 편의대로 좌우될 그러한 성질의 것이 아니었다.

최석채는 "제헌정신을 수호할 용기"에서 독립·자유·평화, 그리고 만민의 평등을 향유하기 위해서 개인의 삶에 민주주의가 필요함을 역설한다. 그는 "우리 민족의 숙원사업을 결정하여 '대한민국 헌법전문'[3]

---

3) '대한민국헌법'의 전문에서 "유구한 역사와 전통에 빛나는 대한민국은 3·1 운동으로 건립된 대한민국임시정부의 법통과 불의에 항거한 4·19 민주이념을 계승하고, 조국의 민주개혁과 평화적 통일의 사명에 입각하여 정의·인도와

에 그 요지의 정신을 담았다"고 상기시켰다(최석채, 2003 : 41).

법학을 전공한 최석채는 박정희 전 대통령과의 담판에서도 헌법의 자유주의 정신을 전면에 세우고 '언론윤리위원회법'의 자율규제의 모순성을 비판했다.

최석채는 "어디를 어떻게 해석하든 문자 그대로 스스로 다스린다. 또는 스스로 자기를 억제한다"라는 자율이란 용어가 지닌 원론적 의미를 언급하며(최석채, 1964b : 7), 동 법의 자율규정에 대해 반문했다. 즉, "누가 자율(自律) 한다는 것이며, 누가 누구더러 자율적 규제를 법으로 만들겠다고 벼르는 것인지", "정치인 자신의 자(自) 인지, 신문인의 자인가 모호하기 짝이 없다"고 한 말은 '언론윤리위원회법' 자율규제에 대한 자신의 명확한 입장이었다.

같은 맥락에서 최석채는 언론과 정치에 대하여, 정치는 정치, 언론은 언론에 몰두하도록 바랐다. 즉, 정치인·언론인은 언제나 공공의 이익에 봉사한다는 사명을 잊지 말고 자기의 길을 충실히 걷는 것을 애국으로 간주했다. 또한 정치는 정치대로 국민들로부터 신문보다 더 신뢰를 받을 수 있게끔 선의의 경쟁과 노력을 전개하는 것 이외에 인위적인 언론의 협조를 구하는 것은 분명히 정치의 사도(邪道) 임을 강조했다. 최석채가 언급한 진정한 자율규제는 이미 편집인협회에 의해

동포애로써 민족의 단결을 공고히 하고, 모든 사회적 폐습과 불의를 타파하며, 자율과 조화를 바탕으로 자유민주적 기본질서를 더욱 확고히 하여 정치·경제·사회·문화의 모든 영역에 있어서 각인의 기회를 균등히 하고, 능력을 최고도로 발휘하게 하며, 자유와 권리에 따르는 책임과 의무를 완수하게 하여, 안으로는 국민생활의 균등한 향상을 기하고 밖으로는…" 라고 규정하고 있다. 그리고 헌법 제21조 ① 모든 국민은 언론·출판의 자유와 집회·결사의 자유를 가진다, ② 언론·출판에 대한 허가나 검열과 집회·결사에 대한 허가는 인정되지 아니한다, ③ 통신·방송의 시설기준과 신문의 기능을 보장하기 위하여 필요한 사항은 법률로 정한다, ④ 언론·출판은 타인의 명예나 권리 또는 공중도덕이나 사회윤리를 침해하여서는 아니 된다. 언론·출판이 타인의 명예나 권리를 침해한 때에는 피해자는 이에 대한 피해의 배상을 청구할 수 있다.

제정된 '신문윤리강령'에 명시되어 있다(최석채, 1964b : 7).

> 우리들 신문인의 사회적 사명은 참으로 중대하다. 더욱이 조국을 민주통일 독립국가로 재건하는 민족적 과업을 당면하여 그러하다.… ① 자유, 신문의 자유는 인류의 가장 기본적 권리의 하나로서 끝까지 이를 옹호하여 민중의 알아야 할 권리에 부응하여야 한다. 신문은 보도 및 평론의 완전한 자유를 갖는다. 다만 공공의 이익을 침해할 경우에는 일반법의 제약을 받게 되는 것이지만 신문의 자유를 제한 또는 간섭하는 법률은 있을 수 없다. 이러한 법률을 비판하고 반대하는 자유도 물론 이에 포함한다. ② 책임, 신문은 사회의 공기로서 그 공공성이 용인되고 신문인은 특수한 사회적 위치를 지닌다. 그러나 이는 오로지 공중이 신문에 의하여 사건과 문제의 진상을 파악하고, 이를 판단의 기초로 삼는다는 신뢰로부터 온다. 그러므로 신문 최대의 책임은 공중의 이러한 신뢰를 기초로 하여 공공의 이익에 충실하게 복무함에 있다. 이 책임은 또한 신문의 공공성을 보장하는 최대의 요소이다. 신문은 항상 정의에 대담하여 부정과 대결함에 용감하고 약자의 편을 들어 그 호소를 대신함으로써 공공성을 구체적으로 나타낸다(한국신문윤리위원회, 〈신문윤리강령〉, 1993 : 2).

원론적으로 최석채와 같은 맥락에서, 박권상(朴權相)은 "자유언론의 본질적 의미는 사실을 사실로 보도하고, 난해한 사실이면 알기 쉽게 풀어서 알려주고, 어떠한 판단을 요하는 사실이라면 의견을 제시하여 판단을 내려주고 도와주는 데 있다"고 지적했다(박권상, 1988 : 2). 공기적(公器的) 속성을 지닌 언론은 특권을 과감하게 포기하고, 스스로 법치주의를 준수하고, 공정거래 속에 자유경쟁을 통하여 적자생존해야 한다.

정도의 언론과는 달리, 사이비 언론은 빈번히 권력과 유착관계를 형성한다. 박권상은 언론계의 자정(自淨)혁명이 이 분야에 일어나도록 바랐다(박권상, 1988 : 4). 언론인은 정직성, 관용, 페어플레이 정신으로 도덕적 자세를 확립할 필요가 있다. 도덕적 기반 없이 언론의 자유는 자칫 특권의 남용으로 전락되고 결국 국민적 지지를 잃게 된다. 그리고 결국 언론은 자유 그 자체를 상실하게 된다.

그 구체적 예가 박정희 정권에서 일어났다. 박 정권은 1964년 8월 2일 언론자유를 제약하는 '언론윤리위원회법'을 국회에 통과시켰다. 이 법안은 전술했듯 언론의 자율규제를 위해 윤리위원회를 설치한다는 것이다(김민환, 2002 : 484). 최석채는 언론법을 자율규제가 아닌 타율규제로 간주하고 언론윤리위원회법 실행을 거부했다.

권위주의 정권은 자신들의 목적달성을 위해 정부의 정책을 지지하고 추진할 수 있도록 언론을 통제한다. 이들 정권은 정보, 사상, 의견의 유포를 자신의 목적에 맞게 홍보한다. 즉, 커뮤니케이션의 여러 가지 단위는 정부의 목적을 달성을 위해 정부의 정책을 지지하고 추진토록 하는 것이다(Siebert et al., 1956 : 38). 그러나 권위주의 정권에 도전하여 자유주의자들은 '국민의 알권리', '자유 언론'을 주창한다.

신문은 오랫동안 정부보다 더 신뢰를 받았다. 그 이유는 '사회의 공기(公器)'에 충실했기 때문이다. 그러나 실제 신문은 종속되었고 빈번히 갈등관계에 직면하게 됨으로써, '사회적 공기'로서의 파수견 기능은 빈번히 정부와의 적대적 상황에 처하게 했다.

언론은 민중이 배고파 울 때 같이 목놓아 운다. 야당(野黨)이 들썩일 때는 신문도 의기투합한다. 권력자와 언론은 숙명적인 적대의 함수관계를 유지하며 사회의 성장의 관문을 향해 한 걸음 내딛는다.

이 글은 정부와 언론, 언론인의 위치, 그리고 언론인의 사회적 사명 등에 관해서 논한다. 말하자면, 최석채의 언론사상으로부터 언론인의 규범을 도출하고자 한다.

2. 언론인 최석채

최석채는 충북 보은에서 태어나, 경북 김천에서 성장했다. 그는 일본에서 중경법률학교(中京法律學教), 중앙대(中央大) 법학부를 졸업했다. 그의 언론인 생활은 1942년 3월(1945년 8월까지) 동경에서 발행된 잡지 《법제》(法制)의 편집기자로 시작되었다. 8·15 광복 후 최석채는 1946년 3월 대구에서 발행된 《건국공론》(建國公論)의 편집부장, 《경북신문》의 편집부 '국장'[4] (1946. 7), 그리고 《부녀일보》의 편집국장(1946. 12. 5) 등을 맡았다.

그는 《부녀일보》[5] 편집국장으로서 광복청년회 경북도 부위원장 직책을 맡았다. 1947년 9월부터는 대동청년단 경상북도 정치위원장을 거치면서, 1949년 경찰에 입문하여, 1952년부터 성주·문경·영주 경찰서장 등을 역임했다. 6·25 전쟁 중 최석채는 부산에서의 5·26 개헌파동과 더불어 경찰직을 사직하였다(최석채, 1990 : 595).

그 후 1954년 《대구일보》 편집부국장, 그리고 1955년 2월 《대구매일신문》 편집국장을 역임했다. 그 해 5월 주필직을 맡은 최석채는 "학도를 도구로 이용하지 말라"의 사설로, 자유당 정권의 고위층 출영(出

---

4) 당시의 편집국장이란 말이 그럴 듯하지만 알고 보면 실소를 금할 수 없다(최석채, 2003 : 459). 국장까지 기자가 모두 일곱인데, 부국장(당시는 차장)이 취재, 편집을 다 해야 되었다. 《경북신문》은 반탁운동을 가장 열심히 한 민족지라서 받은 논설이었다(최석채, 2003 : 459). 명 논설 집필자로서 최석채는 우익진영인 광복청년회에서 선전부장, 부위원장으로 임명되었다. 그때 받은 봉급은 담뱃값 정도였다.

5) 《부녀일보》는 발행일자가 정확하지 않으나, 1946년 10월 23일 7호가 대구 촌상정(村上町) 51번지에서 발행되었다(정진석, 1995 : 306). 이 신문은 발행인 구자권, 편집인 최해룡이었으며, 타블로이드 2면으로 발행했다. 일반 종합신문의 성격을 지닌 《부녀일보》는 최초의 여성신문이었다. 최석채는 1946년 12월에 편집국장이 되었다.

迎) 시 중·고등학생의 동원에 반기를 들었다. 문제의 사설은 이승만의 측근인 임병직(林炳稷)이 대구를 방문하는 날 무더위 속에서 학생이 동원된 것을 지적한 것이다(정진석, 1992 : 271). 이 사건으로 《대구매일신문》은 백주에 '테러'[6]를 당했다. 애국단체연합회의 살기등등한 '벽보'와 '삐라'[7]가 대구 시내를 공포의 도가니 속으로 몰아넣었다(최석채, 2003 : 383). 이 사건으로 최석채는 '국가보안법 4조 위반혐의'로 구속 기소되어, 30일간 옥고를 치르고, 법정투쟁 끝에 대법원에서 대법원장 김병로(金炳魯)를 비롯, 대법관 전원 합의 아래 피고의 무죄를 선고받았다. 해방 후 필화사건이 대법원까지 가서 판결받은 첫

---

6) 《대구매일신문》에 "학도를 도구로 이용하지 말라"라는 사설이 게재되었다(1955. 9. 13). 그 이튿날인 1955년 9월 14일 하오 동 신문 및 집필자에 대한 성토대회가 열렸고, 성난 국민회 경북도본부 총무부 차장 김민, 자유당 경북도당부 감찰부장 홍영섭(洪永燮) 등 테러단은 청년 약 20명을 인솔하고, 중앙통 한은 앞 십자로에서 시영버스 420호의 승객을 전부 하차시키고, 대구매일신문사로 향해 백주의 태러를 감행했다(최석채, 2003 : 393). 그들은 대구매일신문사 업무국 사무실에 난입하여 곤봉으로 신문발송중인 업무국 사원과 신문배달 아이를 구타하여 사외로 내쫓은 다음, '자물쇠'로 잠긴 공장문을 소지해온 '대 해머'로 부수고 침입하여 공무국원을 구타하였다. 또한 그들은 인쇄기 및 발동기를 '대 해머'로 난타, 또한 문선부 활자 케이스 및 식자부의 난괘(欄罫) 기타 인쇄 부속물을 파괴한 후 업무국의 전화를 파손하고, 2층 편집국 전화수화기와 사장실 전화기 한 대 및 발송중의 9월 15일자 신문을 탈취했다. 김민은 신문사의 간판을 떼어 버스에 싣고 유유히 퇴거하였다. 폭력단을 실은 버스는 국민회관 앞인 도청광장(경찰국 뒷마당)에 가서 정차하고 사에서 탈취한 물품을 국민회관 2층에 내려놓았다.

7) 경북 애국단체연합회는 시민, 출판업자, 법정변호인, 문화인, 기타 일체 지면인(知面人)에게 '삐라'를 발송했다(최석채, 2003 : 395). 그 경고문 내용은 "이적신문 대구매일의 주필 최석채는 17일 정오 드디어 대구 시내에서 피검되었다. 이적사실은 너무나, 가공 광대한 것이며 상상 이외의 죄상이 탄로되고 있으니 한국민은 수하(誰何)를 막론하고 차(此)를 변호하는 비호, 협조적인 언사, 동정적 기사, 위문 등이 있을 시에는 그와 동계열의 이적행위자로 간주하고 애련에서는 특별조치가 있을 것을 사전 경고한다"라는 것이다.

사례였다(정진석, 1995 : 486~487).

자유당 정권의 계속적인 압력으로 최석채는 1959년 9월 김영호(金永浩) 신부와 함께 《대구매일신보》를 퇴사한다(최석채, 1990 : 595). 그러나 그 다음 달인 1959년 10월 《조선일보》 논설위원이 되어 활동한다. 최석채는 1960년 3·15 부정선거에 맞서, 3월 17일 사설 "호헌구국 운동 이외의 다른 방도는 없다"로 4·19의 도화선의 역할을 담당했다(최석채, 1990 : 595). 그 글에서 그는 "뜻 있는 전 국민은 엄숙히 자문자답해 본다. 과연 이것이 선거인가. 양심이 있는 인간이라면 3·15 선거를 몸소 겪고 이래도 우리나라에 민주주의의 희망을 걸 수 있다고 장담할 사람이 있을까"로 정부에 맞선 것이다.

직필의 정신은 최석채를 다시 언론계에서 떠나게 했다. 당시 언론인들한텐 자기 소신과 맞지 않으면 뒤도 보지 않고 뛰쳐나가는 지사기질이 있었다(오효진, 1986 : 201). 언론계를 박차고 나온 최석채는 4·19 직후 대구 갑구에서 진보정당인 사회대중당 공천으로 민의원에 입후보했으나 낙선하고 언론계로 다시 돌아왔다. 그는 1960년 9월 《경향신문》 편집국장, 1961년 1월 《조선일보》 편집국장에 복귀했다. 그러나 최석채 편집국장은 1961년 5·16을 평하면서, "공명하지만 그러나 아직 지지는 할 수 없습니다"(김현호, 2004 : 147) 라고 말하며 국장직을 사임했다. 그는 1962년 초부터 1964년 3월 '정치정화법'의 실질적 해소 때까지 약 2년을 '유령 논설위원'으로 지내게 된다(최석채, 2003 : 477).

5·16의 기세로 현역군인 80여 명이 군사혁명지지 민정참여를 촉구하자 최석채는 "일부 군인들의 탈선행동에 경고한다"의 논설로 맞섰다. 군부는 '비상사태 임시조치법'[8] 으로 정치 비판을 봉쇄하였다(최석

---

8) 박정희 최고회의 의장은 1963년 3월 16일, 4년간 군정을 연장하고, 이에 따른 소요를 막기 위해 '헌법 부칙 개정안'과 '비상사태 수습을 위한 임시조치법'을 공포하였다(조맹기, 1997: 256). 이 임시조치법은 군정을 비판하는 어떠한 정

채, 2003 : 512). 《조선일보》의 12일간(1963. 3. 17~3. 28)의 무(無) 사설 행진이 계속되었다. 그리고 결국 1964년 6월 한일회담 반대데모로 서울 일원에 비상계엄령이 선포되었다.

최석채는 논설위원을 거쳐 1965년 7월부터 1971년 12월까지《조선일보》 주필을 지냈다. 전술했듯, 최석채는 편집인협회 부회장으로 피선되어 '신문윤리위원회법' 반대투쟁위원회 실무위원회를 지휘했고, 편집인협회 언론계 대표로 박정희 정권과 '유성회담'에 참여했다. 그리고 1966년 4월 제3대 편집인협회 회장에 추대된다.

박정희 정권의 아킬레스건인 차관 문제가《신동아》1968년 12월 특집으로 다루어졌다. 동아일보 주필 천관우와 편집국장이 신문사에서 해직되었고 기자들이 구속되었다. 당시 편집인협회 회장 최석채는 "신문이 편집인과 기자의 손에서 떠났다"[9] 라는 글을 남기고(최석채,《기자협회보》, 1968. 12. 27), 언론이 "권력과 비굴하게 타협하지 말고"[10] 끝까지 당당하게 싸울 것을 촉구했다. 또한 그는 천관우 부회장과 더불어 편집인협회가 "신문인이 권익옹호를 위한 효과적인 투쟁을 벌이

치적 언론출판도 할 수 없게 했다(이규태, 1991. 4. 13). 신문사설도 정치에 관계된 논설은 이 금지조항에 해당된다 하여 사전검열을 통고해 왔다. 최석채 주필은 사설 없는 신문을 12일간이나 발행하는 것으로 저항하였다. 그는 "떳떳이 소신을 주장할 수 없는 법의 제약 아래 무문(舞文)으로 국가대사를 논하기보다는 오히려 침묵을 지키는 것이 언론의 정도"라고 믿었다(이규태, 1991. 4. 13).

9) 한국의 언론은 우리가 의식하고 있는 이상으로 경영주의 손에 의해서만 움직여지고 있다(최석채,《기자협회보》, 1968. 12. 27). 지금까지 편집인과 경영주는 한 덩어리로 뭉쳐서 언론자유를 위하여 투쟁했다. 그러나 작금의 현실은 언론경영주가 언론을 좌지우지한다.

10) 한국신문편집인협회 회장으로 있을 당시 선생과 가까이 지냈던 원경수는 자주 선생을 '이나카 사무라이'〔田舍武士〕라는 애칭으로 불렀다(조용중, 2003 : 499). 시골선비라는 일본말인데, 이 말은 정론논객의 기질을 잘 표현하는 말로 부정이나 그것을 합리화하는 도도한 시류와 그런 것들에 적당한 거리를 두고 유유자적하면서 먼 앞날을 꿰뚫어 보는 형안의 생활인을 두고 일컫는다.

지 못하였음에 도의적인 책임을 진다"라고 사의를 표면한다(《기자협회보》, 1968. 12. 27). 덧붙여 그는 "언론인으로서 징역살이하는 것은 조금도 두렵지 않지만, 할말을 못하고 보도의 사명을 다하지 못하는 것이야말로 가장 큰 괴로움이 아닐 수 없다"고 착잡한 심정을 토로했다(《기자협회보》, 1968. 12. 27).

외부와의 투쟁은 이면교섭으로 끝낼 것이 아니라 법원으로 가서 당당히 싸워야 한다. 유죄가 되면 언론자유는 그만큼 좁아지고 무죄가 되면 그만큼 넓어지는 것이라는 것이 최석채의 생각이었다. 최석채는 역사적 고비 때마다 앞장서 정부의 언론탄압에 맞섰던 꼿꼿한 언론인이었던 것이다(김현호, 2004 : 147).

한때 그는 '유령 논설위원'으로 불리었다. 송건호는 최석채 주필을 모시고 있었던 기억을 다음과 같이 회상했다.

> 일반적으로 당시 회사에서는 어려운 사설이 나오면 주필은 대개 보통위원에게 위탁하는 법인데, 최 선생은 어려운 사설일수록 본인이 직접 쓰곤 했다. 당시 어려운 사설이란 청와대나 중정(중앙정보부)을 직접 언급하는 사설이었는데, 이러한 사설은 틀림없이 문제화되어 논객의 옥살이로 이어졌다(송건호, 2003 : 495).

이 때문인지 최석채는 '이나카 사무라이'라는 별명으로도 불렸는데 지방 언론사 출신의 논객이라는 의미도 있었지만(정진석, 1995 : 486), 그보다는 '검객'이 지닌 용기와 결단, 정의를 위해서는 생사를 초월하는 자세, 칼로 자르듯 분명한 논지를 구사하는 사람이라는 애정이 함축된 별명일 것이다. 그는 용기와 정론직필(正論直筆)로 "우리시대 최후의 지사기질의 논객"이라는 평을 들었다. 언제나 꼿꼿하게 바른 말을 하는 그는 권력자의 눈엣가시였다.

최석채는 '발로 쓰는 논객'으로 현실감이 뛰어났다. 1971년 12월 국가보위법이 국회에서 날치기 통과되었다. 국가보위법의 지지 사설의 압력에 맞서서 그는 “신문사를 살리려면 내가 나가는 수밖에 없다”며 사표를 던졌다(김현호, 2004 : 152). 훗날 기자가 된 아들 최장원(崔壯源)에게 “언론인은 투사도, 혁명가도 아니다. 현실에 발을 디딘 채 일정한 선을 지켜야 한다. 그런데 그 선을 지키기 위해서 선을 넘어야 할 때가 있다. 내가 조선일보에 사표를 낸 것이 바로 그 경우였다”(김현호, 2004 : 150)라는 말은 현재 언론인에게 시사하는 바가 크다.

최석채는 1972년 4월 MBC 회장에 취임, 1974년 5월 문화방송·경향신문 회장으로 1980년 7월까지 근무했다. 그리고 1981년 4월에서 1987년 4월까지 6년간 《대구매일신문》 명예회장으로 ‘몽향(夢鄕) 칼럼’을 집필했다. 그 외 성곡언론문화재단 이사장 등을 역임했으며, 1991년 사망할 때까지 펜을 놓지 않았다.

그는 평소 후배들에게 “권력자는 은퇴 후 화려한 영광의 기억이 남고, 경제인은 은행구좌에 재산이 남지만, 신문인은 기사 스크랩과 자존심 외에는 남는 것이 없다. 언론인이 자존심을 버리면 언론에 대한 사명감도 없어지고, 언론의 권위도 떨어지는 것이다”(김현호, 2004 : 153)라는 말을 자주 했다고 한다. 최석채는 사후 2000년 5월 3일 IPI(국제언론인협회)로부터 ‘세계 언론자유 영웅(Press Freedom Heroes)[11] 50인’의 칭호를 얻는다. 그 선정 이유로 최석채는 자유언론의 강력한 옹호자였으며, 오랜 언론인 생활을 통해 모든 형태의 부정에 반대하는 탁월한 용기를 보여주었기 때문이었다(최석채, 2003 : 506). 즉, 국제언론인협회는 정론직필(正論直筆)과 용기를 기려 최석채에게 20

11) 언론자유 영웅은 IPI(국제언론인협회)가 창립 50주년 행사의 일환으로 기획했다(최석채, 2003 : 506). 미국, 아르헨티나, 남아공, 러시아, 영국, 캐나다, 대만 등 언론인 7명으로 구성된 IPI의 ‘언론자유영웅 선정위원회’가 1999년 5월부터 세계 각국으로부터 123명의 언론인들을 추천받아 10개월간 엄격한 심사를 거쳤다. 한국에서는 신문협회와 기자협회, 신문편집인협회가 3명을 후보로 추천했으나, 최석채에게 언론 영웅의 호칭을 부여했다.

세기 '언론자유 영웅'이라는 칭호를 수여한 것이다.

3. 정부와 언론

1) 이승만 정권

1948년 7월 12일 초대 제헌의회에서 충천(沖天)하는 감격으로 유구한 역사와 빛나는 전통을 계승하고 새로운 민주주의 균등사회 체제를 국가 기본규범으로서 성문화하여, '대한민국 헌법'을 제정하게 된다. 하지만 아직 헌법에 규정된 것과 현실과는 상당한 거리가 있었다. 최석채는 이 점을 누구보다 잘 알고 있었다.

> 반성할 줄 모르고 참회할 줄 모르는 군상(群像)들이 현실의 권세에 도취하고 금력(金力)에만 의지하여 날뛰고 춤추어 해골의 무더기 위에 헛된 영화를 누리고 있었다(《대구매일신문》 1955. 12. 31).

당시 권력자들에 대한 최석채의 일침이다. 소시민 대중의 자유는 짓밟힘이 없었는가? 국민의 기본 인권에 무시당함이 없었던가? 하늘에 부끄러움이 없었는가? 그렇지 않다.

제정한 헌법정신과는 무관하게, 1956년 정부통령선거를 앞두고 반대세력의 비판의 목청이 높아지자, 이 정권은 1955년 2월 "출판물에 관한 임시단속법안"을 시도했으나, 언론계와 반대세력의 완강한 저항에 부딪쳐 그 법안의 통과가 좌절된다. 이에 당시 정권은 보복을 시작했다(강준식, 1988 : 64). 1955년 《동아일보》 3월 15일자 한미석유협정에 관한 보도 중 "고위제가 대기중"에 '괴뢰(傀儡)'자가 삽입되었다는 이유로 동 신문을 정간시켰다. 그리고 그 해 9월 정부관계자는 최석채의 “학도를 도구로 사용하지 말라”라는 《대구매일신문》 사설에 테러단까지 급파했으며, 그를 “보안법”으로 구속했다.

최석채는 “독재정치가 ‘페론’의 말로”를 언급하면서, 다수의 의사를 소수, 혹은 1인의 의사로 억압하는 권력체제가 바로 독재정치라고 일컬었다(《대구매일신문》 1955. 7. 24). 즉, 독재자가 가진 공통적 우월감이라 할까 마치 고대의 선민사상과도 흡사한 사고방식으로, 자기의 지식만이 최고의 지식이고, 자기 생각만을 가장 애국적인 생각으로 간주한다. 모든 자기의 행동만이 탁월한 구국제민(救國齊民)의 행동으로 착각함으로써, 헌법상의 규정뿐 아니라, 인민의 합법적 집약(集約) 의사도 자기 의사와 맞지 아니하면 그것이 바로 중우(衆愚)요, 일문(一文)의 가치도 없는 것으로 간주한다.

권력이란 원래 체제가 구축되면 그 자체의 견고한 생명력을 가지는 법이어서 한두 사람 자연인의 성장과는 관계가 없어진다(최석채, 1978. 4). 물론 그러한 국가태세는 경제적 발전과 군사적 방위력에만 척도를 두어서는 안 되고, 사회구조의 모든 부문에 걸쳐 공산독재체제와 비교가 안 될 정도로 항상 정비되어야 한다는 것은 말할 나위도 없다. 집권자의 자부심은 이해할 수 있으나, 그 자부심을 동시에 긍지로 발전시킬 때 의미를 지닌다. 그러나 더욱 두려운 것은 성장에 따르는 모순과 혼란이 아니라, 모순과 혼란의 원인을 옳게 파악하지 못하는 데 있다. 사회적 모순의 지적과 척결을 기피하는 풍조도 문제지만, 모순을 모순인 줄 모르는 타성 또한 문제가 아닐 수 없다.

제 3대 대통령으로 추대된 이승만 박사는 권력에 도취된 대통령이었다. 언론에 관해 가장 ‘가공할 만한’ 법률로서 언론탄압 의도가 숨겨진 ‘신국가보안법’ 개정이 국회를 통과하였다(정진석, 1992 : 55). 이 법은 1958년 12월 24일 야당과 언론의 반대에도 불구하고 날치기 통과되었다. 또한 이 정권은 ‘미군정법 제 88호’를 들어, 《경향신문》을 폐간시켰다. 실제 “정부와 여당 지리멸렬상”(1959. 1. 11), “여적”(餘滴) 란의

"다수의 횡포"(1959. 2.4) 등 자유당 정권의 비판 글을 문제삼았으나 (송건호, 1983 : 213), 명분상으로 "법률에 위반이 있을 때" 신문의 발행 허가를 정지 또는 취소할 수 있도록 한 조항을 적용시킨 것이다.

2) 박정희 정권과 언론산업의 판도변화

권위주의 정권은 박정희 대통령에서도 계속되었다. 5·16 이후 최고회의 의장시절 '윤리위원회 창립 격려사'와 '신문의 날' 기념식에서 그의 언론관을 피력했는데 다음과 같이 정리할 수 있다. ① 국가 이익의 추구가 언론의 일차적 기능인 동시에 궁극적 목적이어야 하고, ② 이를 위해 언론은 지도적 기능을 우선적으로 수행해야 하며, ③ 언론의 자유보다 '언론의 책임'을 더욱 강조하였다(정진석, 1992 : 55). 이러한 그의 언론관은 결국 '언론윤리위원회법'을 국회에 통과시키는 결과를 가져왔다.

공화당정부는 언론윤리위원회을 만들어 언론계와 거친 대결을 벌였고, 툭하면 연행, 구속으로 위협했다. '충성'에 익숙해진 언론은 건수가 생길 때마다, 과거의 논조를 잊어버리고 나팔을 불고, 북을 치면서 찬양, 동조하는 경박한 양상을 반복했다(최석채, 1962a : 184). 사이비 언론인이 범람했고, 언론기관의 그릇된 특권의식은 계속되었다. '아세곡필'(阿世曲筆)은 극치를 이뤘다. 4·19까지 언론의 지조를 지키지 않았던 것이 얼마인가. 그러나 4·19 혁명 이후 신문은 하루아침에 논조를 바꾸어, 야당지 노릇을 자처했다. 이젠 정권에 아부하는 것이 아니라, 데모대에 아부한 것이다.

물론 미국처럼 무한대에 가까운 언론의 자유를 누리는 사회에서도, 그 자유를 지켜 나가는 언론계 스스로의 노력은 끊임없이 계속된다. 정부권력은 한치라도 판도를 더 넓히려고, 전지력을 동원하다시피 한다. 해서 언론이 그에 밀리면 끝이 없다. 시녀가 되지 않기 위해서는 줄을 늦추어서는 안 된다는 것이 언론인 최석채의 생각이었다(《대구매일신문》 1983. 6. 15).

그러나 박 정권하에서 한국언론은 중요한 내적 판도변화를 겪게 된다. 《신동아》의 "차관" 필화사건은 언론의 역할 측면에서 괄목할 만한 결과가 있었지만, 이후 한국언론은 상업적 영역을 확장시킴으로써 언론의 본연적 기능에서는 좀더 멀어졌다. 최석채는 "한국의 언론은 우리가 의식하고 있는 이상으로 경영주의 손에 의해서만 움직이고 있다"(《기자협회보》 1968. 12. 27) 라고 비관적 결론을 내린다.

> 전략·전술에 익숙한 언론에 어떤 방향이 있을 리 만무하였다. 언론은 이념부재의 상황에서 현실에 영합하게 되었다. 상업신문시대로 이행하는 과정에 일어날 수 있는 군상들이 서서히 출현하였다. 고도의 지식층에서 논의되던 과거의 정론(正論) 신문 시대와는 판이하게 다르다. 즉, 과거신문이 점하고 있던, 지도적 위치에 대한 존재가치를 잃어버렸다. 신문인에게 순수한 언론인에 충실하라는 방향제시는 우원(迂遠) 한 현실무시의 이론이 되는 것이다. 더욱이 최근 신기술이 발달되면서, '아세곡필'의 경향은 더욱 심각하다. TV의 카메라는 정직하고 냉엄한 진실을 전하는 과학적 기계 앞에는 어떠한 꾸밈도 거짓도 있을 수 없다는 것을 맹목적으로 믿고 있는 소박한 사람이 적지 않다. 그러나 이건 큰 착각이다. TV 카메라야말로 사람의 앵글을 정하고 사람의 의식이 조작하는, 과장되고 일방적 주장을 거침없이 이행하는 여론향도의 신종무기라는 신설(新說) 이 강력하게 대두되고 있다(《대구매일신문》 1981. 7. 1).

한국의 언론은 뜻하지 않았던 새로운 양상의 시련에 직면하게 된 것이다. 지금까지 언론의 자유를 위해서 투쟁하는 경우, 언제나 편집인과 경영주가 한 덩어리로 뭉쳐서 싸워왔다(《기자협회보》 1968. 12. 27). 한국언론은 이런 투쟁의 경력을 많이 쌓아왔고, 투쟁의 경험도 풍부하다. 그러나 지금 한국의 언론은 경영자, 편집인, 기자가 각각 흩어져 싸우고 있다는 것이 최석채의 진단이다.

현재 언론인들은 신문사가 일종의 성(城)임을 잊고 있다. 성 안에서 언론인은 경영주, 편집인, 기자가 공존하고 있다는 사실을 망각하였다. 이대로 나가다가는 이 성 안에서 불신이 싹트고 반란이 일어나, 성주를 향해 주민들이 선전포고하는 사태가 일어날 수도 있다. 언론이 서로 단결하여 싸우지 못하고, 누구에게도 권장하지 못할 일이 일어난다. 즉, 신문사는 성문을 열어 외적을 불러들이게 되는 것이다.

갈등이 빈번히 노출되는 상황에서 아무리 기자가 우수하고, 또 편집이 그 소임을 다해도, 경영 주체가 양식과 신념으로 호흡을 같이 하지 않으면 그 언론사 조직은 곧 수명을 다하게 된다. 원래 언론기업은 경영주체가 사업이익을 위한 곳이 아닌, 언론의 자유를 확보하기 위한 공기(公器)이다. 즉, 언론의 자유는 언론기관을 위한 것이 아닌, 민주주의를 지키기 위한 것이다.

3) 언론의 자유는 민주주의의 기본

언론의 자유는 '민주주의의 출발점인 동시에 민주정치의 도착점'이다. 언론의 자유가 확보되지 않은 곳에서 민주주의가 이뤄질 수 없고, 민주정치를 위한 결사·집회의 자유도 다 헛소리가 된다(《대구매일신문》 1987, 4. 8). 언론자유가 보장된 후에, 민의는 선거로 나타나게 된다. 말하자면, 언론자유가 없이는 공정선거도 기약되지 않으며, 정부를 선택할 자유도 권리도 보장되지 않게 된다는 아주 기본적 진리를 최석채는 상기시키고 있다.

언론자유의 중요성에 비춰, 언론기업은 뭇 사람의 눈과 귀와 입이 되어야할 사회적 공기이다. 최석채에게 신문사는 단순한 상품을 만들고 파는 것이 아니라, 그날그날의 산 역사를 전달하는 기능을 담당하는 생명체이다(《대구매일신문》 1981. 10. 1). 언론은 슬픔이 있고, 기뿜이 있으며, 노여움이 담기고, 호흡이 맥박치는 인간사회의 축도(縮圖)인 것이다.

이 땅의 모든 신문이 거의 그러했듯이, 우리의 언론은 해방과 더불어 우리 민족, 말, 국권 등을 되찾도록 했으며, 국민의 입, 귀, 눈을 대신했다(《대구매일신문》 1981. 10. 1). 최석채는 이런 언론관에 맞게 자신이 근무하던 《대구매일신문》의 사명감을 피력하는데, 그것은 다음과 같다. ① 이익을 추구하지 않는 공익의 사명감, ② 정의구현을 위해서 필요하다면 순교자적 정신으로 매진할 수 있는 용기를 갖는 것(《대구매일신문》 1984. 3. 1). 신문은 언제나 국민의 편에 서서 국민의 입장에서 말하고, 듣고, 보고해야 한다는 언론의 자세를 말한 것이다. 국민이 못 보고, 못 듣고, 의식하지 않는 일에도 국민을 위해 옳다고 확신한다면 언론은 언제든지 횃불을 들고 국민을 일깨워주어야 한다. 언론은 국민이 소리치고 국민이 원망해도 냉정해야할 때는 숨을 죽여야 한다.

사회의 공기로서 신문이 자랑할 만한 역사를 가지고 있다면 그것은 무엇과도 바꿀 수 없는 자산이요, 자랑일 수 있다. 그리고 자유언론의 본질상 그것은 어디까지나 헌법이 최후, 최고의 기준이 될 수밖에 없는 것이지만, 그 테두리 안에서의 양심적 판단은 언론인의 당연한 권리요, 사명일 것이다. 따라서 국가이익이라는 개념은 어느 누구의 판단에 위임될 수가 없고, 더구나 일방통행식 강요가 될 수는 절대로 없는 것이다. 정부가 그것을 강요한다면 그것에 대항하고 비판해야 한다는 것이 최석채의 생각인 것이다. 국가이익에 봉사하는 언론의 건전한 자세가 가끔 말썽이 되는 것은 이러한 갈등 때문이다(《대구매일신문》 1984. 3. 1).

4) 자유주의 언론이론

자유주의 아래서는 권위주의에서 볼 수 있었던 인간과 국가와의 관계를 역전시켜 놓았다. 인간은 더 이상 지도되고 명령받는 노예적 존재로서가 아니라, 서로 대립하는 상황에서 어느 쪽 한편을 선택해야 할 경우에 처했을 때, 진실과 허위 그리고 선악을 식별할 수 있는 이성적 존재이다. 진리는 더 이상 권력의 재산이 아니다. 진리를 탐구하는 권리는 인간에게서 박탈될 수 없는 자연권의 하나이다. 언론은 인간에게 진리탐구의 협조자 역할을 담당한다(Siebert et al., 1956 : 18~19). 자유주의 이론에서 신문은 정부의 도구라기보다는 오히려 정부를 견제하고 정책을 비판한다. 그 기초 위에 판단을 위한 증거라든가 견해를 제공한다. 언론이 제 기능을 다할 때, 국민으로부터 신뢰를 얻게 된다.

6·3 사태로 '제 3공화국의 홍역'을 치르면서 새삼스럽게 느낀 것은 정치와 신문 사이에 현저한 거리감이 존재한다는 것이다(최석채, 1964b : 7). 물론 정부와 언론기관 간에 가로 놓여있는 석연치 않은 그 무엇이 만약 있다면, 이는 국민을 위해서 불행한 사실이다. 최석채는 그 현상을 상호신뢰심의 부족과 경계태세가 바로 그 중의 하나라고 봤다(최석채, 2003 : 200).

그러나 정치는 정치, 언론은 언론으로 그 본질을 이해해야만 지금의 혼돈된 사고를 정리할 수 있다(최석채, 1964b : 7). 언론은 언제나 공공의 이해에 봉사한다는 사명만은 잊지 말고, 자기의 길을 충실히 걷는다. 그리고 정치는 정치를 통해 국민들로부터 신문보다 더 신뢰를 받을 수 있게끔 선정(善政)의 경쟁과 노력을 전개할 필요가 있다.

정부와 언론은 '불가원불가근'(不可遠不可近)의 관계이다. 하지만 후진형태를 벗어나지 못한 우리의 경우, 권력의 위력으로 언론의 자유는 빈번히 딜레마 상황에 놓이게 된다. 최석채는 화엄종(華嚴宗)의 인세(人世)의 철학을 언급하면서 다음과 같이 말한다(《대구매일신문》 1981. 5. 27). 즉, "비리(非理)는 정리(正理)를 이기지 못하고 정리가 법(法)을 이기지 못하며, 그 법 역시 권세를 이길 수 없으되, 아무리 권세가 드센들 끝내 천명을 이기지 못한다." 그러나 세상이 바로 잡히면 비리는 사라지고, 법이 작동하게 된다. 하지만 법은 항상 권력의 도구로 휘둘러지기 쉽고 정도(正道)를 벗어나면, 권세가 법을 짓누른다. 일국의 헌법도 '비상조치' 하나로 그 권세가 아침 이슬처럼 허무하게 돼 버리는 수가 있다.

'사이비 언론'은 권력기구로 작동한다. 언론은 천명(天命)으로 그 존재근거의 정당성을 잃게 된다. 민주주의적 자유는 자유를 생명처럼 소중히 알고, 그 가치를 지키기 위해 끝까지 투쟁하는 국민에게만 허용되는 값진 진리이다. 언론의 역할은 그 가치의 본질을 민중에게 깨닫게 하는 의미 있는 작업을 일상화하는 것이다.

4. 언론인의 사회적 사명

최석채는 언론의 정체성을 논하면서, "시대가 바뀌고 상황이 급변하는 정세변천이 빨라져가니, 신문이 그에 대응하여 언론 본래의 사명을 수행해 나가기란 여간 힘들고 어려운 일이 아닐 수 없다. 하지만《독립신문》의 정신을 한국언론의 뼈대로 삼겠다는 그 결심에는 추호의 변동이 없어야 한다"라고 했다(《대구매일신문》 1983. 4. 6). 독립신문의 정신이 그 언론관의 원류가 되는 것을 표명한 것이라 하겠다. 이는 변형되고, 사상적으로 정교화되어 이후 편집인협회, 기자협회의 설립취지도 계승되고 있다.

> 언제나 약자인 국민의 편에 서서 강자에게 강하고 직언하며 정론(正論) 하는 언론의 자세를 지켜나갈 필요가 있다. 정론은 언론자유가 허용되어야 가능한데, 1962년 여건하에서 언론자유는 ① 취재원에의 접근이 자유로워야 할 것이고, ② 언론을 위압하는 법의 수정을 요구할 수밖에 없다(최석채, 1962a; 2003 : 198)

당시는 물론 1962년이라는 특정한 시기에 국한되지만, 대체적으로 오늘날에도 통용되는 보편성이 있다. 법은 가능한 한 취재의 자유뿐만 아니라 언론의 전반적 자유를 허용하도록 하고, 설령 법으로 규제하더라고, 법규정은 좀더 개념을 명백해야 한다. 그런 의미에서 언론자유는 실제적, 법적 보장을 요구한다. 그러나 권력자는 갖가지 구실로 언론자유를 제한하려고 한다. '국민의 알권리'는 위축되고, 사회는 경직화된다. 이럴수록 언론은 정부에 대하여 비판의 날을 세워야 한다.

현대사회에서 신문을 칭하여 '사회의 목탁', '무관의 제왕', 또는 '제4부'라고 부른다. 이러한 신문 호칭에 일관된 의미는 신문이란 보도기능 외에 시대를 선도하는 기능을 가지고 있다는 것을 강조한 것이다. 바꾸어 말하면 신문은 사회의 질서(법)를 무시할 수는 없지만, 새로운 사회의 질서(법)를 창조하는 힘을 가지고 있다는 것이다. 따라서 신문은 사회정의의 구현자라는 사명을 가지고 있는 것이며, 신문인은 그러한 사명에 충실해야 한다는 것이 자명해진다. 사회정의는 언론인이 정의라고 믿는 바를 굽힘없이 밀고 나가는 것이다. 언론인의 바른 정신을 한마디로 표현하면, 그것은 신약성서에 표현된 '청지기 정신'(*stewardship*)이다.

이 정신을 올곧게 지키기 위해서 언론인 각자의 일에 충실할 필요가 있다. 각자가 자기의 정의감에 충실하다는 것은 일상의 기사취재로부터, 편집의 기사선택까지 충분히 자신의 능력을 발휘해야 함을 뜻한다. 한 사람의 논객, 한 사람의 편집자, 한 사람의 기자로서의 힘만으로는 이뤄지기 어려운 복잡한 언론계 조직이다. 이 제작체계를 통해 언론인은 본연의 자세를 가질 필요가 있다. 언론 본연의 자세로 확립해야할 사명이 다른 무엇보다도 시급하다는 말이다.

전술했듯, 신문사는 하나의 성(城)이다. 이 성 안에는 경영주와 편집인 기자가 있어서 서로 공존한다. 따라서 언론의 문제뿐만 아니라 사회의 문제는 언론인은 전체의 공동책임을 새삼 각성해야 할 때이다. 우리 역사에 즉응(卽應)하는 신문의 윤리를 확립하고, 언론계가 그 본래의 사명을 다하기 위해서는 하루 속히 자신의 자리에서 '언론자유'와 '언론의 책임'을 조화시키지 않으면 안 될 것이다. 이것은 구한말의 국사(國士) 언론인, 일제시대의 항일 지사적 언론인, 자유당시대의 언론자유를 위한 투사적 언론인의 기개만으로 이루어질 수는 없다. 오늘의 언론인은 이상의 모든 것을 종합한 기백에다가 흐르는 시대의 변천을 보다 빠르게 감각할 수 있는 지성, 게다가 현실과 조화시킬 수 있는 양식이 아울러 갖추어져 있어야 한다는 것이 최석채의 지적이다(최석채, 1970 : 183).

5. 결 론

한국 언론의 현주소는 어디일까. 사회가 올바로 움직일 때는 옳다고 쓰고, 옳지 못한 일이 있을 땐 옳지 못하다고 똑바로 지적해서, 그 잘못된 구석을 해결해주는 언론 본래의 사명에 비추어 본다면, 현재의 언론의 위치는 어디쯤인가. 현 시점에서 '사이비 언론'이 여전히 나팔수 노릇을 하고 있지는 않은가.

오효진(吳效鎭)은 "인간탐험"에서 칠순의 현역 언론인의 최석채의 깐깐한 글 한 토막을 다음과 같이 인용한다(오효진, 1986 : 210; 최석채, 2003 : 492).

> 첫째 '반골정신'이란 무엇인가? 불의와 부정에 굽히지 않는 정의감을 말한다. 불의가 있고 부정이 행해져도 눈을 감고 못 본 체하는 국민이면 죽은 백성이다. '정의사회 구현'을 위한 국민의 요망 — 지금 정부도 그것을 강조하고 있다 — 을 대변하여 정의를 내세우고 굽히지 않는 지성의 기상이다. 둘째, '저항기질'은 또 무엇인가? 반골의 비판기능을 활용하여 주장하는 용기를 일컫는다. 한국언론이 '반골언론'이요, 한국 언론인의 전통이 '저항기질'에 있다면 이것은 자랑스럽고 명예스러운 전통이지, 그에 대한 비난이나 비평 자체가 언론의 본질을 전혀 인식하지 못하는 엉뚱한 발언이라고 생각한다. 반골로 나타나는 정의감은 비단 언론분야에서만 요구되는 것이 아니다. 정부 자체를 포함한 모든 정치분야에서, 경제활동에서, 사회정화운동에서 이 정의라는 기본 관념이 없이는 사회가 아예 성립되지 아니한다. 정의감을 굽히지 않는 사람 '반골'이 있기에 나라가 튼튼하고 사회가 살아간다.

정의감을 굽히지 않는 반골, 그것이 바로 최석채가 바라는 언론인상이지 않을까. 비단 그것만이 언론인들에게 필요한 기본 자세는 아니다. 최석채는 지금 우리의 시대는 동질성이 파괴되고 있다고 지적한다. 이에 언론은 국민들을 자극하고, 선동적 언사를 쓰는 '무책임한 선동보도'를 자제하고 있는지 점검할 필요가 있다. 왜냐하면 선동보도의 악영향은 대화의 단절을 초래하기 때문이다. 최석채는 언론의 주요 기능이 바로 이런 대화의 단절을 극복하고, 더 나아가 국민의 이질성을 진단하고, 동질사회로의 건전한 발전을 모색하는 것에 둔다. 진정한 소통의 기능을 언론이 맡아야 하는 것이다.

위기극복은 의기만으로도 안 되고 지식만으로도 어렵다. 신념을 양식화할 수 있는 꾸준한 노력이 필요한 것이며 누가 뭐라고 하든 언론의 제 4부적 권위를 다음 세대에 계승시켜야 할 책임이 지금의 신문인들 두 어깨에 짊어져 있다는 것이 최석채의 생각이다. 언론인의 사회적 사명은 바로 여기에 있는 것이다.

장준하

《사상계》를 통해 장준하는 정치사회적 활동가들과 일반대중을 연결했으며,
이 잡지라는 매개체를 통해 사회운동을 진행시킨 장본인이다.

제 10 장
장준하 : 미디어를 통한 사회운동

1. 장준하의 《사상계》

장준하(張俊河, 1918~1975)는 백절불굴의 저항정신을 가졌던 인물이다(안병욱, 1995b : 79). 그는 《사상계》를 통해 비판적 지식인의 면모를 보였으며, 언론의 '파수견' 역할을 담당했다. 장준하에게 부정과 불의에 대한 저항정신은 그의 본령이요, 생명이요, 혼이었다. "나는 독립운동, 혁명운동을 하는 마음으로 사상계를 만듭니다"란 언급은 그의 저항정신의 단면을 드러내고 있다(안병욱, 1995b : 79)

1962년 4월 《사상계》 창간 9주년을 맞이하여, 장준하는 "권두언"[1)]

1) 권두언은 편집후기와 함께 장준하가 직접 집필했다(김인철, 1994 : 36). 《사상계》의 전신 《사상》은 맨 끝 편집후기에 "C생"으로 편집의도를 밝혔다(정진석, 1992 : 208). 그후 1955년 1월부터 무기명으로 작성해오던 권두언을 기명으로 작성했다. 《사상계》는 전체적으로 장준하라는 이름(70편)을 박아서 나가기도 했고, 무기명(99편)으로 나간 것도 있다. 장준하라는 기명으로 나간 글도 십중팔구는 작가 김성한 씨의 글이다(안병욱, 1995b : 79). 김성한 씨는 한학에도 조예가 깊은 명문가 출신이다. 그의 글은 쉬우면서도 웅건했는데, 《사상계》의 취지를 쓴 그의 글은 근래의 명문이었다. 안병욱 주간과 편집위원회가 쓴 글도 "권두언"에 7편이나 들어있다. 그 달의 권두언을 어떤 제목과 어떤 내용으로 쓸 것이냐 하는 문제는 편집회의에서 충분히 논의되었고, 장준하의 의

"우리는 왜 사상계를 내는가?"에서 그 역할을 밝혔다.

> 《사상계》는 과거나 현재를 막론하고 어떤 특수한 개인이나 집단의 기관지로 전락한 일이 없으며 또한 장차도 그러할 것이다. 그렇기 때문에 본지는 어떤 개인이나 당파를 맹목적으로 변호하거나 또는 무조건 비방하는 태도를 극력 배격해왔으며, 그러한 입장은 미래에 있어서도 변함이 없을 것이다. 본지는 항상 냉철한 비판정신을 견지하되, 그것이 건설적인 것이 되도록 진력(盡力)하고 있으며 파당적 편견이 아니라 보편적 진리를, 무책임한 선동이 아니라 과학적 정확성을, 저속한 편견이 아니라 고결한 미를 구하기에 우리들의 모든 지혜를 기울이고자 한다.

장준하는 권력자에 대한 '적개심'이 지대했다. 적개심은 적과 동지를 분명히 할 수 있고, 동지를 규합하여, 즉각적 행동의 계기를 제공한다. 즉, 장준하는 사회운동을 이끌어갈 여건을 갖춘 셈이다. 그는 언제나 뚜렷한 목적과 목표를 가지고 길을 찾고 방법을 연구했으며, 계획을 짜고 조직적으로 행동했다(서영훈, 1995 : 62). 장준하의 카리스마적인 강한 의지와 열정은 매번 편집진들을 감동시켰다.

《사상계》는 편집주간과 각계 전문연구자로 구성된 편집위원을 두고 편집의 전문화를 모색했다. 장준하는 "편집후기", "권두언"을 진두 지휘함으로써, "권두언"에서 그 달의 편집방향과 주장을 농도 짙게 반영하였다. "권두언"은 의견(意見), 정론(政論), 정론(正論)의 내용을 다수 포함하고 있었다.

장준하는 시시비비를 준엄하게 가르는 비판정신이 투철했다(정진석, 1992 : 191). 즉, 그는 언론인의 중요 덕목으로서, 사(邪)를 무너뜨리고 정(正)을 높이 드러내는 파사현정(破邪顯正)의 기상을 충분히 잡

사가 많이 반영이 되었다. 권두언에 쓰인 장준하의 모습은 부정과 불의에 대한 저항정신이 본령을 이루고 있었으며, 생명이요, 혼을 담고 있었다.

지에 반영시켰다.

장준하는 한국현대사의 극적 시대를 헤쳐 나온 사람이다. 자유당, 민주당, 군사정권, 그리고 공화당 등 역동기의 현대사를 살아온 사람으로서, 장준하는 자유, 민권운동, 통일문제, 경제발전, 새로운 문화창조, 정의로운 복지사회 등 정책적 문제에 적극적 개입을 모색했다(장준하선생 20주기 추모문집, 1995: 51). 그 중 자유·민권운동은 그의 가장 뚜렷한 업적으로 간주된다(장준하선생 20주기 추모문집, 1995: 31).

장준하는 자유, 평등, 평화, 정의, 독재투쟁, 인권유린, 순교정신, 사랑과 나눔, 봉사와 섬김, 헌신과 희생 등의 정신을 실현하려고 했다. 《사상계》를 중심으로 장준하는 지성인들뿐만 아니라 뜻 있는 사람들과 하나 되어 사회변혁을 시도하였는데, 그들은 《사상계》를 전면에 내세우고 일종의 통일과 근대화운동 등을 모색했다(장준하선생 20주기 추모문집, 1995 : 51). 《사상계》는 함석헌 같은 정치사회적 활동가와 일반대중을 이어주는 거의 유일한 미디어였다. 이 잡지를 통해 장준하는 4·19를 정점으로, 대한민국 안에 그래도 쓸 만한 사람들을 다수 끌어 모았다.

또한 《사상계》는 행동하는 지식인뿐 아니라 순수문학의 발표장이었다. 《사상계》는 중견 또는 신인 문인들에게 좋은 작품을 발표할 수 있는 광장이었다. 인재 포섭능력이 대단했던 장준하는 지연, 학맥, 종교 등 동질성을 갖고 있는 지식인 집단을 결집시켰고 그들과 의식세계를 공유하였다(장준하선생 20주기 추모문집, 1995 : 53).

우리가 지금까지 살펴본 언론사상은 주로 신문에 맞춰 있었다. 하지만 장준하는 잡지를 통해서 그의 사회운동을 진행시킨 사람이다. 신문이 독자와 함께하는 사회운동적 요소가 존재한다고 하지만, 이에 못지않게 잡지는 더욱 그러한 경향을 짙게 지니고 있다. 더욱이 잡지는 해설기능, 여론지도 기능을 갖고 있다. 잡지는 특정 독자집단을 대상으로, 특정 정보를 묶어서 전달할 수 있는 능력이 있어, 그 어떤 매체보다도 해설기능이나 여론지도 기능을 가장 효과적으로 수행할 수 있다(J. R. Bittner, 1977 : 72~3: 김인철, 1994 : 5). 즉, 비트너에 의하면 잡지의 독자들은 자신들이 선호하는 잡지만을 선별해서 구독함으로써, 그 어떤 매체보다 그들의 충성도를 확고히 한다.

장준하는《등대》,《제단》,《사상》, 그리고《사상계》등 잡지 미디어를 통해 민족·민주의 실천운동을 시도한 장본인이라 할 수 있다. 《사상계》는 '자유'와 '민권'을 사시로 잡은 독특한 색깔을 지닌 잡지였다. 사장 장준하는 언론인뿐 아니라 사회운동가였다. 19세기 말, 20세기 초 미국의 맥크루(Samuel S. McClure)가 발행한《맥크루 잡지》(*McClure's Magazine*)[2] 와 같이, 장준하의《사상계》는 '파수견' 역할을 담당한 '의견지'(意見誌)였다. 그러나 장준하의《사상계》는 언론인보다는 주로 학자·문인을 필자로 등장시켰다. 이에 대해 이용성(1977)은《사상계》가 "지식인과 잡지 이념의 상호작용에 초점을 맞추었다"라고 그 성격을 논했다. 또한 정진석(1992)은 장준하의《사상계》는 독립성을 유지하지 못하고, 정치적으로 한쪽으로 치우쳤다고 평했다. 그러나 지명관(1995)은 당시 대중사회가 도래하기에는 시기상조였으며, 이른바 반체제의 저항운동으로 장준하를 합리화했다(지명관, 1995 : 552). 어떤 평가를 하든, 장준하의《사상계》는 언론과 사회운동을 동시에 추진했던 독특한 성격을 지닌 사회적 실천의 잡지였다.

장준하는 이승만, 장면, 그리고 3공화국과 유신의 박정희 정권을 경험하고 살아온 역사적 인물이었다.《사상계》는 지식인을 집결시켰

---

2) 《맥크루 잡지》는 탐사보도, 폭로저널리즘(*muckraking*)등의 형태를 띠었다(M. L. DeFleur et al., 2002 : 109). 사회의 파수견으로 알려진 Ida M. Tarbell과 Lincoln Steffens 등이 참가하여, 스탠더드 오일회사(The Standard Oil Company)를 폭로했다. Tarbell은 7개 독점기업을 폭로하기 위해서, 5년 동안 준비했다.

고, 함석헌의 《씨올의 소리》(1970년 4월 창간~1980년 7월 31일 폐간)와 함께, '재야인사'를 집결시킨 산실이었다.

이 글은 장준하의 잡지출판 활동의 의미를 조망하고, 그것을 사회운동 차원과 연계시켰다. 결국 이 글에서는 '장준하에게 《사상계》는 무엇이었는가?'를 규명코자 한다. 즉, 《사상계》는 사회운동 매체임을 밝히고자 한다. 그리고 그가 언론사에 남긴 족적을 사적(史的) 접근을 통해 밝히고자 한다. 이런 목적으로 이 글은 장준하의 생애와 사상, 자유주의 사상의 실천, 미디어를 통한 사회운동 등을 논한다.

2. 생애와 사상

1) 생 애

장준하는 평안북도 의주(義州) 고성(古城)에서 장석인(張錫仁) 목사의 4남 1녀 중 맏아들로 태어났다. 기독교 계통의 학교인 숭실중학(崇實中學)에 입학했으나, 부친이 신성중학(信聖中學)의 교목으로 부임함으로써, 그 학교에서 학업을 마쳤다. 그 후 1941년 일본동양대학(日本東洋大學) 철학과에 입학한 후, 다시 일본신학교(日本神學校)로 전학하였다.

장준하는 1944년 1월 20일 일본군 학도병으로 징집되어, 중국 쑤저우〔徐州〕에 주둔한 쓰가다〔塚田〕 부대에 배속되었다. 6개월 뒤 네 명의 동지와 쓰가다 부대를 탈출하여 중국 유격대와 1개월 동안 같이 생활했다. 그해 8월 안후이성〔安徽省〕 임천(臨泉)에 도착한 장준하는 광복군 훈련반에 김준엽(金俊燁), 윤재현(尹在賢) 등과 같이 입소하여 군사훈련을 받았다. 평생 친구가 된 김준엽, 그리고 윤재현과 함께 1944년 8월 필사로 된 《등불》[3] 1·2호를 펴냈다. 이때 장준하는 《등

불》을 통해, 민족의 광복을 열망하며, 동지들의 정신과 의지를 단련시켰다(장준하선생 20주기추모문집, 1995 : 5).

장준하는 1945년 1월 31일 대한민국 임시정부가 있는 충칭〔重慶〕에 도착하였다. 그리고 광복군에 편입되면서 육군 소위로서, 토교대(土橋隊)에 배치되었다. 여기서 김준엽 동지와 함께 등사기로 《등불》 3·4호를 펴내게 되었다.

1945년 8월 4일 장준하는 김준엽과 함께 시안〔西安〕에서 3개월간의 미군 전략첩보대(OSS) 특수훈련을 마치고, 국내 침투를 대기하면서 《제단》(祭壇) 1·2호를 펴냈다. 제단은 '조국을 위해 자신들을 바친다'는 결의를 뜻하는 것이었다(장준하선생 20주기추모문집, 1995 : 5). 《제단》은 독립운동을 하는 모든 동지들의 단결과 행동통일을 강력히 촉구하며, 호소했다. 즉, 자신들을 바쳐 대동단결하여, 민족해방을 이루겠다는 의미를 담고 있었다(이용성, 1997 : 58).

장준하는 광복이 되자 1945년 8월 18일 광복군 대위로서 이범석(李範奭) 장군을 따라 미군기로 여의도에 착륙하였으나, 일본군의 제지로 되돌아갔다. 그 후 장준하는 1945년 11월 김구(金九) 주석 등 임정 요인을 따라 조국에 돌아왔다.

귀국하여 장준하는 1947년 12월 이범석(후일 초대 국무총리) 중심의 '조선민족청년단'(朝鮮民族靑年團)에 참가하여 중앙훈련소 교무처장을 지냈으며, 1949년 2월에는 한국신학대학에 편입학하여 6월에 졸업을 하였다. 그는 문교부 국민정신계몽 담당 서기관으로서, 그 산하 '국민

---

3) 《등불》은 장준하, 김준엽 그리고 윤재현 등이 만든 필사본이다. 김준엽은 "그 당시 마분지 같은 곳에 붓으로 갈라서 써서 잡지를 만들었다"고 회고했다(장준하선생 20주기 추모문집, 1995 : 13). 그러나 그들은 2호 발간 후 중경으로 가게 되어서 잡지 출판을 잠시 중단했다. 중경에서 김구 선생 비서실장 민필호(閔弼鎬)의 도움으로 등사판으로 잡지를 몇 호 더 출간했다. 지금은 남아있지 않지만, 김준엽은 그 당시를 회상하면서, 미국에 있는 독립운동가들에게까지 보냈다고 전했다(같은 곳).

사상연구원'[4]의 지원으로 부산에서 월간지 《사상》(편집 겸 발행인, 이교승) 발행에 참가했다. 장준하는 《등불》, 《제단》을 만들었던 것의 연장선상에서 1952년 9월 피란수도 부산에서 《사상》을 발간하여, 전시에 파탄된 정신을 일깨우려 애썼던 것이다(장준하선생 20주기 추모문집, 1995 : 5).

1952년 9월에 첫 호를 낸 《사상》은 편집인 겸 발행인 이교승이 창간사를 쓰고, 문교부 장관 백낙준(白樂濬)이 축사를 했다. 그리고 편집후기는 주간이었던 장준하가 작성했다. 《사상》은 '이 겨레의 활로 개척'의 사명을 띤 연구적이고 이념적 성향을 지녔다. 즉, 《사상》은 '민족이 가져야 할 사상적 체계' 형성에 관심을 가진 홍보성 책자였다. 《사상》은 12월 4호까지 발간하고, 재정문제로 종간되었다(장준하선생 20주기 추모문집, 1995 : 621). 일설에 의하면 이기붕(李起鵬)의 부인 박 마리아가 백낙준 장관의 견제형태로 《사상》을 중단시킨 것이라는 주장도 있다(서영훈, 1995 : 65). 《사상》이 중단되자 장준하는 국민사상연구원을 사직하고, 1953년 4월 피난지에서 《사상계》[5]를 창간

---

4) '국민사상연구원'은 '국민사상지도원'으로 시작하였는데, 이 지도원은 백낙준 문교부 장관이 1951년 3월에 대학교수와 국민사상에 학식이 있는 인사 30명을 전문위원으로 하여 설립한 기구로서, 사상지도 도서와 팜플렛의 무료배포, 강연회 개최 등으로 민주적인 국민사상을 지도하고자 설립하였다(한준상 · 정미숙, 1989 : 356 ; 이용성, 1997 : 58). 장준하는 신성중학교 선배인 백낙준의 도움으로 《사상》을 만드는 일에 참가할 수 있었다. 개명한 '국민사상연구원'은 한국전쟁으로 혼돈된 국민정신을 교정하고, 전통사상과 외래사상의 갈등을 해소, 조화시키며 새로운 시대정신과 국민사상을 보급하기 위한 강연회 등을 기획하였으나, 장준하는 청년 학생을 대상으로 한 《사상》 잡지를 시도했다(서영훈, 1990 : 91; 이용성, 1997 : 58).

5) 《사상계》는 1953년 4월 부산시 대교로 3가 71에서 창간하였다. 《사상》의 속간을 위하여 편집하였던 것을 《사상계》란 이름으로 내어놓게 되었다(장준하 20주기 추모문집, 1995 : 625). 그때의 이념은 《사상》과 같이, 동서고금의 사상을 밝히고 바른 세계관 · 인생관을 수립하여 보려는 것이었다. 그 후 1955년 세운 《사상계》 편집방향은 ① 민족 통일문제, ② 민주사상 함양, ③ 경제발전,

하게 된다. 그는《사상계》9호까지를 내고 부산에서 서울로 환도하여. 보신각 앞 한청(韓青) 빌딩에서 '구국언론'의 기치를 높이고《사상계》출간 작업을 계속했다.

최남선[6]에 영향을 받았다는《사상계》는 근대적 종합잡지로서 지식인, 청년, 학생을 대상으로 사상운동을 펼쳤다. 1955년 1월《사상계》의 편집진은 장준하를 비롯하여, 김성한(金聲翰), 엄요섭(嚴堯燮), 홍이섭(洪以燮), 정병욱(鄭炳昱), 강봉식(康鳳植), 안병욱(安秉煜), 전택부(全澤鳧) 등이었다. 역대 주간을 살펴보면 장준하, 김준엽(1955, 59), 안병욱(1955, 58), 양호민(1960, 61), 지명관(1964) 그리고 김성한 등이 맡았다.

사상계는 상임편집위원회를 두고 김준엽(고려대 교수), 안병욱(연세대 교수), 김성한(소설가) 등이 참가하였다(정진석, 1992 : 206). 주로 편집위원회는 장기적·단기적 기획, 편집, 원고검토를 총괄하였다(유경환, 1995a : 266: 이용성, 1997 : 59). 편집위원으로 참가했던 이만갑(李萬甲)은 당시를 회상하면서, "나의 주된 역할은 편집위원회에 참석하는 것 이외에 청탁받은 논설 또는 기사를 쓰고, 원고의 결함을 지적하고, 가끔 좌담회에 참가하는 것이었다"고 술회한 바 있다(이만갑, 1995 : 101).

편집위원은 책임분담을 하고, 지연, 학연 등 견고한 조직적 관리를 하였으며, 그리고 학연, 지역별 안배까지 신경을 썼다(이용성, 1997 :

---

④새로운 문화 창조, ⑤민족적 자존심 양성 등으로 잡았다(장준하, 1973 : 53~62; 정진석, 1992 : 208).

6) 최남선은 우리나라 최초의 근대적 종합잡지《少年》을 창간하였으며, 新文館 출판사를 세워 계몽적 단행본을 발간하였다(정진석, 1992 : 194). 그는 한일합방 후《붉은 저고리》,《새별》,《아이들보이》,《靑春》등을 창간하여 우리나라의 근대화를 위한 신문화운동을 벌여 민족주의 사상을 고취시켰다. 장준하는 같은 맥락에서, 잡지를 통해 민족주의, 민주주의, 민권운동을 전개하였다(정진석, 1992 : 194).

59). 《사상계》는 지식인 필자를 철저히 관리한 것이다. 편집방향은 민족통일, 민주주의 실현, 경제발전, 새로운 문화의 창조, 민족적 자존심의 양성 등에 집중되었다. 물론 타 학계와 연계를 맺는 것도 빠트리지 않았다. 특히 시설 측면에서 사상계는 다른 학회와 깊이 연관되어 있었다. 《사상계》의 시설은 《역사학보》(歷史學報), 《교육문화》(教育文化), 《진단학보》(震檀學報), 《국어국문학》, 《동방학지》(東方學志), 《철학》(哲學), 《영어영문학》 등의 학보제작에 사용되었다(정진석, 1992 : 205).

연세대학교 백낙준의 인맥은 계속적으로 사상계를 지원했다. 연세대뿐 아니라 고려대, 서울대, 이화여대 등의 필자들이 등장함으로써, 두터운 학생 독자층을 확보했다. 그들의 유명세에 힘입어 《사상계》가 지식인들이 발언할 유일한 매체로 자리매김함으로써, 지성인들은 한 사람 한 사람씩 이 잡지 주변을 맴돌게 되었다.

김준엽은 "사상계가 갖고 있는 의미를 사회운동의 표출"로 간주한 바 있다(김준엽, 1995 : 51). 즉, 《사상계》는 전국의 지성인들뿐만 아니라 뜻 있는 사람들 전체를 흡수하며, 잡지 발간에 국한된 것이 아니라, 일종의 운동, 즉, 통일 · 근대화 운동을 주도한 것이다.

2) 사상

장준하의 사상을 살펴보기 위한 실마리로 우선 그의 인간관, 개인관을 살펴보자. 자유주의자 장준하는 인간을 인격적 존재로 간주한다(장준하 : 1953. 4). 인간은 개념적, 추상적, 논리적 등 사고능력을 지녔으며, 자신의 목적을 실현하기 위해 의지적 · 적극적 활동을 전개함으로써, 각종 문화를 창조하는 존재라고 본 것이다. 개인은 위대한 교육을 통해 인격적 존재를 개발함으로써, 자기의 완성을 시도한다. 이런 개인들이 모인 사회는 개인 상호간의 계약과 합의로서 성립된 집합체로 간주된다(장준하 : 1953. 5). 사회의 집합체는 인간을 더불어 생존케 하는 것이다.

자유주의자가 그렇듯 장준하에게 인격적 개인은 으뜸가치를 지녔다. 한 사람의 모든 '행위'는 그 '사람됨'에서 시작된다. 그리고 '사람됨'이라함은 그 '생각'하는 바 어떠함을 말하는 것이다(장준하 : 1953. 7). 즉, 바른 '생각'을 가지지 못한 개인이나 집단에서 바른 비판과 바른 행위를 기대할 수 없음은 자명하다. 장준하는 "'사고(생각)'에 기초를 둔 '행위'만이 민족을 구하며 자손만대의 복지를 건설할 수 있을 것이며, 세계 인류에게 기여할 바 있을 것"이라고 믿었다(장준하 : 1953. 7).

민주정치는 다름 아닌 국민 각자가 인격적 대우를 받고 안심하고, 그 가진 바 능력을 충분히 발휘할 수 있도록 한 제도이다(장준하: 1953. 8). 민주주의 하에서는 황제, 귀족, 주인, 노예 등 불평등이 없는 사회이다. 즉, 서로 평등하게 행동할 뿐이다. 여기에는 오직 각자의 직분이 있고, 그 직분을 다하여 사회적 가치를 생산해낸다. 각자의 능력을 잘 발전시키면 서로 조화를 이루어 자연적으로 통일을 보게 되는 것이다(장준하 : 1953. 8).

장준하는 자유주의적 입장에서 가치표준을 설정했다. 즉, 사회를 구성한 자가 인간 개인이며, 사유하고 의욕하고 정감하는 자가 개인인 한, 반성, 기획, 창작을 기대함도 개인에게 두어야 한다고 그는 생각한 것이다(장준하 : 1953. 10 · 11). 개인의 개성을 발휘시키고, 개인의 자유를 존중하는 데서 진정한 사회발전이 보장되는 것이다.

여기서 자유는 인류의 일관된 욕구를 말한다(장준하 : 1954. 2). 즉, 자유라 함은 한낱 추상성이 아니요, 자율에 의한 구체적인 힘을 말함이며 이 구체적인 힘 중에서도 대표적이며 근본적인 힘은 경제력 · 정치력임에 틀림없다. 하지만 인간 개인들 욕구간의 불균형이 사회문제를 야기한다. 이때 비판의 표준은 인간 개인일 수밖에 없다. 장준하는 링컨(A. Lincoln)의 '게티스버그 연설' 위령식 현장의 "인민의, 인민에 의한, 인민을 위한 정치"를 언급하면서 각 개인은 평등사상에 근거하여, 개성의 존중, 개인의 자유, 그리고 이것을 지각한 인간의 행위만이 사회발전에 가치를 가져올 수 있으며, 이 가치가 모든 비판에 표준이 된다고 말하고 있다.

이런 기본적 사상은 그의 '정치'에 대한 생각에도 스며들어 있다. 장준하는 정치의 순리로 '능순목지천이치기성언이'(能順木之天以致其性焉爾)를 언급한다(장준하 : 1953. 8). 즉, 다시 말해 정치는 "나무를 재배함에 있어서 사람이 그 나무의 천성을 무시하거나 마음대로 좌우하지 아니하고, 그 나무의 천성을 따라 잘 자라도록 하는 것이 요결(要決)이다". 정치가 이러하다면 당연히 정치가는 민중의 찬성을 무시하고 마음대로 명령이나 지배를 하지 말아야 할 것이다.

물론 '자유주의자' 장준하가 자유주의자의 고정관념에 사로잡힌 주장을 한 것은 아니었다. 그에게 돋보이는 것은 반성, 기획, 창작 등을 가능케 하는 비판정신이다. 장준하에게 비판은 물론 진위를 논할 만한 가치표준이 있어야 하고, 그 목적과 방법에 있어서 건설적이어야 한다(장준하 : 1953. 10 · 11).

《사상계》는 자유주의하에서 목표를 설정한다. 《사상계》에 몸담았던 안병욱은 당시 이 잡지의 '가치표준', 즉 발전적 당면과제로 '언론자유', '민주화 투쟁', '평등사상', '인권옹호', '지식인 발언' 등을 열거한 바 있다(안병욱, 1995 : 17). 앞에서 지적했듯이 장준하는 민족주의자, 그리고 분단된 현실을 슬퍼하고, 분노한 민주주의자였다. 그가 반추하는 이념은 자유 · 평등 · 평화 · 정의였으며, 이에 독재에 항거하고 부정부패를 척결하며, 유린된 인권을 회복하는 것이었다.

김준엽은 공개적으로 표방한 《사상계》의 목표로 ① 자유민권운동, ② 경제발전, ③ 통일운동, ④ 문화창조, 그리고 ⑤ 복지사회 등을 열거하였다(장준하선생 20주기 추모문집, 1995 : 31). 물론 여기서 가장 큰 의제는 '자유민권운동'이었다.

3. 자유주의 사상의 실천

1) 자유 · 민주당 정권에서의 실천

사상계는 전술했듯, 막강한 '편집위원회'를 구성하고, '구국언론'의 실현을 위해 가속행진을 거듭했다. 《사상계》의 운동가의 정체성은 편집위원에 의해 구축되었다. 《사상계》의 특징은 편집위원의 구성에 있었다(계창호, 1995 : 152). 장준하는 《사상계》의 발간취지를 구국과 민주화에 두고 정치 · 경제 · 사회 · 문화 · 예술 등 분야를 망라한 석학들로 편집진을 구성하였다. 즉, 각계의 대표적 지식인들을 편집위원으로 초빙했다. 따라서 《사상계》의 편집위원은 단순히 잡지의 편집위원이 아니라, 그의 취지에 찬동하고 행동을 함께하는 동지였다. 이와 마찬가지로 제작실무에 종사한 《사상계》 동인들도 편집위원들과 뜻을 같이하는 또 다른 동지였다(계창호, 1995 : 153).

편집위원회는 1955년 1월부터 《사상계》가 종합잡지로 혁신하면서, 동인 또는 《사상계》 지식인을 형성하였다(이용성, 1977 : 56). 《사상계》는 '고전소개란', '사상가 강좌' 등을 만들어 지식인들을 끌어들였다. 또한 1955년 11월부터는 네 페이지 정도의 《사상계 월보》를 발간하여 전국의 초 · 중 · 고등학교장과 전국 관공서의 장 및 기독교회를 대상으로 우송하였다. 더욱이 1952년 부산 피란시절 시작한 '사상강좌'는 그 위력이 대단했다. 《사상계》가 절정이었던 1950년대 말, '전국 사상계사 문화강연회'에는 황산덕(黃山德), 한태연(韓泰淵), 안병욱(安秉煜), 양호민(梁好民), 김하태(金夏泰), 이길상(李吉相) 등의 교수가 참여하였다(이문휘, 1995 : 160).

《사상계》는 지식인의 관심을 집중시키기 위해, 토론 · 논쟁의 장을 만들었다. 대표적 사례로는 1954년 6월호에 허웅(許雄)의 '현행 철자

법 개정안'과 관련하여 정경해(鄭暻海), 이숭령(李崇寧) 등이 벌인 논쟁을 들 수 있을 것이다. 또한 1957년 5월의 함석헌과 윤형중(尹亨重) 신부 간의 '대토론'도 지적할 수 있다.

이런 토론과 논쟁의 장을 마련한 것과 관련하여 필화사건도 발생하게 된다. 함석헌은 1958년 8월 시국에 대한 경종을 올리기 위한, "생각하는 백성이라야 산다"를 집필하여, '함석헌 필화사건'이 일어난다. 독설의 함석헌은 기성질서에서 탈출하려는 자유혼의 몸부림을 글에 담았다. 그는 민중 앞에서 촌스러울 정도로 수줍어하면서, 특권 앞에는 추호의 굽힘도 찾아볼 수 없는 저항정신으로 완전무장한 사람이었다(장준하, 1985c : 134). 서울시경 사찰과는 1958년 8월 8일 함석헌을 '국가보안법 위반혐의'7)로 구속한다고 발표했다. 함석헌의 '민족의 반성'을 촉구한 '독설적' 표현이 문제된 것이다.

당시 학생과 지식인에게 인기를 한 몸에 받고 있던 '무정부주의자' 함석헌이 구속된 것이다. 더불어 장준하도 남대문에 있는 '통일사'라는 곳에 연행되었다. 사건이 일어나자 국내 신문들은 함석헌의 구속을 경악시하고, 《사상계》를 지원하기 시작했다(박경수, 1995 : 173). 이런 흐름과 달리 경찰관들은 전국의 서점에 다니면서 사상계를 압류하는 소동이 벌어졌다. 하지만 서점주들이 약속이나 한 듯 책을 감춰놓고 팔았다(박경수, 1995 : 173). 독자들은 책을 사기 위해 장사진을 쳤다. 책은 단 한 권도 반품이 없는 진귀물이 된 것이다.

《사상계》는 1958년 1월 "나라의 주인은 백성이다"의 권두언에서 "우

7) 국가보안법 위반혐의는 대한민국을 꼭두각시로 표현했다는 주장에 두었다(유경환, 1995 : 276). 이런 표현은 대한민국의 국체를 인정하지 아니한 것일 뿐만 아니라, 북한과 대한민국을 나란히 동일시하였기 때문에 군의 전투의욕을 감퇴시키고 비상시기에 놓인 사회의 사상과 질서를 문란하게 한 것으로 간주했다.

리는 민주 주권을 수호한다"라고 거듭 강조함으로써, "생각하는 백성이라야 산다"의 논조를 계속유지 했다. 그리고 관권이 발호치 못하도록, 독재의 싹이 트지 못하도록 자신들이 굳게 지킬 것을 다짐한다(장준하 : 1958. 10). 여기서 사상계는 관리의 부패를 빗대어, 민주국가에는 관료란 것이 있을 수 없다, "오직 국민에게 봉사하는 공무원이 있을 따름이다"라며 관리에 일침을 가했다.

장준하는 "정치의 목적은 사회적 정의의 실현에 있고, 그 수단으로서 권력이 있다"로 권력의 범위를 정의했다(장준하 : 1959. 9). 정의는 정치의 목적이고 권력은 정치의 수단인 것이다. 그러므로 정의와 권력과의 가치질서는 준엄 명료하고, 결코 전도될 수 없음을 밝혔다. 《사상계》는 계속적으로 자유주의 논조로, 이승만 정권에 대한 반기를 들었다. 1959년 1월 "새해는 '민권의 해'로 맞고 싶다"라고 《사상계》는 그 논조를 더욱 강화시켰다(장준하 : 1959. 1).

> 민권의 정립 없이는 나라의 부강도 국민의 태안(泰安)도 바랄 수 없고, 민도의 향상 없이는 특권의 횡포와 민권을 막을 길이 없다. … 민권의 확립은 구국의 원칙이요, 재건의 목표요, 치국의 방향이요, 우리의 공통된 염원이기에 이 해를 민권 확립의 해로 맞아 이 해를 빛내고 보람있는 해로 보내고 싶은 마음 간절합니다.

더욱이 《사상계》는 1958년 12월 24일 이른바 '24파동' 혹은 보안법파동을 자행한 이승만 정권의 횡포를 고발한 백지(白紙)권두언을 시도했다. 이 잡지는 1959년 2월호 권두언 "무엇을 말하랴 : 민권을 짓밟는 횡포를 보고"를 작성하여, 선동에 참가했다.

장준하의 당시 투철했던 투쟁의 글들은 독재자에 대한 분노와 정의감의 표현이었다(안병섭, 1995 : 189). 그의 분노는 적을 설정하고, 그리고 동지를 규합했다. "자유라는 나무는 피를 마시며 자란다"란 장준하의 말이 실현되는 단계였다. 실로 '자유'니 '민권'이니 하는 말은 그저 안일한 농담이 아니고 이것을 찾으려는 '전사들의 피'로 새겨 놓은 말들임을 뚜렷이 볼 수 있었다(장준하 : 1960. 5).

결국 자유에의 갈망은 4·19 혁명으로 나타났다. 장준하는 혁명을 주도했던 모든 사람에게 다음과 같이 일성을 첨가했다.

> 용사들이여 편히 쉬시라. 당신들의 흘린 피는 확실히 이 땅에 정(正)을 싹트게 할 것이며, 의(義)의 열매를 맺게 할 것이요, 괄목할 민권의 신장을 이룩할 것입니다(장준하 : 1960. 5).

그는 실로 4·19 혁명의 정신적 지도자였으며, 얼과 정신, 그리고 행동을 겸한 무서운 추진력의 인물이었다. 《사상계》는 1960년 대다수의 지식인의 거점이 되었다. 그 힘으로 《사상계》는 4·19 혁명의 주도적 역할을 담당한 것이다.

한편 장준하는 편집위원회의 역할을 강화하고, 사상계사에 '국제연구소'를 설립하게 된다(이용성, 1997 : 61). 장준하는 정치·경제·사회 등 각 부분의 연구위원을 강화시키고, 정책 대안을 모색한다.

장준하는 '국토건설본부'의 일을 맡게 된다. 이 기구는 기획, 관리, 기술, 조사 등 4부를 구성하고, 기획부장에 장준하, 장면(張勉) 총리가 본부장을 겸했다(장준하선생 20주기 추모문집, 1995 : 105). 당시 국토건설 사업은 조림, 관개, 하천부지 정비, 농로개설 등 지금까지 해오던 소규모의 사업 이외에 공업화를 추진하는 데 필요한 하부구조의 정비강화를 위한 사업, 그리고 댐건설과 같은 대규모의 에너지 개발사업도 추진했다. 그 막대한 사업에 장준하가 참여함으로써, 그는 장면 정권의 '주구'가 되었다.

《사상계》 안에 설치한 '국제연구소'는 장면 정권과 밀접한 관련성을 지녔다. 연구소의 토론, 정책 내용물은 민주당 정권의 브레인 역할을 위해 사용된 것이다. 더불어 장준하는 《사상계》 잡지 출간 이외 사업을 확장하여 《현대사상가 총서》, 황순원(黃順元)의 장편소설 《지성의 모험》, 《사상문고》 등 활발한 활동을 시도했다(정진석, 1992 : 222).

이런 장준하를 두고 정진석은 장면시대의 장준하가 지금까지 항상 언급해온 "항상 민중 편에 서서 치자(治者)의 그릇된 정치로부터 그 민중을 보호하고 치자의 비정을 가차없이 고발하고 또는 민중을 대변하는 것이 언론의 본질이다"라는 그의 지론을 외면했다고 지적하고 있다(정진석, 1992 : 220).

2) 공화당 정권에서의 실천

장준하는 정론지 《사상계》의 수장으로써, 권력핵심으로 밀려들어갔다. 다음 세대인 5·16 세력과는 피할 수 없는 평행선을 긋고 있었던 것이다. 그의 현실참여는 5·16 군사정변 이후 부패언론인으로 '정치활동정화법'에 묶이는 빌미를 제공하기도 했다.

강만길(姜萬吉)은 《사상계》와 박정희와의 관계를 단순히 잡지언론인과 군사쿠데타 세력과의 관계일 수만은 없다고 지적하였다(강만길, 1995 : 61; 김인철, 1994 : 37). 《사상계》와 5·16 세력과의 대결은 자유민주주의 신봉자와 군사독재 세력과의 대결이기도 했지만, 그 밑바탕에는 일제 식민지시대를 다르게 살았던 개인 장준하와 박정희의 적대의식과 대결의식이 깔려 있었던 것이다.

그들의 해묵은 '적개심'과는 달리, 장준하는 초기 '5·16 혁명'에 대하여 긍정적이었다.

> 4·19 혁명이 입헌정치와 자유를 쟁취하기 위한 민주주의 혁명이었다면, 5·16 혁명은 부패와 무능과 무질서와 공산주의의 책동을

> 타파하고 국가의 진로를 바로잡으려는 민족주의적 군사혁명이다. 따라서 5·16 혁명은 우리들이 육성하고 개화시켜야 할 민주주의의 이념에 비추어볼 때는 불행한 일이요, 안타까운 일이 아닐 수 없으나 위급한 민족적 현실에서 볼 때는 불가피한 일이다. 그러나 이번의 군사혁명은, 단지 정치권력이 국민의 한 집단에서 다른 집단으로 넘어갔다는 데서 그친다면 그것은 무의미한 것이다…. 따라서 이러한 의미에서는 5·16 혁명은 4·19 혁명의 부정이 아니라 그의 계승연장이 되어야 하는 것이다(장준하 : 1961. 6).

사상계는 군부세력에 대해 긍정적 평가를 했지만, 동시에 경계 눈초리 또한 늦추지 않았다.

> 국가재건최고회의는 시급히 혁명과업을 완수하고, 최단 시일 내에 참신하고 양심적인 정치인들에게 정권을 이양한 후 쾌히 그 본연의 임무로 돌아간다는 엄숙한 혁명 공약을 깨끗이, 군인답게 실천하는 길 이외의 방법은 없는 것이다(장준하 : 1961. 6).

같은 논조로 다음 호에도 계속되었다.

> 즉, 바라건대 혁명정권은 이러한 과업을 하루속히 수행하고, 국제 공산주의와 사상적으로 가장 치열하게 대결하고 있는 사랑하는 조국에 민주주의를 복귀시킬 것을 건의해서 마지않는다(장준하: 1961. 7).

뿐만 아니라, 장준하는 한일관계도 적극적으로 풀기를 원했다.

> 지금의 한일관계를 정당하게 타개하는 길은 ① 대일 '일반청구권'[8]

8) '일반청구권'은 대일 재산청구권, 재일교포의 법적 지위의 확립, 평화선의 보

문제가 해결되어야 하고, ② 이것을 계기로 국교가 정상화되어야 하며, ③ 그 후에 체결될 대일 통상항해조례와 상호 경제협조법의 테두리 안에서 일본의 자본이 도입되어야 하는 것이다(장준하 : 1961. 5).

무서운 독기(毒氣)를 지닌 장준하가 5 · 16 세력을 쉽게 허용할 리가 만무했다. 그의 용기는 다른 사람이 모방할 수 없는 것이었다(안병욱, 1995 : 78). '구정치인'으로 지목되었던, 장준하는 1963년 1월 1일부터 '정치정화법'으로 정치활동을 재개할 수 있었다. 그 전에 그는 1962년 8월 필리핀에서 '라몬 막사이사이' '언론 · 문학부문상'[9]을 수상한다. 장준하는 그 상금 1만 달러로 독립문화상(① 동인문학상, ② 월남언론상, ③ 다산문화상)을 제정하고, 함석헌에게 제 1회 월남언론상 수상 영광을 안겼다. 《사상계》는 그 의의를 "자유사회에 있어서 언론의 책임과 자유에 대한 의의를 깊이 인식하고 특히 이번 언론상이 뜻하는 바 막사이사이 대통령의 용기와 투지를 본지 제작정신에 충분히 반영시킬 것을 다짐했다"고 자체적 의미를 부여하였다(장준하 : 1962. 9).

장준하는 지식인의 사회적 사명에 충실했다. 《사상계》 권두언은 지식인의 비판정신을 다음과 같이 찬양하고 있다.

우리가 지식인을 소중하게 생각함은 그가 가진 판단의 능(能)과 명

위 등 8개 항목이었다(장준하 : 1962. 2). 《사상계》는 모든 현안의 문제를 해결함으로써 국교를 맺기 이전에 먼저 경제원조라는 명목에서 대한 투자를 선행시키고 이로써 한국 정부와 국민들 사이에 일본에 대한 수혜감을 퍼뜨린 후 모든 문제를 일본의 의도대로 해결하려는 의도를 경계했다.

9) '언론 · 문학부문상'은 그 수상결정서에서 "지식인들이 국가재건에 정력적 참여를 촉진시키기 위하여 불편부당한 잡지를 발간함에 있어서 성실성을 나타냈고, 금전상의 이익이나 정치적 권력을 잡기 위하여서가 아니라 한국의 새로운 세대를 계몽하여 그들로 하여금 보다 자유로운 사회를 건설하는 길을 찾게 하였다"고 수상이유를 밝혔다(김인철, 1994 : 39).

> (明) 을 귀중하다고 봄에 있으며 그 능과 명에 의하여 시비(是非)가 가려지고 정사(正邪)가 나뉘어지며 사회의 모든 질서가 확립될 가능성이 있다고 보여지는 까닭입니다. 그러므로 지식인에게 생명처럼 아껴져야 할 것은 비판정신입니다. … 판단의 능과 명을 가졌기에 사물을 바로 알게 되며 사물을 알기에 부정한 권력과 대결할 힘도 생기는 것입니다. 지식층은 항상 집권층과 대적관계에 서서 예리하고 엄정한 비판을 내릴 때에만 민중의 복리는 조장되었으며, 그 사회가 전진되었던 것이며, 집권층에 부화하였을 때는 반드시 암흑세계가 조성되었던 것입니다(1957. 2).

이의 연장선에서 장준하는《사상계》권두언에서 "혁명정권은 국민을 국가권력으로부터 소외시키지 말고, 권력권 외의 많은 국민들의 의견을 듣고, 가능하면 널리 접촉하고 그들과 호흡을 같이할 것"이 절실히 요청된다는 의견을 개진했다(장준하 : 1961. 7).

한편 같은 호에 함석헌의 글 "5 · 16을 어떻게 볼까"는 '소리 없는 혁명은 혁명이 아니라 병혁(病革)이다' 하여 군정 아래서의 언론의 자유를 강조하고 '민중만이 혁명을 할 수 있다. 군인은 혁명 못한다'하여 '군사혁명'의 부당성을 강변했다(강만길, 1995 : 564). 함석헌의 글로, 장준하는 군사정권의 조사를 받게 되고 이때부터 박정희 군사정권과의 사실상 대결이 시작되었다(같은 곳).

3) 한일회담 반대투쟁

박정희 정권은 '민족 주체성', '양키즘의 배격', '민족적 민주주의' 등을 선거의 전술적 구호로 내걸었다. 한일문제로부터 '민족자주'를 복원하겠다'는 말은 오히려 사대주의를 강화하는 것으로 볼 수밖에 없었다. 이른바 김(金) · 오히라〔大平〕 회담을 전후하여 군사정권은 제 2의 이완용에 비유할 만했다. 장준하는 한일 국교재개를 '제 2의 합방'으로 간주한다. 이 과정에서 미국은 해방국, 우방국, 그리고 한국의 발전을 진정으로 돕는 나라로 더 이상 자리잡지 못하게 되었다(강만길, 1995: 573).

정치활동을 금지당한 재야 정치인이 활발히 활동하기 시작했다. 여·야의 공방전은 10월 15일 대통령 선거를 기해 더욱 활성화되었다. 그러나 박정희 정권은 15만 표 차로 아슬아슬하게 승리하여, 제3공화국의 출범을 선언했다. 그리고 1964년 들어와 한일회담을 공식적으로 추진했다(송건호, 1983 : 228). 사상계는 "또 다시 사상계의 발간정신을 더듬으며"란 권두언을 내고 전열을 정비했다. 《사상계》는 지금까지 12년간 민(民)의 편에서 떠나지 않고 그 입노릇을 하노라고 애써 온 것을 자랑스러운 자취라고 자부했다(장준하 : 1964. 6). 그러나 모든 운명을 바쳐 기르고 키워오던 자유와 민권은 험난한 파도로 난파에 이르게 되었다고 진단하고, 이에 장준하는 청년·학생, 그리고 새 세대들에게 새로운 결의와 각오로써 자유 민권의 전열을 강화하고, 이 땅의 자유와 민권을 위한 새로운 전투를 시작할 때가 왔다고 선동했다.

언론은 학생들의 한일회담 반대투쟁을 적극 지지하여 그들의 투쟁 상황을 대대적으로 보도하였다(송건호, 1983 : 228). 《사상계》의 한일협정 반대 긴급 증간호는 한일회담에 반대적 입장에 서 있는 모든 사람들에게 텍스트로 사용되었으며, 장준하는 한일 굴욕외교 반대투쟁 위원회의 초청연사로서 부산·대전·대구·서울 등지에서 총 70여 회나 대중연설을 했다. 장준하의 서울 강연회 후에는 3·24 학생데모가 일어났으며 그것이 6·3 계엄령까지 연결되었다(강만길, 1995 : 575)

당시 《사상계》는 한일회담을 반대하는 권두언이나 논문, 각종 선언문을 게재하고 다수 지식인의 반대여론을 일으킬 목적으로 좌담회 등을 진행시켰다. 장준하는 지식인의 조직화를 서두른 것이다.

박 정권 반대 데모가 극성을 부린 6월 3일 비상 계엄령이 내려졌다. 언론계의 비난이 빗발치자 박 정권은 학원에 대해서는 '학원보장법',

언론계에 대해서는 '언론윤리위원회법'을 제정하였다. 《사상계》는 "정부는 언론에 간섭 않기를 바란다"란 제목 하에, 언론윤리위원회법을 강행하려던 의도가 비판의 소리를 침묵시키고, 그 부정과 치졸에 넘친 행정을 그대로 유지하려는 것을 비난하면서, 언론이 강한 비판정신을 지니고서 또한 스스로 자기에게 경고하려는 자유의지를 발동할 수 있도록 일체의 언론간섭을 포기하도록 강력하게 항의했다("권두언", 1964. 9). 그리고 편집위원 일동이 언론윤리위원회법 반대서명을 시도했는데, 김준엽, 양호민, 지명관, 김성한, 김영록, 신일철, 안병욱, 여석기, 이극찬, 이만갑, 정명환, 조지훈, 최석채, 현승종 등이 참가했다("권두언", 1964. 10).

장준하는 1964년 언론자유수호 투쟁위원회에 참여하여 언론윤리법 반대투쟁에 나섰다. 암흑 속에 등불로 자처하면서 앞장섰다. 그리고 그는 1965년 조국수호협의회에 참가하여, 한일조약 반대투쟁을 주도했다. 당시 언론인으로서 폭넓은 사회운동을 시도한 것이다. 더욱이 1965년은 《사상계》가 2차에 걸친 세무조사를 받아 엄청난 금액을 추징당한 상태였다. 1963년 반품사태 이후 그나마 명맥을 이어오던 《사상계》는 이제 더 이상 생명을 유지하기 어려운 지경으로 내몰렸다(김인철, 1994 : 38). 계속적인 정치공세로 1955년 이후 정착되어 오던 편집위원회 제도가 힘을 잃어가기 시작했다. 1965년 11월에는 대학교수 편집위원 해촉이 이뤄졌다. 1955년부터 굳건하게 성장시켜온 《사상계》 편집위원 체제가 붕괴된 것이다. 지금까지 《사상계》는 지식인들에게 발언할 수 있는 유일한 미디어로 자리매김했으며, 전국의 지식인들을 집결시켰다. 와해되기 시작한 《사상계》의 대정부 투쟁은 계속되었으나, 지식인들의 참여는 점점 줄어만 갔다(장준하선생 20주년 추모문집, 1995 : 49).

하지만 장준하의 거침없는 행보는 계속되었다. 정치인 장준하는 선동정치에 뛰어들었다. 1967년 제 6대 대통령선거 기간에 열린 강연회에서 장준하는 박정희 후보의 남노당 관련 경력을 거론하였다. 그리고 1966년 9월 민중당(民衆黨)이 주최한 '특정재벌 밀수진상 폭로 및 규탄 국민대회' 연사로 나와 "박정희란 사람은 우리나라 밀수 왕초다", "존슨 대통령이 방한하는 것은 박정희 씨가 잘났다고 보러 오는 것이 아니라 한국 청년의 피가 더 필요해서 오는 것이다"로 정권에 맞섰다(장준하선생 20주년 추모문집, 1995 : 622). 장준하는 1966년 10월 26일 연설내용을 문제 삼아 국가원수 모독죄로 서대문구치소에 수감되었다.

1966년 11월호 《사상계》 권두언은 "이 난을 메꿀 수 있는 자유를 못 가져서 미안합니다"로 백지 권두언으로 대신했다. '옥중출마'의 공백을 메우기 위해 함석헌이 등장했다. 흰 두루마기, 흰 머리, 흰 수염의 노인 함석헌이 유세장에 나타난 것이다(고성훈, 1995 : 198).

> 여러분! 장준하를 살려주세요. 장준하 사상계 사장을 국회로 보내주셔야 합니다. 안 그러면 장준하 이 사람은 죽습니다. 자살할지도 모른단 말입니다.

1967년 3월에는 신민당에 입당하여 본격적으로 유세활동을 벌였던 장준하에게 또 다시 국가원수 모독죄가 적용되어, 3개월간 투옥되었다(김인철, 1994 : 39). 더욱이 장준하는 1967년 6대 대통령 및 국회의원 선거(5월, 6월) 당시, 민중(民衆), 신한(新韓) 양당의 합당에 막후 협상을 벌였다. 장준하와 사상계 동인들은 적극적이고도 은밀한 막후 교섭과 영향력을 발휘하여, 야당 대통령후보 단일화추진을 시도했다(고성훈, 1995 : 197).

추진위는 윤보선, 유진오, 백낙준, 이범석 등 4자 회담을 성사시켰다. 이 통합운동은 재야인사들의 1966년 9월 '시국 및 야당단합선언'을 계기로 시작되어, 네 차례의 4자회담 끝에 야당대통령 후보로 윤보선, 그리고 당수로 유진오가 결정되었다. 신민당(新民黨)은 재야세력을 영입하기로 정함으로써, 장준하는 재야의 지분으로 서울 동대문 을구의 신민당 국회의원 후보에 공천되었다.

신민당의 전국유세반장 박순천(朴順天)이 전농여자중학교 교정에서 나타났다. 그리고 투표 일주일 전 6월 1일 오후 장준하 후보가 유세 연설장에 나타났다. 장준하는 1967년 1월 제 7대 국회의원(동대문 을구)에 '옥중출마'로 당선된 것이다.

1967년 5·3 대통령 선거가 끝난 후 장준하는 다시 "박정희 씨는 국민을 물건 취급, 우리나라 청년을 월남에 팔아먹었고, 박정희는 과거 공산주의 조직책으로 임명되어 조직활동을 한 사람" 등의 발언으로 또다시 구속되었다(장준하선생 20주기 추모문집, 1995 : 622~3).

장준하의 철창행은 계속되었고, 벌인 사업의 빚 독촉에 쪼들렸다. 이런 상황에서 장준하는 1968년 2월 《사상계》 판권을 부완혁(夫玩爀)[10]에게 넘기게 된다. 그리고 그는 국회의원의 일에 전념했다. 경제과학분과·국방위원회의 장준하 국회의원은 1968년 12월 16일 한 시간 이상 《신동아》 차관 특집사건을 따졌다. 천관우, 홍승면 등 중견 언론인들의 구속·연행에 대해 다음과 같이 정부를 질책했다(김상기, 1985 : 348).

> 구속 3일 만에 석방할 수가 있는 이런 하찮은 사건을 가지고 우리 언론계의 중진 중의 중진이라고 할 수 있는 《신동아》 주간 홍승면 씨, 《동아일보》 주필 천관우 씨, 《동아일보》 부사장인 김상만 씨 등 인사들을 위의 기사와 관계시켜서 구인 또는 구속 강제연행 등

10) 부완혁은 1968년 2월호부터 사상계 판권을 넘겨받았다(김인철, 1995 : 34). 1960년 중반으로 접어들면서 박정희 정권의 지능적인 탄압, 대재벌 신문사가 발행하는 종합지에 의한 시장잠식으로 재정이 허약한 상태였다. 부완혁은 자신의 이름으로 권두언을 계속 집필했다. 당시 《사상계》는 지령 200호를 넘기면서, 연명하였다. 그러나 1970년 5월호에 게재된 김지하의 담시 〈五賊〉이 필화사건을 겪으면서, 지령 205호를 끝으로 17년간의 긴 여정을 끝맺었다.

> 을 했다 함은 실로 놀라운 일이라고 아니할 수 없는 것입니다. 더욱이 해괴하다고 보는 것은 첫째 중앙정보부는 처음 《신동아》 12월호에 실렸던 "차관"이라는 기사를 가지고 문제를 삼기 시작하여서 8, 9명의 동아일보의 간부와 기자들을 10여 일간씩을 소환 심문하다가 어찌해서 그것은 덮어놓고 《신동아》 10월호 소재 "北傀와 中蘇分裂"로 그 사건을 바꾸어 들고 나왔느냐 하는 점이며, 둘째로 정식 구속한 지 3일 만에 석방시킬 수도 있는 그런 사건을 가지고 언론계 중진들을 그렇게 쉽게 구속할 수가 있는가 하는 일이며, 설혹 위법을 했다고 보더라도 구속했다가 구속을 해제한 후 남의 생명선인 직장을 뺏고 언론계에서 추출하려는 것으로서 치죄를 다했다고 생각한다면 이것은 언어도단이라고 생각되는 것입니다.

장준하는 언론인을 대하는 정치권의 품격을 따졌던 것이다.

장준하는 군사정권과의 갈등상황에서 1971년 4월 신민당을 탈당하고 무소속 의원으로 행보를 계속했다. 국민당 후보로 출마한 장준하는 낙방하고, 그후 양일동(梁一東)과 통일당을 창당하였다. 다시 장준하는 통일당 후보로 국회진입을 시도하였으나 낙방하였다. 정치꾼이 된 장준하는 '모든 문제를 정치로 풀어가는 한국의 문화현실'에 자신도 매몰되었다. 즉, 통제·감시의 사회에 발을 깊게 내디딘 것이다. 절제를 잃은 장준하에게 《사상계》는 더 이상 귀한 존재가 될 수 없었다. 정치에 휘몰린 《사상계》는 문을 닫을 수밖에 없을 정도로 탄압받아 갈 길을 잃고 말았다.

4. 결론 : 미디어를 통한 사회운동

장준하는 그후 '민주수호국민협의회'에 참가하여, 1972년 10월 '유신'에 반기를 들었다. 그는 '유신헌법 개정 100만 인 서명운동'을 주도하면서, '유신'헌법의 부당함을 강변했다. 그러나 장준하는 "헌법개정을 빙자하여 국론을 분열시키고 사회의 불안을 조성했다"는 죄목으로 긴급조치 제 1호에 걸려, 1974년 1월 체포되어 징역 15년을 선고받았으나, 그해 12월 '심장협심증과 간경화' 증세가 악화되어 형 집행정지로 석방되었다. 그후 장준하는 민주운동노선의 단일화 촉구를 위해 민주통일당을 탈당하고, 박 정권에 맞서 또 다른 저항을 시도했다. 그는 '폭로저널리스트'로부터 사회운동가로 변신한 것이다.

장준하는 권력의 불평등 분배에 민감하게 반응하고, 권력의 평등적 현상에 관심을 가졌지만, 정적(政敵)의 적대감을 극대화시킴으로써, 자신의 노력이 진리와는 거리를 멀게 했다.

그의 생애 동안 4·19와 같은 유토피아는 다시 오지 않았다. 장준하는 1975년 8월 17일 포천군 이동면 약사봉 산행 길에서 의문사했다. 그때 그의 나이는 57세였다. 정치인 장준하는 죽음을 당했으나, 그의 정치력은 많은 것을 생산했다.

《사상계》에 몸을 담았던 안병욱은 당시 이 잡지의 발전적 당면과제로 '언론자유', '민주화 투쟁', '평등사상', '인권옹호', '지식인 발언' 등을 열거한 바 있다. 이렇게 제시된 당면과제들은 장준하는 "편집후기", "권두언"을 진두지휘함으로써, 편집방향과 주장을 농도 짙게 반영되었고, 또 실현되기에 이르렀다.

장준하의 자유주의는 개인의 정체성 확립으로부터 시작한다. 그러나 그는 사회, 국가를 전제로 한 개인의 정체성에 관심을 가졌다. 분단된 현실을 슬퍼하고, 분노한 민족주의·민주주의자가 바로 장준하였다. 개인 장준하의 《사상계》는 이 나라의 민주주의와 민권의 회복을 위한 불굴의 투쟁을 지속적으로 전개하면서 온 겨레의 염원인 통일의 날을 준비하였다. 그의 삶은 민주화운동으로 일관했다. 그 경향이 농후해질수록 《사상계》는 헌법에 언급한 자유주의와는 거리를 둔, 오히려 '대안언론'에 가까워졌다.

민주정치는 국민 각자가 인격적 대우를 받고 안심하고, 그 가진 바 능력을 충분히 발휘할 수 있도록 한 제도이다. 즉, 상하귀천에 관계없이 서로 평등하게 행동할 뿐이다. 오직 각자의 직분이 있고, 그 직분을 다하여 사회적 가치를 생산해낸다. 각자의 능력을 잘 발전시키면 서로 조화를 이루어 자연적으로 통일을 보게 되는 것이다.

장준하에게 돋보이는 것은 비판정신이다. 즉, 인간사회의 발전은 지력의 향상에 의존하며, 그 광범위한 활용은 비판, 반성, 기획, 창작 등에 의거함으로써 정당한 비판은 그 추진력이 된다. 그에게 비판은 물론 진위를 논할 만한 가치표준이 있어야 한다.

《사상계》는 당시 정치사회적 액티비스트(*activist*)와 일반대중을 이어주는 거의 유일한 미디어였다. 장준하는 이 잡지를 통해, 자신의 운동을 극대화했다. "자유의 나무는 피를 마시고 자란다"라고 표현할 만큼 장준하는 사회운동가로서 적극적이었다. 또한 "주권자의 관용이 민주주의를 교살한다"는 말과 함께 사상과 행동의 일치를 추구했다. 《사상계》는 그들의 논쟁장소가 되었다. 이 잡지는 기성질서에서 탈출하려는 자유혼의 몸부림, 그리고 기성 질서에 얽매여 허덕이는 이 사회를 탈출시키려는 투지가 뚜렷하게 보였다(장준하, 1985c : 134). 《사상계》를 통하여, 장준하는 1950년대 말 지성계를 주도했으며, 자유당 독재정권의 전횡과 부패와 불의를 공격하면서 '민중'의 깨어남을 촉구하였다.

사회에 큰 변동이 있을 때마다, 장준하는 미디어 운동가, 그리고 정치가로서 그 중앙에 서 있었다. 《사상계》 이후 장준하는《씨올의 소리》에 몰두한다. 함석헌의《씨올의 소리》는 학생, 기독교 인사, 지식인, 근로자, 그리고《사상계》의 독자를 상대했다. 《사상계》와《씨올의 소리》는 1950년대 이후 1980년대까지 '재야인사'를 집결시켜, 사회운동을 일으킨 산실이었다. 그들의 역할은 후일 역사에서 평가할 것이지만, 사회운동을 일으킬 만큼 큰 세력이었음을 부인할 수 없다. 장준하는 자유주의 언론과는 판이하게 다른, 미디어를 통한 사회운동의 중심 인물이었다.

송건호

송건호는 '우리시대 마지막 지사적 언론인', '마지막 선비'라 할 수 있을 만큼 언론인의 정도를 걸어온 삶을 살았다. 원고지가 뚫릴 정도로 펜을 꾹꾹 눌러서 글을 쓰던 습관처럼 자기 원칙과 고집이 뚜렷했다.

제 11 장
송건호의 직필론

1. 서론

송건호(青巖 宋建鎬, 1927~2001)는 히틀러(A. Hitler)가 언급한 "지옥을 천당으로, 천당을 지옥으로 만드는 것이 신문이다"라는 말로 신문의 위력을 압축하여 강조한 바 있다(송건호, 1966b : 27). 신문은 '직필'과 '곡필'을 번갈아 선보이지만, 자신의 역할을 게을리할 경우, 사회에 해독을 끼치게 된다. 결과적으로 말하면, 신문의 '곡필성(曲筆性)'은 사회를 황폐화시키고, '불신풍조'를 만연시킨다.

곡필은 한마디로 '합리화'의 이론이라 할 수 있다(송건호, 1964. 10 : 27). 곡필의 합리화는 논리를 '종합적'으로 체계화시키는 대신 '절단'하고 '단편화'한다. 한 문제 또는 한 사건에 대한 정당한 판단이나 평가를 접어둔 채, 곡필은 편협한 사고로 논리를 전개시킨다. 곡필은 빈번히 '안녕질서', '대국'(大局), 그리고 '무사평온'(無事平穩) 등 조건을 내세운다. 그리하여 곡필이 우세하면 사회의 개혁이 있을 수 없고, 진보도 기대할 수 없다(송건호, 1969a : 8).

이에 반해 송건호가 말하는 직필(直筆)은 신문 지식인의 처신으로 간주된다. 물론 신문의 직필은 시대별로 그 의미를 달리해왔다. 유교적 전통에 익숙한 사람의 직필은 서구의 기능적 접근을 시도하는 지식인의 그것과는 성격을 달리한다. 전통 유학은 역사적 접근을 시도하지만, 현대 기능적 과학은 비역사적, 혹은 기능적 접근을 시도한다.

원래 신문은 국민의 이익을 대변한다(송건호, 1966 : 64). 그들의 이익은 국민의 '사생활을 보호해준다'는 말과 일맥상통하다. 물론 사생활의 이익은 공적 생활과 무관할 수 없다. 헌법 제10조에 "모든 국민은 인간으로서의 존엄과 가치를 가지며, 행복을 추구할 권리를 가진다. 국가는 개인이 가지는 불가침의 기본적 인권을 확인하고, 이를 보장할 의무를 진다"로 국민의 기본권을 규정했다. 국민의 권리에 따라 개인은 사생활을 보호받을 권리를 갖는다. 즉, 사람은 누구나 안락하게 살기를 원하며, 그렇게 살 권리를 갖는다.

헌법상 개인의 권리의 보호와는 달리, '굴절'의 언론사(言論史)는 곡필을 빈번히 시도했다. 송건호는 "대부분 신문들이 '유도'(誘導), '조작'에 익숙해있다"고 단정한다(송건호, 1966b : 21). 유도나 조작은 독자들에게 강제적 압력을 가하지 않으며, 가능하면 독자들이 유도당하고 있다는 사실조차 모르게 한다. 언론이 제구실을 다 못한다는 것은 결국 '불신풍조'가 만연함을 의미하고, 곡필이 지배하는 사회임을 보여주는 증거다.

송건호는 곡필의 정체를 크게 세 가지로 분류하였다(송건호, 1969a : 6). 즉, 첫째는 외면하는 곡필, 둘째는 보도의 곡필, 셋째는 평론의 곡필이다. 그 중 평론의 곡필은 민중의 발전을 마비시키는 언론인의 사도(邪道)를 일컫는다. 평론의 직필은 '시'(是)를 '시'라 하고 '비'(非)를 '비'라고 하여 '흑백'을 논하며, 또한 사리(事理)의 정확한 판단력을 요구한다(최석채, 1966b : 16).

논객의 직필과 달리, 평론의 곡필은 기묘한 논리의 위장 속에 그 정체를 감추고 있다. 이것은 예외 없이 반민주 부패정권을 옹호한다. 민중의 지탄을 받는 집권층의 부패나 실정을 변론하는 속에서 곡필은 양산된다. 곡필은 현실을 클로즈업시켜 민중을 현실 속에 매몰시킨다.

그 문화에 익숙한 민중은 부정확한 판단력을 갖게 된다. 이러한 경우 그들은 의례질서를 강조하고, 평화와 이성을 호소하는 것처럼 가장하고, 진보주의자를 파괴자와 부정분자로 비난한다.

송건호는 외면과 더불어 보도의 곡필이 미치는 충격의 여파를 우려했다. 신문인은 객관보도, 엄정중립을 가장하면서 곡필을 일삼으며, 자기의 주관을 광범위한 독자대중에게 침투시킨다. 그리고 마지막으로 신문의 해독 중 가장 무서운 것이 다름 아닌, '외면'에 있다는 것을 송건호는 지적했다(송건호, 1969 : 6). 독자는 '알권리'를 갖고 있고, 신문은 그 권리를 충족시킬 필요가 있다. 독자에게 알려야 하고 논평해주어야 할 일을 외면하고, 지면에 반영시켜주지 않는 일을 송건호는 곡필의 으뜸가는 폐단으로 간주했다.

직필에 견줄 때, 곡필은 고도로 세련된 속임수 속에서 발견된다. 더욱이 언론보도가 제구실을 다 못한다는 것은 결국 곡필이 지배하는 신문이라고밖에 볼 수 없다.

곡필은 역사적으로 사회적으로 논리를 종횡으로 구사한다. 그들은 거시적·미시적 평가를 사용한다. 그러나 현상유지적이며, 가장 현실적인 듯이 보이는 곳에 빈번히 곡필이 존재한다. 하나의 글이 직필과 곡필이냐를 식별하려면 그것이 어떠한 사회세력을 바탕으로 하고 있느냐를 따지지 않으면 안 된다. 기득권을 가진 계층일수록 '안정'과 '질서'를 내세워 현상유지를 꾀하고, 개혁을 주장하는 사람들은 '파괴분자', '불온분자'로 몰아세운다.

물론 곡필의 뒤에는 그러한 곡필이 나올 수밖에 없는 부정부패가 도사리고 있다. 바꾸어 말하면, 곡필은 그것에 상응하는 일정한 사회적 부정을 기반으로 한다.

곡필에 익숙한 신문은 독특한 불신풍조의 문화를 만들어낸다. 언론은 권력에 대해서 지극히 약하면서도 권력에 접근하거나, 협조하는 것을 떳떳하지 못하게 생각한다(송건호, 1966b : 25). 정부는 한국 언론이 자유를 남용하고 있다고 비난하지만, 국민 사이에는 지나치게 언론 자유가 구속되어 있다는 불만이 팽배하고 있다. 언론, 정부, 국민은 서로 왜곡된 심리를 편다.

송건호는 '신문논설사'의 시대구분을 '다섯 단계'[1]로 대별한다. 즉, 계몽기, 항일기, 수난기, 언론자유기, 그리고 기업화기 등이 그 실체이다. 그 중 네 번째 단계인 '자유기'는 여전히 유교의 '지조'의 정신적 가치를 지향했으나, 신문의 '기업화'가 시작된 시기였고, 또 일본식 소비문화가 이 시기에 유입되었다. 이 시기에 신문의 '단간제'(單刊制, 1962년 8월 13일)가 도입되면서, 상업신문이 본격화되었다.

이 글에서는 송건호의 신문논설사의 다섯 단계를 '기업화'의 이전 단계와 이후 단계로 시대구분하고, 이들 시기에 송건호의 직필·곡필을 설명·해석하고자 한다. 송건호는 곡필로 직필의 의미를 부각시킴으로써, 이 연구는 그의 곡필이 분석대상이 된다. 이 글은 단간제를 기점으로 과거뿐 아니라 현재의 곡필을 정리한다. 그 순서로 송건호의 언론활동, 언론자유의 성격, 그리고 단간제 이전의 곡필의 성격, 그 이후의 성격, 그리고 곡필이 가져온 유언(流言) 등을 논한다.

---

1) 한국논설사의 5단계로 제 1단계는 계몽기, 제 2단계는 항일기, 제 3단계는 수난기, 제 4단계는 자유기, 제 5단계는 기업화기 등을 열거했다(송건호, 2002 : 370). 즉, 첫째, 계몽기는 무식한 민중의 눈을 뜨게 하는 《독립신문》의 운동을 말한다. 둘째, 을사늑약(1905) 이후 일제식민지에 대한 저항의 《대한매일신보》, 《동아일보》, 《조선일보》의 운동이다. 셋째, 일제의 협력이 불가피하다는 판단 아래, 방관·침묵도 할 수 없었던 1930년 이후의 언론현상이다. 넷째, 해방 이후 자유를 구가했던 시대의 현상이다. 다섯째, 언론기업의 성장을 보인 5·16 이후의 언론현상이다.

2. 송건호의 언론활동

송건호는 충북 옥천 출신이다. 그는 고난, 빈궁 속에서도 절제와 자존심을 세워온 언론인이었다(박근애, 1994 : 207). 송건호는 '우리시대 마지막 지사적 언론인', '마지막 선비'라 할 수 있을 만큼 언론인의 정도를 걸어온 삶을 살았다. 송건호는 강직한 사람이었다. 원고지가 뚫릴 정도로 펜을 꾹꾹 눌러서 글을 쓰던 습관처럼 자기 원칙과 고집이 뚜렷했다(김현호, 2004: 185). 그의 뚜렷한 개성은 언론인의 삶에 표상이 된다.

송건호는 1953년 2월《대한통신》외신부에서 출발하여, 그 후 신문사를 옮겨가면서 베테랑 외신부 기자로 성장했다. 그는《조선일보》(1954),《한국일보》(1958),《자유신문》등 외신부를 거쳤다. 또한 기자생활 도중 학업을 병행해 서울대 법대를 졸업할 만큼 학구적이었다. 이후 송건호는 1960년 6월부터《한국일보》논설위원, 즉 논객으로 활동을 시작했다. 외근 수습을 거치지는 않았지만, 4·19의 소용돌이 속에서 생활한 송건호는 현장감 있는 논설을 썼다.《경향신문》(1962),《조선일보》(1966),《동아일보》(1973) 등 논설위원 및 수석논설위원을 거치면서도 그의 외골수적 논조는 별로 달라지지 않았다. 그는 시시비비를 분명히 하는 논객이었다.

또한 언론사 관리직으로《경향신문》,《동이일보》등 편집국장을 지냈으며,《말》발행인,《씨올의 소리》편집위원, 그리고 1988년《한겨레신문》초대 사장, 그 후 회장, 고문 등을 지냈다.

송건호는'기독교협의회(NCC) 인권위원장'(1978), '민주언론운동협의회 회장'(1984) 등 사회언론 운동단체에서 재야운동가로 활동하기도 했다. 민언협(民言協)은 1984년 12월 19일 동아일보 해직기자로 구성된 '동아자유언론수호 투쟁위원회', 조선일보 해직기자로 구성된 '조선자유수호 투쟁위원회', 그리고 1980년 해직언론인협의회 등 3단체가 중심이 된 언론외곽 단체였다. 이 단체에 《동아일보》 편집국장 송건호가 의장으로 추대되었다. 이들은 1986년 9월 6일 기관지 《말》을 발행하였는데, 그 특집호의 '보도지침'[2] 은 세인의 관심거리가 되었다.

송건호의 '외골수'적 이미지는 오래전부터 습관화되었다. 1966년 《경향신문》이 정권에 밉게 보였다는 이유로 공매처분돼 제 3자에게 경영권이 넘어갈 때 그는 《경향신문》 편집국장이었다. 그는 중앙정보부장 김형욱(金炯旭)에게 맹렬하게 따졌다. 그후 한동안 송건호는 정부로부터 '문제성'의 인물로 낙인찍히게 된다(김현호, 2004 : 186).

'외골수' 재야운동가 송건호는 1974년 9월 7일 《동아일보》 편집국장에 임명된다. 유신헌법으로 국가가 혼란스런 때였다. 1974년 10월 23일에는 《동아일보》에 "서울 농대생 300명 데모" 기사를 게재하였다. 중앙정보부는 24일 송건호 편집국장, 한우석(韓宇錫) 지방부장, 그리고 동아방송 뉴스쇼 담당 박중길(朴重吉) 부장 등을 연행해갔다(김병관, 1990 : 101). 곧 풀려났으나, 당사의 편집, 방송, 출판부 기자 전원이 오전 9시경에 편집국에 모여 '10·24 자유언론실천선언'[3] 을 결의

---

2) "보도지침 : 권력과 언론의 음모"라는 제목으로 《말》 1986년 9월 6일 특집호에 그 실상을 낱낱이 공개함으로써 세상에 폭로됐다. 그 내용은 1985년 10월 9일부터 1986년 8월 8일까지 10개월 동안 문공부 홍보정책실에서 각 언론에 시달한 584개 항의 지침내용을 수록했다(주동황 외, 1997 : 201). 보도지침은 《한국일보》 김주언 기자(편집부)가 제공한 것이었다. 그는 매일 비밀리에 모은 것을 민언협 김태홍 사무국장, 신홍범 집행위원에게 넘겼다. 민언협은 천주교정의구현 사제단의 도움을 받아 《말》에 게재할 수 있었다(주동황 외, 1997 : 202). 그들은 각각 국가보안법 위반, 국가모독 등 혐의로 구속되었다.

3) 선언문과 3개 항의 결의 내용은 다음과 같다. 우리는 오늘날 우리 사회에 대한 미증유의 난국을 극복할 수 있는 길이 언론의 자유로운 활동에 있음을 선언한다. 민주사회를 유지하고 자유국가를 발전시키기 위한 기본적인 사회기능인 자유언론은 어떠한 구실로도 억압할 수 없으며 어느 누구도 간섭할 수 없는 것임을 선언한다. … 따라서 우리는 자유언론에 역행되는 어떠한 압력에도 굴하

한 계기가 되었다.

이후 송건호는 당시 언론의 자유와 독립을 주장하는 기자들 편에 서기 위해 1975년 3월 15일 스스로 사표를 제출하게 된다(박근애, 1994: 210). 그는 당시를 회상하면서, "134명 중 거의 50여 명을 내 이름으로 해임한다는 것은 죽으면 죽었지 할 수 없는 짓이었다"고 술회했다(박근애, 1994 : 210). 그의 결단으로 언론사 생활을 시작한 지, 22년 만에 《동아일보》 편집국장으로 언론인의 생활을 일단 마감했다.

정부의 '괘씸 죄'에 걸린 송건호는 취업에도 청와대의 허락을 받아야 했다(박근애, 1994 : 211). 1970년대 중반에서 1980년대를 거치면서 송건호는 대표적 재야인사로 변신했다. 그에게 긴 터널이었다. 송건호는 몇 번 입각의 유혹을 받았으나, "분단조국에서는 관리를 안 하기로 결심했다"며 거절했다. 정부에 대하여 완강했던 그에게, 정부는 김대중 내란 음모사건과 연루시켜 그를 고문했다(박근애, 1994 : 213).

1980년 5월 '김대중 내란음모 사건'으로 시련을 당했고, 포고령 위반혐의로 구속되어 군사재판에서 3년 6월의 1심형을 선고받았다. 송건호는 2심에서 2년형을 받았으나, 다시 육군형무소에서 형집행 정지로 석방되었다. 군사정부의 터널을 지내면서, 송건호는 《한겨레신문》의 창간에 관여하게 되었다. 이 신문은 권력과 자본으로부터 독립한 '국민의 언론' 기치를 걸고 1988년 5월 15일 창간작업에 들어갔다. 창간작업에는 송건호의 전문경영인으로서의 역할보다, 그 이름이 갖는 상징성이 큰 힘이었다(박근애, 1994 겨울 : 215).

《한겨레신문》은 '최소 이익추구 공익성을 생명으로 한다'라는 기치

지 않고 자유민주사회 존립의 기본요건인 언론실천선언에 모든 노력을 다할 것을 선언하여 우리의 뜨거운 심장을 모아 다음과 같이 결의한다. 첫째, 신문·방송·잡지에 대한 어떠한 외부 간섭도 우리의 일치된 단결로 강력히 배제한다. 둘째, 기관원의 출입을 엄격히 거부한다. 셋째, 언론인의 불법연행을 일체 거부한다. 만약 어떠한 명목으로라도 불법연행이 자행되는 경우 그가 귀사할 때까지 퇴근하지 않기로 한다(김병관, 1990 : 101~2).

를 걸고 시작하였다. 이 신문의 사장은 첫째, 절대로 신문제작에 간섭을 하지 않고, 둘째, 사람을 추천하는 등 인사에는 관여하지 않으며, 셋째, 자율에 맡기겠다는 것들이다(박근애, 1994 : 215). 그 경영원칙은 편집국장 직선제를 가능케 했다. 《한겨레신문》은 독립언론을 시도한 것이다. 송건호는 《한겨레신문》의 사장, 회장, 그리고 고문을 지낸 후, 1990년부터 파킨슨병을 앓으며 고생하다 2001년 12월 21일 생을 마감했다.

3. 언론자유와 독립언론의 조건

신문의 직필은 독립언론으로부터 시작된다. 송건호는 언론의 독립 자유를 최대한 보장하도록 원했다. 개인은 표현의 자유를 누리며, 언론은 독립된 주체로 남는다. 이때 신문의 독립은 언론의 자유를 가장 잘 실현하기 위한 조건으로, 언론기업의 독립, 권력으로부터의 독립, 다른 기업으로부터의 독립 등을 요구한다. 물론 이론적 독립이 실제로 언론의 자유를 보장해주지 않는다. 그러나 독립언론은 보도논평의 시시비비를 가릴 수 있는 자유를 가져야 한다. 어떤 문제를 어떻게 보도하고 논평하든, 그것의 판단 결정은 신문사의 제작 당사자가 지닌다. 언론인은 어떠한 이유, 명분으로도 외부 인사가 신문제작에 관여하지 못하도록 해야 한다는 것이 송건호의 생각이다. 그는 신문제작이 신문인들의 판단에 따라, 외부의 간섭 없이 자유롭게 제작될 때 신문은 자유를 누린다고 말한다(송건호, 2002(2) : 345).

여기서 자유는 '적극적'·'소극적' 자유로 대별된다. 소극적 자유는 정치권력이 언론에 개입하지 않도록 하는 것이다. 송건호는 소극적 자유에 그치지 않고, 적극적 자유의 존재를 부각시켰다(송건호, 1977: 147). 즉, '무엇을 위한 신문의 자유냐'라는 문제에 직면하여, 언론인은 뚜렷한 자유의 당위성을 가질 필요가 있음을 상기시켰다.

언론이 지도적 기능을 발휘하려면 현실적이기보다, 시대를 객관화시켜 자신을 비판할 수 있는 사회적 · 과학적 · 사상적 안목이 요구된다(송건호, 1977 : 147). 이는 현대 직필언론의 조건이다. 송건호는 '오늘에 산다'란 표현이 "오늘 속에 매몰된다"가 아님을 밝혔다. 말하자면, 신문인은 올바른 방향적 감각, 즉 역사의식을 가지고, 한국처럼 내외로 복잡한 여건으로 얽힌 상황에서 언론은 나라와 민족의 가져야 할 방향 · 과제를 직시해야 한다는 것이다(송건호, 1977 : 147).

시대적 상황을 판단할 안목은 '신문의 독립'을 전제로 한다. 신문의 제작에서 신문인들의 양식과 판단에 전적으로 일임하며, 외부의 간섭을 일체 거부한다. 그렇다고 언론자유는 결코 무제한의 자유를 의미하지 않는다. 또한 법을 무시하고 방종에 흐르는 것을 용인하지도 않는다(송건호, 1987 : 183). 언론자유란 특정 정치권력을 반대하거나, 찬성하는 것과도 무관하다. 언론자유는 '사법의 자유'와 같은 것이다. 즉, 사법의 자유라고 해서 법관이 함부로 사람들에게 사형이나, 무기형을 부가하지는 못한다. 한 사건을 판결하는 것은 오로지 법관의 양식과 주체적 판단에 의해 결정되며, 외부의 어떠한 간섭이나 압력도 있을 수 없다는 뜻이다. 같은 이치로 언론기관이 어떤 사실을 보도하고 논평하는 것을 언론인 스스로가 결정하며 언론인이 아닌 외부인사에 의해 이래라 저래라 지시를 받을 수는 없는 것이다. 다시 말해 언론자유란 그 제작을 담당하는 언론인의 책임 아래 두는 것으로, 언론기관이 법을 위배하지 않는 한 어떠한 이유로도 외부인사가 그 제작에 개입할 수 없는 것을 말한다(송건호, 1987 : 183).

송건호는 언론자유란 말 대신, 언론의 독립이라는 말을 자주 사용했다(송건호, 2002(8) : 250). 어떤 문제에 찬성 · 반대, 혹은 새로운 주장을 하든지, 언론사는 기자의 양심에 따라 독립된 주장과 판단을 하게 한다. 그리고 신문사 또는 방송국은 밖의 어떤 압력에 의해서도 영향받지 말도록 해야 한다(송건호, 2002(8) : 251). 이런 상황에서 기자는 양심 · 상식에 근거하여 판단을 내릴 수 있는 것이다.

만약 외부의 압력과 간섭으로 나라의 정치적, 경제적 현실이 권력자에게 불리하다 해서 국민에 알려주지 못한다면 당연히 언론인은 곡필을 일삼게 된다고 그는 지적한다. 물론 이런 언론자유의 조건이 충족되기까지는 긴 역사적 과정을 통해서 언론인들의 투쟁과 노력이 있었다. 다음 절에서 이것에 대해서 살펴보자.

4. 전통 신문인의 직필

1) 단간제 이전 신문인의 직필

그렇다면 송건호가 구분한 논설사의 5단계에 맞추어 신문인들의 직필 양상이 시대를 통해 어떻게 변천해왔는지를 살펴보자. 전술했듯이 송건호는 신문논설사 80년을 '5단계'로 시대 구분하였다. 그에 의하면 상업화 이전의 언론에서 '자유쟁취'의 경향을 뚜렷했다. 물론 전반적인 경향이 그렇다는 이야기지, 세부적으로는 각기 시대적 요구에 따라 다른 양상을 보인다. 그 양상을 전체적으로 개관해보자.

먼저 우리나라 최초의 신문인 《독립신문》은 나라 어디에도 예속되지 않고 오직 나라 전체를 위해, 아직 깨어나지 못한 민중에게 일상생활문제로부터 차근차근 깨우쳐주는 데 그 사명을 가지고 있었다. 그 당시 신문은 기업이라기보다, 하나의 민족계몽, 교육사업의 자부심을 강하게 가졌다.

《독립신문》은 민권의 확립과 더불어 타국으로부터의 독립을 시도했다. 서재필, 윤치호는 전통유학의 선비정신에 익숙했던 인물이다. 당시 《독립신문》은 남녀평등에 관심을 가졌다. 그들은 동학의 평등사상을 능가하는 강렬한 민권사상을 주창하였다. 특히 서재필의 '독립협회' 처럼 서구의 남녀 평등사상을 수용해 주장한 것은 역사상 유래가 없었다. 그런 점에서 그의 남녀평등에 대한 생각은 우리나라 사회사상상 획기적이라고 말할 수 있을 것이다(송건호, 1977 : 184).

서재필의 '독립협회'는 국민 기본권의 하나로 언론과 집회의 자유를 주장했다(송건호, 1977 : 184). 《독립신문》은 언론의 자유가 있어야만 언로(言路)가 넓어지고, 공론이 형성되어야 정치와 법률이 바르게 되며, 국정을 바로잡을 수 있다고 했다. 언론의 자유는 독립협회 운동의 후반기에 보다 많이 주장되었다(송건호, 1977 : 185). 한편 농민들도 철종시대부터 농민들의 민란이 빈번히 일어났듯, 수없이 많은 민중계급의 진정항의집회가 잇달았다. 이미 언론집회의 자유가 사실상 상당히 성숙하고 있었다. 독립협회는 이러한 국내에 있어서의 언론의 자유 위에 서구의 시민적 언론의 자유론을 받아들었다. '독립협회'는 이 언론집회의 자유를 최대한 활용하였다(송건호, 1977 : 184). 《독립신문》은 언론자유를 누가 부여하는 권리가 아니라 천부의 자유라고 주장하였다.

다음은 언론의 자유가 위축된 제 2기인 항일기이다. 《황성신문》, 《대한매일신보》 등은 언론의 자유와 더불어 민족독립의 저항지로서 치열한 투쟁을 시도했다(송건호, 1966b : 21). 그들은 조국을 구하겠다는 지사언론을 시도했다.

근대 초기의 어느 나라에서나 권력에 대한 저항지(抵抗紙)는 정론지 성격을 가지고 있었다. '지사'들은 신문을 통해, 저항을 시도하였고, 영웅형의 의병장은 민중과 더불어 일제에 대항했다. 이들 영웅형 지사, 혹은 의병장은 그 주류가 유생 출신이 많았고, 조선왕조의 복권까지 시도했다. 영웅형은 민중의 각성을 촉구하면서, 애국계몽운동을 벌였다. 그러나 그들은 아주 빈번히 국외의 망명, 유랑생활을 하다 한 많은 생애를 끝마쳤다.

지도자형 지사는 민중 속에서 나타났다. 민중이 주도가 된 항일민족운동으로서 학생, 지식인, 노동자, 농민 등 민중 층에서 새로운 인물들이 등장했다(송건호, 1994 : 16). 이들은 전통 유학자가 아닌 이들은 일반인들이었다. 그들은 일제와 타협 없는 투쟁을 전개하였고, 1920년대 식민지 상황에서 항일독립운동전선의 주역을 담당했다(송건호, 1994 : 11). 민중의 투쟁에도 지도자, 그리고 그들의 지도노선이 있게 마련이다. 그러나 그 지도자는 스스로를 지도자로 자처하는 그러한 지도자가 아니다. 그들은 독립이니 국권회복이니 하는 높은 차원의 투쟁목표를 내세우는 대신, 자기가 처한 구체적 상황 속에서 자기들을 멸시하고 착취하고 억압하는 제국주의 일본의 식민통치에 반대하며, 투쟁하였다(송건호, 1994 : 44). 민중의 투쟁은 생활과 관련되고, 구체적이고, 현실적이었다.

한편, 일제의 '내선일체'의 동화정책에 민족적인 색채는 점점 희석되었으나, 해방 후 일제의 이데올로기는 역사의 뒤안길로 잠적했다. 해방과 더불어 민중의 지도자들은 대중교육의 영향을 받았다. 이 같은 교육의 보급은 국민주권 개념을 바탕으로 한 의회민주주의 체제를 성립시키고, 정치는 국민대중의 여론에 의해 행해지게 되었다(송건호, 1994, 12). 신문은 법률에 저촉되지 않는 한 표현의 자유, 비판의 자유를 누리게 되었고, 자본주의 경제의 급속한 발달과 민중의 성장에 때를 같이하여 정론적 성격은 필연적으로 보도지로서 그 성격이 변하게 되었다.

다음으로 광복 후에 맞은 자유기다. 자유기의 정치사회에서는 민중의 뜻을 받들어 정치를 하게 되었다. '냉전'의 이데올로기 틀 안에서 자유가 허용되었지만, 어느 정도의 자유가 주어졌다. 민중이 지향하는 바에 따라 지식인은 앞에 서서 그들을 조직하고 동원했다. 즉, 민중의 지도자가 곧 역사의 발전에 기여하는 위인으로 등장한 것이다. 식민지를 겪은 독특한 문화를 습득한 지도자였다. 그들은 민중 위에 군림하거나 초연하지 않고 민중 속에서 민중과 더불어 나가는 지도자이다. 그러나 그들은 민족의 정의, 사회의 정의를 위해 싸우는 일엔 언제나 수난이 따르고 고통을 각오해야 한다(송건호, 1994 : 20).

대중교육의 확장되면서 독자의 형태도 변화했다. 독자들은 신문의 지도를 받기보다 신문으로부터 정보를 얻기를 원한다. 그러나 과거의 신문이나 오늘날의 보도지가 다 같이 독자에게 절대적 영향력을 주고 있는 것은 매한가지다(송건호, 1966b : 23). 현대 신문이 과거의 정론지보다 첫째, 그 부수에 있어 엄청난 차이가 있고, 둘째, 대부분 사회각 계층에 읽혀지고 있으며, 셋째, 보도라는 형식 아래 자유자재로 뉴스를 독자들에게 제공하고 있다. 그들은 객관보도를 앞세우면서 독자를 끌고 다녔다. 오늘날 신문이 객관성을 내세우면 내세울수록, 기실 독자들을 유도하고 조작하는 술수가 높아지게 마련이다.

대중지가 성행하는 요즘의 시대에서 과거의 '지사 언론'의 기능은 현저히 약화되었다. 정론지 당시에는 독자들을 계몽하는 것이 신문의 큰 사명이었으며, 이른바 '대기자'(大記者)라고 불렸던 논설기자들이 많이 배출되었다. 그들은 선비형 직필을 시도했다. 계몽, 항일, 그리고 자유의 투사로서 직필을 시도했다. 그들은 사회의 갈등을 분석하면서 사회문제들을 비판하고 항거하였다. 설령 자유기는 과거의 선비형 지식인이 빛을 바래기 시작했다 하더라도, 언론을 이끌었던 것은 여전히 이 나라의 공식적인 지식인 계층이었다. 그러나 현대의 대중지에 이러한 지난날의 '대기자'가 나타나지 않는 것은 옛날처럼 탁월한 언론인이 없어졌기 때문이 아니라, 역사적으로 이미 대기자의 사명이 끝났기 때문이다(송건호, 1966b : 22). 선비형 지식인, 그리고 그들이 휘두른 직필은 점점 자취를 감추기 시작했다. 지금의 유능한 기자란 단지 사실만의 정확한 보도에 충실하며, 옛날처럼 당당한 논설을 전개할 필요성이 적게 되었다. 대기자는 훌륭한 개성을 가졌으나, 요즘 기자는 사실을 정확히 보도하는 것을 사명으로 삼는다. 현대의 기자는 오히려 가장 '몰아(沒我)적' 상태에서 그 우수성이 발휘된다(송건호, 1966b : 22).

여기서 송건호가 20년 전 '언론자유기'의 편집국 상황을 묘사한 부분을 보자. 이 글에서 우리는 지금의 상업화된 언론의 상황과는 차이있는 분위기를 느낄 수 있을 것이다(송건호, 1987 : 170~171).

> 편집국에는 30명 아니면 기껏 50여 명 미만이 근무했다. 그 당시 사장도 기자도 구별 없이 저녁 때가 되면 서로 어울려 술상을 마주 대하는 것으로 편집국은 사뭇 가족적이었다. 요즘처럼 따로 '사내 문제'라는 것이 없었고, 신문제작을 위해서 사장과 기자들은 분리가 아닌, 일체가 되어 있었다. 나는 올챙이기자 시절 이것저것 기사를 가지고 사장, 편집국장, 기자 등이 한 덩어리가 되어 기뻐하고 흥분하고 혹은 분개하던 것을 인상적 현상으로 보아왔다.

과거의 편집국 안의 내부적 문화를 언급하지 않더라도, "신문사는 안·밖의 독특한 문화를 형성했다"(송건호, 1987 : 161). 각 신문사는 제작의 방침인 사시(社是)를 정하고, 그 방침 아래 신문을 제작했다. 사시의 제정은 일반적으로 발행인의 권한이었으나, 이것이 일단 제정되고, 이를 공표한 이상 사시는 임의로 변경될 수 없었다. 각 신문사는 사시에 따라 신문을 제작하고, 이것을 하나의 전통으로 확립했다. 이 약속이 전통으로 확립되면, 안팎으로 '분위기'를 공유하게 되었다. 이 전통을 지켜야 할 책임은 비단 발행인에 그치지 않고 사원들과 더불어 수백만 독자들에게도 있었다(송건호, 1987 : 161). 신문기업이 가족기업으로 알맞다고 평하는 것도, 같은 논조로 계속적으로 독자에게 선보이기 때문이다.

2) 단간제 이후 신문인의 직필

역사의 변천과정을 통해 한국 신문은 오랜 전통인 정론적 성격으로부터 점차 탈정치화했다. 변모된 언론이 기업으로서 활로를 찾기란 그렇게 어려운 문제가 아니었다.

1965년을 기점으로 한국경제는 일본과의 합작, 기술제휴로 전자공업을 비롯해 소비산업이 한층 다양해졌고, 일본의 소비생활 패턴이 도입되어 도시의 소시민층에 이르기까지 소비문화가 확산되었다. 소비산업에 따른 문화생활이 태동하기 시작한 것이다. 이러한 사회생활의 변화과정에서 언론은 생활경제, 오락 등의 기능을 강화시켰다.

정부당국은 언론에 단간제를 요구했다. 당시 정부는 "보도편중의 현 신문체제에서 탈피하고, 대중계몽과 교양을 위한 신문의 기능을 요구했다"(송건호, 2002(8) : 401). 신문은 단간제를 도입하게 됨으로써, 단편적인 스트레이트 보도형태의 기사로부터 탈피하여, 여유를 가지고 신중한 취재를 할 수 있는 기회를 가졌다.

5·16 이후 언론은 저마다 급속도로 기업화의 성장을 경험하였다. 이에 조직이 개인에 앞서고, 선비정신으로 무장한 개인의 직필은 조직의 목표에 매몰되었다. 주체적 가치는 객관적 목표에 우선순위를 넘겨줬다. 신문사마다 시설투자를 서둘러, 경영의 규모가 커지고, 사원의 숫자를 증가시켰다. 그 후 신문사마다 1천여 종업원을 거느린 이른바 기업적 관리제가 도입된 것이다.

신문사의 제작체제도 변했다. 송건호가 주목하는 점은 신문이 생활의식에 본격적 영향을 미치기는 1962년 8월 '단간제'(單刊制)를 시도한 이후(송건호, 1977 : 151)라는 점이다. 그 이전에 신문은 정론지적 기능이 강화했고, 논조를 가진 보도가 주종을 이루었다. 하지만 단간제 이후부터, 간지가 문화, 가정 레저란 등으로 채워졌다. 신문의 기업화가 본격화되면서, 소비문화, 오락, 레저생활을 위한 난이 별도로 마련된다.

단간제가 실시된 것은 당시 경제구조와 그에 맞는 생활양식의 변모에 기인한 측면이 크다. 당시 군사정부는 교양의 필요성을 공감하고, 단간제를 언론사에 권장한다(송건호, 1987 : 191). 선정보도의 남발을 자제하고, 언론의 계몽성 강조한 것이다. 하지만 정부의 의도와는 달리, 독자들은 조석간 신문을 구독함으로써, 보다 많은 정보를 원했다. 독자는 언론의 정보를 통해, 현실 위주의 사고를 가졌다.

어느 시대, 어느 나라를 막론하고 하나의 사상 또는 이데올로기는 그 시대의 생활의식과 밀접한 관련을 맺고 있다. 소비성의 원조경제, 그리고 근대화의 국가정책 등 국가적 과제에 신문은 무관할 수 없었다. 기업에서 생산하는 선진국형 소비형태의 문화가 신문에 반영되기 마련이었다. 소비성의 문화는 수용자의 일상생활 문화에 침투해왔다. 소비에 익숙한 민중은 현실에 안락을 찾았다. 그 사이에 기자는 셀러리맨화가 된 것이다(송건호, 1987 : 172). 기자는 더 이상 지사뿐만 아니라 낭만인도 아니다. 그들은 언론의 지도적 기능을 뒤로한 채, 조직의 목적에 충실한 타산적 관점에서 신문을 제작하고, 폐쇄된 상태에서 언론을 운영한 것이다.

저널리스트들은 오늘의 현실 속에 몰두하게 됨으로써, 남달리 시대에 민감한 감각을 갖게 되었다. 그들은 사실을 정확하게 표현하는 데 관심을 가졌으며, 시대의 움직임, 변화에 거의 동물적 후각을 가졌다. 독자가 원하는 방향으로 후각을 고정시킨 뒤, 젊은 세대를 흡수했다. 언론인은 감각적 기능론에 몰두했으며, 역사적 이성을 등한시했다. 단간제는 초기의 의도와는 달리, 역기능을 양산했다.

신문은 어디까지나 뉴스의 전달과 해설이 주요 사명이다(송건호, 1987 : 192). 그러나 단간제 이후 신문은 '환경감시'의 뉴스 전달이라는 사명에 소홀하게 된다. 한때 큰 기대를 걸었던 '간지'가 뉴스의 전달이나 해설이라는 본래 사명에서 완전 이탈하여, 보건·오락·수필물 같은 내용에 열을 올렸다. 신문은 본래의 기능을 떠나, 독자의 관심을 흥미위주의 기사거리로 지면을 할애했다(송건호, 1987 : 194).

신문은 과거의 유교적 전통가치를 게을리 보도하였다. 지식에 있어 이념적이나, 가치 지향성을 줄였지만, 신문은 실생활을 어떻게 기능적으로 접해야하는가에 지나친 관심을 표현했다. 신문이 새로운 시도에만 몰두하는 동안, 그 역기능은 사회를 요동치게 만들었다.

현대 신문은 과거 정론지보다, 첫째 그 부수가 엄청난 차이를 보였고, 둘째 대부분 사회 각 계층에 읽혀졌으며, 셋째 보도라는 형식 아래 자유자재로 뉴스를 가공하였다(송건호, 1966b : 23). 오늘날 신문이 객관성을 내세우면 내세울수록, 그 만큼 독자들을 유도하였다는 결론을 얻을 수 있다.

신문이 조석간제에서 단간제로 바뀌면서 신문편집이 잡지화 경향을 띠기 시작하였으며, 문화면의 활약이 상대적으로 더욱 활발해졌다(송건호, 1977 : 149). 국적 없는 소비성의 문화가 민중을 사로잡았다. 식민지 상태에서 금방 벗어난 민중은 자신을 망각하기 시작했다. 이에 위기감을 감지한 정부는 전통문화에 관심을 갖기 시작한다. 단간제 이후에 만들어진 새로운 풍경이라 할 수 있다. 이에 발맞추어 신문은 학계에서 자주 열리는 각종 문화에 관한 세미나를 취재하였다. 그 밖의 학술회의를 적극 취재, 보도하며, 때로는 신문사가 자진 전통문화에 관한 특별기획을 하고, 연재를 하여 전통문화에 대한 대중의 관심을 높였다.

신문의 민족문화에 대한 이러한 적극적 관심에 부응하여, 각 대학은 민족문화연구소를 설치했다. 학계는 정부의 도움으로 유적·유물을 발굴하였다. 이와 때를 같이해 신문도 이를 적극 보도, 해설함으로써 국민의 민족문화 또는 문화재에 대한 관심도는 더욱 높아졌다.

신문과 정부가 함께 할 수 있는 영역은 공조가 가능하였지만, 그렇지 못한 영역은 정부와 언론 간의 적대감을 높여갔다. 더욱이 1972년

'유신헌법' 이후 국가안전보장이란 이름하에 양자간의 갈등 긴장관계가 증폭되었다. 집권층은 언론자유가 국론을 분열시키고, 사회안정을 저해한다고 언론자유를 매우 못 마땅히 생각하였고, 그들은 언론자유를 으레 언론방종과 결부시켜 신문에 자유를 주면 반드시 방종에 흘러 사회가 더욱 어지러워진다고 주장했다(송건호, 2002(9) : 341)

5. 곡필로 인한 불신풍조

단간제 이후 정부당국이 언론에 바라는 '대중계몽'과 '교양'의 지도이념이 실현되는 것 같았다. 그러나 신문은 과거와는 판이하게 달랐다. 처음에는 정론신문으로부터 지도적 기능을 노골적으로 드러내놓았던 것이, 점차 보도신문으로서, 지도기능의 공공연한 행동을 삼가게 되었다. 이와 함께 신문은 어떤 특정한 계층을 위해서가 아니라 그들의 전체에 대하여 다 같이 받아들일 수 있게 만들게 되었다. 신문은 특정한 주장을 가지기가 어렵게 되고, 오히려 주장이나 시비를 독자에게 맡기고, 단지 사실보도만을 독자에게 전해주게 된 것이다.

신문은 정론성, 지도성을 가질 능력을 상실한 것이다. 더 이상 신문은 정신적 가치를 전파할 기구로서 역할을 포기하였다. 뿐만 아니라 시민사회의 발달이란 민중의 성장, 각성을 의미하기도 하기 때문에 대중지는 정론지의 계몽성에서 탈피해야 했다. 현재의 유능한 기자는 단지 사실만의 정확한 보도에 충실하였으며, 옛날처럼 당당한 논설을 전개할 대기자의 필요성을 적게 느끼게 된 것이 단간제 이후 언론에 만연한 현실이 되었다. 언론의 정보제공 기능은 신문을 약화시켰다. 정부의 강요는 유신정권 아래 빈번히 존재했다. 홍보성 보도가 절실할수록 보도의 왜곡은 그만큼 증가하였다(송건호, 1969b : 8).

신문은 논설과 보도로 크게 대별된다. 신문의 평론은 지도성에 입각하여, 보도 부문을 이끌어 나가고 방향을 제시하고, 논조를 이끌어간다(최석채, 1966b : 13). 서로 균형을 맞추지만, 통제가 강해지면 논조는 약해지고, 대신 '홍보성' 보도기능이 강화된다. 송건호는 오늘날 신문이 객관성을 내세우면 내세울수록 기실 독자들을 유도하고 조작하는 술수는 높아지는 것으로 봤다(송건호, 1966b : 23).

같은 논리로 조직의 목적이 뚜렷해지면, 그 목적에 맞는 정보가 양산된다. 큰 조직은 많은 정보를 토해낸다. 다량의 정보에 미숙한 기자는 홍보맨의 역할에서 벗어날 수 없다. 이때 신문은 현실을 파고들 능력을 상실하게 된다. 기사·논설이 각각 제 기능을 못할 때, 곡필이 쉽게 파고든다. 직필은 '시'(是)를 '시'라 하고, '비'(非)를 '비'라고 하여 '흑백'(黑白)을 논하며, 사리의 정확한 판단을 필요로 한다. 그 잣대로 권력을 비판한다. 여기서 비판은 앞을 내다보는 통찰력을 요구한다. 그러나 신문이 비슷비슷하다는 말은 뚜렷한 각 신문사 논조의 특징이 없기 때문이다.

언론의 '환경감시 기능'은 설령 공정보도를 일삼지만, 언론의 속성상 정부에 대립각을 세우고, 감시할 필요가 있다. 물론 언론과 권력은 단지 대립의 관계에만 놓여 있지는 않다. 대립하면서도 서로 의지해야만 국민에 대해 저마다의 신뢰를 유지할 수 있다는 묘한 메커니즘, 즉 언론은 정부와 상호관계를 유지한다(송건호, 1969b : 7).

6. 보도와 유언(流言)

현대인이 어느 시대보다 보도를 필요로 한다는 것은 단순한 호기심의 발동이 아니라 살고자 하는 의지의 작동이다. 그러나 그런 정보가 통제로 차단되었을 때, 사회 내에서 유언(流言)이 득세하게 된다. 즉, 유언은 마땅히 알려져야 할 보도가 통제로 말미암아 그 일부분밖에 알려지지 않을 때, 이 알려지지 않은 부분에 대한 궁금증이 시중에 나돌게 된다(송건호, 1969b : 8).

'검열제도', '허가제도', '보도통제' 등을 강화시키면, 유언은 사회에 만연된다. 권력과 언론의 긴장상태가 와해된다. 권력이 강하게 되면, 그만큼 언론은 위축될 수밖에 없다. 1970년 초 정부는 당시 상황을 위기로 진단하고, 보도와 여론을 통제하기에 이른다(송건호, 1969b : 6). 정부는 언론의 홍보기능을 강화시켰다. 강한 통제하에서 유언(流言)이 발생하는데, 이것은 본래 민중 속에서 발생하며 정치권력과 대립하는 것이 통례이다(송건호, 1969b : 6). 때문에 민중은 유언에 관심이 많고 유언에 접하기를 원한다. 이에 대해 권력은 유언을 표면상으로 무시하고, 해악을 과장하고, 이를 두려워하면서, 단속의 손을 뻗친다. 물론 공개적으로 유언을 유언비어(流言蜚語)가 아니라고 주장하는 사람은 없고, 주장할 수도 없다. 하지만 엄격히 따질 때 유언과 보도는 생각처럼 구분이 그렇게 용이하지 않다(송건호, 1969b : 9).

보도와 유언의 차이는 책임자나 전달자 즉 서명인을 가지고 있느냐라는 점이다. 보도는 반드시 신문 아니면 잡지에 발표되며, 그 기사에는 반드시 서명인이 있다. 경우에 따라서는 정부나 무슨 단체나 기관이 서명인이 될 때도 있다. 서명인이 있다는 것은 출처가 뚜렷하다는 것을 의미한다. 출처가 뚜렷하다는 것은 책임소재가 뚜렷하다는 것을 의미한다. 그러나 유언에는 이와 같은 서명인이 없고 따라서 출처가 뚜렷하지 않으며, 책임소재가 애매하다.

보도와 유언이 구분되는 또 하나의 점은 전자가 문자로 객관화되어, 많은 사람이 공공연히 읽을 수 있는 데 비해 유언은 문자가 아닌 구두로 사람의 입에서 입으로 은밀히 전해지고 있다는 점이다.

또한 보도는 일반적으로 검열을 거쳐 발표된다. 그런데 유언은 이러한 검열의 대상에서 제외된다. 이렇게 볼 때 검열에서 통과된다는 것은 검열을 두려워하지 않을 만한 근거가 있기 때문으로 보게 되고, 이것을 기피하는 것은 그만큼 기피할 이유가 있는 것이다.

따라서 객관성을 위주로 하는 보도와 주관적인 유언(여론)은 원칙적으로 구분된다(송건호, 1969b : 13). 여론이란 사회성원의 많은 사람들의 공통 의견이지만, 전술했듯 그것이 여론으로서 성립되려면 사회에 그것과 대립되는 다른 의견이 있다는 것을 전제로 한다. 반대된 의견이나 주장과 대립하고, 서로 다툼을 하는 과정에서 여론은 더욱 뚜렷이 성장하는 과정을 거친다. 보도는 그 자체만으로는 자립할 수 있으나, 여론은 혼자 자립하지 하지 못한다. 보도가 있고 다음에 여론이 생긴다. 따라서 권력이 보도를 통제하고자 하는 까닭은 목적이 보도 자체에 있지 않고 바람직하지 않은 보도에서 바람직하지 않은 여론이 나타나는 것을 두려워하기 때문이다(송건호, 1969b : 13). 여기에서 우리는 여론이 특히 권력과의 관계에 있어 바람직한 여론과 그렇지 못한 두 가지 여론이 있음을 알 수 있다.

보도에서 가장 문제시되는 것은 사실을 조작하는 보도이다(송건호 외, 1985 : 251). 있지도 않은 일을 사실처럼 허위 조작해 보도하는 것인데 이것은 특정집단의 이익을 지켜주기 위해 신문의 정도를 져버리고, 신문의 탈을 쓰고서 국민을 오도하는 중대한 일종의 범죄행위다. 통제사회에서는 기획물이나 보도기사에 자신의 특색 또는 특징을 부각함으로써, 왜곡보도가 기승을 부린다. 더욱이 언론이 많은 제약을 받는 사회에서는 논평활동이 부진한 대신 곡필의 보도가 활발하다. 보도라는 형태를 빌려 논평(주장)을 하려고 하기 때문이다. 그리고 유언은 사회를 지배하게 된다. 민중은 냉소적 감정을 갖게 되고, 불신풍조는 사회를 혼란스럽게 한다.

7. 결 론

언론의 자유가 허용된 사회에 권력은 항상 자기들의 잘못이나, 결함을 지적당하기 때문에 부패하기는 하면서도 자아비판을 통해 자기 조정을 시도한다. 그러나 비판이 허용되지 않는 사회에서 참된 여론은 잠재하고 가식의 여론, 조작의 여론이 세상을 지배한다.

정론지 상황에서 신문의 논조는 공공연하게 독자를 지도하려고 하지만, 보도지 상황에서 신문은 정보를 제공함으로써, 영향력을 확대시킨다. 엄청나게 많은 독자, 모든 사회계층에 산재한 독자, 그리고 자유자재로 전 삶의 영역에 뉴스거리를 만든다. 이런 상황에서 신문은 객관성을 내세우면서, 독자들을 유도하고, 조작하는 술수를 시도한다(송건호, 1966b : 23).

신문이 그렇다고 자신의 논조로 독자를 마음대로 끌고 다니지는 않는다. 신문도 상품이어서, 고객의 동향과 같은 보조를 맞추는 것이다. 언론과 독자가 어떤 균형을 맞춘다. 그리고 그 균형점은 문화적 전통과 더불어 대내외적 상황의 지배를 받게 된다. 우리나라의 경우 전통문화의 계승, 분단의 상황, 그리고 정치적, 경제적 상황 등과 언론의 논조가 서로 균형을 맞추면서 언론의 역사를 이루어왔다. 즉, 한국 사회의 독특한 정치, 경제, 문화적 상황에 따라 직필의 논조가 결정되었던 것이다.

신문기자는 오늘 속에 산다. 저널리즘은 오늘의 현실, 생생한 생활 속에 사는 것이다. 따라서 그들의 가치는 내재적이 아니고, 현실이라는 것에 맞추어져 있다. 여기서 객관적이고 엄정한 기준으로 판단하고 여론을 이끌며, 보도할 의무가 언론인에게 있다는 것이 도출된다. 송건호가 정의와 직필을 위해, 시시비비를 가리고, 곡필을 통해 직필의 의미를 유추한 것은 바로 이런 맥락에 있었다.

이미 말했듯이 송건호는 '오늘에 산다'란 의미가 "오늘 속에 매몰된다"는 것이 아님을 밝혔다. 이는 무엇보다 시대적 상황을 냉철하게 판단하고 분석하는 안목이 필요하다는 것에 대한 송건호의 견해이다(송건호, 1977 : 147). 지식인은 그리고 언론인은 자신이 살고 있는 사회의 움직임, 변화에 대한 올바른 판단력, 비판력을 가져야 한다. 인격이 없는 곳에 자유가 있을 수 없는 것이고, 과학이 없는 곳에 근대문명의 발달이 있을 까닭이 없다. '품격'을 바로 세우고, 자신에 충실함으로부터 시작할 때, 직필의 의미는 더욱 명료하게 된다.

참고문헌

제 1 장

권오기·박지향(2003), “세계인 서재필”, 권오기 편, 《서재필과 그 시대》, 서재필기념회.

김도태(1972), 《서재필 박사 자서전》, 을유문화사.

김영숙(1990), “개화파 정강에 대하여”, 홍종도 편, 《김옥균》, 역사비평사.

김창환 외(1976), 《생물학》, 일신사.

박기성(2003), “서재필의 사회철학과 《독립신문》 편집관”, 2003년 한국언론학회 가을철 정기학술대회, 한국언론학회.

박영준(2003), “서재필과 일본 군사유학”, 권오기 편, 《서재필과 그 시대》, 서재필기념회.

박정규(1980), “개화기의 외국뉴스 攷”, 《신문학보》 13.

백학순(2003), “서재필과 해방정국”, 권오기 편, 《서재필과 그 시대》, 서재필기념회.

송건호(1979), 《세계사상전집-한국의 근대사상 31》, 삼성출판사.

신기석(1981), 《동양외교사》, 탐구당.

신복룡(2003), “서재필의 생애와 활동”, 권오기 편, 《서재필과 그 시대》, 서재필기념회.

신용하(2003), “서재필의 독립협회 운동과 사상”, 이택휘 외, 《서재필》, 민음사.

심재기(2003), “서재필과 한글발전운동”, 《서재필과 그 시대》, 서재필기념회.

안병훈(1996), 《독립신문》, LG상남언론재단.

양재인(1993), “서재필의 사회·경제사상”, 이택휘 외, 《서재필》, 민음사.

오길보(1990), “개화파의 형성과 그의 초기 활동”, 홍종도 편, 《김옥균》, 역사비평사.

이광린(1970), 《한국개화사연구》, 일조각.

이국순(1990), “임오군인폭동 이후의 개화파 활동”, 홍종도 편, 《김옥균》, 역사비평사.

이기백(1986), 《한국사 신론》, 일조각.

이상철(1993), "서재필의 《독립신문》 활동", 이택휘 외, 《서재필》, 민음사.

이우진(1993), "서재필의 재미활동", 이택휘 외, 《서재필》, 민음사.

이택휘(1993), "개화독립운동가로서 서재필의 위상", 이택휘 외, 《서재필》, 민음사.

정진석(1990), 《한국언론사》, 나남출판사.

정진석(1994), "서재필과 《독립신문》에 관한 논쟁점들", 《언론과 사회》 통권 5호, 언론과 사회사.

주진오(1991), "유명인사 회고록 왜곡 심하다 : 서재필자서전", 《역사비평》, 역사문제연구소.

차배근(1983), 《미국신문사》, 서울대학교출판부.

최 준(1993), 《한국신문사》, 일조각.

현봉학(2003), "의사로서의 서재필", 권오기 편, 《서재필과 그 시대》, 서재필기념회.

홍선표(2003), "서재필의 독립운동 사상과 방략(方略)", 권오기 편, 《서재필과 그 시대》, 서재필기념회.

홍승기(2001), 《한국사학론》, 일조각.

황필용(2003), "서양의 영향 : 자유의 시련", 《2003년도 한국사회학회 후기 사회학대회》, 한국사회학회.

《時事新報》, 1884년 2월 25일.

《新聞集成 明治論文史》 卷5, 1883년 5월 14일.

《陸軍戶山學校略史》(1969), 長田印刷.

Bruun, Geoffrey(1960), *Nineteenth-Century European Civilization 1815～1914*, New York : Oxford University Press, 길현모 옮김(1989), 《19세기 유럽사》, 탐구당.

Chandra, Vipan(2003), "Leadership and East Asian Modernity", 권오기 편, 《서재필과 그 시대》, 서재필기념회.

Darwin, Charles(1958), *Origin of Species*, New American Library, 하영칠 옮김(1986), 《종의 기원》, 박영사.

Heidegger, Martin(1977), *The Question Concerning Technology and Other*

Essays, New York : Harper & Row, Publishers.

Neurohr, Jean F. (1957), *Der Mythos Vom Dritten Reich : Zur Geistesgeschichte des Nationalsozialismus*, 전남석 옮김(1981), 《제 3제국의 신화 : 나치즘의 정신사》, 한길사.

Philip Jaisohn(1896a), "What Korea Needs Most", *The Korean Repository*, vol. 3, March, pp. 108~110.

______(1896b), "Korea Finance", *The Korean Repository*, vol. 3, April, pp. 166~168.

Rickert, H. (1898), *Kulturwissenschaft und Naturwissenschaft*(1926), 윤명로 옮김(1973), 《문화과학과 자연과학》, 삼성문화재단.

Stephens, Mitchell(1997), *A History of News*, Harcourt Brace & Company, 이광재 · 이인희 옮김(1999), 《뉴스의 역사》, 황금가지.

《독립신문》, 1896. 4. 7, 4. 21, 5. 2, 5. 28, 6. 27, 10. 29 / 1897. 3. 6, 5. 1, 6. 17, 7. 13, 7. 22, 7. 24, 7. 31, 8. 3, 8. 7, 8. 12, 10. 7, 12. 11/ 1898. 1. 4, 4. 12.

"Koreans Celebration March 1st", *Korea Review*, April 1922.

The Korean Repository, October, 1896, pp. 420~421.

제 2 장

고영환(1996), 《윤치호의 기독교 신앙과 민족운동에 관한 연구》, 연세대학교 연합신학대학원.

구대열(1886), 《제국주의와 언론》, 이화여자대학교출판부.

김도훈(1993), "윤치호 : 2대째 일본귀족으로 입적한 '귀화한 일본인'", 반민족문제연구소(편), 《친일파 99인》 1권, 돌베개.

김상태 편역(2001), 《윤치호 일기 1916~1943》, 역사비평사.

김선양(1992), 《윤치호의 애국계몽활동과 교육사상》, 인하대 교육대학원.

변태섭(1991), 《한국사 통론》, 삼영사.

신용하(1974), 《독립협회의 민족운동 연구》, 한국문화연구소.

______(1976), 《독립협회연구》, 일조각.

양현혜(1994), 《윤치호와 김교신》, 한울.

위암 장지연선생 기념사업회(2001), 《한국 근대 언론과 민족운동》, 커뮤니케이션북스.

유영렬(1985), 《개화기의 윤치호 연구》, 한길사.

윤치호(1904), 윤치호 to Jodan, FO/17/1659(92)의 첨부물.

윤치호(1931), "그 당시의 추억: 독립협회의 활동", 《동광》 26권.

______①~⑥ (1973~75), 《윤치호 일기》 ①~⑥, 국사편찬위원회.

______(1980), 《윤치호 서한집》, 국사편찬위원회.

이광린(1981), 《한국개화사상연구》, 일조각.

이기백(1986), 《한국사 신론》, 일조각.

이희항(1982), "윤치호의 개화사상 연구", 단국대 대학원 사학과 석사논문.

전택부(2000), 《월남 이상재의 삶과 한마음 정신》, 조선일보사 · 월남시민문화연구소.

좌옹 윤치호 문화사업회 편(1998), 《윤치호의 생애와 사상》, 을유문화사.

차배근 외(2001), 《우리 신문 100년》, 현암사.

최남옥(1998), "윤치호의 개화론 연구", 이화여자대학교 교육대학원.

최 준(1983), 《한국신문사》, 일조각.

한배호(1977), "한국 초대교인의 근대화 의식과 한말 정치관 : 윤치호 일기를 중심으로", 《숭실대학교 논문집》, 제 7집.

한효진(1995), 《윤치호의 사회개혁 사상 연구》, 감리교신학대학원.

Hyun-Nyo Shim(1989), *Yun Ch'I-Ho and The Independence Club, 1896~1898 : A Christian Approach to National Reform in a Confucian Monarchy*, Yonsei University.

Wells, Kenneth M.(1990), *New God, New Nation-Protestants and Self-Reconstruction Nationalism in Korea 1896~1937*, Honolulu, University of Hawaii Press.

Wells, Kenneth M.(1995), "The Cultural Construction of Korea History", in K. M. Wells(ed.), *South Korea's Minjung Movement*, Honolulu, University of Hawaii Press.

《독닙신문》, 1896. 4. 7, 1898. 5. 17, 5. 28, 7. 15, 7. 22, 7. 26, 8. 4, 9. 5,

9.22, 9.26, 9.27, 9.28, 10.5, 11.19, 12.12, 12.14, 12.15, 12.17.

"Fight for the Freedom of Speech", *The Independent*, October 27, 1898.

"An Honest Confession", *The Independent*, May 19, 1898.

제 3 장

강영주(1983), "개화기의 역사·전기문학(1) : 장지연의 〈애국부인전〉을 중심으로", 《관악어문연구》, 서울대학교 국어국문학과.

구자혁(1993), 《장지연》, 동아일보사.

______(1993), 《장지연의 자강사상》, 민음사.

권영민(1983), "장지연의 문학사상", 《진단학보》 55.

김도형(2000), "장지연의 변통론과 그 변화", 《한국사연구》 109, 한국사연구회.

김생기(1997), "위암 장지연의 저술과 교육활동에 나타난 민족의식", 《성결대학교 논문집》 26집.

김창열(2004), 《위암 장지연 서간문》, 위암 장지연선생 기념사업회.

김춘빈(1992), "석농 유근(柳瑾)", 《한국언론인물사화》, 대한언론인회.

방상훈(2001), 《한국신문통감》, 조선일보사.

백지운(2003), "근대성 담론을 통한 양계초 계몽사상 재고찰", 연세대학교 대학원 중문과.

변태섭(1991), 《한국사 통론》, 삼영사.

신석호(1973), 《時事叢報》, 영남대학교 도서관 총간.

신용하(2003), "19세기 말 장지연의 다산 정약용의 발굴", 《한국학보》 110, 일지사.

안종묵(2002), "황성신문 발행진의 정치사회사상에 관한 연구", 《한국언론학보》 46권 4호.

우남숙(1997), "한국정치사상의 성찰 : 장지연의 국가론 연구", 《한국정치외교사논총》, 한국정치사학회.

______(1999), "한국 근대사에서의 사회진화론 수용 양식: 장지연·박은식·신채호를 중심으로", 《한국정치외교사논총》 21-1, 한국정치외교

사학회.
유 승(1985), "장지연의 생애와 자강사상", 천관우 외(1993), 《위암 장지연의 사상과 활동》, 민음사.
윤남한(1993), "장지연의 생애와 사상", 천관우 외, 《위암 장지연의 사상과 활동》, 민음사.
윤사순·이광래(2001), 《우리 사상 100년》, 현암사.
이기백(1986), 《한국사 신론》, 일조각.
이원태(1993), "11월의 인물: 구한말 애국계몽운동가 장지연, 《지방행정》, 대한지방행정공제회.
이혜복(1992), 《한국언론인물사화》(상), 사단법인 대한언론인회.
이훈옥(1995), "장지연의 사회개혁론 : 신분제를 중심으로", 《한국근현대사연구》 3집, 한국근현대사학회.
임근수(1971), "언론인으로서의 장지연", 《나라사랑》 5.
______(1977), "장지연선생의 기자정신", 《기협회보》 11. 1.
임형택·강영주 편(1996), 《벽초 홍명희와 《임꺽정》의 연구자료》, 사계절.
장지연(1899. 1. 22), "本報發刊之趣旨", 《時事叢報》.
______(1915. 4. 14), "古齋漫筆", 《每日申報》.
______(1956), "寄申報社", 《韋菴文稿》, 국사편찬위원회.
______(1956), "上政府書", 《韋菴文稿》, 국사편찬위원회.
______(1966), 《신동아》 1966. 1. 부록.
______(1975), 《애국부인전·을지문덕·서사(瑞士) 건국지》, 이재선 역주, 한국일보사.
______(1982), 《逸士遺事》, 태학사.
______(1986), "團體然後民族可保", 《장지연전집》 8, 단국대학교출판부.
정선희(1997), "위암 장지연의 지리적 사고와 한계 : 생애와 역사적 환경을 중심으로", 《지리교육논집》 37.
정진석(1990), 《한국언론사》, 나남출판사.
______(1993), "장지연의 언론활동과 언론사상", 천관우 외, 《위암 장지연의 사상과 활동》, 민음사.
______(1995), 《인물 한국언론사》, 나남출판사.
정진석(2005), "시일야방성대곡 100주년의 언론사적 의미", 《是日也放聲大

哭 100년》, 위암장지연선생기념사업회.
천관우(1967), "장지연과 그 사상", 《白山學報》 3.
______(1971). "장지연과 그 사상", 《나라사랑》 5,
______ 외(1993), 《위암 장지연의 사상과 활동》, 민음사.
최기성(1997), "위암 장지연의 시대인식 연구", 《전북사학》 제 19 · 20집.
최기영(1991), "진주의 《경남일보》: 유일의 지방지", 《대한제국시기 신문연구》, 일조각.
최 준(1965), "대한제국 말 언론계의 두 거벽", 《신문평론》.
______(1971), "계몽가형 애국지사", 《나라사랑》 5.
______(1993), 《한국신문사》, 일조각.
______(1965), "사회개혁의 언론지사", 《世代》 7월호.
홍원식(2000), "애국계몽운동의 철학적 기반 : 박은식과 장지연을 중심으로", 《동양철학연구》 22집, 동양철학연구회.
황현(1864), 《매천야록》, 허경진 옮김(1995), 한양출판사.

梁啓超(1903), "中國之舊史學", 《飮氷室文集》.
______(2001), "新民說 · 釋新民之義", 《點校》 제 1집.

《황성신문》 1898. 9. 5.
《매일신보》 1915. 4. 14, 5. 12~12. 15.
《경향신문》 2005. 3. 5.

Mill, J. S. (1977), *On Liberty*, Indianapolis, Bobbs-Merrill Educational Publishing.

제 4 장

강만길(1978), "민족사학론의 반성: 민족사학을 중심으로", 이우성 · 강만길 편, 《한국의 역사인식》(하), 창작과비평사.
권중달(1983), "동양사와 서양사 연구방법론의 합리적 조화", 《정신문화연구》, 1983 여름.

김문조(1988), "전통과 사회변동", 임희섭 편, 《한국사회의 발전과 문화》, 나남출판사.

김삼웅(1998), 《구국 언론 대한매일신보》, 대한매일신보사.

김용섭(1978), "우리나라 근대 역사학의 성립", 이우성・강만길 편, 《한국의 역사인식》(하), 창작과비평사.

길현모(1975), "랑케사관의 성격과 위치", 전해종 외, 《역사의 이론과 서술》, 서강대학교 인문과학연구소.

박찬승(1988), "한말 신채호의 역사관과 역사학", 《한국문화》 9, 서울대학교 한국문화연구소.

변태섭(1991), 《한국사 통론》, 삼영사.

손진태(1948), 《조선민족사개론》, 을유문화사.

손진태(1981), "《조선민족사개론》 서설", 이기백 편저, 《근대 한국사 논선》, 삼성미술문화재단.

송건호(1987), "언론인으로서의 단재", 《단재 신채호 선생 순국 50주년 추모논총: 신채호의 사상과 독립운동》, 단재신채호선생기념사업회.

송기중(1983), "한국사의 이론정립을 위한 시론", 《정신문화연구》, 1983 여름.

신용하(1984), "신채호의 민족주의 사상", 신용하 편, 《한국현대사회사상》, 지식산업사.

신일철(1997), "신채호의 민족주의적 세계관과 그 극복", 《계간 사상》, 1997 여름호, 사회과학원.

신채호(1948), 《조선상고사》, 종로서원.

______(1981a), "《조선사》 총론", 이기백 편, 《근대 한국사 논선》, 삼성미술문화재단.

______(1981b), "조선역사상 1천년래 제1대 사건", 이기백 편, 《근대 한국사 논선》, 삼성미술문화재단.

______(1987), 《신채호 전집》 별집, 단재신채호선생기념사업회.

______(1995), 《신채호 역사논설집》, 정해렴 편역, 현대실학사.

______(1995a), "신채호 역사논설집", 정해렴 편역, 《신채호 역사논설집》, 현대실학사.

______(1995b), "조선상고사 총론", 정해렴 편역, 《신채호 역사논설집》, 현대실학사.

______(1995c), "古史上 吏讀文 名詞 解釋法". 정해렴 편역, 《신채호 역사논설집》, 현대실학사.

______(1995d), "20세기 신국민", 정해렴 편역, 《신채호 역사논설집》, 현대실학사.

______(1995e), "조선민족의 전성시대", 정해렴 편역, 《신채호 역사논설집》, 현대실학사.

______(1995f), "문학과 소설", 정해렴 편역, 《신채호 역사논설집》, 현대실학사.

______(1995g), "讀史新論", 정해렴 편역, 《신채호 역사논설집》, 현대실학사.

______(1995h), "前後三韓考", 정해렴 편역, 《신채호 역사논설집》, 현대실학사.

______(1998), 《조선상고사》, 일신서적출판사.

______(1999), 《단재 신채호 문집》, 범우사.

안병직(1978), "단재 신채호의 민족주의", 이우성 · 강만길 편, 《한국의 역사인식》(하), 창작과비평사.

오세창(1987), "신채호의 해외 언론활동", 《단재 신채호 선생 순국 50주년 추모논총: 신채호의 사상과 독립운동》, 단재신채호선생기념사업회.

이기백(1978), "신민족주의 사관론", 이우성 · 강만길 편, 《한국의 역사인식》(하), 창작과비평사.

______(1981), "해설: 한국 근대사학의 발전", 이기백 편저, 《근대 한국사 논선》, 삼성미술문화재단.

이만열(1990), 《단재 신채호의 역사학 연구》, 문학과지성사.

정진석(1994), "언론인 단재 신채호", 《단재 신채호 연구 논집》, 충북대학교 인문과학연구소.

진덕규(1990), "단재 신채호의 민중 · 민족주의의 인식", 《신채호》, 고려대학교출판부.

천관우(1971), "언론인으로서의 단재, 한국 언론사에서 본 단재의 위치", 《나라사랑》 3, p. 28~35.

최범훈(1987), "이두문 명사 해석의 연구", 《단재 신채호 선생 순국 50주년 추모논총: 신채호의 사상과 독립운동》, 단재신채호선생기념사업회.

최홍기(1988), 한국문화의 자생적 전개, 임희섭 편, 《한국사회의 발전과 문화》, 나남출판사.

한영우(1994), 《한국민족주의 역사학》, 일조각.
홍승기(2001), 《한국사학론》, 일조각.
허학도(2000), 《중국근대화 기수 양계초》, 임방서원.

Heller, Agnes (1982), *A Theory of History*, Routledge Kegan& Paul (《역사의 이론》, 강성호 역, 문예출판사, 1994).
Neurohr, Jean F. (1957), *Der Mythos Vom Dritten Reich : Zur Geistesgeschichte des Nationalsozialismus* (《제 3제국의 신화 : 나치즘의 정신사》, 전남석 역, 한길사, 1981).
Rickert, Heinrich (1898), *Kulturwissenschaft und Naturwissenschaft* (《문화과학과 자연과학》, 윤명로 역, 삼성문화재단).
《대한매일신보》 1908. 2. 14, 9. 16, 17 / 1909. 5. 28, 8. 13, 12. 29/ 1910. 1. 8.
《동아일보》, 1924. 1. 1.

제 5 장

김사엽 편(1998), 《독립신문: 춘원 이광수의 애국의 길》, 문학생활사.
김윤식(2005), "문학산책", 《한겨레》 2005. 2. 5.
김현호(2004), 《조선일보 사람들: 일제시대편》, 랜덤하우스중앙.
김현호(2004), 《조선일보 사람들: 광복 이후편》, 랜덤하우스중앙.
방상훈(2001), 《韓國新聞通鑑》, 조선일보사.
백 철(1962), "해설", 이광수(1917), 《무정(외)》, 삼중당.
壁上生(1933. 10), "조선일보 대 동아일보 쟁패전", 《별건곤》 8권 9호.
송건호(1994), 《한국현대인물사론》, 한길사.
유재천(1992), "춘원 이광수", 대한언론인회, 《한국언론인물사화》(상), 사단법인 대한언론인회.
윤주영(1995), 《한국신문사설선집》 ③, 방일영문화재단.
이광수(1922. 5), "민족개조론", 《개벽》, 통권 23.
_____(1924. 1. 2~6), "민족적 경륜", 《동아일보》.
_____(1931. 2), "신문기자의 깃붐과 슬픔", 《鐵筆》 2권 1호.
_____(1932. 6), "옛 조선인의 근본도덕-전체주의와 구실주의 인생관", 《東

光》 4권.
_____(1932. 11), “비상시의 비상인”, 《東光》 4권 10호.
_____(1965), “그의 자서전”, 《이광수전집》, 삼중당.
_____(1988a), “건국의 심성”, 김사엽 편, 《춘원 이광수 애국의 글: 상해 임시 정부기관지 《독립》에 무기명으로 쓴 항일논설 모음집》, 문학생활사.
_____(1988b), “독립국 승첩”, 김사엽 편, 《춘원 이광수 애국의 글: 상해 임시 정부기관지 《독립》에 무기명으로 쓴 항일논설 모음집》, 문학생활사.
이동하(1992), 《이광수》, 동아일보사.
이혜복(1992), 《한국언론인물사화(상권)》, 사단법인 대한언론인회.
정진석(1990), 《한국언론사》, 나남출판사.
_____(1995), 《인물 한국언론사》, 나남출판사.
_____(2001), “한국언론 100년, 그 역사적 성격”, 위암장지연선생기념사업회, 《한국근대언론의 재조명》, 커뮤니케이션북스.
草兵丁(1933. 9), “이광수 씨와 교담회”, 《三千里》.
최민지 · 김민주(1994), 《일제하 민족언론사론》, 일월서각.

De Fleur Melvin and Sandra Ball-Rokeach(1989), *Theories of Mass Communication*, New York : Longman.
Gerth and Mills(1946), *From Max Weber : Essays in Sociology*, New York : Oxford University Press.
Mill, John Stuart(1956), *On Liberty*, Indianapolis : Bobbs-Merrill Educational Publishing.
Weber, Max(1994), “Max Weber 사상”, Lewis A. Coser, *Masters of Sociological Thought*, 신용하 · 박명규 옮김, 《사회사상사》, 일지사.

제 6 장

강영주(1988), “홍명희와 역사소설 《임꺽정》”, 임형택 · 강영주 편, 《벽초 홍명희 임꺽정의 재조명》, 사계절.
_____(1995), “1920년대 홍명희의 문학활동”, 《人文科學研究》, 제 3호.

______(1997), "벽초 홍명희에 있어서 민족적 자아의 형성", 《한림일본학연구》, 한림대학교 한림과학원 일본학연구소.

______(1998), "해방 후 홍명희의 생활과 문학", 《역사비평》, 겨울호.

______(1999), 《벽초 홍명희 연구》, 창작과비평사.

강현두(1993), "존 리드의 언론사상", 《언론사상과 언론사》, 나남출판사.

계훈모(1988), 《한국언론연표》, 관훈클럽신영연구기금.

김경식(2001), "벽초 홍명희, 생애와 문학", 《古書硏究》 18, 고서연구회.

김팔봉(1988), "편편야화", 《김팔봉 문학선집》 2권, 문학과지성사.

김현호(2004), 《조선일보 사람들: 일제시대편》, 랜덤하우스 중앙.

朴學甫(1946. 3), "홍명희론", 《신세대》, 창간호.

이균영(1993), 《신간회연구》, 역사비평사.

李克魯(1937. 12. 8), "어학적으로 본 《임꺽정》은 조선어 광구의 노다지", 《조선일보》.

李箕永(1937. 12. 8), "조선문학의 전통과 역사적 대작품", 《조선일보》.

이기형(1988), "인걸을 낳은 산수의 예술", 이형택·강영주 편, 《벽초 홍명희 《임꺽정》의 재조명》, 사계절.

이남호(1990. 3), "벽초의 《임꺽정》 연구", 《동서문학》 188.

李昇馥先生望九頌壽 紀念會編(1974), 《三千百日紅》, 인물연구소.

李源朝(1938), "《임꺽정》에 관한 소고찰", 《조광》 4권 8호, pp. 258~264.

이재경 외(2001), "한국 신문의 역피라미드형 기사 도입과 정착에 관한 연구", 《한국언론학보》 2001. 12. 30.

이현구(2002), 《취재보도론》, 커뮤니케이션북스.

임형택·강영주 편(1988), 《벽초 홍명희 《임꺽정》의 재조명》, 사계절.

林 和(1940), "世態小說論", 《문학의 이해》, 학예사.

장량수(1991), "《임꺽정》의 의적 모티프 일고", 《동의어문론집》 5, 동의대학교 인문대학 국어국문학과.

장세윤(2000), "벽초 홍명희의 현실인식과 민족운동: 일제 강점기를 중심으로", 《한국독립운동사연구》 제 15집, 독립기념관 한국독립운동사연구소.

정종진(2000), "벽초 홍명희의 '선비정신' 연구, 《어문논총》 15, 동서어문학회.

정진석(1990), 《한국언론사》, 나남출판사.

_____(1995), 《인물 한국언론사》, 나남출판사.

_____ 편(1998), 《일제시대 민족지 압수기사 모음》 Ⅰ·Ⅱ, LG상남언론재단.

_____(2001), 《언론과 한국 현대사》, 커뮤니케이션북스.
채 백(1995), "《독립신문》 잡보의 내용 및 보도방식에 관한 분석연구", 《언론학보》, 제 35호 겨울.
_____(2004. 7. 7), "《대한매일신보》 잡보의 내용분석 연구", 대한매일신보 창간 100주년 기념학술대회, 한국언론학회 언론사분과연구회.
채진홍(1996), 《홍명희의 《임꺽정》 연구》, 새미.
최 명(2004), 《벽초, 임꺽정 그리고 나》, 책세상.
최민지 · 김민주(1994), 《일제하 민족언론사론》, 일월서각.
홍기문(1936. 5), "아들로서 본 아버지", 《朝光》, 제 2권 5호.
홍기삼(1996), 《홍명희-어느 민족주의자의 생애》, 건국대학교출판부.
홍명희(1909. 3), 《大韓興學報》, 창간호.
_____(1926), "어원과 史實", 《學窓散話》, 조선도서주식회사.
_____(1926. 1), "신흥문예의 운동", 《문예운동》, 창간호.
_____(1927. 1), "신간회의 사명", 《현대평론》, 창간호.
_____(1929. 6), "《林巨正傳》에 대하여", 《삼천리》, 창간호.
_____(1936. 2. 26), "노인", 《조선일보》.
_____(1936. 2. 28), "哭丹齋", 《조선일보》.
_____(1937. 1), "문학청년들의 갈 길", 《朝光》.
_____(1946), 《자유신문》 1946. 10. 9.
_____(2002), 《임꺽정-봉단편》, 사계절.
_____(1999), 《임꺽정-피장편》, 사계절.
_____(2000), 《임꺽정-화적편》, 사계절.
홍명희 · 설정식(1948. 5), "홍명희 · 설정식 대담기", 《新世代》, 25호.

Atkinson, Paul and Hosley, William(2003), *Interactionism*, London : Sage Publications.
Carey, James W. (1992), *Communication As Culture*, New York: Routledge.
Emmert, Philip & Donaghy, William C. (1981), *Human Communication*, London : Addison-Wesley Publishing Company.
Innis, Harold A. (1995), *The Bias of Communication*, Toronto : University of Toronto Press.

Lukacs, Georg (1968), *History and Class Consciousness*, Cambridge : The MIT Press.

Mead, George H. (1934), *Mind, Self, and Society*, Chicago : The University of Chicago Press, 1934.

Merrill, John Calhoun (1977), *Existential Journalism*, New York : Hastings House.

Mindich, David T. Z. (1998), *Just the Facts*, New York : New York University Press.

Schiller, Daniel (1981), *Objectivity and the News*, Philadelphia: University of Pennsylvania Press.

Stephens, Mitchell (1997), *A History of News*, Harcourt Brace & Company, 이광재 · 이인희 (1999), 《뉴스의 역사》, 황금가지.

《명종실록》 권25. 明宗 15년 12월 癸巳條.

《동아일보》, 1927. 2. 2.

《조선일보》, 1937. 12. 8

《조선일보》, 1939. 12. 31.

제 7 장

김민환 (1998), 《한국언론사》, 나남출판사.

김인식 (1998. 겨울), "안재홍의 신민족주의 이념의 형성과정과 조선정치철학", 《한국학보》 93.

김재명 (1986. 9), "민정장관 안재홍의 번민 (상)", 《정경문화》 259.

김종원 (1996), "민세 안재홍의 고대사 인식", 충북대 교육대학원 석사논문.

방일영 (1990), 《조선일보 70년사》 ①, 조선일보사.

서중석 (1991. 7), "송진우와 안재홍", 《순국》 17.

송지영 (1977. 9), "산하와 겨레의 얽힌 한 : 안재홍", 《신동아》.

신용하 편 (1981. 9), "일제하의 민족주의적 역사의식", 《세계의 문학》 21.

안재홍 (1981), 《민세 안재홍선집》 ①, 지식산업사.

______(1983), 《민세 안재홍선집》 ②, 지식산업사.

______(1991), 《민세 안재홍선집》 ③, 지식산업사.
______(1992), 《민세 안재홍선집》 ④, 지식산업사.
______(1999), 《민세 안재홍선집》 ⑤, 지식산업사.
______(1924. 6. 2), "우리는 어떻게 살고", 《시대일보》.
______(1924. 6. 8), "전고를 울리면서", 《조선일보》.
______(1924. 6. 19~20), "민족성과 그의 반영", 《시대일보》.
______(1924. 7. 10), "최초의 일념에 순(殉)할 각오로써 독자에게 결별함", 《시대일보》.
______(1925. 3. 1), "해방전선을 부감하면서", 《조선일보》.
______(1925. 6. 28), "동방 제국민의 각성", 《조선일보》.
______(1925. 10. 20), "본보 속간에 임하여", 《조선일보》.
______(1926. 1. 1), "백열 그러나 엄숙한, 반동의 최중의 신일년", 《조선일보》.
______(1926. 2. 4), "자립정신의 제일보", 《조선일보》.
______(1926. 8. 4), "과거를 회원하면서", 《조선일보》.
______(1926. 8. 8), "조선사문제", 《조선일보》.
______(1926. 8. 15), "백년대계와 목전문제", 《조선일보》.
______(1927. 1. 10), "신간회의 창간준비", 《조선일보》.
______(1927. 3. 3), "현실투쟁의 제 1성", 《조선일보》.
______(1928. 3. 5), "야인도와 노동도", 《조선일보》.
______(1928. 3. 27), "실제운동의 당면문제: 신간회는 무엇을 할까", 《조선일보》.
______(1928. 5. 9), "제남사변(濟南事變)의 벽상관(壁上觀)".
______(1929. 3. 6), "무언", 《조선일보》.
______(1930. 7), "기자도덕에 관하여", 《철필》.
______(1929. 11. 29), "광명?", 《조선일보》.
______(1930. 1. 1), "수도병진의 신일년", 《조선일보》.
______(1931. 3. 3), "언론자유의 요구", 《조선일보》.
______(1932. 2), "과거의 선구자와 미래의 선구자", 김동환 편, 《평화와 자유》.
______(1932. 2. 18), "국민주의와 민족주의", 《조선일보》.
______(1935. 5), "민세필담: 대중심화과정", 《조선일보》.

______(1935. 6), "민세필담 속", 《조선일보》.

______(1935. 7), "조선신문소사", 《조선일보》.

______(1945. 12), "신민족주의와 신민주주의"(《선집》 2 : 32~37).

______(1946. 2. 13), "건국구국운동의 고조", 《서울중앙방송》(《선집》 2 : 88).

______(1947. 10), "민주독립과 공영국가", 《한성일보》.

______(1948. 2. 6), "시국장구에 정신(挺身)할 추: 여수·순천반란사건에", 《한성일보》.

______(1948. 4. 12), "(방송) 재투쟁의 결심으로: 국민당·한독당 합동에" (《선집》 2 : 120).

______(1948. 8), "이 대통령의 대정방향", 《한성일보》(《선집》 2 : 292~293, 295).

______(1948. 9), "신생회 선언"(《선집》 2 : 306~308).

______(1948. 9. 9), "구원성취의 민족적 기백", 《한성일보》(《선집》 2: 298).

______(1948. 10), "대한민국 건국의 구상"(《선집》 2 : 348, 366, 370).

______(1945. 9. 22), "신민족주의와 신민주주의"(《선집》 2: 16~17, 32~37).

______(1949), 《민족의 기본진로》, 조양사.

______(1949. 1), "지로에 나선 민족 승패", 《한성일보》(《선집》 2: 400).

______(1949. 1), "현하 한국 언론기관의 사명", 《신천지》(《선집》 4: 331, 332).

______(1949. 2), "촉루철학의 사도로 되었다", 《삼천리》.

______(1949. 10. 9), "한글문화와 민족정신", (《선집》 2 : 490).

______(1949. 12), "한국과 한국인", 《신경향》.

여성자(1992), "민세 안재홍의 교육사상 연구", 한국교원대학교 대학원.

유병용(1996), "민세와 남창의 신민족주의론", 《사회과학연구》 35, 강원대학교.

이지원(1991. 12), "일제하 안재홍의 현실인식과 민족해방운동론", 《역사와 현실》 6.

정영훈(1992), "안재홍의 신민족주의 이론", 《정신문화연구》 15권 3호.

정윤재(1993), "한민족 이상국가와 다사리민주주의론", 《충북대국제관계연구》 6.

______(1994), "해방 직후 신민족주의 정치사상 연구", 《충북대사회과학연구》 7-2.

정진석(1990), 《한국언론사》, 나남출판사.
______(1993.6), "필화 정치문제 명예훼손이 주요인: 일제하 최대 옥고 언론인은 안재홍", 《신문과 방송》.
정호원(1987), "민세 안재홍의 신민족주의 정치사상 연구", 연세대 대학원.
______(1981), "해제"(《선집》 1 : 2).
천관우(1992), "민세 안재홍 연보"(《선집》 4 : 381, 393, 428).
한영우(1987), "안재홍의 신민족주의와 사학", 《한국독립운동사 연구》 1.
______외(2001), 《한국사 특강》, 서울대출판부.

제 8 장

김삼웅(2001), "언관·사관의 천관우", 《인물과 사상》 34호.
김상기(1985), 《동아일보사사》(3권), 동아일보사.
김용섭(1963.2), "일제관학자들의 한국사관", 《사상계》.
김현호(2004), 《조선일보 사람들: 광복 이후편》, 랜덤하우스중앙.
라항윤(1994), 《한국신문윤리 30년》, 한국신문윤리위원회.
신일철 외(1979), "단재 신채호론", 《한국학보》.
정진석(1995), 《인물한국언론사》, 나남출판사.
천관우(1953), "실학파의 계보와 반계", 《반계 유형원 연구(하)》.
_____(1957.4.12~14), "매스 커뮤니케이션의 한국적 과제" ①, ②, ③, ④. 《조선일보》.
_____(1958.11~12), "반계 유형원", 《사상계》 6권.
_____(1959.10.10), "실학에 관한 메모", 《조선일보》.
_____(1962.12), "단간제 이후의 신문", 《사상계》.
_____(1962), "언론은 항상 민의 편이다", 《사상계》 12권, 102~111호.
_____(1962~3), "내가 보는 한국사의 문제점들", 《사상계》 13권, 112~119호.
_____(1963~64), "세계사 참여의 사적 과정", 《사상계》 14권, 120~129호.
_____(1965~6), "민중의 저항 짓밟지 말라", 《사상계》 17권, 152~8호.
_____(1966a), "한국사학의 새 시련", 《사상계》.
_____(1966b), "한국의 근대사에서 본 신문의 역할", 《신문평론》 18호.
_____(1967), "실학사상의 구조와 발전", 《사상계》 20권. 175~176호.

______(1969. 1. 10), "신년유감", 《기자협회보》.
______(1969), 《言官 史觀》, 배영사.
______(1970), "3 · 1운동 연구의 문제점", 《동양사학연구》, 동양사학회.
______(1971), "장지연과 그 사상", 《나라사랑》 5.
______(1974), "箕子攷", 《동방학지》, 연세대학교 국학연구원.
______(1975), 《한국사의 재발견》, 일조각.
______(1985), "60自敍", 천관우선생환역기념한국사학논총간행위원회(1985), 《한국사논총》, 정음문화사.
천관우 · 김영호 외(1986), "갑신정변과 한국근대사의 성격: 질의토론", 《민족문화논총》, 영남대학교 민족문화연구소.
천관우 외(1993), 《위암 장지연의 사상과 활동》, 민음사.
천관우선생환역기념한국사학논총간행위원회(1985), 《한국사논총》, 정음문화사.
한국사상사학회(1993), 《한국사상사학》, 한국사상사학회.
한국신문편집인협회(1987), 《한국편집인협회30년사》, 한국신문편집인협회.

《조선일보》 1947. 4. 12~14 / 1959. 10. 10.

제 9 장

강준식(1988), "독재정권과 언론", 《저널리즘》 겨울호.
김민환(2002), 《한국언론사》, 나남출판사.
김현호(2004), 《조선일보 사람들: 광복 이후편》, 랜덤하우스중앙.
박권상(1988), "언론자유와 사회적 책임", 《저널리즘》 겨울호.
송건호(1983), "한국 현대 언론사론", 《언론과 사회》, 민중사.
______(2003), "유령 논설위원과 '가라마와리' 정보원", 《반골 언론인 최석채》, 성균관대출판부.
오효진(1986), "퇴역한 현역 최석채", 《월간조선》 1월호.
이규태(1991. 4. 13), "대패 최석채 선생", 《조선일보》.
정진석(1992), 《한국언론사론》, 전예원.
______(1992), 《한국의 언론 II》, 한국언론연구원.

조맹기(1997), 《한국언론사의 이해》, 서강대출판부.
조용중(2003), "우리시대 마지막 정론의 논객", 《반골 언론인 최석채》, 성균관대출판부.
주동황 외(1997), 《한국언론사의 이해》, 전국언론노동조합연맹.
정진석(1992), 《한국 현대언론사론》, 전예원.
_____(1995), 《인물 한국언론사》, 나남출판사.
최석채(1962a), "年號論의 苦笑", 《사상계》.
_____(1962b), "석연치 않은 '그 무엇'", 《사상계》.
_____(1964a), "정치의 길과 신문의 길", 《신문평론》 5호.
_____(1964b), "'유성회담'의 자초지종", 《신문평론》.
_____(1966), "사회정의와 신문인", 《신문평론》 18호.
_____(1968a), "한국신문의 투쟁정신", 《신문평론》 26호.
_____(1968b), "국민의 동질성이 무너질 때 그 사회는 절망만이 지배한다", 《주간조선》 창간호.
_____(1968. 12. 27), "신문은 편집인 손에서 떠났다", 《기자협회보》.
_____(1970), "권두언-어디로 갔느냐, 50년 전의 그 기개", 《저널리즘》 1970년 봄.
_____(1978), "성장기의 모순", 《정경연구》.
_____(1990), 《속 · 서민의 抗章》, 형설출판사.
_____(2003), 《반골 언론인 최석채》, 성균관대학교출판부.
최조웅(1992), 《현대인의 직업윤리》, 형설출판사
한국신문윤리위원회(1993), 〈신문윤리강령〉.

Siebert, S., Theodore Peterson, and Wilbur Schramm(1956), *Four Theories of the Press*, 강대인 옮김역(1991), 《언론의 4이론》, 나남출판사.
《대구매일신문》 1955. 7. 17, 7. 24, 9. 13, 12. 31 / 1956. 3. 9 / 1981. 5. 27, 7. 1, 10. 1 / 1982. 6. 16 / 1983. 4. 6, 6. 15 / 1984. 3. 1 / 1985. 5. 15 / 1986. 8. 20 / 1987. 4. 8 / 4. 14.

제 10 장

강만길(1995), "장준하의 민주·민족운동", 《광복 50년과 장준하》, 장준하선생20주기추모사업회.

고성훈(1995), "장준하 사장의 옥중당선 이야기", 《광복 50년과 장준하》, 장준하선생20주기추모사업회.

계창호(1995), "젊음을 불사른 사상계", 《광복 50년과 장준하》, 장준하선생20주기추모사업회.

김상기(1985), 《동아일보사사》, 동아일보사.

김인철(1994), "《사상계》 권두언에 나타난 사회책임성 연구", 서강대학교 언론대학원.

김준엽(1995), "주간좌담: 사상계 시절을 말한다", 《광복 50년과 장준하》, 장준하선생20주기추모사업회.

박경수(1995), "죽음을 각오한 장 선생의 맞서기", 《광복 50년과 장준하》, 장준하선생20주기추모사업회.

서영훈(1990), "빛나고 높은 빙화산 장준하" ②, 《씨올의 소리》 7월, 《사상계 수난사》, 장준하문집 제 3권, 12~13쪽.

_____(1995), "6·25 동란중 부산에서 있었던 일", 《광복 50년과 장준하》, 장준하선생20주기추모사업회.

송건호(1983), "한국 현대언론사론", 《언론과 사회》, 민중사.

_____(1987), 《민주언론 민족언론》, 두레.

안병섭(1995), "기쁜 우리 젊은 날의 사상계", 《광복 50년과 장준하》, 장준하선생20주기추모사업회.

안병욱(1969. 12), "칼의 힘과 펜의 힘", 《사상계》, 42~46쪽.

_____(1995a), "주간좌담 : 사상계 시절을 말한다", 《광복 50년과 장준하》, 장준하선생20주기추모사업회.

_____(1995b), "淸과 義와 勇의 人, 張俊河", 《광복 50년과 장준하》, 장준하선생20주기추모사업회.

유경환(1995a), "사상계 15년 小史, 1953~68", 《민족혼·민주혼·자유혼》(장준하선생추모문집간행위원회 엮음), 나남출판사.

_____(1995b), "기둥 잘린 나무", 《광복 50년과 장준하》, 장준하선생20주기추모사업회.

이만갑(1995), "국토건설사업과 장준하 선생", 《광복 50년과 장준하》, 장준하선생20주기추모사업회.

이문휘(1995), "문화강연회 기치를 높이 들고", 《광복 50년과 장준하》, 장준하선생20주기추모사업회.

이용성(1997), "《사상계》의 지식인과 잡지이념에 대한 연구", 《출판잡지연구》 5호, 출판문화학회.

장준하(1973. 4), "브니엘", 《씨올의 소리》, 53~62쪽.

_____(1985a), 《돌베개》, 사상계.

_____(1985b), 《민족주의자의 길》, 사상계.

_____(1985c), 《사상계지 수난사》, 사상계.

장준하선생20주기추모문집(1995), 《광복 50년과 장준하》, 장준하선생20주기추모사업회.

정진석(1992), "사상계와 장준하", 《한국 현대언론사론》, 전예원.

지명관(1995), "구국과 혁명의 언론", 《광복 50년과 장준하》, 장준하선생20주기추모사업회.

한준상·정미숙(1989), "1948~53년 문교정책의 이념과 특성", 《해방 전후사의 인식》 4, 한길사.

DeFleur, Melvin L. and Dennis, Everette E. (1989), *Understanding Mass Communication*, New York: Houghton Mifflin Company.

Bittner, John R. (1977), *Mass Communication: An Introduction*, 2nd ed., Englewood Cliffs, N. J. PrenticeHall, pp. 72~3.

《사상계》 권두언 목록

"권두언-인간과 인격"(1953. 4).

"권두언-사회와 질서"(1953. 5).

"권두언-사고와 행위"(1953. 7).

"권두언-생활과 정치"(1953. 8).

"권두언-이념과 방향"(1953. 9).

"권두언-비판정신의 창달을 위하여"(1953. 10·11).

"권두언-'진리'를 위하여"(1954. 1).

"권두언-'자유' 수호를 위한 일언"(1954. 2).
"권두언-지식인의 임무"(1957. 2).
"권두언-나라의 주인은 백성이다"(1958. 10).
"권두언-새해는 '민권의 해'로 맞고 싶다"(1959. 1).
"권두언-무엇을 말하랴-민권을 짓밟는 횡포를 보고"(1959. 2).
"권두언-권력과 정의"(1959. 9).
"권두언-민권 전선의 용사들이여 편히 쉬시라"(1960. 5).
"권두언-한·일 문제 해결의 기본자세"(1961. 5).
"권두언-5·16 혁명과 민족의 진로"(1961. 6).
"권두언-긴급을 요하는 혁명과업의 완수와 민주정치에로의 복귀"(1961. 7).
"권두언-8·15 해방과 우리 민족의 과제"(1961. 8).
"권두언-경제개발 5개년 계획과 한·일문제"(1962. 2).
"권두언-우리는 왜 《사상계》를 내는가?-창간 9주년을 맞이하여"(1962. 4).
"권두언-새세대가 우리의 희망이요 힘이다(1962. 9).
"권두언-1963년을 맞으며"(1963. 1).
"권두언-대일 저자세와 민족자주"(1963. 12).
"권두언-또다시 《사상계》의 발간정신을 더듬으며"(1964. 6).
"권두언-자유 민권의 길-제헌절을 맞이하면서"(1964. 7).
"권두언-'무정한 사회'를 벗어나는 길"(1964. 9).
"권두언-정부는 언론에 간섭 않기를 바란다"(1964. 10).
"권두언-이 난을 메꿀 수 있는 자유를 못 가져서 미안합니다: 서울 교도소에서"(1966. 11).

제 11 장

김병관(1990), 《동아일보사사》(4권), 동아일보사.
김현호(2004), 《조선일보 사람들: 광복 이후편》, 랜덤하우스 중앙.
박근애(1994), "청암 송건호의 직필 40년", 《저널리즘》 겨울.
송건호(1962. 12), "세대론", 《사상계》.
_____(1963. 4), "李承晩論", 《사상계》.
_____(1964. 10), "僞裝反動의 곡필", 《신문평론》 7호.

______(1966a), "한국은 국민의 이익을 대변하고 있는가", 《신문평론》 18호.
______(1966b), "신문과 지도기능", 《신문연구》 7권 2호.
______(1969a), "곡필의 사회적 책임", 《신문평론》 3호.
______(1969b), "통제사회와 언론", 《신문연구》 10권 2호.
______(1977), 《한국민족주의 탐구》, 한길사.
______외(1985), "한국언론의 방향", 《민중과 자유언론》, 아침.
______(1987), 《민주언론 민족언론》, 두레
______(1994), 《한국현대인물사론》, 한길사.
______(2002), 《민주언론 민족언론 1》 전집 8, 한길사.
______(2002), 《민주언론 민족언론 2》 전집 9, 한길사.
한국신문윤리위원회(1993), 〈신문윤리강령〉.
안병훈(1996), 《독립신문》, LG상남언론재단.
이인우·심산(1998), 《세상을 바꾸고 싶은 사람들》, 한겨레신문사.
정진석(1995), 《인물 한국언론사》, 나남출판사.
주동황 외(1997), 《한국언론사의 이해》, 전국언론노동조합연맹.
최석채(1966. 12), "논설기자 양성론", 《신문연구》 7권 2호.